펴낸이	김기훈 · 김진희
펴낸곳	(주)쎄듀 / 서울시 강남구 논현로 305 (역삼동)
발행일	2015년 10월 12일 초판 1쇄
내용문의	www.cedubook.com
구입문의	콘텐츠 마케팅 사업본부
	Tel. 02-6241-2007
	Fax. 02-2058-0209
등록번호	제 22-2472호
ISBN	978-89-6806-048-9

문법의
골든룰
101

저자

김기훈 現 ㈜쎄듀 대표이사
現 메가스터디 영어영역 대표강사
前 서울특별시 교육청 외국어 교육정책자문위원회 위원

저서 천일문 / 천일문 Training Book | 어법끝 | 문법의 골든룰 101
천일문 GRAMMAR | 첫단추 BASIC <독해편·문법어법편>
어휘끝 | 쎄듀 본영어 | 절대평가 PLAN A | 독해가 된다
The 리딩플레이어 | 빈칸백서 | 오답백서 | 리딩 플랫폼
첫단추 | 쎈쓰업 | 파워업 | 수능영어 절대유형 | 수능실감 등

쎄듀 영어교육연구센터
쎄듀 영어교육센터는 영어 콘텐츠에 대한 전문지식과 경험을 바탕으로
최고의 교육 콘텐츠를 만들고자 최선의 노력을 다하는 전문가 집단입니다.

인지영 책임연구원

마케팅 콘텐츠 마케팅 사업본부
영업 문병구
제작 정승호
인디자인 편집 올댓에디팅
디자인 홍단, 윤혜영
영문교열 Eric Scheusner

분명 알고 있는 문법인데, 혹은 배운 적이 있는 문법인데 도대체 왜 적용이 안 되는 걸까?

<문법의 골든룰 101>의 기획은 각종 인터넷 카페, 블로그, 쎄듀북닷컴 게시판 등에서 수집한 데이터를 바탕으로 수많은 학생이 문법에 대해 갖고 있는 이 고민에서부터 출발했습니다.

같은 고민을 가진 여러분이 문법을 문제풀이에 실제로 적용할 수 있도록 도움으로써 문법이 더 이상 걸림돌이 되지 않았으면 하는 바람에서, 이 책을 다음과 같이 구성하였습니다.

✔ 시험에 필요한 핵심 설명과 풍부한 예문 수록

수많은 문법 사항 중 내신·수능·모의 기출 분석을 통해 시험에 꼭 필요한 핵심 문법만을 추려 쉽고 명확하게 설명했습니다. 이러한 문법 사항을 다양한 예문 해석을 통해 적용해 봄으로써 1차 적용을 해볼 수 있도록 구성했습니다.

✔ 101가지 꼭 필요한 적용법 제시

내신·수능·모의 문제풀이에 반드시 필요한 적용법 101가지를 제시하였습니다. 학습한 문법이 아직 머릿속에 정리되지도 않은 채 문제풀이로 바로 가는 것을 지양하고, 유닛별로 개념 학습이 끝나면 적용법이 제시된 Golden Rule을 학습하는 순서로 구성했습니다. 이 적용법은 각종 인터넷 카페, 블로그, 쎄듀북닷컴 게시판 등에 학생들이 직접 올린 문법 사항 관련 질문 수만 건을 분석 및 분류하여 나온 결과물입니다. 실제로 문법에서 어떤 부분이 적용을 어렵게 하는지를 분석하여 그에 맞는 해결법을 제시하고자 했습니다.

✔ 개념, 내신, 어법, 독해 적용을 위한 연습문제 구성

개념, 내신, 어법, 독해 적용을 위한 연습문제를 엄선하여 출제하였으며, 어떤 영역을 위한 문제인지 각 연습문제에 표시하였습니다. 모든 연습문제가 Golden Rule에 제시된 적용법을 직접 문제풀이에 적용할 수 있도록 구성되었으며, 어법 문제의 경우 수능·모의 기출 어법 문제를 분석하여 100% 반영하였습니다.

✔ 마무리 학습을 돕는 무료 부가서비스(www.cedubook.com)

학습한 내용을 확실히 여러분의 것으로 만들 수 있도록 어휘리스트, 어휘테스트, 예문 해석/영작 연습지, 챕터별 응용문제, MP3 파일 등 막강한 부가서비스도 마련하였습니다.

<문법의 골든룰 101>은 문법서 여러 권을 공부해도 풀리지 않던 답답함을 시원하게 해소해 주는 교재가 될 것입니다. 여러분의 문법에 대한 고민을 누구보다도 가까이에서 접하고 계신 현직 교강사 분들께서 교재 개발에 도움을 주신 덕분에 더욱더 좋은 콘텐츠를 담은 교재라 자부합니다. 이 교재와의 만남을 통해 여러분의 꿈에 더 가까워지기를 진심으로 기원합니다.

저 자

문법은 왜 공부해야 하나요?

❶ Why?
절대로 반박할 수 없는 학습의 당위성 제시

❷ What?
천 리 길도 한 걸음부터 - 탄탄한 기본 개념 학습

❸ 📕 CHAPTER GOALS
문법 정복을 위한 학습 목표 제시

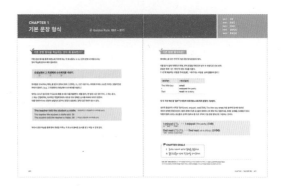

生生한 예문이 백 마디 설명보다 낫다

❶ 단 하나도 놓칠 수 없는 기출(응용), 실용 예문!

❷ 필수 핵심 문법만 콕콕 짚어 주는 경제적 학습!

❸ 어법 Plus 수능·모의 기출(응용)문장으로 빈출 어법 맛보기!

❹ Further Note 심화 학습 내용을 상세하고 체계적으로 정리!

Golden Rule 101

❶ 각종 인터넷 카페, 블로그, 쎄듀북닷컴 게시판 질문 수만 건 분석 총정리!

❷ 내신·수능에 완벽히 통하는 101가지 Golden Rule!

❸ 문제에 One to One으로 적용되는 멘토링 적용법

Four-in-One의 엄선된 적용 문제

❶ 개념, 내신, 어법, 독해 모두 해결하는 문제 엄선

❷ 내신·수능·모의 어법을 **100% 반영**한 문제 출제

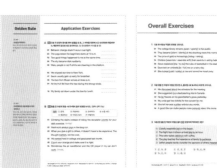

A to Z 학습의 완성! 자세한 해설 수록

❶ 이 문제는? 문제 이해도를 높이는 출제 포인트 제시
❷ 정답과 오답의 근거를 철저히 제시하는 자세한 해설

도식으로 정리하는 문법

한눈에 정리하는 챕터별 도식

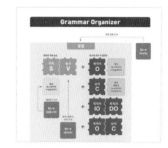

무료 부가서비스 (www.cedubook.com)

최강의 부가서비스로 문법 완벽 마스터!

모든 자료는 www.cedubook.com에서 다운로드 가능합니다.

1. 어휘리스트

2. 어휘테스트

3. 챕터별 응용문제

4. 예문 해석/영작 연습지

5. MP3 파일

교사용 추가 문제

수업용 PPT

* **교사용 부가서비스**
교강사 여러분께는 이외에도
교사용 추가 문제 및 수업용 PPT를 제공해드립니다.
(교강사용 파일 및 신청 문의: book@ceduenglish.com)

일러두기

* 기본 사항

S 주어 **V** 동사 **C** 보어 **O** 목적어 (**IO** 간접목적어, **DO** 직접목적어) **M** 수식어 **A** 부사적 수식어 **to-v** to부정사
v-ing 동명사 또는 현재분사 **p.p.** 과거분사 **v** 동사원형 또는 원형부정사 **＝** 동의어, 유의어 **↔** 반의어 **( )** 생략가능 어구
/, // 끊어 읽기 표시구

* 구조 이해를 돕는 추가 기호들

● 선행사가 원래 위치했던 자리 **S'** 종속절의 주어 **V'** 종속절의 동사 **O'** 종속절의 목적어 **C'** 종속절의 보어
[ ] 앞의 명사(또는 선행사)를 수식하는 준동사구, 형용사구, 관계사절

Contents

<권두부록> 용어정리

CHAPTER 1   020
›› 기본 문장 형식

Unit 01 SV   022

Unit 02 SVC   024

Unit 03 SVO   026

Unit 04 SVOO   028

Unit 05 SVOC   030

CHAPTER 2   036
›› 동사의 시제

Unit 06 단순시제와 미래표현   038

Unit 07 현재완료   040

Unit 08 과거완료, 미래완료   042

Unit 09 진행형   044

CHAPTER 3   050
›› 동사의 태

Unit 10 수동태의 이해   052

Unit 11 SVOO, SVOC문형의 수동태   054

Unit 12 주의해야 할 수동태   056

CHAPTER 4   062
›› 문장의 확장 I

Unit 13 등위절   064

Unit 14 명사절 I   066

Unit 15 명사절 II   068

Unit 16 부사절   070

CHAPTER 5   076
›› 문장의 확장 II

Unit 17 관계대명사   078

Unit 18 that vs. what   080

Unit 19 관계대명사의 심화 이해   082

Unit 20 관계부사   084

Unit 21 복합관계사   086

CHAPTER 6   092
›› 문장의 축약 I

Unit 22 to부정사/동명사 기본 역할   094

Unit 23 to부정사/동명사 목적어   096

Unit 24 to부정사 기본 용법(형/부 중심)   098

Unit 25 to부정사/동명사 관용표현   100

CHAPTER 7   106
»문장의 축약 II

Unit 26 분사의 이해   108

Unit 27 분사구문   110

Unit 28 동사와 준동사   112

Unit 29 준동사의 의미상 주어, 태, 시제   114

Unit 30 동사와 목적격보어   116

CHAPTER 8   122
»조동사와 가정법

Unit 31 조동사의 의미   124

Unit 32 조동사의 심화 이해   126

Unit 33 if 가정법   128

Unit 34 기타 가정법 구문   130

CHAPTER 9   136
»품사

Unit 35 명사, 관사   138

Unit 36 대명사 I   140

Unit 37 대명사 II   142

Unit 38 형용사, 부사   144

Unit 39 전치사   146

CHAPTER 10   152
»구문

Unit 40 원급, 비교급   154

Unit 41 비교구문의 심화 이해   156

Unit 42 최상급   158

Unit 43 도치, 강조   160

Unit 44 생략, 삽입, 동격   162

<책속책> 정답 및 해설

용어정리 _{권두부록}　〈문법의 골든룰 101〉 더 쉽게 이해하기

INDEX

ㄱ

가목적어 it	012
가주어 it	012
간접목적어	009
감각동사	010
고유명사	011
과거분사	014
관계대명사	013
관계부사	013
구	018
구동사	015

ㄷ

대명사	012
동명사	019
동사	014
등위접속사	017

ㅁ

명사	011
명사구	012
명사절	018
목적격보어	009
목적어	009
물질명사	011

ㅂ

보어	009
보통명사	011
부사	016
부사구	018
부사절	019
부정대명사	013
부정사	019
분사	019
불완전한 구조	011

ㅅ

사역동사	010
서술적 용법	016
선행사	013
셀 수 없는 명사	011
셀 수 있는 명사	011
수식어	009
수여동사	010
술어동사	009

ㅇ

완전한 구조	011
원형부정사	019
의문대명사	013
의문부사	013
의문형용사	013
인칭대명사	012

ㅈ

자동사	010
전명구	016
전치사	017
절	018
접속사	017
조동사	015
종속절	018
종속접속사	017
주격보어	009
주부와 술부	009
주어	009
주절	017
준동사	019
지각동사	010
지시대명사	013
진목적어	012
진주어	012
직접목적어	009
집합명사	011

ㅊ

추상명사	011

ㅌ

타동사	010

ㅎ

현재분사	014
형용사	015
형용사구	018
형용사절	018

주부와 술부

문장은 대개 '~은 …이다', 또는 '~가 …하다'의 형식을 취한다. 여기서 '~은, ~가'에 해당하는 부분을 주부라고 하고, '…이다, …하다'에 해당하는 부분을 술부라고 한다.

주부	술부
My head	aches.
The girl standing over there	is my sister.
Someone	gave me a present.
We	found the new movie very exciting.

문장의 주요소와 기본 문형

영어의 문장은 주어와 동사가 그 기본 요소이며, 동사의 의미와 성격에 따라 그 뒤에 목적어나 보어가 온다.

1. 문장의 주요소

(1) 주어(Subject = S)
주부의 중심의 되는 말로서, 명사 및 그 상당어구가 주어가 된다.

(2) (술어)동사(Verb = V)
술부의 중심이 되는 말로서 주어의 동작·상태를 나타낸다.

(3) 목적어(Object = O)
동사가 나타내는 동작이 가해지는 대상으로서, 명사 및 그 상당어구가 목적어가 된다.
목적어는 대부분 (대)명사이지만, to-v, v-ing(동명사), 명사절도 목적어로 쓰일 수 있다.
동사 중에는 '~에게'와 '…을'이라는 두 개의 목적어를 필요로 하는 것이 있는데, '~에게'로 해석되는 것이
간접목적어(Indirect Object = IO), '…을'로 해석되는 직접목적어(Direct Object = DO)이다.

(4) 보어(Complement = C)
주어의 의미를 보충하는 주격보어와 목적어의 의미를 보충하는 목적격보어가 있다. 보어 자리에는 원칙적으로 명사와 형용사가
온다.

(5) 수식어(Modifier = M)
수식어에는 명사를 꾸며주는 형용사적 수식어와 동사, 형용사, 다른 부사, 문장 전체를 꾸며주는 부사적 수식어가 있다.

2. 기본 문형 (☞ CHAPTER 1)

(1) S+V

My head aches. 내 머리가 아프다.
　S　　V

The weather suddenly changed. 날씨가 갑자기 바뀌었다.
　　S　　　　M　　　　V

(2) S+V+C

He **looks** angry. 그는 화가 난 것처럼 보인다.
<u>S</u> <u>V</u> <u>C</u>

The girl [standing over there] **is** my sister. 저기 서 있는 여자아이가 내 동생이다.
<u>S</u> <u>V</u> <u>C</u>

*standing over there는 주어 The girl을 수식하는 현재분사구 (☞ Unit 26)

(3) S+V+O

I **clean** my room twice a week. 나는 일주일에 두 번 내 방을 청소한다.
<u>S</u> <u>V</u> <u>O</u>

(4) S+V+IO+DO

Someone **gave** me a present. 누군가가 내게 선물을 주었다.
<u>S</u> <u>V</u> <u>IO</u> <u>DO</u>

(5) S+V+O+C

We **found** the new movie very exciting. 우리는 그 새 영화가 매우 흥미진진함을 알게 되었다.
<u>S</u> <u>V</u> <u>O</u> <u>C</u>

*자동사(Intransitive Verb): 위의 기본 문형의 동사 중에서 (1), (2)와 같이 목적어가 필요 없는 동사, 즉 동사가 나타내는 동작이 주어에만 미치는 동사를 말한다. 따라서 동사의 동작이 가해지는 대상인 목적어가 없어도 문장의 의미를 완전하게 만들 수 있다.

*타동사(Transitive Verb): (3) ~ (5)와 같이 동사의 동작이 가해지는 대상인 목적어를 필요로 하는 동사, 즉 목적어가 반드시 있어야 문장의 의미가 완전해지는 동사를 말한다. 대부분 동사는 목적어를 갖는 타동사로 쓰이기도 하고 자동사로 쓰이기도 하는데, 동사의 의미 차이가 조금씩 있다.

The glass **broke** into pieces. (깨지다: SV) 유리잔이 산산조각으로 깨졌다.
<u>S</u> <u>V</u>

My brother **broke** the window. (~을 깨뜨리다: SVO) 내 남동생이 창문을 깨뜨렸다.
<u>S</u> <u>V</u> <u>O</u>

*수여동사: 직접목적어(Direct object)와 간접목적어(Indirect object)를 필요로 하는 동사를 말하며 SVOO문형을 만든다.
e.g. give, bring, show, lend, send, offer, tell, buy, make, call, choose, ask 등

*감각동사: 감각을 통한 주어의 상태를 나타내는 동사로, look, taste, smell, feel, sound가 여기에 속한다. SVC문형을 만든다.

*사역동사: 의미상 '~가 …하게 하다'란 뜻을 나타내는 동사를 가리키는데, 목적격보어 자리에 to가 없는 부정사(원형부정사)를 취하는 동사 make, let, have에 한한다.

*지각동사: 의미상 지각이나 감각적 행위를 나타내며 SVOC 문형에서 목적격보어 자리에 to가 없는 부정사(원형부정사)를 취하는 동사 feel, hear, notice, observe, see를 가리킨다.

*문장 필수 성분: S, V, O, C와 같이 문장의 의미가 완전해지는 데 꼭 필요한 성분을 말한다.
수식어(M)는 문장 필수 성분이 아니다.

*(불)완전한 구조: 의미가 완전한 문장을 만들기 위해 갖춰야 하는 문장 필수 성분이 하나라도 빠진 것을 불완전한 구조라 하고,
다 갖춰진 것은 완전한 구조라 한다. 아래의 예문들은 모두 불완전한 구조이다.
My brother is. (X) (is의 보어가 필요) → My brother is **a magician**. 나의 형은 마술사이다.
Don't blame. (X) (blame의 목적어가 필요) → Don't blame **me**. 나를 탓하지 마.

명사 (Noun) (☞ Unit 35)

사람이나 사물, 장소 등을 가리키는 이름이다.

1. 명사의 분류

셀 수 있는 명사(Countable Noun)와 셀 수 없는 명사(Uncountable Noun)로 나뉜다.

셀 수 있는 명사	보통명사	수가 많은데 공통된 이름으로 부를 수 있는 명사 girl, book, tree, teacher, month, year 등
	집합명사	여러 개체가 모여서 하나의 집합체를 이룬 명사 audience, committee(위원회), crowd, family, nation 등
셀 수 없는 명사	고유명사	장소, 사람, 기타 사물에 주어진 특정한 명칭 Korea, Seoul, April, Sunday, Columbia University 등
	물질명사	재료, 액체, 기체 등을 나타내는 명사 metal, wood, paper, glass, sugar, butter, flour, water, air, gas 등
	추상명사	추상적 의미를 나타내는 명사 kindness, happiness, honesty 등

2. 문장 성분으로서의 명사의 역할 (☞ CHAPTER 1)

명사는 문장에서 주어, 목적어, 보어의 역할을 한다.

(1) 주어

Strawberries are my favorite. 딸기는 내가 가장 좋아하는 과일이다.

(2) 목적어

Russians traditionally give **flowers** on birthdays. 러시아인들은 생일날 전통적으로 꽃을 선물한다.

(3) 보어

We became **friends**. 우리는 친구가 되었다.

3. 그 외 명사의 역할을 하는 것: 명사구

(1) to부정사

The only way to keep a secret is **to say nothing**. (보어) 비밀을 지키는 유일한 방법은 아무 말도 하지 않는 것이다.
　　　　　　　　　　　　 S　　　　　 V　　 C

(2) 동명사

I don't enjoy **watching television**. (목적어) 나는 TV 보는 것을 즐기지 않는다.
S　　 V　　　　　　　　 O

(3) 의문사+to-v

He will tell you **what to do next**. (직접목적어) 그가 네게 다음으로 무엇을 해야 할지 알려줄 거야.
S　 V　 IO　　 DO

대명사 (Pronoun) (☞ CHAPTER 9)

명사(구)를 대신해서 쓰이는 말이다.
명사와 마찬가지로 문장에서 주어, 보어, 목적어가 된다.
인칭대명사, 지시대명사(this, that 등), 부정대명사, 의문대명사, 관계대명사 등이 있다.

1. 인칭대명사

수 격 etc. 인칭·성	단수형					복수형				
	주격	소유격	목적격	소유대명사	재귀대명사	주격	소유격	목적격	소유대명사	재귀대명사
1	I	my	me	mine	myself	we	our	us	ours	ourselves
2	you	your	you	yours	yourself	you	your	you	yours	yourselves
3 남성	he	his	him	his	himself					
3 여성	she	her	her	hers	herself	they	their	them	theirs	themselves
3 중성	it	its	it		itself					

*it, they, them은 '사물'을 나타내기도 하지만 보통 인칭대명사에 포함시킨다.

*가주어와 가목적어로 쓰이는 it

다음 문장에서 it은 주어 또는 목적어의 자리를 형식상 차지할 뿐, 구체적인 의미를 갖지 않는다. 이와 같은 it을 가주어 또는 가목적어라고 부른다. 이때 it은 부정사구 및 절을 대신할 수 있다.

To help people in need is important. 어려움에 처한 사람들을 돕는 것은 중요하다.

→ **It** is important to help people in need.
　 가주어　　　　　　　 진주어

It is true that health is above wealth. 건강이 재산보다 위에 있다는 것은[중요하다는 것은] 진실이다.
가주어　　　 진주어

I found **it** difficult to finish the work. 나는 그 일을 끝내는 것이 어렵다는 것을 알았다.
　　 가목적어　　　 진목적어

2. 지시대명사

지시대명사는 this/these와 that/those를 가리킨다.

this picture와 that car에서처럼 명사 앞에서 지시형용사로도 많이 쓰인다.

(1) 공간적으로 this는 화자 쪽에 가까운 사람이나 사물을 가리킬 때, that은 화자 쪽에서 먼 사람이나 사물을 가리킬 때 쓰인다.

(2) this와 that은 앞에 나왔던 절 또는 문장의 내용을 가리킬 수 있다.

David was late for the meeting. **This[That]** made his boss very upset.
데이비드는 회의에 늦었다. 이것[그것]은 그의 상사를 매우 화나게 만들었다.

(3) that/those는 앞에 나온 명사의 반복을 피하기 위한 대명사로 쓰인다.

The climate of this country is like **that** of Vietnam. 이 나라의 기후는 베트남의 기후와 비슷하다.

3. 부정대명사

가리키는 것이 불특정한, 즉 일반적인 것일 때 쓴다. one, other, another, some, all, both, each, either, neither, none, any, somebody, something, anybody, anything 등이 있다. 부정대명사는 명사 앞에서 부정형용사로도 많이 쓰인다.

4. 의문대명사

의문을 나타내는 대명사이다.

who(whose, whom), what, which가 있다. what, which, whose는 의문형용사로도 쓰인다.

Who is the man next to Kate? 케이트 옆에 있는 남자는 누구니?

*의문형용사: 형용사적으로 쓰이는 의문사이다.

Which *singer* do you like best? 너는 어느 가수를 가장 좋아하니?

Whose *book* is this? 이 책은 누구 거야?

*의문부사: 시간, 장소, 방법, 이유 등을 묻는 데 쓰이는 부사이다. when, where, how, why가 있다.

When did he go? 그는 언제 갔어?

5. 관계대명사 (☞ CHAPTER 5)

관계대명사는 두 문장을 연결하는 접속사의 역할을 겸한 대명사이다.

I met a teacher. +She(= The teacher) can speak three foreign languages.

→ I met a teacher who can speak three foreign languages. 나는 3개 국어를 할 수 있는 선생님 한 분을 만났다.

위 문장에서 관계사절의 수식을 받는 명사(구)인 a teacher를 '선행사'라고 부른다. 관계사절 앞의 주절에 나온 명사(구) 중, 문맥상 관계사절이 수식해 주는 것을 찾는다.

*관계부사 (☞ CHAPTER 5)

관계부사는 두 문장을 연결하는 접속사와 부사구를 겸한 기능을 갖는다.

This is an office. + My dad works at the office.

→ This is the office where my dad works. 이곳은 아빠가 일하시는 사무실이다.

동사 (Verb)

주어의 '동작, 상태'를 나타낸다.

1. 동사의 형태

동사는 인칭, 수, 시제, 법, 태를 구별하여 나타내기 위해 다음과 같은 다섯 가지 형태를 갖는다.

(1) 원형

동사의 가장 기본이 되는 형태를 말한다. (e.g. play, work, do, have, be)

동사(의) 원형, 원형동사, 동사의 기본형, 때로는 원형부정사라고도 한다.

1) 현재시제: I **get** up at 7 every morning. 나는 매일 아침 7시에 일어난다.

2) 명령문: **Sit** down. 앉아.

3) 조동사 뒤: I can **speak** English. 나는 영어를 말할 수 있다.

4) 사역동사+목적어+목적격보어(동사원형): The smell of the garbage made me **feel** sick. 쓰레기 냄새는 내가 구역질이 나게 만들었다.

5) 지각동사+목적어+목적격보어(동사원형): I saw them **come** out of a store. 나는 그들이 한 상점에서 나오는 것을 보았다.

(2) 현재형

주어가 3인칭 단수이며 현재시제일 때는 대개 원형에 -(e)s를 붙이며, be동사를 제외한 다른 경우에는 모두 원형을 쓴다.

She often **goes** to the movies. 그녀는 자주 영화를 보러 간다.

(3) 과거형

보통은 원형에 -ed를 붙여 만든다.

1) 과거시제: I **visited** Busan with my family. 나는 가족과 함께 부산을 방문했다.

2) 가정법 과거: If I **had** enough time, I **would** spend more time with you. 내게 충분한 시간이 있다면, 너와 더 많은 시간을 함께 보낼 텐데.

(4) p.p.형 (과거분사)

보통은 원형에 -ed를 붙여 만든다. 수동태나 완료형 또는 분사구문을 만들거나, 명사를 수식하는 역할을 한다.

1) 완료형: I've **visited** this place once before. 나는 전에 여기에 한 번 와본 적이 있다.

2) 수동형: I was **given** some concert tickets. 나는 콘서트 표 몇 장을 받았다.

(5) v-ing형 (현재분사, 동명사)

v-ing라고 나타내기도 하며, 보통은 원형에 -ing를 붙여 만든다. 동명사와 현재분사 둘 다 형태가 같다. 현재분사는 진행형 또는 분사구문을 만들거나 명사를 수식하는 역할을 하기도 하고, 동명사는 명사와 같은 역할을 하기도 한다.

1) 진행형: She's **studying** for her exams. 그녀는 시험을 위해 공부하는 중이다.

2) 분사구문: **Getting** up early, I arrived on time. 일찍 일어나서, 나는 제시간에 도착했다.

3) 동명사: **Getting** up early on Sunday is not easy. 일요일에 일찍 일어나는 것은 쉽지 않다.

2. 동사의 수

주어가 단수일 때는 단수동사, 복수일 때는 복수동사를 쓴다.

단수동사로는 is, has, does, 동사의 -(e)s형 등을 쓰고 복수동사에는 are, have, do, 원형 등을 쓴다.

3. 동사의 여러 명칭
어떤 맥락에서 쓰였는가에 따라 각기 달리 부른다.

(1) 일반동사
be 동사나 조동사가 아닌 동사를 일반동사라 한다. e.g. like, help, buy 등

(2) 본동사 (Main Verb)
동사구에서 가장 핵심적인 의미를 전달하는 것으로 주로 조동사에 의해 의미가 보충되는 동사를 말한다.
Don't **worry**. You can **trust** me. 걱정 마세요. 저를 믿어도 돼요.

*조동사 (☞ CHAPTER 8)
조동사는 본동사를 도와 본동사만으로는 나타내기 어려운 문법형식과 의미를 나타낸다.

의문문, 부정문	do
진행형	be
완료형	have
수동태	be
가능, 허가, 의무, 추측 등	can/could, may/might, must, will/would, should 등

구동사 (Phrasal Verb)

동사가 부사 또는 전치사와 합쳐서 단일형의 동사와 비슷한 의미와 기능을 갖는 동사(e.g. find out = discover)를 구동사라고 한다. 자동사와 비슷한 기능을 갖는 구동사도 있고, 목적어를 필요로 하는 타동사와 비슷한 기능을 하는 구동사도 있다.
I **get up** early in the morning. 나는 아침에 일찍 일어난다.
The plane has now **taken off**. 그 비행기는 지금 막 이륙했다.
Please **turn on** the air conditioner. 에어컨 좀 켜주세요.
　　　　 V 　　　　 O

목적어를 취하는 구동사는 수동태로 나타낼 수도 있다. (☞ CHAPTER 3)
The problem **will be dealt with** first. 그 문제는 첫 번째로 다뤄질 것이다.
(← We will deal with the problem first.)

형용사 (Adjective)

1. 역할
(1) (대)명사 수식: (대)명사를 앞이나 뒤에서 수식, 즉 묘사하고 의미를 한정해주는 역할
a **happy** *child*, a **red** *rose*, a **close** *friend* 행복한 아이, 빨간 장미, 친한 친구
I have *nothing* **special** to say. 저는 특별히 할 말이 없습니다.

(2) 보어 역할(서술적 용법): 주어나 목적어의 의미를 보충 설명하는 보어 역할

I was **happy**. (주격보어) 나는 행복했다.

Her behavior really made him **angry**. (목적격보어) 그녀의 행동은 정말로 그를 화나게 만들었다.

2. 그 외 형용사의 역할을 하는 것

(1) to부정사

I just want *something* **to eat**. (명사 수식) 나는 단지 뭔가 먹고 싶어.

(2) 현재분사

Some aromas have a **relaxing** *effect* on the body. (명사 수식) 어떤 향기는 신체에 진정시키는 효과를 나타낸다.

(3) 과거분사

The **fallen** *leaves* are spread all over the garden. (명사 수식) 낙엽이 뜰에 널려 있다.

(4) 전명구 (전치사+명사(구))

The flowers **in the garden** are roses and lilies. (명사 수식) 정원에 있는 꽃들은 장미와 백합이다.

(5) 관계사절 (☞ CHAPTER 5)

Pain is *a lesson* **which will help you grow**. (명사 수식) 고통은 당신이 성장하게 도와주는 교훈이다.

부사 (Adverb)   (☞ Unit 38)

1. 역할

주로 동사, 형용사를 수식하며 다른 부사나 문장 전체를 수식하기도 한다. 주로 시간, 장소, 방법(slowly, carefully 등), 정도 (very, almost 등), 빈도(often, usually, always 등) 등을 의미한다.

2. 그 외 부사의 역할을 하는 것

(1) to부정사

We *eat* **to live**, not *live* **to eat**. (동사 수식) 우리는 먹기 위해 사는 것이 아니라, 살기 위해 먹는다.

This product is *convenient* **to use**. (형용사 수식) 이 제품은 사용하기 편리하다.

To be frank with you, *I don't like him*. (문장 전체 수식) 솔직히 말하면 나는 그를 좋아하지 않는다.

(2) 전명구

He *died* **at the age of ninety**. (동사 수식) 그는 90세의 나이로 세상을 떠났다.

(3) 분사구문 (☞ Unit 27)

Not knowing what to do, *I asked her for some advice*. (문장 전체 수식) 무엇을 해야 할지 몰라서, 나는 그녀에게 조언을 구했다.

전치사 (Preposition) (☞ Unit 39)

1. 의미

전(前)치사는 명사(구) 앞에 위치하여, 그 명사(구)와 전치사 앞에 나오는 다른 어구와의 관계를 밝혀준다. 전치사 다음에 위치하는 명사(구)를 목적어로 취하여 시간, 장소, 방향 등을 나타낸다.

in the kitchen, **on** the wall, **at** ten o'clock 부엌에서, 벽에, 열 시 정각에

2. 역할

전치사와 목적어는 전명구를 만들며, 문장 안에서 형용사나 부사의 역할을 한다.

A picture **on the wall** caught my eyes. 벽에 걸린 사진 하나가 내 눈길을 끌었다.
└─ 앞의 명사를 수식하는 형용사 역할

They're hanging a painting **on the wall**. 그들은 벽에 그림을 걸고 있는 중이다.
└─ 동사를 수식하는 부사 역할

접속사 (Conjunction) (☞ CHAPTER 4)

1. 역할

접속사는 단어와 단어, 구와 구, 절과 절을 연결하는 기능을 갖는다.

2. 종류

등위접속사와 종속접속사로 나뉜다.

(1) 등위접속사 (and, but, or 등)

단어와 단어, 구와 구, 절과 절을 '대등하게' 연결하는 접속사를 등위접속사라고 한다.

이때 등위접속사로 연결되는 단어나 구는 문법적으로 같은 형태여야 하는데, 이를 '병렬구조'라고 한다.

기출 어법 문제에서 출제 빈도가 높은 포인트이다.

My hobbies are **listening** to music |**and**| **reading** books. 내 취미는 음악 감상과 독서이다.
           동명사구   동명사구

(2) 종속접속사

주절과 종속절을 연결하는 접속사를 종속접속사라고 한다.

종속접속사가 이끄는 절은 문장에서 명사(주어, 목적어, 보어) 역할, 부사 역할을 한다.

종속절만으로는 완전한 문장이 아니며, 문장의 주(主)가 되는 주절이 반드시 있어야 한다.

I believe **that she is innocent**. 나는 그녀가 결백하다는 것을 믿는다.
        명사절: 목적어

I can't eat peaches, **because I am allergic to them**. 나는 복숭아에 알레르기가 있어서 그것을 먹지 못한다.
                  부사절: 이유를 나타냄

구와 절 (Phrase & Clause)

1. 구

둘 이상의 단어가 모여서 명사, 형용사, 부사 등 하나의 품사 구실을 하는 어구를 '구'라고 한다.

(1) 명사구: ~하는 것, ~인 것

문장에서 명사 역할을 하는 구이다. 즉, 주어, 목적어, 보어 역할을 하는 구를 말한다.

(2) 형용사구: ~하는, ~인

문장에서 형용사 역할을 하는 구이다. 즉 문장에서 명사인 주어, 목적어, 보어를 수식해주거나 그 자신이 보어가 된다.

(3) 부사구

문장에서 부사 역할을 하는 구이다. 문장에서 동사나 형용사, 다른 부사 또는 문장 전체를 수식한다.

2. 절

'주어+동사'를 포함하면서 문장의 일부가 되는 것을 말한다.

(1) 등위절

등위접속사 and, but, or 등으로 대등하게 연결되는 절을 말한다.

I was sick │ and │ **(I) took some medicine.** 나는 아파서 약을 먹었다.

(2) 종속절

1) 명사절 (☞ CHAPTER 4)

문장에서 명사 역할, 즉 주어, 보어, 목적어가 되는 종속절이다. 즉, 문장의 필수성분인 주어(S), 목적어(O), 또는 보어(C)에 해당하므로 명사절을 생략하면 완전한 문장이 될 수 없다.

명사절을 이끄는 종속접속사에는 that, whether[if]가 있고, 관계대명사 what, 그리고 의문사 who, why, what, which 등이 있다.

Tom discovered **that his friend was in trouble.** (목적어) 톰은 친구가 어려움에 처해 있다는 것을 알게 되었다.
 S V   O

What I want to say is **that I'm sorry about what happened yesterday.** (주어, 보어)
   S   V   C

내가 하고 싶은 말은 어제 일어난 일에 대해 미안하다는 거야.

위 문장에서는 관계대명사 what이 이끄는 명사절(What ~ say)이 주어, 접속사 that이 이끄는 명사절이 보어로 쓰였다. that절 내에 있는 관계대명사 what이 이끄는 명사절은 전치사 about의 목적어로 쓰였다.

2) 형용사절 (☞ CHAPTER 5)

(대)명사를 수식하는 형용사의 역할을 하는 종속절을 말하며, 관계대명사와 관계부사가 이끈다.

This is *the book* **which I bought yesterday.** 이것은 내가 어제 구입한 책이다.

This is *the place* **where I was born.** 이곳은 내가 태어난 장소이다.

3) 부사절 (☞ CHAPTER 4)

부사절은 문장 속에서 부사의 역할을 하는 종속절이다. 부사절을 이끄는 접속사는 시간, 이유, 목적, 결과, 조건, 양보 등의 의미를 나타낸다.

준동사 (Verbal) (☞ CHAPTER 6, 7)

준동사는 보어나 목적어를 취할 수 있고, 부사의 수식을 받으며 완료형과 수동형을 만들 수 있다. 그러나 주어의 인칭과 수에 따라 어형이 변하지 않으며, 완전한 문장을 만드는 데 필수적인 술어동사가 되지 못한다.

동사에서 나온 것이지만 문장에서 명사, 형용사, 부사의 역할을 한다.

to부정사(원형부정사), 분사, 동명사가 있다.

1. to부정사(원형부정사)

동사의 원형 앞에 to를 붙인다. to 없이 동사의 원형이 부정사로 쓰이기도 한다.

(1) 명사 역할: 문장에서 주어, 목적어, 보어로 쓰인다.

(2) 형용사 역할: 앞에 나오는 명사(구)를 수식한다.

(3) 부사 역할: 동사, 형용사 등을 수식하여 목적, 결과, 이유 등을 나타낸다.

2. 분사

현재분사(v-ing)와 과거분사(p.p.)가 있다. 명사를 앞이나 뒤에서 수식하는 형용사 역할을 하고, 주격보어와 목적격보어가 될 수 있으며, 분사구문을 만든다.

3. 동명사

형태는 현재분사(v-ing)와 같다. 문장에서 주어, 보어, 목적어로 쓰이며, 전치사의 목적어 역할을 하기도 한다.

CHAPTER 1

기본 문장 형식

✓ **기본 문장 형식을 학습하는 것이 왜 중요한가?**

기본 문장 형식을 통해 자연스레 익히게 되는 각 요소들(S, V, O, C)의 문장 내 배열 순서는
영어 학습에 있어서 매우 중요하다.

선생님께서 그 학생에게 수수께끼를 내셨다.
　　　①　　　　　②　　　　　③

우리말은 조사(께서, 에게, 를 등)가 있어서 위의 ①(주어), ②, ③은 서로 어느 자리에 두어도 소소한 차이는 있을지언정
의미가 통한다. (e.g. 그 학생에게 선생님께서 수수께끼를 내셨다.)

영어는 조사가 없으므로 각 요소의 배열 순서로 이를 해결한다. 예를 들어, 맨 앞에 나온 것은 주어, 그 뒤는 동사,
그 뒤는 간접목적어, 마지막은 직접목적어의 식으로 이미 정해진 순서를 따라야 의미가 통한다.
이를 뒤바꾸어서는 문장이 성립하지 않거나 문장이 성립해도 전혀 다른 의미가 될 수 있다.

The teacher told the student a riddle. 선생님께서 그 학생에게 수수께끼를 내셨다.

The teacher the student a riddle told. (X)
The teacher told the teacher a riddle. (O) 그 학생은 선생님께 수수께끼를 냈다.

따라서 문형 학습을 통해 영어 문장을 이루는 각 요소의 올바른 순서를 알고 지킬 수 있게 된다.

Unit 1	SV
Unit 2	SVC
Unit 3	SVO
Unit 4	SVOO
Unit 5	SVOC

✔ 기본 문장 형식이란?

영어에는 총 다섯 가지*의 기본 문장 형식(문형)이 있다.

이를 좀 더 쉽게 이해하기 위해, 먼저 문장을 아래 표와 같이 두 부분으로 나눠 보자.
문장은 대개 '~은 ~하다'의 의미 구조를 이룬다.
('~은'에 해당하는 부분을 주부(主部), '~하다'라는 부분을 술부(述部)라 한다.)

~은(주부)	~하다(술부)
The little boy	**cried**.
I	**enjoyed** the party.
Dad	**read** me a story.

이 두 가지 부분 중 '술부'가 어떻게 이루어졌느냐에 따라 문형이 구분된다.

술부의 중심이자 시작은 '동사(cried, enjoyed, read)'인데, The little boy **cried**.처럼 술부에 동사만 있어도
의미가 완전한 문장(SV)과 그렇지 못해서 다른 요소들이 뒤따라 나와 줘야 하는 것들(SV**C**, SV**O**, SV**OO**, SV**OC**)이 있다.
이렇게 딸려 나오는 요소들의 성격이 달라서 총 다섯 가지의 기본 문장 형식으로 구분하는 것이다.

I enjoyed (?). ⟶ **I enjoyed** the party. (SV**O**)
나는   즐겼다.   (무엇을?)

Dad read (?) (?). ⟶ **Dad read** us a story. (SV**OO**)
아빠는   읽어주셨다.   (누구에게? 무엇을?)

⚑ CHAPTER GOALS

1 동사의 의미에 따라 문형을 구분하라.
2 술부 요소들의 성격 및 순서를 파악하라.

다섯 가지* SVA, SVOA의 두 가지 문형을 더하여 일곱 가지로 분류하기도 한다. (☞ **Unit 1, Unit 3 Further Note**)
부사(구)(A) 없이는 완전한 문장을 만들지 못하는 유형의 문장들을 또 하나의 독립된 문형으로 인정한 경우이다.

1 기본 형태

My head aches.
S(~은/는/이/가) V(~하다)

주어(S) 뒤에 동사(V)만 나와도 문장의 의미가 완전하다.
동사(V) 뒤에 부사(구)는 올 수 있지만, 명사나 형용사가 뒤따른다면 SV문형이 아니다.

＊다음 굵게 표시된 V는 모두 앞의 S만으로도 의미가 완전한 문장을 만든다. 해석하면서 확인해 보자.

01	Dolphins **appeared** near the shore.	(appear: 나타나다)
02	A traffic accident **occurred**.	(occur: 일어나다, 발생하다)
03	I'm **arriving** soon.	(arrive: 도착하다)
04	Snow **was falling** heavily.	(fall: 떨어지다)
05	The suspect eventually **ran away**.	(run away: 도망가다)
06	Age **doesn't matter** in learning.	(matter: 중요하다, 문제가 되다)
	cf. This is a very important *matter*.	(matter: 명 문제, 일)
07	Honesty **counts** in friendship.	(count: 중요하다)
	cf. Count the plates on the table.	(count: 수를 세다)
08	My keyboard **isn't working** again.	(work: 작동하다)
	These cold pills **don't work**.	(work: 효과가 있다)
	cf. I *work* part-time at the restaurant.	(work: 일하다; 공부하다)
	I have some *work* to do.	(work: 명 일; 직업, 직장)
09	One piece of cake **will do** for me.	(do: 적절하다, 충분하다)
	cf. He *does* his work without complaining.	(do: (행동, 일 등을) 하다)
10	Kindness **will pay** in the end.	(pay: 수지맞다, 이득이 되다)
	cf. I'll *pay* for the tickets.	(pay: 지불하다)

Further Note

SV vs. SVA

The next train will **be** at 4:30 p.m. 다음 기차는 오후 4시 30분에 **있을** 것이다.
$\underline{}$ S V A

It was an amazing ceremony and fortunately I **was** there. 그것은 엄청난 행사였는데 다행히 나는 그곳에 **있었다.**
 S V A

부사구는 수식어구이므로, 원칙적으로는 없더라도 문장의 의미가 완전해야 한다. 그런데 SV 문형의 동사 중에는 시간, 장소를 나타내는 부사적 어구(Adverbial phrase)가 있어야 문장의 의미가 완전해지는 것이 있다. e.g. be(있다), stand(서 있다), live(살다), stay(머무르다) 등

---

1 머리가 아프다. **01** 돌고래들이 해안가에 나타났다. **02** 교통사고가 일어났다. **03** 나는 곧 도착해. **04** 눈이 펑펑 내리고 있었다. **05** 그 용의자는 결국 도망쳤다. / suspect 용의자 / eventually 결국 (= in the end) **06** 나이는 배움에 있어서 문제가 되지 않는다. *cf.* 이것은 매우 중요한 문제이다. **07** 솔직함은 우정에 있어서 중요하다. *cf.* 식탁 위에 있는 접시 수를 세어 봐. **08** 내 키보드가 또 작동하지 않는다. / 이 감기약은 효과가 없다. *cf.* 나는 식당에서 시간제로 일한다. / 나는 할 일이 좀 있다. **09** 저는 케이크 한 조각이면 충분해요. *cf.* 그는 불평하지 않고 자신의 일을 한다. **10** 친절함은 결국에는 이득이 된다. *cf.* 푯값은 내가 낼게.

Golden Rule

SV문형 파악하기

주어, 동사만으로 문장 의미가 완전한지 확인하고 V 뒤가 부사(구)인지 확인한다.

Application Exercises

A 개념 다음 각 문장의 동사를 찾아 밑줄을 친 후, 그 의미를 빈칸에 쓰고 SV문형에 해당하면 O, 해당하지 않으면 X로 표시하시오. (단 동사원형의 의미를 쓸 것)

01 Behavior change doesn't occur overnight. _____

02 The yoga lesson for beginners starts at 10 a.m. _____

03 Two good things happened to me at the same time. _____

04 The sky became dark suddenly. _____

05 Many people in red T-shirts are cheering in the stadium.

_____

06 We enjoyed our time in New York. _____

07 Sarah usually gets up early for breakfast. _____

08 The bus from Busan arrives at three p.m. _____

09 All the fruit fell from the tree during the strong winds.

_____

10 My family sat down under the tree for lunch. _____

SV문형으로 쓰일 때 동사 의미 파악하기

우선 V로 쓰인 것이 맞는지, 맞다면 문장 형식과 문맥을 확인하여 알맞은 의미를 적용해야 한다. 특히 matter, count, work, do, pay 등과 같은 동사가 SV문형으로 쓰일 때 의미에 주의하여 해석한다.

B 독해 밑줄 친 부분의 뜻을 <보기>에서 골라 번호를 쓰시오. (중복 선택 가능)

> 보기   ① 문제   ② 작동하다   ③ 공부하다   ④ 수를 세다
> ⑤ 중요하다   ⑥ 이득이 되다   ⑦ 지불하다

01 Climbing the stairs instead of riding the escalator <u>counts</u> for your daily exercise. [모의응용]

02 Hard work always <u>pays</u> in the long run.

03 When you give a gift to others, it doesn't have to be expensive. The thought <u>matters</u>, not the cost.

04 He <u>worked</u> hard in college and graduated last month.

05 <u>Count</u> your change and make sure it is right.

06 Sometimes the air conditioner and the CD player in my car don't <u>work</u>. [모의응용]

A overnight 밤사이에, 하룻밤 동안 / **beginner** 초보자 **B escalator** 에스컬레이터 / **in the long run** 결국에는 / **change** 거스름돈 / **make sure (that)** ~을 확인하다

1 기본 형태

> **Both of them are my best friends. (명사) / intelligent. (형용사)**
> S(~은/는/이/가) V(~이다) C

주어(S), 동사(V)만으로 문장의 의미가 완전하지 않다. '~이다'의 '~'에 해당하는 말이 뒤따라야 하는데 그것이 보어(C)이다. 이때의 보어(C)는 주어의 의미를 보충 설명하므로 주격보어라고 불리며, 명사일 때는 주어=보어, 형용사일 때는 주어의 성질이나 상태를 나타낸다.

＊다음은 모두 SVC문형의 문장들로서, 각각의 V는 이 문형을 만드는 동사의 대표격인 be(~이다)동사로 바꿔도 문장 전체의 의미가 통한다. 해석하면서 확인해 보자.

01	His proposal **appears[seems]** *acceptable*.	(appear, seem: ~인 것 같다, ~처럼 보이다)
02	I **feel** *responsible* for the accident.	(feel: ~한 느낌이 들다)
03	You **look** *different* with your new hairstyle.	(look: ~하게 보이다)
04	The milk **smells** *sour*.	(smell: ~한 냄새가 나다)
05	His story **sounds** *interesting*.	(sound: ~하게 들리다)
06	The dish **tasted** too *salty*.	(taste: ~한 맛이 나다)
07	The dog **was lying** *asleep* on the floor.	(lie: (~한 상태)인 채로 누워 있다)
08	She **kept** *quiet* all through breakfast.	(keep, remain, stay: (~한 상태)인 채로 있다)
09	The cause of the plane crash **remains** *a mystery*.	
10	The store **stays** *open* until midnight.	
11	Her name **became** *a legend* in art history.	(become, come, fall: ~으로[하게] 되다, ~해지다)
12	A button on my jacket **came** *loose*.	
13	I **fell** *asleep* on the bus.	
14	My plan **went** *wrong* from the start.	(go: (보통 나쁜 상태로) 되다)
15	I usually **get** very *nervous* before tests.	(get: (어떤 상태가) 되다)
16	Her eyes **grew** *big* with surprise.	(grow: ~해지다, 하게 되다)
17	The weather **turned** *cold* this week.	(turn: (~한 상태로) 변하다, ~되다[해지다])

> **어법 Plus** 형용사 자리 vs. 부사 자리
>
> The singer always *seems* | **confident** / confidently | on stage. 그 가수는 무대에서 항상 **자신감 있게 보인다**.
> S   V   C
>
> 보어는 명사인 주어의 의미를 보충 설명하므로 보어 역시 명사이거나, 주어의 상태나 성질을 설명할 수 있는 형용사(구)여야 한다.
> 우리말로는 부사처럼 '~하게, ~으로' 등과 같이 해석되더라도 보어 자리에 부사는 올 수 없다.

---

1 둘 다 나의 가장 친한 친구들이다. / 둘 다 똑똑하다. **01** 그의 제안은 꽤 받아들일 만해 보인다. / **proposal** 제안, 제의 / **acceptable** 받아들일 수 있는 **02** 나는 그 사고에 책임감을 느낀다. **03** 새로운 헤어스타일 때문에 네가 달라 보여. **04** 우유가 쉰 냄새가 난다. **05** 그의 이야기가 흥미롭게 들린다. **06** 그 요리는 너무 짰다. **07** 개가 바닥에서 잠이 든 채로 있었다. **08** 그녀는 아침 식사 내내 조용히 있었다. **09** 그 비행기 사고의 원인은 미스터리로 남아있다. **10** 그 가게는 자정까지 문을 연다. **11** 그녀의 이름은 미술사에서 전설이 되었다. **12** 내 재킷 단추 하나가 느슨해졌다. / **loose** 헐거운, 느슨한 **13** 나는 버스에서 잠이 들었다. **14** 내 계획은 시작부터 잘못되었다. **15** 나는 보통 시험 전에 매우 긴장하게 된다. **16** 그녀의 눈은 놀라서 커졌다. **17** 날씨가 이번 주에 추워졌다.

Golden Rule

✦ 003

SVC문형 파악하기

1. 주어, 동사만으로 문장 의미가 불완전한지 확인한다.

2. V 뒤가 명사나 형용사로서 주어의 의미를 보충 설명하는지 확인한다.

주의 ⚠

SV문형도 만들고 SVC문형도 만들 수 있는 다음 동사들에 주의

동사	SV	SVC
be	있다	~이다
appear	나타나다	~인 것 같다
look	보다	~처럼 보이다
remain	남다	~인 채로 있다
grow	자라다	~해지다
go	가다	~해지다
stay	머무르다	~인 채로 있다

✦ 004

형용사 vs. 부사 자리

-주어를 보충 설명하는 보어
➡ 형용사 자리

-동사 수식 ➡ 부사 자리

Application Exercises

A 개념 다음 각 문장의 동사를 찾아 밑줄을 친 후, 그 의미를 빈칸에 쓰고 SVC문형에 해당하면 O, 해당하지 않으면 X로 표시하시오. (단 동사원형의 의미를 쓸 것)

01 My father always remains calm in any difficult situation.

02 The public transportation in our area is really convenient.

03 The voice of the DJ sounds very smooth on the radio.

04 David left early for his business trip today.

05 In summer, food easily goes bad due to high temperatures.

06 By exchanging greetings, people become friendly.

07 My hair grew gray naturally due to stress.

08 The look on the doctor's face seemed serious.

B 어법 다음 중 어법상 적절한 표현을 고르시오.

01 The weather is getting [warm / warmly] this weekend.

02 The girl over there looks [familiar / familiarly] to me.

03 A dog appeared [sudden / suddenly] from behind the door.

04 Everybody in the theater kept [quiet / quietly] throughout the play.

05 The roses and tulips in my yard smell so [sweet / sweetly].

06 Delivery food often turns [cold / coldly] before it arrives.

07 Raindrops are falling [gentle / gently] on the ground.

08 This vegetable tastes [bitter / bitterly], but it is good for your health.

09 Jane looks [different / differently] from her twin sister.

10 The city grew [rapid / rapidly] with the new transportation system.

11 We felt [comfortable / comfortably] in the welcoming atmosphere of the hotel.

A transportation 수송, 운송 / due to A A 때문에 / greeting 인사 / look 표정; 보기 **B** throughout ~동안 죽[내내]; 도처에 / raindrop 빗방울 / welcoming 따뜻이 맞이하는 / atmosphere 분위기; (지구의) 대기

1 기본 형태

The writer wrote many short stories.
S(~은/는/이/가) V(v하다) O(~을)

주어(S)와 동사(V)만으로는 문장의 의미가 완전하지 않다. '~을 v하다'의 '~'에 해당하는, 즉 동작이 행해지는 대상인 목적어(O)가 필요하다. 목적어는 명사이며, 동작이 주어 자신에게 행해질 때(재귀대명사)를 제외하면 주어≠목적어이다. 목적어는 대부분 '~을, ~를'로 해석되지만, 우리말 의미가 자연스럽도록 '~와, ~에 대해, ~에, ~에서' 등으로도 해석되므로 목적어 앞에 불필요한 전치사를 붙이지 않도록 주의한다.

* 다음은 모두 SVO문형의 문장들로서, 굵게 표시된 V는 뒤에 목적어인 명사가 뒤따라야 문장 전체의 의미가 완전해진다. 목적어 해석에 유의하면서 확인해 보자.

01	We **need** *a little rest* from time to time.	우리는 때때로 약간의 휴식**이** 필요하다.
02	Please **don't bother** *me* at the moment.	지금은 저**를** 방해하지 말아 주세요.
03	I **resemble** ~~with~~ *my mother*.	나는 어머니**와** 닮았다.
04	I'll **marry** ~~with~~ *her* next year.	나는 내년에 그녀**와** 결혼할 것이다.
05	At our last meeting we **discussed** ~~about~~ *this matter*.	지난 회의에서 우리는 이 문제**에 대해** 논의했다.
06	She **answered** ~~to~~ *all my questions* kindly.	그녀는 내 모든 질문**에** 친절하게 대답했다.
07	The train **is approaching** ~~to~~ *its destination*.	기차가 목적지**에** 다가가고 있다.
08	Your choices **affect** ~~to~~ *the outcome of your life*.	당신의 선택이 인생의 결과**에** 영향을 미친다.
09	A variety of people **attended** ~~at~~ *the camp*.	다양한 사람들이 캠프**에** 참가했다.
10	A stranger **entered** ~~into~~ *the house next door*.	한 낯선 사람이 옆집**에** 들어갔다.

--- Further Note ---

SVO vs. SVOA

He *put* his hands **in his pockets**. 그는 **주머니에** 손을 넣었다.
　　S　V　O　　　　A
SVA문형에서처럼 시간, 장소를 나타내는 부사구(Adverbial phrase)가 있어야 문장의 의미가 완전해지는 것도 있다.
(**He put his hands.** (X) ← '어디'에 넣었는지 장소를 나타내는 부사구가 있어야 의미가 완전해짐)

2 혼동 동사　SV문형으로 쓰일 때의 의미와 철자를 잘 구분해야 한다.

lie(-lay-lain) 재 눕다; 놓여 있다 lie(-lied-lied) 재 거짓말하다 lay(-laid-laid) 타 놓다, 눕히다; (알을) 낳다	I **lay** on the floor of my room. (SV) She never **lies** to her friends. (SV) I **laid** *my mobile phone* on the table. (SVO)
rise(-rose-risen) 재 (떠)오르다, 상승하다 raise(-raised-raised) 타 올리다	The cost of living **rises** each year. (SV) A policeman **raised** *his hand*. (SVO)
sit(-sat-sat) 재 앉다 seat(-seated-seated) 타 앉히다	They **sat** on the bench for a break. (SV) The server **seated** *us* at a window table. (SVO)

1 그 작가는 많은 단편 소설을 썼다. 2 나는 내 방의 바닥에 누웠다. / 그녀는 친구들에게 절대로 거짓말하지 않는다. / 나는 휴대전화를 탁자 위에 놓았다. / 생활비가 매해 오른다. / 한 경찰관이 손을 들어 올렸다. / 그들은 휴식을 위해 벤치에 앉았다. / 종업원이 우리를 창가 쪽 자리에 앉혔다.

Golden Rule

✦ 005
SVO문형 파악하기
1. V 뒤가 명사(구)인지 확인한다.
   V 뒤가 명사(구)가 아니면 SVO문형이라 할 수 없다.
2. V 뒤 명사(구)가 주어와 동격의 개념인지 아닌지 확인한다.
➡ 주어와 동일(S=C)하면 SVC문형

✦ 006
SV문형과 SVO문형에 쓰이는 혼동 동사 구분
➡ 목적어의 유무로 구분
```
┌ lay(놓다, 눕히다)-laid-laid ┐
│ raise(올리다)              │
└ seat(앉히다)               ┘
```
                                    +목적어

주의 ⚠
SV문형에 쓰이는 lie(눕다; 놓여 있다)의 과거형(lay)과 SVO문형에 쓰이는 lay의 형태가 같으므로 혼동하지 않도록 주의한다.

✦ 007
S+V+~~전치사~~+O
SVO문형에서 목적어가 '~와, ~에' 등으로 해석될 때 불필요한 전치사를 붙이지 않도록 한다.

Application Exercises

A 개념 다음 각 문장의 동사를 찾아 밑줄을 친 후, 그 의미를 빈칸에 쓰고 SVO문형에 해당하면 O, 해당하지 않으면 X로 표시하시오. (단 동사원형의 의미를 쓸 것)

01 My father recently started a new business in China.

_____

02 A moderate amount of anxiety actually improves your performance.

_____

03 Our backpacking trip will remain a delightful memory.

_____

04 A responsible person keeps his promises well. _____

05 Jordan broke an expensive dish by mistake. _____

06 This room gets a lot of sunshine through the windows.

_____

B 어법 다음 중 어법상 적절한 표현을 고르시오.

01 John [lay / laid] a big piece of beef on the grill.

02 Exercise [rises / raises] body temperature by almost 1°C.

03 Stacy [sat / seated] her guests around the table.

04 Many people [lay / laid] on the grass for sunbathing.

05 Wash your hands before you [enter / enter into] the patient's room.

06 The symptoms of allergies often [resemble with / resemble] a common cold.

07 Lots of books and documents [lay / lied] on the table.

08 Temperatures will [rise / raise] during the daytime.

C 어법 다음 밑줄 친 부분이 어법상 맞으면 O, 틀리면 X로 표시하고 바르게 고치시오.

01 A news reporter <u>approached to</u> me for an interview.

02 These days, many young men <u>attend at</u> cooking classes.

03 The weather can <u>affect to</u> your mood and health.

A moderate 적당한, 적정한 / anxiety 불안, 염려; 열망 / performance 실적, 성과; 공연 / delightful 즐거운, 유쾌한 **B** grill 그릴, 석쇠 / sunbathing 일광욕 / symptom 증상 / allergy 알레르기 / document 서류, 문서 / daytime 낮 (시간), 주간 **C** mood 기분; 분위기

S V O O

1 기본 형태

My teacher gave me the courage.
S(~은/는/이/가) V(v해주다) IO(~에게)　DO(…을)

SVO를 이루는 동사 중에 '~을 v해주다'라는 의미 계열의 동사(give ~을 주다, buy ~을 사주다 등)는 받는 사람/사물(~에게)에 해당하는 정보를 「전치사+(대)명사」 형태의 부사구로 표현하는 경우가 많다.

My teacher *gave the courage* **to me**. (O)

그런데 동사 바로 뒤에 명사(구) 형태로 그러한 정보가 표현될 수 있는 것들이 있다. 그러한 문형이 바로 SVOO이다.

이때 동사 바로 뒤의 명사(구)는 동사의 동작이 간접적으로 미친다고 하여 간접목적어, 그 뒤의 명사(구)는 직접목적어라 한다.

＊다음은 모두 SVOO문형의 문장들이다. 해석하면서 <동사+목적어+부사구> 형태로도 바꿔 보자.

01	I **offered** an elderly woman my seat.	(→ offer B **to** A)
02	He **showed** me a picture of his childhood.	(→ show B **to** A)
03	This book **teaches** people the value of happiness.	(→ teach B **to** A)
04	I'll **send** you a copy of the report.	(→ send B **to** A)
05	**Can** you **lend** me your lecture notes?	(→ lend B **to** A)
06	She **handed** him photos of her family.	(→ hand B **to** A)
07	Money **cannot bring** you true love or happiness.	(→ bring B **to[for]** A)
08	Please **tell** us your name and job.	(→ tell B **to** A)
09	She **promised** her daughter a new bicycle.	(→ promise B **to** A)
10	He **wrote** his friend a letter of apology.	(→ write B **to** A)
11	She **made** her daughter a doll.	(→ make B **for** A)
12	Please **get** me a drink of water.	(→ get B **for** A)
13	I **bought** my parents a present on Parents' Day.	(→ buy B **for** A)
14	My father **cooks** us a meal every weekend.	(→ cook B **for** A)
15	They **built** a homeless family a house.	(→ build B **for** A)
16	**Can** you **find** me my library card?	(→ find B **for** A)
17	**Can** I **ask** you a favor?	(→ Can I ask a favor **of** you?)

---

1 선생님께서 내게 용기를 주셨다. **01** 나는 한 할머니께 내 자리를 내드렸다. **02** 그는 어릴 때 사진을 내게 보여 주었다. **03** 이 책은 사람들에게 행복의 가치를 가르쳐 준다. **04** 내가 보고서 복사본을 네게 보내 줄게. **05** 네 강의 노트 좀 빌려 줄 수 있니? **06** 그녀는 그에게 자신의 가족사진을 건네주었다. **07** 돈은 당신에게 진정한 사랑이나 행복을 가져다줄 수는 없다. **08** 당신의 이름과 직업을 얘기해 주세요. **09** 그녀는 딸에게 새 자전거를 약속했다. **10** 그는 친구에게 사과 편지를 썼다. / apology 사과 **11** 그녀는 딸에게 인형을 만들어 주었다. **12** 제게 물 한 잔만 주세요. **13** 나는 어버이날에 부모님께 선물을 사드렸다. **14** 아버지는 주말마다 우리에게 식사를 준비해 주신다. **15** 그들은 한 노숙자 가족에게 집을 지어 주었다. **16** 내게 내 도서 대출증 좀 찾아주겠니? **17** 부탁 하나 해도 될까요?

SVOO문형을 취하지 않는 동사

introduce, explain, say, suggest, propose, announce 등은 우리말로 '~에게 …해 주다[하다]'의 의미로 해석되지만, 「SVO+부사구」 형태를 취하는 SVO문형 동사이다.

Can you **introduce** *your new album* to our readers? 저희 독자들에게 새로 나온 앨범을 소개해 주시겠어요?

Henry **explained** *his ideas* clearly to the interviewers. 헨리는 면접관들에게 자신의 생각을 명확하게 설명했다.

*She **said to me** that she's going to study abroad. 그녀는 내게 그녀가 외국에서 공부할 거라고 말했다.

목적어가 상대적으로 길면 부사구를 목적어 앞에 두는 경우가 많다.

Golden Rule

✦ 008
SVOO문형과 「SVO+부사구」 어순 파악하기

1. 해석을 통해 간접목적어와 직접목적어의 순서가 바른지 확인한다.
➡ SVOO문형에서 동사(V) 바로 뒤에 '~을[를]'로 해석되는 직접목적어가 오면 간접목적어 앞에 전치사 필요

2. SVOO문형으로 착각하기 쉬운 동사에 주의한다.

✦ 009
SVOO문형으로 잘 쓰이는 동사가 등장하면 간접목적어와 직접목적어가 각각 어디까지인지 확인하여 '~에게 …을'로 해석한다.

Application Exercises

A 개념 <보기>와 같이 두 개의 목적어 사이에 전치사 to나 for가 필요하면 알맞은 전치사를 넣고, 필요하지 않으면 X로 표시하시오.

> 보기 Mom often makes homemade pancakes^Vus. **for**

01 Volunteering gives you more opportunities for social interaction.

02 The president of the company built houses poor people.

03 This article suggests the readers a few tips for successful writing.

04 Fortunately, the taxi driver brought me my lost cell phone yesterday.

05 The movie star announced his engagement his fans.

06 The library will lend books local residents for two weeks without charge.

07 John cooks a special dinner his family every Christmas Eve.

08 We will tell the result of your test you within 2 days.

B 독해 다음 문장에서 간접목적어와 직접목적어에 밑줄을 긋고, 해석을 완성하시오.

01 The teacher handed us a copy of a newspaper article.
선생님은 _____ 건네주셨다.

02 The security guard at the airport asked me several questions about my suitcase.
공항 보안 요원은 _____ 했다.

03 The activity of gardening can offer children health benefits.
정원을 가꾸는 활동은 _____ 제공할 수 있다.

A interaction 상호 작용 / resident 거주자 / without charge 무료로 **B** security guard 보안 요원, 경비원 / suitcase 여행 가방 / garden 정원을 가꾸다; 정원

1 기본 형태

> We finally **named** **our dog** Oscar.
> S(~은/는/이/가) V(v하다) O(~을) C(…라고)

SVO만으로는 문장의 의미가 완전하지 않고 목적어를 보충 설명해 주는 보어(목적격보어)가 필요하다. 이때의 보어는 목적어의 의미를 보충 설명하므로 목적격보어라고 불리는데, 명사일 때는 목적어=보어, 형용사일 때는 목적어의 성질이나 상태를 나타내며 부사는 쓰이지 않는다.

＊다음은 모두 SVOC문형의 문장들이다. 해석하면서 O=C 관계를 확인해 보자.

01 A single song **made** the singer *a world-famous star*.   (make: ~을 …로 만들다)
  O = C (목적격보어가 명사: 목적어와 동격의 개념)

  Are you **calling** me *a liar*?   (call: ~을 …로 부르다)
  O = C

  Fifty percent of our class **elected** him *the class president*.   (elect: ~을 …로 선출하다)
  O = C

  The president **appointed** him *the prime minister*.   (appoint: ~을 …로 임명하다)
  O = C

02 Leisure activities **make** life *enjoyable*.   (make: ~을 …(의 상태)로 하다)
  O C (목적격보어가 형용사: 목적어의 상태나 성질을 보충 설명)

  You **should think** yourself *lucky*.   (think: ~을 …로 생각하다)
  O C

  I **consider** the price *too high*.   (consider: ~을 …로 생각하다[여기다])
  O C

  cf. I **regard** honesty **as** an important value.   (regard[view] A as B: A를 B로 여기다)

   I always **think of** him **as** my mentor.   (think of A as B: A를 B로 여기다)

  Some doctors **found** the remedy *effective*.   (find: ~이 …임을 알게 되다)
  O C

03 Positive thinking **keeps** your heart *healthy*.   (keep: ~을 …(의 상태)로 유지하다)
  O C

  My brother always **leaves** his room *dirty*.   (leave: ~을 …(의 상태)로 두다)
  O C

---

1 우리는 결국 우리 개를 오스카라고 이름 지었다. **01** 단 하나의 노래가 그 가수를 세계적으로 유명한 스타로 만들었다. / 네가 나를 거짓말쟁이라고 부르고 있는 거야? / 우리 반의 50%가 그를 반장으로 선출했다. / 대통령은 그를 국무총리로 임명했다. **02** 여가 활동은 삶을 즐겁게 해준다. / **leisure** 여가 / 당신은 당신 자신이 운이 좋다고 생각해야 한다. / 나는 그 가격이 너무 높다고 생각한다. *cf*. 나는 정직함을 중요한 가치로 여긴다. / 나는 항상 그를 내 멘토로 생각한다. / 몇몇 의사들은 그 치료법이 효과적임을 알게 되었다. / **effective** 효과적인 **03** 긍정적인 생각은 당신의 심장을 건강하게 유지해 준다. / 내 남동생은 항상 방을 지저분하게 놔둔다.

Golden Rule

✎ 010
SVOC문형 파악하기
목적어 뒤의 명사나 형용사가 보어
로서 **목적어=보어 관계가 성립하면**
SVOC문형에 해당한다.

✎ 011
SVOM과 SVOC의 구분법:
목적어와의 관계를 따져본다.

-O≠M → SVOM
-목적어와의 연관성보다 동사를
 수식하는 의미가 자연스러우면
 ➡ 부사 자리
*M인 부사를 생략해도 문장의
 의미가 완전함

-C는 O의 성질, 상태를 나타냄
 → SVOC
-목적어와 의미가 밀접하게 연
 결되어 목적어를 보충 설명하
 면 ➡ 형용사 자리

Application Exercises

A 개념 <보기>와 같이 각 문장의 동사를 찾아 밑줄을 친 후, 그 의미를 빈칸에 쓰고 SVOC문형에 해당하면 O, 해당하지 않으면 X로 표시하시오. (단 동사원형의 의미를 쓸 것)

> 보기 This scarf will <u>keep</u> you warm. ___~을 …(의 상태)로 유지하다, O___

01 Blair's parents made her a great figure skater. _____

02 The boss appointed Susan head of the marketing department.

03 Many citizens thought the visit of the Pope a great honor.

04 I made my younger brother many paper airplanes.

05 The earthquake in Haiti left over 200,000 people dead.

06 Generally, people consider books an essential tool for learning.

B 어법 다음 중 어법상 적절한 표현을 고르시오.

01 The leader made a decision [careful / carefully].

02 I found my new computer really [convenient / conveniently] for work.

03 I felt pain in my back [continuous / continuously].

04 A sudden visit of a stranger made me [uncomfortable / uncomfortably].

05 Different personality types see the world [different / differently].

06 His three-hour-long lecture made the students [sleepy / sleepily].

07 We found the shopping mall [easy / easily] with a map application.

08 Most people generally consider the number seven [lucky / luckily].

A **department** 부서; 학과 / **citizen** 시민 / **the Pope** 교황 / **generally** 일반적으로 / **essential** 필수적인 B **continuous** 지속적인 / **application** 응용 프로그램; 지원; 적용

Overall Exercises

1 다음 중 어법상 적절한 표현을 고르시오.

01 The college library remains [open / openly] to the public.

02 They became [silent / silently] at the shocking news this morning.

03 The price of gold is increasingly [rising / raising].

04 Children [resemble / resemble with] their parents in eating habits.

05 Steve explained [me / to me] the rules of basketball in the stadium.

06 Dave lent an umbrella [to / for] me on a rainy day.

07 She looked [cold / coldly] at me and turned her head away.

2 다음 밑줄 친 부분이 어법상 맞으면 O, 틀리면 X로 표시하고 바르게 고치시오.

01 We <u>discussed about</u> the schedule for the meeting.

02 She suggested <u>me</u> a backpacking trip to Canada.

03 He <u>lay</u> flowers on his grandfather's grave yesterday.

04 My uncle got two tickets for the concert <u>for</u> me.

05 She left her seat <u>sudden</u> without any words.

06 A good title can make people more <u>curiously</u> about the movie. [모의응용]

3 다음 중 밑줄 친 부분이 어법상 옳지 <u>않은</u> 문장끼리 짝지어진 것은?

ⓐ Colorful seashells <u>laid</u> on the beach.
ⓑ The flight from Incheon arrived <u>late</u> by an hour.
ⓒ This cake tastes <u>delicious</u> with coffee.
ⓓ The play teaches the importance of family <u>its audience</u>.
ⓔ Selfish people hardly consider the opinions of others <u>importantly</u>.

① ⓐ, ⓑ, ⓓ   ② ⓐ, ⓓ, ⓔ   ③ ⓑ, ⓒ, ⓓ
④ ⓑ, ⓒ, ⓔ   ⑤ ⓒ, ⓓ, ⓔ

---

1 increasingly 점점 더, 갈수록 더 **2** grave 무덤, 묘 **3** seashell 조개껍데기 / audience 관객, 청중

4 다음 중 빈칸에 들어갈 말이 순서대로 바르게 짝지어진 것은?

> • He is making a table _____ in the front yard.
> • Your voice sounds very _____. What happened?
> • At the restaurant, we found all the dishes _____.

① careful   ⋯   strange   ⋯   expensively

② careful   ⋯   strangely   ⋯   expensive

③ carefully   ⋯   strangely   ⋯   expensively

④ carefully   ⋯   strange   ⋯   expensive

⑤ carefully   ⋯   strange   ⋯   expensively

5 다음 밑줄 친 동사의 뜻을 <보기>에서 골라 번호를 쓰시오.

01   보기   ① ~을 보관하다   ② 계속해서 ~한 상태이다   ③ ~을 …한 상태로 유지하다

(1) Corn syrup keeps bread fresh longer.

(2) My dad keeps all the letters from my mom.

(3) He kept silent for more than three hours.

02   보기   ① ~을 찾다, 발견하다   ② ~에게 …을 찾아주다   ③ ~이 …라고 생각하다

(1) Someone found me my ID card.

(2) She found a woman's wallet on the sidewalk.

(3) Many critics found the movie original.

03   보기   ① 자라다   ② ~이 되다, ~해지다   ③ ~을 기르다, 키우다

(1) Plants grow quickly in a rain forest.

(2) My parents grow various vegetables in our garden.

(3) I'm growing tired of Hollywood action blockbuster movies.

---

5 corn 옥수수; 곡식 / **syrup** 시럽 / **original** 독창적인; 원래[본래]의 / **rain forest** 열대우림 / **blockbuster** 블록버스터(크게 성공한 책이나 영화)

6 (A), (B), (C)의 각 네모 안에서 어법에 맞는 표현으로 가장 적절한 것은?

We rarely notice smells, but when we do it is usually because the smell is a good smell, or a bad one. We find most odors either attractive or unpleasant. We enjoy or avoid them. My current world seems rather (A) | odorless / odorlessly |. But it is clearly not free of smell. Our own weak sense of smell has probably limited our curiosity about what the world smells like. A growing union of scientists (B) | is / are | working to change that, and what they have found about animals that rely on smell, dogs included, is enough to make us (C) | envious / enviously | about those creatures. As we see the world, the dog smells it. The dog's universe is a collection of complex odors. The world of scents is at least as rich as the world of sight.

	(A)		(B)		(C)
①	odorless	······	is	······	envious
②	odorlessly	······	are	······	enviously
③	odorless	······	is	······	enviously
④	odorlessly	······	is	······	envious
⑤	odorless	······	are	······	enviously

7 다음 글의 밑줄 친 부분 중, 어법상 틀린 것은?

Since humans lived in caves, they ① have used freezing as a way to preserve food. The practice was probably discovered around 12,000 years ago during the last ice age. By 4,000 years ago, the earliest civilizations in Mesopotamia were ② common using deep holes in the ice to keep food and chill drinks. The Chinese got into using ice to preserve food around 1100 B.C. The Egyptian pharaohs had ice shipped from Lebanon. Alexander the Great ordered people to dig holes at the cave city of Petra and fill them with snow, so his troops could keep wine ③ cool during the summer. In each case, the ice needed to be imported from the mountains, and much of ④ it melted along the way. This made ice ⑤ valuable like gold. In Persia, Greece, and later Rome, it was a sign of wealth to be able to enjoy icy foods during the summer.

---

6 odor 냄새; (특히) 악취 / free of ~이 없는 / curiosity 호기심 / rely on ~에 의지[의존]하다 / complex 복합의, 복잡한 / scent 냄새; 향기 / rich 다채로운; 부유한
7 preserve 보존하다, 저장하다; 보호하다 / civilization 문명 (사회) / chill (음식을) 차게 식히다 / pharaoh 파라오(고대 이집트 왕의 칭호) / order A to-v A에게 v하라고 명령[지시]하다 / troop 군대, 병력 / import 수입하다, 들여오다

Grammar Organizer

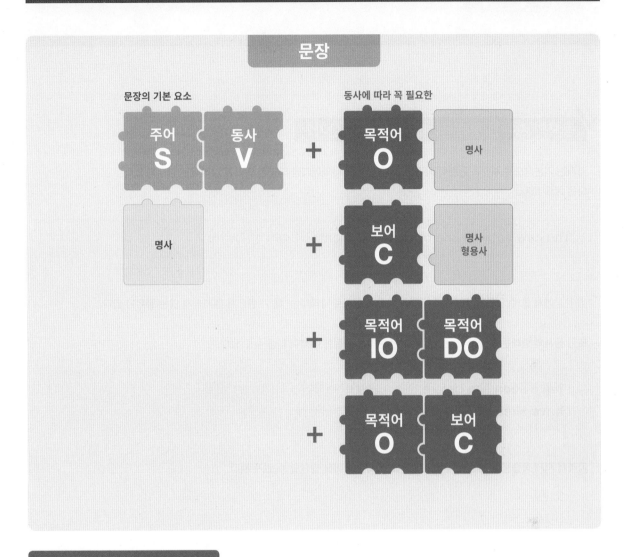

문장

문장의 기본 요소
주어 S — 동사 V

명사

동사에 따라 꼭 필요한
+ 목적어 O — 명사
+ 보어 C — 명사 형용사
+ 목적어 IO — 목적어 DO
+ 목적어 O — 보어 C

CHAPTER GOALS Checklist

다음 목표를 달성했으면 ☐ 안에 ✓로 표시하시오.

1. 동사의 의미에 따라 문형을 구분할 수 있다. ☐
2. 보어의 형태와 역할을 이해했다. ☐
   ① 명사 보어: 내용상 주어 또는 목적어와 동격
   ② 형용사 보어: 주어나 목적어의 상태, 성질을 나타냄
   ③ 보어 자리에는 동사, 형용사, 다른 부사 등을 수식하는 부
      사는 올 수 없다.

3. 간접목적어와 직접목적어를 찾아 바르게 해석할 수 있다. ☐

✔ 동사의 시제를 학습하는 것이 왜 중요한가?

시제는 기본적으로 시간과 관련이 되기도 하지만, 마치 다의어처럼 다양한 의미를 나타내는 경우가 있다.
다음 예를 보자.

> The new subway line **opens** next month. (현재시제=‘미래’를 의미)

위 문장에서 볼 수 있듯이, 영어는 ‘시제’와 그것이 실제로 나타내는 ‘때’가 반드시 일치하지 않는 경우가 있다.

또한 동사의 형태는 「have+p.p.」로 같지만 문맥상 적절한 해석이 다를 수도 있다.

> I **have seen** him before. (나는 그를 전에 **본 적이 있다**.) → ‘~한 적이 있다’ (경험)
> I **have** already **done** the work. (나는 그 일을 이미 **끝냈다**.) → ‘~했다’ (완료)

따라서 시제 학습을 통해 문맥에 의거하여 그 정확한 의미를 판단할 수 있게 된다.

✔ 동사란?

주어가 어떤 동작(run, throw, write)을 행하거나 어떤 상태(love, seem)에 있는 것을 나타내는 말로
한 단어 또는 구가 될 수 있다.

> I ran to the station. 나는 역으로 달려갔다.
> S V
>
> I ran out of money. 나는 돈이 다 떨어졌다.
> S V

Unit 6   단순시제와 미래표현
Unit 7   현재완료
Unit 8   과거완료, 미래완료
Unit 9   진행형

시제란?

동사는 문장에서 기본적으로 그 동작이나 상태가 일어난 시간에 대한 정보를 담고 있다.

> He **walked** to school yesterday. (과거에 일어난 일)
> He **will walk** to school tomorrow. (미래에 일어날 일)

시간과 관련된 동사의 변화 형태를 '시제'라 하는데, 현재, 과거, 미래*라는 기본 시제에 진행형과 완료형을 더해
총 12가지의 시제로 분류하는 것이 보통이다.

현재	She **reads** a magazine.
과거	She **read** a magazine.
미래	She **will read** a magazine.
현재진행	She **is reading** a magazine.
과거진행	She **was reading** a magazine.
미래진행	She **will be reading** a magazine.
현재완료	She **has read** a magazine.
과거완료	She **had read** a magazine.
미래완료	She **will have read** a magazine.
현재완료진행	She **has been reading** a magazine.
과거완료진행	She **had been reading** a magazine.
미래완료진행	She **will have been reading** a magazine.

*미래완료진행형은 거의 쓰이지 않는다.

 CHAPTER GOALS

1 동사의 형태와 그것이 실제로 나타내는 정보를 올바르게 연결하여 해석하라.
2 시제의 단서가 되는 시간을 나타내는 부사구[절]에 집중하라.

미래* 시제는 동사의 형태 변화를 근거로 설정하는 문법이다. will read의 경우 동사의 형태가 변화한 것이 아니라 will이 덧붙은 것이므로 엄격히 말하면 시제라고 할
수는 없으나, 편의상 미래시제로 칭한다.

1 현재시제

I **get up** early every morning.

현재시제는 현재의 상태, 습관이나 반복적인 동작[상태], 그리고 시간과 관계없는 일반적 사실, 진리 등을 나타낸다.

＊다음 문장을 해석하면서 현재시제가 어느 경우에 쓰이는지 확인해 보자.

01 I **have** a serious toothache today. (현재의 상태)

02 Kate always **eats** salad for breakfast. (반복적인 행동)

03 The shop **doesn't open** on Sundays. (반복적인 상태)

04 Plants **grow** towards the sun. (일반적 사실)

2 과거시제

I **slept** for seven hours last night.

과거시제는 과거의 상태나 동작, 역사적 사실 등을 나타낸다. 흔히 과거를 나타내는 부사구[절](yesterday, last+기간, in+과거연도, 기간+ago, then, when+S+동사의 과거형, during+기간 등)와 함께 쓰인다.

＊다음 굵게 표시된 과거형 동사는 과거에 이미 '끝난' 동작이나 과거의 상태를 나타낸다. 해석하면서 확인해 보자.

01 He **looked** nervous before the test. (과거의 상태)

02 Man first **landed** on the moon in 1969. (역사적 사실)

3 미래를 나타내는 여러 표현

영어에서는 미래 의미를 나타내기 위해 여러 표현을 사용한다.
다음 굵게 표시된 동사는 모두 'v할 것이다'라는 미래 의미를 나타낸다.

will	I'll **finish** this work by this week. (미래 행동에 대한 의지)
	Tomorrow **will be** cloudy and cool. (미래의 상태, 상황)
be going to-v	I'm **going to spend** the whole day with my friends. (예정된 계획)
	Look at the gray sky. It's **going to rain** any minute. (예측)
현재진행형(be v-ing): 이미 예정되어 있는 가까운 미래의 계획이나 일정	We're **moving** to Busan in July. (예정된 계획)
	What **are** we **having** for dinner? (일정)
현재시제: 가까운 미래에 일어나게끔 정해진 일 (시간표, 계획 등)	This movie **starts** in half an hour. (예정된 일정)
	*보통 미래를 나타낼 때, 현재시제는 자주 사용되지는 않는다.

---

1 나는 매일 아침 일찍 일어난다. 01 오늘 나는 매우 심한 치통이 있다. 02 케이트는 아침 식사로 항상 샐러드를 먹는다. 03 그 가게는 일요일에는 열지 않는다. 04 식물은 태양을 향해 자란다. 2 나는 어젯밤에 7시간 잤다. 01 그는 시험을 앞두고 긴장한 것처럼 보였다. 02 인간은 1969년에 최초로 달에 착륙했다. 3 나는 이 일을 이번 주까지 끝낼 것이다. / 내일은 흐리고 시원할 것이다. / 나는 친구들과 하루 종일 시간을 보낼 것이다. / 회색 하늘 좀 봐. 금방이라도 비가 쏟아질 거야. / 우리는 7월에 부산으로 이사할 것이다. / 우리 저녁에 뭐 먹을까? / 이 영화는 30분 뒤에 시작해.

	will	be going to-v
will vs. be going to-v	● 말하는 시점에 무언가를 하기로 결정할 때 A: Tom called while you were out. B: OK. I**'ll call** him back.	● 말하기 전에 무언가를 하기로 이미 결정했을 때 A: Tom called while you were out. B: Yes, I know. I**'m going to call** him back. ● 현재 상황을 전제로 어떤 일이 일어날지 예측할 때 I feel terrible. I think I**'m going to be** sick. (will을 쓰면 어색)

Golden Rule

⚡ 012
현재시제 vs. 과거시제

-현재의 상태
-습관이나 반복적인 동작
-일반적 사실, 진리

➡ 현재시제

-과거의 상태나 과거에 이미 끝난 동작
-역사적 사실
-yesterday, last+기간, in+과거연도, 기간+ago 등의 부사구

➡ 과거시제

⚡ 013
현재시제나 현재진행형이 <미래>를 나타내는지 다음의 내용을 확인한다.
1. 스케줄, 시간표 등의 일정
2. 가까운 미래를 나타내는 부사(구)
3. 왕래발착(come, go, leave, arrive 등)이나 시작종료(begin, start, finish, end 등)를 뜻하는 동사

Application Exercises

A 개념 괄호 안에 주어진 동사를 문맥에 맞게 현재시제, 과거시제를 사용하여 바꿔 쓰시오.

01 Black clothing _____ (absorb) the most heat.

02 We _____ (visit) Tom's house for a group project the other day.

03 I _____ (take) medicine last night because of a headache.

04 Jamie usually _____ (drink) water first when he wakes up in the morning.

05 Oil _____ (float) on water because it is lighter than water.

06 I _____ (start) taking a swimming class about a year ago.

07 Halley _____ (discover) a new comet with his telescope in 1682.

B 개념 다음 밑줄 친 동사가 실제로 나타내는 때를 <보기>에서 골라 그 기호를 쓰시오.

> 보기   ⓐ 현재   ⓑ 현재진행   ⓒ 미래

01 According to this schedule, the show <u>starts</u> at 10 a.m. tomorrow.

02 Joe <u>teaches</u> English to high school students at a public school.

03 Our plane <u>is taking off</u> soon, so please fasten your seatbelt.

04 Jenny <u>is saving</u> money for a new cell phone now.

05 I <u>am going to exercise</u> during my lunchtime from next week.

06 I <u>see</u> a sign for a shopping mall up ahead.

07 The train to Seoul <u>departs</u> in fifteen minutes.

A absorb 흡수하다 / comet 혜성 / telescope 망원경 **B** according to A A에 따르면 / fasten 매다, 채우다 / up ahead 그 앞쪽에

1 **현재완료** have[has]+p.p. (축약형 've['s]+p.p.)

> **We have known each other for 10 years.** (과거부터 현재까지 계속된 상태)

과거에 일어나서 **현재 끝났거나 현재까지 연결되는** 동작이나 상태를 나타낸다. 우리말에는 없는 표현이므로 '~했다'와 같이 '과거'로 해석되는 경우가 많으나, 오히려 의미는 '현재'에 더 가까우며, 현재와 더 관련이 있다.

	현재완료의 의미		같이 잘 쓰이는 부사
계속: (지금까지) 쭉 ~해왔다	과거에 시작한 일이 지금까지 계속되는 것을 나타낸다.		for, since, how long 등
경험: (지금까지) ~해 본 적이 있다	과거로부터 지금까지의 경험을 나타낸다.		ever, never, once, before, so far 등
완료: 막 ~했다	과거에 시작한 일이 지금 막 완료된 것을 나타내며, 거의 현재라고도 할 수 있다.		just, recently, already, still, yet 등
결과: ~했다 (그 결과 지금 …인 상태이다)	지금의 결과를 초래한 과거의 행동을 나타낸다. 즉 과거의 행동을 말하지만, 그것이 현재에 미친 영향이나 결과를 의미한다.		

＊다음 굵게 표시된 동사의 현재완료형은 모두 과거에 시작된 일이 현재까지 연결되는 것을 나타낸다. 함께 쓰인 시간을 나타내는 표현과 부사에 유의하며 문맥상 현재완료가 나타내는 의미를 파악해 보자.

01 I **have volunteered** at a nursing home *for* years. (과거부터 현재까지 계속된 동작)

02 **Have** you *ever* **thought** about your future job? (과거부터 현재까지의 경험)

03 I **have been** to Japan *once*. (과거부터 현재까지의 경험)

04 We **have** *already* **finished** eating dinner. (과거에 시작되어 현재 시점에서 완료)

05 The subway **has not arrived** at the station *yet*. (과거에 시작되어 현재 시점에서 완료)

06 He**'s broken** his leg. (현재도 다리가 부러진 상태 – 과거에 일어난 일이 현재에 미친 결과)

Further Note

과거시제와 현재완료의 차이점	과거시제 (현재와의 연관성 알 수 없음)	현재완료 (현재와의 연관성 O)
	과거에 일어나 지금은 **끝난** 동작이나 이미 **끝난** 기간. 과거에 초점.	과거에 일어나 **지금 막 끝났거나 지금까지 계속되는** 동작. 기간 아직 안 끝남. (= time up to now) 현재 시점에서의 결과나 영향에 초점.
	My brother **went** to the gym. Q. Is he here now? A. Yes. **B. Don't know.** (현재 상태는 알 수 없음)	My brother **has gone** to the market. Q. Is he here now? **A. No.** B. Don't know. (과거에 가서 현재도 없는 상태)

어법 Plus 과거시제 vs. 현재완료

After graduating from university, he **has joined** the Toei Animation Company in 1963 . [모의]
→ **joined** 명백한 과거를 나타내는 부사구
대학을 졸업한 후에, 그는 1963년에 Toei 애니메이션 회사에 입사했다.

문장 안에서 시제의 단서가 될 부사구[절]를 찾는다. 명백한 과거시점을 나타내는 부사구[절](yesterday, last+기간, in+과거연도, 기간+ago, then, when+S+동사의 과거형, during+기간 등)이 있으면 과거시제, 과거의 일이 현재까지 계속되는 기간을 나타내는 부사구[절](since+특정과거시점, for+기간)이 있으면 현재완료를 써야 한다.

---

1 우리는 서로 10년간 알고 지냈다. **01** 나는 양로원에서 수년간 자원봉사를 해왔다. **02** 당신의 장래 직업에 대해 생각해 본 적이 있나요? **03** 나는 일본에 한 번 가본 적이 있다. **04** 우리는 이미 저녁 식사를 마쳤다. **05** 지하철이 아직 역에 도착하지 않았다. **06** 그는 다리가 부러졌다.

Golden Rule

✦ 014
과거시제 vs. 현재완료
**1. 과거시제와 현재완료의 차이점을
확인한다.**
-과거시제: 현재와의 연관성 알 수
없음
-현재완료: 현재와 더 연관이 있으
므로 동작이나 상태가 현재까지 계
속되거나 현재에 영향을 미침

**2. 문장 안에서 시제의 단서가 될 부사
구[절]를 찾는다.**
-과거를 분명하게 나타내는 부사구[절]:
yesterday, last+기간,
in+과거연도, 기간+ago, then,
when+S+동사의 과거형,
during+기간 등 ➡ 과거시제
-과거 어느 시점부터 현재까지의
'기간'을 나타내는 부사구[절]:
since+특정 과거 시점, for+기간
➡ 현재완료

Application Exercises

A 개념 다음 문장을 통해 알 수 있는 것을 고르시오.

01 Jane has forgotten her password for online banking.
ⓐ Jane still doesn't remember her password.
ⓑ Jane can use the online banking service now.

02 Mom, did you see my blue jacket this morning?
ⓐ Now it is still morning.
ⓑ It is now afternoon or evening.

03 David and I have been close friends since childhood.
ⓐ David and I are still close friends.
ⓑ David and I aren't close friends now.

B 어법 다음 중 어법상 적절한 것을 고르시오.

01 Julie [suffered / has suffered] from a bad cold a week ago.
02 I [am / have been] a subscriber to your magazine for about 15 years. [모의응용]
03 He [has spilt / spilt] coffee on his shirt when he was about to get up.
04 The movie [received / has received] much praise from the public so far.
05 Russia [has sent / sent] the world's first satellite into space in 1957.
06 This humid weather [lasted / has lasted] since the day before yesterday.

C 어법 다음 밑줄 친 부분이 어법상 맞으면 O, 틀리면 X로 표시하고 바르게 고치시오.

01 I ordered a camera online three days ago, but it has<u>n't arrived</u> yet.
02 Susan took a history lesson last semester, and since then she <u>was</u> very interested in history.

B suffer from ~로 고통받다 / subscriber 구독자 / be about to-v 막 v하려고 하다 / satellite (인공)위성 / humid 습한
C semester (특히 미국에서) 학기

과거완료, 미래완료

1 과거완료 had+p.p. (축약형 'd+p.p.)

현재완료의 시간대인 '과거~현재'를 '더 이전의 과거~과거'로 옮겨놓은 것으로 볼 수 있다.

1) 대과거

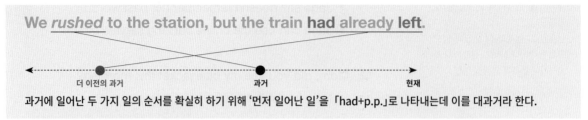

We *rushed* to the station, but the train **had** already **left**.

더 이전의 과거 ────── 과거 ────── 현재

과거에 일어난 두 가지 일의 순서를 확실히 하기 위해 '먼저 일어난 일'을 「had+p.p.」로 나타내는데 이를 대과거라 한다.

＊다음 문장에서 굵게 표시된 「had+p.p.」는 모두 두 가지 일 중 먼저 일어난 일을 나타낸다. 해석하면서 확인해 보자.

01 My friends **had finished** eating when I *got* there.

(= My friends finished eating before I got there.)

02 I *realized* that I **had left** my umbrella at the restaurant.

2) 과거완료의 여러 의미

Before I moved last year, I **had lived** in the city since I was born. 계속
Joan **had** *never* **boarded** a plane until then. 경험
The musical **had** *already* **started** when we arrived at the theater. 완료
He was happy that he **had broken** the world 100-meter record. 결과

과거완료도 현재완료와 마찬가지로 '계속', '경험', '완료', '결과'의 의미를 나타낸다.

＊다음 문장을 해석하면서 문맥상 과거완료가 나타내는 의미를 파악해 보자.

01 Julie and Bob **had dated** *for* 7 years when he proposed.　((과거의 한 시점까지) 쭉 ~였다[하고 있었다])

02 I didn't believe his words because he **had lied** a lot *before*.　((과거의 한 시점까지) ~한 적이 있었다)

03 We **had** *just* **finished** a 1-month tour of Europe.　((과거의 한 시점에) 막 ~했다)

04 The milk in the fridge **had gone** bad.　(~했다 (그래서 과거의 한 시점에 …였다[했다]))

2 미래완료 will have+p.p. (축약형 'll have+p.p.)

Next month I **will have worked** for the company for six years. 계속
He'**ll have finished** the whole job by this weekend. 완료

미래의 어떤 때를 기준으로 그 시점까지의 동작이나 상태가 계속되거나 완료됨을 나타낸다.

---

1 1) 우리는 역에 서둘러 갔지만, 기차는 이미 떠났다. 01 내가 거기에 도착했을 때 내 친구들은 식사를 끝낸 상태였다. 02 나는 식당에 우산을 놓고 왔다는 것을 깨달았다. 2) 내가 작년에 이사하기 전까지는, 나는 내가 태어난 이후로 그 도시에서 살았다. / 조앤은 그때까지 비행기를 탄 적이 없었다. / 우리가 극장에 도착했을 때 뮤지컬은 이미 시작했다. / 그는 세계 100m 기록을 깨서 행복했다. 01 줄리와 밥은 그가 프러포즈했을 때 7년간 쭉 데이트해 온 것이었다. 02 그는 전에 거짓말한 적이 많아서 나는 그의 말을 믿지 않았다. 03 우리는 한 달간의 유럽여행을 막 끝마쳤다. 04 냉장고에 있는 우유가 상했다. 2 다음 달이면 나는 회사에서 6년 동안 일한 것이 된다. / 그는 이번 주말까지 모든 일을 끝내 놓을 것이다. 01 다음 달이면 우리 부모님이 결혼하신 지 20년이 된다. 02 나는 거기에 6시까지는 도착해 있을 것 같아.

＊다음 문장을 해석하면서 문맥상 미래완료가 나타내는 의미를 파악해 보자.

01 My parents **will have been married** for 20 years next month. ((미래의 한 시점까지) 쭉 ~한 것이 된다)

02 I think we**'ll have arrived** there by six o'clock. ((미래의 한 시점까지) 다 ~하게 될 것이다)

Application Exercises

✿ 015
문장 안에서 시제의 단서가 될
부사구[절]를 찾는다.
-since/when+과거시점[동사] 등의
과거를 나타내는 부사구[절]를 기준
으로 그 시점까지 이어진 동작/상태
-특정 과거 시점보다 시간상 앞선 동
작/상태
➡ 과거완료
-미래의 특정 시점을 나타내는 부사구
[절]를 기준으로 그 시점까지 동작/상
태가 완료 또는 계속
➡ 미래완료

✿ 016
현재완료 vs. 과거완료
기준이 되는 시점이 현재인지
과거인지 확인한다.
▶과거에서 현재까지 이어진 동작/상
태 ➡ 현재완료
▶대과거에서 과거까지 이어진 동작/
상태 ➡ 과거완료
▶특정 과거 시점보다 시간상 앞선 동
작/상태 ➡ 과거완료

A 개념 괄호 안에 주어진 동사를 문맥에 맞게 과거시제, 과거완료, 미래완료를 사용하여 바꿔 쓰시오.

01 A: Was Susan in the classroom when you got there?
    B: No, she _____ (go) home.

02 Sorry, I'm late. I _____ (take) the wrong bus on my way here.

03 The sun _____ (set) when we came down the mountain, so it was dark.

04 The police _____ (search) for the man since last year, but they finally gave up.

05 The principal _____ (retire) by the end of this year.

B 어법 다음 중 어법상 적절한 것을 고르시오.

01 When he arrived at the airport, he knew that he [has left / had left] his passport on the desk.

02 Tiffany [caught / had caught] a bad cold because she took a shower in cold water.

03 I'm hungry. I [haven't eaten / hadn't eaten] anything since yesterday.

04 Daisy couldn't go to the movies because she [hasn't booked / hadn't booked] in advance.

05 Boarding [has already started / had already started] when we got to the gate.

06 I came to work in the morning and found that somebody [broke / had broken] into the office during the night.

B book 예약하다 / in advance 미리, 사전에 / boarding (비행기에의) 탑승, 승차 / break into (건물에) 침입하다

진행형

1 현재진행, 과거진행, 미래진행

I'm waiting for my friend. (말하는 그 순간에 진행)
현재진행: am/are/is+v-ing (v하고 있다)
Chris **was talking** on the phone an hour ago. (과거의 특정 시점에 진행 중이었던 동작)
과거진행: was/were+v-ing (v하고 있었다)
I'll be attending the meeting next Tuesday. (미래의 특정 시점에 진행 중일 동작)
미래진행: will be+v-ing (v하고 있을 것이다)

※다음 굵게 표시된 동사의 진행형은 기준이 되는 시점(현재/과거/미래)을 중심으로 진행 중인 동작을 표현한다. 해석하면서 확인해 보자.

01 **I'm learning** French at school these days. (일시적 진행)

02 The global economy **is getting** better. (최근 경향)

03 I **was driving** when you called me. (과거의 특정 시점에 진행 중이었던 동작)

04 Jane **won't be working** on Wednesday. (미래의 특정 시점에 진행 중일 동작)

2 완료진행

1) 현재완료진행: have[has] been v-ing

I have been thinking about buying a new backpack.

과거에 시작해서 현재까지 계속 진행되고 있는 동작을 나타낸다.

※다음 굵게 표시된 동사의 현재완료진행형은 현재완료형보다 동작 자체에 더 초점을 맞추며 현재까지 중단되지 않은 동작을 나타낸다. 해석하면서 확인해 보자.

01 **Have** you **been waiting** long?

02 Taxes **have been going** up steadily.
cf. 일부 동사는 '계속'을 나타내는 현재완료와 의미 차이가 거의 없다.
I**'ve lived** here for 10 years. = I**'ve been living** here for 10 years.

2) 과거완료진행: had been v-ing

We **had been watching** television <u>when we heard a sudden noise</u>.
과거의 기준시점

과거의 어떤 때(when we heard a sudden noise)를 기준으로, 그 이전에 시작한 동작(watch)이 그때까지 계속되고 있음을 나타낸다.

---

1 나는 친구를 기다리는 중이다. / 크리스는 한 시간 전에 통화 중이었다. / 나는 다음 주 화요일에 회의에 참석하고 있을 것이다. **01** 나는 요즘 학교에서 불어를 배우고 있다. **02** 세계 경제는 점점 나아지는 중이다. **03** 네가 전화했을 때 나는 운전 중이었어. **04** 제인은 수요일에 일하고 있지 않을 것이다. **2 1)** 나는 새 배낭을 사는 것을 생각 중이다. **01** 오래 기다렸니? **02** 세금은 꾸준하게 오르고 있다. *cf.* 나는 이곳에서 10년간 살았다. **2)** 갑작스러운 큰 소리를 들었을 때 우리는 TV를 보고 있었다.

Golden Rule

✦ 017
단순시제와 진행시제의 차이점을
확인한다.

> - 정기적이고 습관적인 일
> - 언제나 사실이고 영원한 것
> - 현재의 상태

➡ 현재시제

> - 과거에 완료된 동작
> - 과거에 진행 중인 일과 더불어 발생
>   한 일

➡ 과거시제

> - 진행 중인 일
> - 일시적인 상황
> - 동작이 아직 완료되지 않음

➡ 진행시제

✦ 018
단순시제진행 vs. 완료진행
기간을 의미하는 부사구[절]는 완료진
행형과 함께 사용된다.
e.g. since+과거시점, for+기간 등

✦ 019
현재완료진행 vs. 과거완료진행
형태만 진행형일 뿐, 현재완료 vs. 과
거완료 구분법과 똑같다. → 기준이
되는 시점이 현재인지 과거인지 확인
한다.

Application Exercises

A 개념 괄호 안에 주어진 동사를 문맥에 맞게 현재시제 또는 현재진행을 사용하여 바꿔 쓰시오.

01 Julia _____ (take) a shower, so she can't answer the phone.

02 Nowadays, we usually _____ (read) news articles on the Internet.

03 Excuse me, I _____ (look) for a shirt for my mom. Can you help me?

04 Many people _____ (think) of their pets as family members.

B 개념 괄호 안에 주어진 동사를 문맥에 맞게 과거시제 또는 과거진행형을 사용하여 바꿔 쓰시오.

01 I had to get off the bus because I _____ (go) in the wrong direction.

02 He _____ (bump) into the car in front of him while he _____ (send) a text message.

03 I _____ (ride) my bike yesterday when a dog suddenly _____ (come) out into the street in front of me.

C 어법 다음 중 어법상 적절한 것을 고르시오.

01 The problem [had / has] been bothering me for days, but there is no solution.

02 I [have been working / am working] towards my dream career since I was 12 years old.

03 We [have / had] been planning our trip to Europe for months when we had to cancel it.

04 Many researchers [are trying / have been trying] to find a cure for cancer for years.

A think of A as B A를 B로 생각하다[여기다] **C** career 직업; 경력

Overall Exercises

1 다음 중 어법과 문맥상 적절한 것을 고르시오.

01 I learned that muscles [make / made] up about half a person's weight.

02 I [had / has] already submitted my report before the deadline was extended.

03 David [didn't eat / hasn't eaten] anything since yesterday for a medical checkup.

04 During our conversation, I realized that we [has / had] attended the same school.

05 She [is / has been] volunteering for the homeless over the last ten years.

06 The laundry won't dry. It [is raining / has been raining] for about ten days.

2 다음 밑줄 친 부분이 어법과 문맥상 맞으면 O, 틀리면 X로 표시하고 바르게 고치시오.

01 We <u>have</u> trouble with our upstairs neighbors since they moved here.

02 Sorry, but your membership <u>has expired</u> a week ago. You can't use the gym right now.

03 When I opened the bag at home, I realized that I <u>took</u> my friend's bag by mistake.

04 The government <u>banned</u> smoking completely in all restaurants and cafes since last year.

05 Last April, a terrible earthquake in Nepal <u>has left</u> more than 8,000 people dead.

3 다음 밑줄 친 부분이 어법상 틀린 것은?

① Please hurry! The sale <u>ends</u> in fifteen minutes.

② How many times <u>have</u> you <u>joined</u> this charity event?

③ A new theater <u>has opened</u> in our town a few weeks ago.

④ We <u>were watching</u> a movie on TV when the electricity went off.

⑤ When the police arrived at the scene, the criminals <u>had already run away</u>.

---

1 make up ~을 이루다[형성하다] / **submit** 제출하다 / **deadline** 기한, 마감 시간[일자] / **extend** 연장하다 / **medical checkup** 건강 진단 / **laundry** 세탁물 **2 expire** 만료되다 / **ban** 금지하다 / **completely** 완전히, 전적으로 / **earthquake** 지진 **3 charity** 자선[구호] 단체 / **go off** (불, 전기 등이) 나가다 / **scene** 현장; 장면 / **criminal** 범인, 범죄자; 범죄의

4 괄호 안의 동사를 활용하여 빈칸에 어법과 문맥에 맞게 써넣으시오.

01 I hurried to the nearby restroom, but somebody _____ (use) it.

02 Can you call me back in ten minutes? I _____ (have) dinner at the moment.

03 Sarah didn't want to go to the movie because she _____ (see) it before.

04 Dave _____ (miss) the history class twice last semester because of a bad cold.

05 I couldn't give back her bike because I _____ (break) it a few days earlier.

5 다음 밑줄 친 부분 중, 어법상 틀린 것을 찾아 바르게 고치시오.

01 Stacy <u>met</u> John by chance at the gym last week. He <u>looked</u> a lot healthier than before.
　　　　①　　　　　　　　　　　　　　　　　　　　　　　　　②

He told her that he <u>has lost</u> ten kilograms through exercise.
　　　　　　　　　③

02 My father <u>is</u> a firefighter. He <u>worked</u> for the public for more than 20 years. But he <u>will</u>
　　　　　①　　　　　　　　　②　　　　　　　　　　　　　　　　　　　　　　　　　　　　　　

<u>have retired</u> at this time next year. I am so proud of being his son.
　　③

03 Last summer, our voluntary team <u>has visited</u> a local elementary school in Cambodia. It
　　　　　　　　　　　　　　　　　　①

was the fifth visit. We <u>have had</u> an established sister relationship with the school for 6
　　　　　　　　　　　　②

years. We <u>gave</u> school supplies, food, clothes, etc. to the poor children of the school.
　　　　　　③

---

4 nearby 근처의 / semester 학기 5 by chance 우연히 / voluntary 자원봉사로 하는 / school supplies 학용품

6 (A), (B), (C)의 각 네모 안에서 어법에 맞는 표현으로 가장 적절한 것은?

Since the first web browser was released in 1990, the number of registered websites on the Internet (A) grew / has grown rapidly. Unfortunately, there are only so many simple and available domain names. So, it's become very difficult to find one. (B) Despite / Although the many trillions of possible names for a website, there are a limited number of English words. As of 2000, only about 1,700 one-word English domain names were still available. These are the numbers that have led to "cybersquatting." This is the practice of buying an Internet address with the hope that a well-known company will pay a lot of money for (C) it / them in the future. For example, American businessman Marc Ostrofsky bought the domain "business.com" for $150,000 in 1996 and sold it for $7.5 million just four years later.

*domain name: 《컴퓨터》 도메인 이름

	(A)		(B)		(C)
①	grew	……	Despite	……	it
②	has grown	……	Despite	……	them
③	grew	……	Although	……	it
④	has grown	……	Despite	……	it
⑤	has grown	……	Although	……	them

7 다음 글의 밑줄 친 부분 중, 어법상 틀린 것은?

I now travel so much for my work ① that I sometimes cannot remember where I've been or when. I went recently to Oslo, Norway ② to speak at a conference. As I was getting ready to go on stage, one of the organizers asked me if this was my first visit to Oslo. I told her confidently that it was. A few hours later, I remembered that I ③ have been in Oslo before for a week! Admittedly it was about fifteen years earlier, but in a week, you do all kinds of things: eat, shower, meet people, and talk and think about Norwegian things. I'd been to the National Art Gallery and spent time ④ looking at paintings. They were by Edward Munch, and included *The Scream*. I wanted to scream like the character in that painting when I realized I'd forgotten the entire trip. It may be a sign that I should stop ⑤ traveling so much.

---

6 release 공개하다; 풀어 주다 / register 등록하다 / trillion 1조; 엄청난 양 / as of ~일자로; ~ 현재로 7 organizer 조직자 / admittedly 인정하건대 / entire 전체의

Grammar Organizer

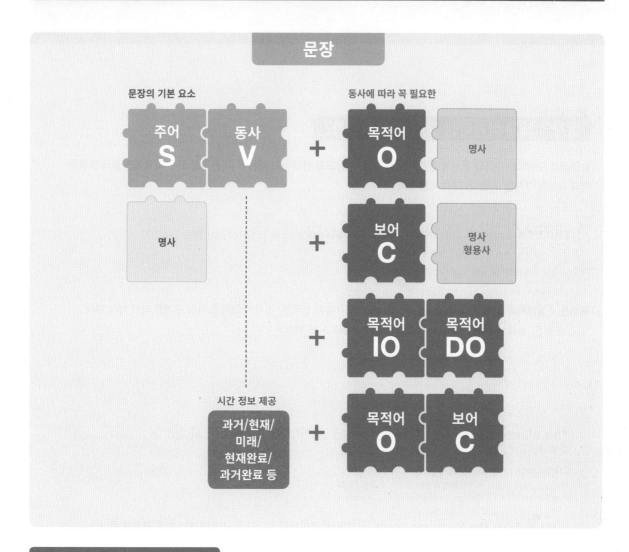

문장

문장의 기본 요소

주어 S — 동사 V

명사

동사에 따라 꼭 필요한

\+ 목적어 O — 명사

\+ 보어 C — 명사 형용사

\+ 목적어 IO — 목적어 DO

시간 정보 제공

과거/현재/ 미래/ 현재완료/ 과거완료 등

\+ 목적어 O — 보어 C

CHAPTER GOALS Checklist

다음 목표를 달성했으면 □ 안에 ✓로 표시하시오.

1. 동사의 형태와 그것이 실제로 나타내는 시간 정보를 파악할 수 있다. □
   ① 현재시제와 현재진행형은 시간표, 계획 등 미리 일어나게끔 확실히 정해진 일인 경우 미래를 나타낼 수 있다.
   ② 현재완료(have p.p.)는 과거에 일어난 행위가 현재까지 영향을 미치고 있는 경우에 사용된다. 따라서 명백한 과거를 나타내는 부사구와 함께 쓸 수 없다.

2. 시제의 단서가 되는 시간을 나타내는 부사구[절]를 찾아 올바른 시제를 적용할 수 있다. □
   He <u>goes</u> hiking *every Saturday*.
   We <u>are moving</u> to a new place *tomorrow*.
   How long <u>have</u> you <u>been waiting</u> here?

✓ **동사의 태를 학습하는 것이 왜 중요한가?**

능동태와 수동태는 주어와 동사의 관계가 각각 능동, 수동으로 반대이기 때문에 이 관계를 잘못 파악하면 글의 흐름을 전혀 다르게 이해할 수 있다. 다음 예를 보자.

The title song of his new album **received** the attention of the public.
———— 능동 관계 ————
그의 새 앨범의 **타이틀 곡은** 대중의 관심을 **받았다.**

해석은 수동태처럼 '받다'로 되어 was received로 생각하기 쉽지만, 먼저 주어와 동사의 관계를 따져 봐야 한다. '관심을 받은' 주체는 주어 **The title song**이므로 능동태가 적절하다.

The electronic goods that I ordered on May 1 **were received** in a damaged
———— 수동 관계 ————
condition.
제가 5월 1일에 주문한 **전자제품이** 파손된 상태로 **수령됐습니다.**

위 문장에서는 주어인 The electronic goods가 '받아진' 것이므로 주어와 동사의 관계는 수동 관계가 된다.

이처럼 태를 학습함으로써 동사의 형태와 문맥을 통해 **능동인지 수동인지를 정확하게 이해**할 수 있게 된다.

Unit 10 수동태의 이해
Unit 11 SVOO, SVOC문형의 수동태
Unit 12 주의해야 할 수동태

✔ 태(態)란?

앞 챕터에서 학습한 것처럼 동사는 동작이나 상태가 일어난 시간에 대한 정보를 담고 있는데,
이외에도 주어가 동작을 직접 행한 것인지(능동), 받는 것인지(수동)에 대한 정보도 담고 있다.
이처럼 주어와 동사의 관계를 나타내는 동사의 형식을 '태'라고 한다.

> I **threw** the ball. (주어인 I가 동작을 직접 하였음 — 동작의 **주체**)
> ➡ 　　　　　　　주어(I)-동사(throw): **능동 관계**

> The ball **was thrown** by me. (주어인 The ball은 동작을 받았음 — 동작의 **대상**)
> ⬅ 　　　　　　　주어(The ball)-동사(throw): **수동 관계**

지금까지 배운 여러 문형은 다음과 같은 능동태였다.
John Rogers designed these houses in the 1900s. (주어인 John Rogers가 동작을 행함)

수동태에서는 이러한 문장 구성이 다음과 같이 변화한다.
These houses were designed in the 1900s (*by John Rogers*). (주어인 These houses가 동작을 받음)
*이때 동작을 행한 John Rogers는 생략하거나 「by+명사(구)」 형태로 언급

즉 <u>누가/무엇이 동작을 하다(능동태)</u> ➡ <u>누가/무엇이 동작을 받다/당하다(수동태)</u>로 의미가 바뀐다.

🏴 CHAPTER GOALS

1 주어와 동사의 관계가 능동인지 수동인지에 따라 동작의 주체가 다르므로 그 관계에 집중하라.
2 동사의 형태와 그것이 나타내는 정보를 올바르게 연결하여 해석하라.

1 기본 형태와 해석

Many houses were destroyed by the earthquake.
S(~은/는/이/가) be+p.p.(~되다) by+명사(구)(~에 의해)

능동태에서는 주어가 동작을 행하는 주체였다면, 수동태에서는 주어가 동작을 당하거나 받는 대상이 된다.
보통 행위의 주체보다 행위가 가해지는 대상이 더 중요한 관심사일 때 수동태로 표현한다.

＊다음 굵게 표시된 「be+p.p.」는 주어와 동사의 수동 관계를 나타낸다. 행위자는 「by+명사(구)」로 나타내는데 생략되는 경우가 많다.
해석하면서 확인해 보자.

01 Many car accidents **are caused** by mobile phone use.

02 I **was bitten** by mosquitoes throughout the night.

03 No comments **were received** on this subject.

＊수동태 문장도 능동태 문장과 같이 시제를 표현할 수 있는데, 「be+p.p.」에서 be동사가 변화한다. 미래진행형이나 완료진행형의 수동태
는 잘 쓰이지 않는다. 해석하면서 확인해 보자.

04 Your order **will be shipped** within 48 hours. (미래형 수동태: ~될 것이다)

05 The crime **is being investigated** by the police. (현재진행 수동태: ~되고 있다)

06 My car **was being washed** when it started raining. (과거진행 수동태: ~되고 있었다)

07 The baseball game **has been canceled** because of rain. (현재완료 수동태: ~되었다)

08 The change in the schedule **had not been announced** beforehand. (과거완료 수동태: ~되었었다)

Further Note

수동태로 쓰이지 않는 동사

1. 수동태는 능동태의 목적어를 주어로 삼는 것이므로, 목적어를 취하지 않는 자동사는 당연히 수동태로
나타낼 수 없다.
consist, become, seem, appear, occur, happen, remain, look 등
The human skeleton **consists of** 206 bones. 인간의 뼈대는 206개의 뼈로 **구성되어 있다.**
cf. look이 구동사로 쓰일 때는 수동태가 가능하다. e.g. be looked at, be looked up to 등 (☞ Unit 12)

2. '상태'를 나타내는 일부 타동사: 주어의 의지로 행하는 동작이 아니므로 수동태로 표현하면 어색하다.
have(가지고 있다), resemble(닮다), lack(부족하다), suit(어울리다) 등

어법 Plus 수동태 vs. 능동태

Natural materials come from plants or animals, or they are dug / digging from the ground. [모의응용]
(= natural materials)
천연 재료는 식물 또는 동물에서 나오거나, 땅에서 파내진다.
주어와 동사의 능동, 수동 관계를 따져 동사의 태를 결정한다.

---

1 많은 집이 지진에 의해 파괴되었다. **01** 많은 자동차 사고가 휴대전화 사용에 의해 유발된다. **02** 나는 밤새도록 모기에게 물렸다. **03** 이 주제에 관해 아무런 언급도 받지 못했다. **04** 고객님의 주문은 48시간 이내로 배송될 것입니다. **05** 그 범죄는 경찰에 의해 조사되고 있다. / crime 범죄 / investigate 조사하다 **06** 비가 내리기 시작했을 때 내 차는 세차되고 있었다. **07** 야구 경기가 비 때문에 취소되었다. **08** 일정 변경은 사전에 공지되지 않았었다. / beforehand 사전에, 미리

Golden Rule

✈ 020
수동태 vs. 능동태
1. 주어와 동사의 관계가 능동인지 수동인지 파악한다.
   주어가 동사의 동작을 **행하면**
   ➡ 능동 관계
   주어가 동사의 동작을 **받으면**
   ➡ 수동 관계

2. 주어가 대명사일 때
   대명사가 가리키는 것을 앞에서 먼저 찾은 뒤, 주어와 동사의 관계를 파악한다.

✈ 021
수동태로 쓰이지 않는 동사는 아닌지 확인한다.
be consisted of (X)
be happened (X)
be occurred (X) 등

Application Exercises

A 개념 괄호 안에 주어진 동사와 주어와의 관계가 능동인지 수동인지 고르고, 빈칸에 알맞은 형태로 고쳐 쓰시오.

01 Allergies _____ (cause) a majority of skin problems.
   ⓐ 능동   ⓑ 수동

02 The apple _____ (introduce) to America by early settlers.
   ⓐ 능동   ⓑ 수동

03 The airport _____ (delay) all flights yesterday due to heavy snow.
   ⓐ 능동   ⓑ 수동

04 Classes with fewer than five students will _____ (cancel).
   ⓐ 능동   ⓑ 수동

B 어법 다음 중 어법상 적절한 것을 고르시오.

01 The company has [been produced / produced] cheap, quality sneakers for 10 years.

02 The delivery status of your order can [track / be tracked] on the website.

03 Bus-only lanes are [installing / being installed] for quick access to the area.

04 The lack of confidence in his voice [spoiled / was spoiled] his job interview.

05 Children are becoming disconnected from the natural environment. They are [spent / spending] less and less time outdoors. [모의응용]

C 어법 다음 밑줄 친 부분이 어법상 맞으면 O, 틀리면 X로 표시하고 바르게 고치시오.

01 The driving test <u>is consisted of</u> the theory part and the practical part.

02 Jake <u>is resembled</u> his twin brother so much in food tastes.

03 You would think all bicycles must have brakes. But the bicycles for track racing are unique because they <u>make</u> without brakes. [모의응용]

A **a majority of** 대다수의 / **settler** 정착민 / **due to A** A 때문에 B **quality** 질 좋은, 양질의; 질 / **sneaker** 《복수형》 스니커즈(고무창 운동화) / **status** 상태; 신분; 지위 / **track** 추적하다; 트랙 / **install** 설치하다 / **spoil** 망치다 / **disconnected** 단절된 C **theory** 이론 / **taste** 취향; 맛

SVOO, SVOC문형의 수동태 — Unit 11

1 SVOO의 수동태

We **were given** *a warm welcome.*　간접목적어를 주어로 한 수동태
S　　be+p.p.　　　O

A warm welcome **was given** *to us.*　직접목적어를 주어로 한 수동태
S　　　　　be+p.p.　　to/for/of+간접목적어(~에게)

(← They gave us a warm welcome.)
　　S　V　IO　　DO

능동태인 SVOO문형의 수동태이다. SVOO문형은 목적어가 2개이므로 원칙적으로는 두 가지 형태의 수동태가 가능하다.
2개 목적어 중 보통 좀 더 강조하고 싶은 것을 주어로 한다.

＊다음 문장은 SVOO문형의 목적어를 각각 주어로 한 수동태이다. 직접목적어를 주어로 한 수동태에서는 간접목적어 앞에 전치사 to/for/
of가 필요하다. (☞ Unit 4) 간접목적어를 주어로 수동태를 만들 때는 의미가 어색해지면 바꾸지 않는다. 해석하면서 확인해 보자.

01 The winner **was awarded** *a gold medal* at the competition.
A gold medal **was awarded** *to* the winner at the competition.

02 The audience **was cooked** *a delicious meal* by the chef on TV. (X) ('청중이 요리되었다'는 어색한 표현)
A delicious meal **was cooked** *for* the audience by the chef on TV.

03 Each applicant **will be sent** *the final result* through email.
The final result **will be sent** *to* each applicant through email.

2 SVOC의 수동태

Nikki **was elected** *our class leader.*
S　　be+p.p.　　　　C

(← We elected Nikki our class leader.)
　　S　V　　O　　　C

능동태인 SVOC문형의 수동태이다. (☞ Unit 5) 수동태는 능동태의 목적어를 주어로 취하므로 목적격보어는 수동태의 주어가
될 수 없다. 이때 SVOC문형의 목적격보어는 수동태에서 동사 뒤에 그대로 남아 주격보어의 역할을 하게 되며, 명사 또는
형용사가 오는 자리이다.

＊다음 문장의 굵게 표시된 「be+p.p.」 뒤에는 능동태 문장의 목적격보어인 명사 또는 형용사가 그대로 남은 것이다. 해석해
보자.

01 Paris **is called** *the city of love.* (← call Paris *the city of love*)

02 She **is considered** *a role model* in every respect. (← consider her *a role model*)

03 His lost wallet **was found** *empty* inside. (← found his lost wallet *empty*)

04 Usually, the personal lives of famous people **aren't kept** *private.*
(← keep the personal lives of famous people *private*)

---

1 우리는 따뜻한 환영을 받았다. / 따뜻한 환영이 우리에게 주어졌다. 01 그 대회에서 우승자는 금메달을 수여받았다. / 그 대회에서 금메달이 우승자에게 수여되었다. / award 수여하다
02 TV에서 맛있는 식사가 요리사에 의해 청중들에게 요리되었다. / chef 요리사 03 각 지원자는 이메일을 통해 최종 결과를 전송받을 것이다. / 최종 결과는 이메일을 통해 각 지원자에게
전송될 것이다. / applicant 지원자 2 니키는 우리 반 반장으로 선출되었다. 01 파리는 사랑의 도시라고 불린다. 02 그녀는 모든 면에서 롤모델로 여겨진다. / respect (측)면, 점 03 그가
잃어버린 지갑은 안이 텅 빈 채로 발견되었다. 04 보통, 유명인들의 사생활은 비공개로 유지되지 않는다.

Golden Rule

✦ 020
수동태 vs. 능동태

1. 주어와 동사의 관계가 능동인지 수동인지 파악한다.

   주어가 동사의 동작을 <u>행하면</u>
   ➡ 능동 관계

   주어가 동사의 동작을 <u>받으면</u>
   ➡ 수동 관계

2. 주어가 대명사일 때

   대명사가 가리키는 것을 앞에서 먼저 찾은 뒤, 주어와 동사의 관계를 파악한다.

✦ 022
SVOO문형으로 잘 쓰이는 동사의 태를 묻는 문제 바로 뒤에 명사(구)가 올 때

SVO 구조인지 「be+p.p.+O(능동태의 직접목적어)」 구조인지 문맥상 주어와 동사의 관계를 통해 파악한다.

✦ 023
be+p.p.+Ⓒ ┌형용사/명사(O)
          └부사(X)

능동태 SVOC문형의 목적격보어가 그대로 그 자리에 남는 것이므로 부사는 올 수 없다.

Application Exercises

A 개념 괄호 안에 주어진 동사와 주어와의 관계를 고르고 빈칸에 알맞은 형태로 고쳐 쓰시오.

01 The window _____ (leave) open last night, so the floor is totally wet.

ⓐ 능동 　　　　　　ⓑ 수동

02 Every citizen will _____ (send) a message in the case of an emergency.

ⓐ 능동 　　　　　　ⓑ 수동

03 Yesterday, an unusual question from the interviewer _____ (make) me nervous.

ⓐ 능동 　　　　　　ⓑ 수동

B 어법 다음 중 어법상 적절한 것을 고르시오.

01 Restrooms in the shopping mall are [keeping / kept] clean by the cleaning staff.

02 The clerk [found / was found] me a perfect suit for the graduation ceremony.

03 Anyone with a student ID is [offering / offered] a 20% discount at the theater.

04 More than half of the voters [elected / were elected] him President due to his honesty.

05 Last week, two soccer players fought with each other during the game, and they were [shown / showing] a red card in the end.

C 어법 다음 밑줄 친 부분이 어법상 맞으면 O, 틀리면 X로 표시하고 바르게 고치시오.

01 All members of the book club <u>considered</u> her suitable for the leader.

02 You will be <u>giving</u> your belongings after the security inspection.

03 The success of the movie <u>was brought</u> him a great fortune.

04 That event has <u>made</u> possible with the support of the participants.

05 The vegetarian diet was found <u>effectively</u> for weight loss.

A citizen 시민 **B** clerk (가게의) 점원, 직원 / voter 투표자, 유권자 / due to A A 때문에 **C** suitable 적합한 / belongings 소지품 / inspection 검사, 점검 / fortune 부(富), 재산 / participant 참가자 / vegetarian diet 채식 / effectively 효과적으로

주의해야 할 수동태

1 구동사의 수동태

Your request is being dealt with right now. (be dealt with: ~이 다뤄지다, 처리되다)

※구동사는 수동태에서도 하나의 덩어리로 움직이므로 구동사를 이루는 전치사를 생략하지 않도록 주의해야 한다. 해석하면서 확인해 보자.

01 His offer **was laughed at** by many critics at first. (be laughed at: ~이 비웃음을 당하다)

02 She **is looked up to** by all people around her. (be looked up to: ~이 존경받다)

03 A laugh **is thought of as** exercise for the heart. (be thought of as A: ~이 A로 여겨지다)

04 The Maldives **is** often **referred to as** heaven on earth. (be referred to as A: ~이 A로 불리다)

2 by 이외의 전치사+동작의 주체 수동태에서 by 이외에 다른 전치사를 사용하는 경우도 많다.

be amazed[surprised] at[by] ~에 놀라다	I **was amazed at** the scale of the event.
be satisfied with ~에 만족하다	I **wasn't satisfied with** the customer service.
be filled with ~으로 가득 차 있다	The local festival **is filled with** events for tourists.
be engaged in ~에 종사하다	She **is engaged in** foreign trade.
be interested in ~에 관심이 있다	I **am interested in** hip-hop music.

3 주어가 일반인이고 that절이 목적어인 문장의 수동태

It **is said** *that hard work beats talent.* 가주어 It 이용
S be+p.p.   that절

Hard work is said *to beat talent.* that절의 주어가 문장의 주어
  S   be+p.p.   to-v

(← People say **that hard work beats talent.**)
       s   v   o

동사의 목적어가 that절인 경우 위와 같이 두 가지 형태의 수동태가 가능하다.
*that절을 목적어로 취할 수 있는 동사: say, think, believe, know, expect, suppose, report 등

※두 가지 형태의 수동태 중 가주어 It은 해석하지 않으므로 문장의 해석은 '~은 …라고 한다[알려져 있다]'와 같이 한다. 해석하면서 확인해 보자.

01 It **is known** that eighty-five percent of our brain tissue is water. [모의응용]

= Eighty-five percent of our brain tissue **is known** *to be water.*

02 It **is believed** that a well-balanced diet reduces the risk of disease.

= A well-balanced diet **is believed** *to reduce the risk of disease.*

---

1 당신의 요청은 바로 지금 처리되고 있습니다. 01 처음에 그의 제안은 많은 비평가에게 비웃음을 당했다. / critic 비평가 02 그녀는 그녀 주변에 있는 모든 사람에게 존경받는다. 03 웃음은 심장을 위한 운동으로 여겨진다. 04 몰디브는 종종 지상낙원이라고 불린다. 2 나는 그 행사의 규모에 놀랐다. / 나는 고객 서비스가 만족스럽지 않았다. / 그 지역 축제는 관광객을 위한 행사로 가득하다. / 그녀는 해외 무역에 종사하고 있다. / 나는 힙합 음악에 관심이 있다. 3 노력은 재능을 이긴다고 한다. 01 우리 뇌 조직의 85%는 수분이라고 알려져 있다. 02 균형 잡힌 식사는 질병의 위험을 감소시킨다고 여겨진다.

Golden Rule

✧ 024
✧ 024
that절이 목적어인 문장의 수동태
는 두 가지 형태가 가능하다.
→ 가주어 it+be+p.p.+that절
→ that절 주어+be+p.p.+to-v

✧ 025
수동태에서 by 이외에 전치사를
쓰는 동사인지 확인하고 알맞은
전치사로 바꾼다.

✧ 026
동사가 구동사일 때도 주어와
동사의 관계가 능동인지 수동인지
파악한다.

주의 ⚠
수동 관계일 때 구동사를 이루는 with,
of, at 등이 생략되지 않았는지 확인
한다.

Application Exercises

A 개념 다음 문장을 두 가지 형태의 수동태로 바꿔 쓰시오.

01 People say that a four-leaf clover brings good luck to its finder.
→ It _____ good luck to its finder.
→ A four-leaf clover _____ good luck to
its finder.

02 People expect that bus fares will rise by 20 percent next month.
→ It _____ by 20 percent next month.
→ Bus fares _____ by 20 percent next
month.

B 개념 다음 우리말 해석에 맞게 괄호 안의 단어를 이용하여 문장을 완성하시오.

01 공원의 방문객들은 그곳의 깨끗한 환경에 만족했다.
→ Visitors to the park _____ (satisfy) its clean
environment.

02 버스 터미널과 기차역은 휴일에 사람들로 가득하다.
→ Bus terminals and train stations _____ (fill)
people on holidays.

03 건강을 위해, 요즘 많은 사람이 다양한 운동에 관심을 둔다.
→ For health, many people _____ (interest) various
sports these days.

04 그 가수는 자신의 팬들로부터 받은 편지의 수에 놀랐다.
→ The singer _____ (surprise) the number of letters
from his fans.

C 어법 다음 밑줄 친 부분이 어법상 맞으면 O, 틀리면 X로 표시하고 바르게 고치시오.

01 The basketball player <u>laughed at</u> by the crowd when he missed the
shot.

02 A constant increase in the earth's temperature is <u>referred to</u> global
warming.

03 The teacher is <u>looked up to</u> by every student for his fine personality.

04 Eye contact <u>thought of as</u> a necessary social skill in many cultures.

A four-leaf clover 네 잎 클로버 / fare (교통) 요금 **B** terminal 터미널 **C** shot (농구·축구 등에서) 슛; (총기) 발사 / constant
끊임없는

Overall Exercises

1 다음 중 어법과 문맥상 적절한 것을 고르시오.

01 The Nobel Prize in Literature has been [awarding / awarded] each year since 1901.

02 Our school field trip [includes / is included] a visit to the national art museum.

03 Yesterday, Harry heard that he [had / was] passed the entrance exam after all. [모의응용]

04 College tuitions will be [reducing / reduced] from next year with the pass of the new bill.

05 Since its foundation, the school has [produced / been produced] many excellent students.

06 All the elevators are [repairing / being repaired] at the moment. Please use the stairs instead.

2 다음 밑줄 친 부분이 어법과 문맥상 맞으면 O, 틀리면 X로 표시하고 바르게 고치시오.

01 Often, breakfast is referred to the most important meal of the day.

02 Golden poison frogs consider the most poisonous animals on earth. [모의응용]

03 The scar on my knee disappeared a few weeks after the bike accident.

04 For energy conservation, the whole building is kept warmly by solar power.

05 The foreign movie has been attracted more than 10 million viewers since its release.

06 Natural boundaries between countries are discovering along rivers or mountain ranges.
[모의응용]

3 다음 밑줄 친 부분이 어법상 틀린 것은?

① Africa is considered the birthplace of humankind.

② The play is being performed, so you can't go inside.

③ The use of electronic devices will not accept during the test.

④ Guests to the event were offered free snacks and beverages.

⑤ The car accident has caused a major traffic jam on the road.

---

1 literature 문학 / field trip 현장 학습 / tuition 수업료, 등록금 / foundation 설립; 토대, 기초 / at the moment (바로) 지금 **2** poisonous 독[독성]이 있는 / scar 흉터 / conservation 보호, 보존 / release 개봉; 석방, 풀어 줌 / boundary 경계(선) / mountain range 산맥 **3** birthplace 발상지; 출생지 / humankind 인류, 인간 / device 장치, 기구 / beverage (물 외의) 음료 / major 주요한, 중대한

4 다음 중 어법과 문맥상 적절한 것을 고르시오.

01 Good-quality sleep is important for humans. It [improves / is improved] our health and happiness.

02 The manager has chosen 5 applicants for the final interview, and they will be [sending / sent] the interview schedule by email.

03 When you take medicine, you should follow your doctor's instructions carefully. If you're not careful, there might be some side effects. They could [affect / be affected] your health negatively.

5 다음 밑줄 친 부분이 어법상 바른 것은?

① If you don't pay within 3 days, your order will cancel.

② Our pet dog names "Mini" because of its small size.

③ You will be told the test results right after you finish the test.

④ Traditional Chinese medicine has been used green tea for years.

⑤ Last Memorial Day, I invited to my cousin's house for a barbecue. [모의응용]

6 다음 밑줄 친 부분 중, 어법상 틀린 것을 찾아 바르게 고치시오.

01 When we returned from our trip, we found that all the drawers had been left open. The
①
safe in the bedroom was empty. A burglar had broken into our house! We called the
②
police immediately. They were searched everywhere in the house, but no evidence was
③
found.

02 Last night, my sister and I went to a movie. The tickets had booked online, so we only
①
bought popcorn and sodas. But when we entered the theater, our seats had been taken
②
by a couple. They showed their tickets to us and we realized that ours were for
③
tomorrow.

---

4 instruction 설명, 지시 / side effect 부작용 / negatively 부정적으로 5 Memorial Day 현충일 6 safe 금고; 안전한 / burglar 절도범, 빈집털이범

7 (A), (B), (C)의 각 네모 안에서 어법에 맞는 표현으로 가장 적절한 것은?

The naturalist John James Audubon once described a flock of passenger pigeons which was so large that it covered the whole sky. Amazingly, he wasn't telling a lie! In the early part of the 19th century, the birds were (A) estimating / estimated to make up as much as 40 percent of North America's bird population. But the creatures were very exposed because of their abundance. Because they could be hunted easily, the birds were killed in large numbers for food, and sometimes for sport. Unfortunately, the birds couldn't protect (B) them / themselves except in large flocks, and they quickly dropped in number. In 1900, someone shot the last wild passenger pigeon. Fourteen years later, the last one on Earth (C) died / has died at the Cincinnati Zoo. Her name was Martha.

*passenger pigeon: 나그네비둘기

	(A)		(B)		(C)
①	estimating	......	them	......	has died
②	estimating	......	them	......	died
③	estimated	......	themselves	......	has died
④	estimated	......	them	......	has died
⑤	estimated	......	themselves	......	died

8 다음 글의 밑줄 친 부분 중, 어법상 틀린 것은?

When you leave two or three shirts at a laundry, they usually go into a machine with at least a dozen others. ① To keep track of whose shirt belongs to whom, laundry workers actually write something on each shirt. A common way of keeping track of a shirt's owner ② is known in the business as "phantom marking." Three or four numbers or letters are written on the inside of the collar in a special ink, and it ③ can see only under ultraviolet light. Before each shirt is washed, the numbers (which also appear on the ticket with which you get the clean clothes) ④ are marked on the collar. Although some laundries then wash the shirts in mesh bags, this ⑤ is done to protect the shirts rather than to separate them from others. After the laundry is dry, a worker passes the shirts under ultraviolet light and returns them to their owners.

---

7 naturalist 동식물 연구가 / flock 떼, 무리 / estimate 추산(하다) / make up ~을 이루다[형성하다] / exposed 공격을 받기 쉬운; 노출된 / abundance 다수; 풍부
8 laundry 세탁소; 세탁물 / at least 적어도 / keep track of ~에 대해 계속 파악하고 있다 / phantom 유령 / collar (윗옷의) 칼라, 깃 / ultraviolet 자외선의 / mesh 그물망
/ B rather than A A라기보다는 B / separate A from B A를 B로부터 분리하다

Grammar Organizer

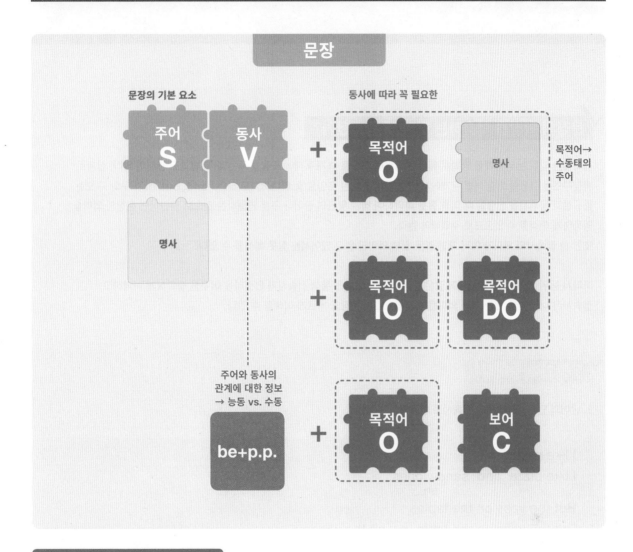

CHAPTER GOALS Checklist

다음 목표를 달성했으면 □ 안에 ✓로 표시하시오.

1. 수동태의 기본 형태를 바르게 이해했다. □
   ① 능동태의 목적어 → 수동태의 주어
   ② 동사의 형태 → 「be+p.p.」
   ③ 능동태의 주어 → 수동태의 by+명사(구) (생략 가능)

2. 주어와 동사의 관계가 능동인지 수동인지 파악할 수 있다. □
   The wallet was found in the street. □ 능동 □ 수동

Damage from natural disasters is increasing.

□ 능동 □ 수동

With practice **bad habits** can be fixed.

□ 능동 □ 수동

✔ 문장의 확장을 학습하는 것이 왜 중요한가?

접속사는 앞뒤 논리 관계를 명확히 해주는 역할을 하므로 대개 독해에 도움을 주는데, 어법과도 관련이 많다. 실제로 병렬구조는 그동안 기출 어법 문제에서 가장 많이 출제된 포인트 중 하나이기도 하다. and, but, or가 구와 구 또는 등위절과 등위절을 연결할 때 이를 잘못 파악하여 바로 앞뒤의 단어나 구를 연결하는 것으로 판단하면 문장의 의미를 엉뚱하게 해석할 수 있으므로 주의해야 한다.
또한 한 접속사의 의미가 여러 개인 경우 일부 의미만 알고 있어서는 잘못 해석할 수 있다.

따라서 등위절, 명사절, 부사절과 같은 문장의 확장 학습을 통해 접속사가 연결하는 어구를 정확하게 파악하고, 접속사가 나타낼 수 있는 여러 의미를 숙지함으로써 문장을 바르게 이해할 수 있다.

✔ 문장의 확장이란?

1. 단어와 단어, 구*와 구가 접속사로 연결되어 확장된다.

I like pizza.
I like pizza **and** sandwiches.
　　　　단어　　　　　단어
Put the vase on the table.
Put the vase on the table **or** by the window.
　　　　　　　　구　　　　　　　　구

2. 문장과 문장, 즉 절**과 절이 접속사로 연결되어 확장된다.

It was fine in the morning. It is raining hard now.
It was fine in the morning, **but** it is raining hard now.
　　　등위절　　　　　　　　　　등위절

구*(句) 둘 이상의 단어가 모여 문장이나 절의 일부분을 이루는 것. 명사구, 동사구, 형용사구, 부사구 등이 있다.
절**(節) 주어와 동사를 갖추었으나 다른 문장의 일부분을 이루는 것. 명사절, 부사절, 형용사절(관계사절) 등이 있다.

Unit 13 등위절

Unit 14 명사절 I

Unit 15 명사절 II

Unit 16 부사절

*문장들이 연결되어 하나의 문장을 이루면 그 각각의 문장들은 '절'이라 한다.
아래 그림과 같이 어느 한 절이 다른 절에 종속되어 있지 않고 서로 동등한 위치에 있는 절을 '등위절'이라 한다.

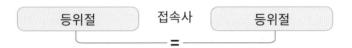

3. 문장에서 명사(주어, 목적어, 보어)가 올 자리에 다른 절이 자리하여 확장된다.

> She said 명사 자리(목적어).
> She said that **she would come to Korea this spring**.
>   주절   종속절

*이때는 명사 역할을 하는 절이 다른 주된 절에 종속되었다 하여 종속절이라 한다.

4. 문장에 시간 등을 보충 설명하는 절이 추가되어 확장된다.

> People came out to see him.
> When **he arrived**, people came out to see him.
>   보충 설명: 종속절   주절

*이때도 문장들이 연결되어 하나의 문장을 이루었으므로 각각의 문장들은 다 '절'에 해당한다.
보충 설명에 해당하는 절은 다른 주(主)된 절에 딸려 붙었다고 하여, 즉 '주절'에 종속되었다고 하여 '종속절'이라 한다.

🏴 CHAPTER GOALS

1 등위접속사로 연결된 문장에서 접속사가 무엇과 무엇을 연결하고 있는지 정확하게 파악하라.

2 문장 내에서 명사절의 역할을 바르게 파악하라.

3 하나의 접속사가 두 가지 이상의 의미로 쓰일 수 있으므로 문맥을 잘 살펴 해석하라.

1 단어와 단어, 구와 구를 연결

> I have *yogurt* **and** *nuts* for every breakfast.　　　　　　　　(명사 – 명사)
>
> 등위접속사는 2개 이상의 단어, 구, 절을 문법상 대등한 관계로 연결한다. and(그리고, ~와), but(그러나), or(또는),
> nor(~도 (또한) 아니다), for(왜냐하면) 등이 있다.

※ 다음 문장에서 밑줄로 표시된 것처럼 and, but, or, nor가 단어나 구를 연결할 때는 연결되는 것들이 문법적으로 같은 형태를 취하는데,
이러한 구조를 **병렬구조**라 한다. 해석하면서 확인해 보자.

01 Regular exercise *improves sleep* **and** *reduces stress*.　　　　　　(동사 – 동사)

02 She proposed a *simple* **but** *effective* solution.　　　　　　　(형용사 – 형용사)

03 I closed the door *slowly* **and** *quietly*.　　　　　　　　　(부사 – 부사)

04 I just want *to read some novels* **or** *(to) take a walk*.　　　　　(부정사구 – 부정사구)

05 He enjoys *traveling the world* **and** *meeting new people*.　　　　(동명사구 – 동명사구)

06 Will you pay the bill *by credit card* **or** *by cash*?　　　　　　(전명구 – 전명구)

2 절과 절을 연결

※ 등위접속사가 절과 절을 연결하는 경우이다. 명령문 뒤에 and나 or로 절이 연결되면 의미에 차이가 있다. 해석하면서 확인해 보자.

01 *My best friend is a caring person* **and** *I enjoy talking with her.*　(and+앞 내용에 부가하는 내용)

02 *I dropped my phone on the floor,* **but** *it wasn't broken.*　　　(but+앞 내용과 대조되는 내용(화자의 요지))

03 *Make steady effort,* **and** *you will achieve your goals.*　　　　(명령문+and ...: ~하라, 그러면 ⋯)

04 *Wash your hands often,* **or** *you might catch a cold.*　　　　　(명령문+or ...: ~하라, 그렇지 않으면 ⋯)

05 *My sister doesn't have any allergies,* **nor** *do I.*　　　　　　(nor+조동사+주어 ☞ Unit 43)

06 *Shipping is being delayed,* **for** *the item is currently sold out.*　(for+앞서 말한 내용의 근거)

3 상관접속사　등위접속사 and, or, but 등이 다른 단어와 짝을 이룰 때 (등위)상관접속사라고 한다.

※ 상관접속사로 연결되는 A와 B 역시 문법적으로 같은 성격이어야 한다. 해석하면서 확인해 보자.

01 The actor has a lot of fans in **both** *Korea* **and** *China*.　　　　(both A and B: A와 B 둘 다)

02 He succeeded **not** *because he's lucky* **but** *because he's diligent*.　(not A but B: A가 아니라 B)

03 **Not only** *humans* **but also** *animals of all types* yawn.　　　(not only A but (also) B: A뿐만 아니라 B도)

　　= *Animals of all types* **as well as** *humans* yawn.　　　　　　= B as well as A

04 The next meeting will be **either** *on Wednesday* **or** *on Friday*.　(either A or B: A나 B 어느 한쪽)

05 I **neither** *agree* **nor** *disagree* with your opinion.　　　　　(neither A nor B: A나 B 어느 쪽도 ~ 아닌)

---

¹ 나는 매일 아침 식사로 요구르트와 견과류를 먹는다. **01** 규칙적인 운동은 수면을 개선해 주고 스트레스를 줄여 준다. **02** 그녀는 간결하지만 효과적인 해결책을 제시했다. **03** 나는 천천히
그리고 조용히 문을 닫았다. **04** 나는 단지 소설책 몇 권을 읽거나 산책하고 싶다. **05** 그는 세계를 여행하고 새로운 사람들을 만나는 것을 즐긴다. **06** 신용카드로 결제하시겠습니까, 아니면
현금으로 하시겠습니까? ² **01** 나의 가장 친한 친구는 배려심이 많은 사람이고 나는 그녀와 이야기 나누는 것을 즐긴다. / caring 배려하는 **02** 나는 내 휴대전화를 바닥에 떨어뜨렸지만,
망가지지 않았다. **03** 꾸준히 노력해라, 그러면 목표를 이룰 것이다. **04** 손을 자주 씻어라, 그렇지 않으면 감기에 걸릴지도 모른다. **05** 내 여동생은 어떤 알레르기도 없고, 나도 없다. **06** 발송이
지연되고 있는데, 그 물건이 현재 매진되었기 때문입니다. ³ **01** 그 배우는 한국과 중국 두 곳에 다 많은 팬이 있다. **02** 그는 운이 좋아서가 아니라 성실하기 때문에 성공했다. **03** 사람들뿐만
아니라 모든 종류의 동물들도 하품을 한다. **04** 다음 회의는 수요일이나 금요일에 있을 거예요. **05** 나는 네 의견에 동의하는 것도 아니고 동의하지 않는 것도 아니다.

Golden Rule

↯ 027

병렬구조
등위접속사로 연결되는 단어나 구는 문법적으로 같은 형태이다.

➡ 문제 앞에 등위접속사가 있다면 병렬구조일 수 있으므로 앞의 어떤 형태와 일치시켜야 하는지 찾는다.

주의 ⚠
등위접속사 뒤에서 반복되는 be/have/조동사와 to부정사의 to는 보통 생략되는 것에 주의한다.

1. 등위접속사 뒤에 동사원형이 오는 경우
-to부정사 ~ and 동사원형(to가 생략)
-조동사 can/would 등+동사원형 ~ and 동사원형
-명령문 ~ and 동사원형
-현재형 복수동사와 연결될 때

2. 등위접속사 뒤에 v-ing가 오는 경우
-전치사+v-ing(동명사) ~ and v-ing
-be+v-ing(진행형) ~ and v-ing
-동명사를 목적어로 취하는 동사 +v-ing ~ and v-ing (☞ Unit 23)

3. 등위접속사 뒤에 p.p. 형태가 오는 경우
-be+p.p.(수동태) ~ and p.p.
-have p.p.(완료형) ~ and p.p.

Application Exercises

A 개념 다음 문장에서 표시된 접속사에 대등하게 연결된 요소를 찾아 <보기>와 같이 밑줄을 그으시오.

> 보기 Regular exercise <u>improves sleep</u> and <u>reduces stress</u>.

01 Do you like to buy things quickly or take your time when you go shopping?

02 Students know the value of a healthy diet, but they don't worry about the right amount of sleep.

03 For success, a good educational background is neither necessary nor sufficient.

04 Internet maps not only give you directions but also provide the street view of a place.

05 People love the restaurant not because of its food but because of its cozy atmosphere.

B 어법 다음 중 어법과 문맥상 적절한 것을 고르시오.

01 My goal is to study English vocabulary and [using / use] it every day.

02 When you feel nervous, take a deep breath or [listen / to listen] to some calming music. [모의응용]

03 Have you ever read a book and not [remembering / remembered] any of the story?

04 Children can learn by observing others or [copy / copying] their behavior.

05 Reading in poor light makes your eyes tired and [gives / gave] you a headache.

C 어법 다음 밑줄 친 부분이 어법상 맞으면 O, 틀리면 X로 표시하고 바르게 고치시오.

01 You can share your story freely or <u>keep</u> it private on your blog.

02 Challenges give you a lot of energy and <u>making</u> your life meaningful.

03 I will read some novels, meet my friends, and <u>taking</u> a short trip during this holiday. [모의응용]

A sufficient 충분한 / cozy 아늑한 / atmosphere 분위기; (지구의) 대기 **B** vocabulary 어휘 / observe 관찰하다; (법, 규칙 등을) 준수하다 **C** private 비공개의; 사적인 / meaningful 의미 있는, 중요한

1 명사절의 역할

> I discovered *that a virus had infected my computer.*
> 타동사   명사절 목적어

명사절은 명사 자리에 쓰여 문장에서 **주어, 목적어, 보어** 역할을 한다. 따라서 명사절이 없으면 문장이 성립하지 않는다.
연결하는 문장의 종류에 따라 접속사 that, whether/if, 의문사 등을 이용한다.

I discovered a virus on my computer. (명사구가 없으면 문장 성립 X)
   타동사   명사구 목적어

2 명사절을 이끄는 종속접속사

1) that: ~것 *The best education comes from experience.* 와 같은 평서문을 연결한다.

주어	*That* the best education comes from experience is true. (주어 자리에는 거의 안 쓰임) S V C → **It** is true *that* the best education comes from experience. 가주어 = 진주어 *대부분 가주어 It으로 대신하고 문장 뒤로 보낸다.
목적어 **SVO**	Everyone agrees (*that*) employment policy is an important issue. S V O *SVO문형의 목적어를 이끌 경우, that은 대개 생략된다.
SVOO	The doctor told me (*that*) I should cut down on meat. S V IO DO *SVOO문형에서는 직접목적어를 이끌며, 마찬가지로 that을 생략할 수 있다.
SVOC	I think **it** a shame *that* people spit on the street. S V 가목적어 C 진목적어 *SVOC문형의 목적어를 이끌 때는 that절을 가목적어 it으로 대신하고 문장 뒤로 보낸다.
보어	The problem is (*that*) the issue cannot be solved. S V C *that절이 보어로 쓰일 때도 that은 생략할 수 있다.

＊다음 문장에서 굵게 표시된 that절은 문장에서 주어, 목적어, 보어 역할을 한다. 해석하면서 확인해 보자.

01   It is important **that you follow basic etiquette.**   (진주어)

02   Medical experts say (**that**) **prevention remains the best treatment.**   (목적어)

03   I think (**that**) **the celebrity always dresses fashionably.**   (목적어)

04   The teacher informed us **that the festival would be held for 3 days.**   (직접목적어)

05   One problem with an SNS is (**that**) **false information quickly spreads through it.** (보어)

---

1 나는 바이러스가 내 컴퓨터를 감염시켰다는 것을 발견했다. 2 최고의 교육은 경험에서 나온다는 것은 사실이다. / 모든 사람이 고용정책이 중요한 사안이라는 것에 동의한다. / 의사 선생님은 내게 고기 섭취를 줄여야 한다고 말씀하셨다. / **cut down on** ~을 줄이다 / 사람들이 거리에 침을 뱉는 것은 부끄러운 일이라고 생각한다. / **spit** 침을 뱉다 / 문제는 그 사안이 해결될 수 없다는 것이다. **01** 기본적인 에티켓을 따르는 것은 중요하다. **02** 의학 전문가들은 예방이 최고의 치료 약이라고 말한다. / **prevention** 예방, 방지 / **treatment** 치료; 대우 **03** 나는 그 유명 연예인이 항상 최신 유행으로 옷을 입는다고 생각한다. **04** 선생님은 우리에게 축제가 3일 동안 열릴 것이라고 알려주셨다. **05** SNS의 한 가지 문제점은 잘못된 정보가 그것을 통해 빠르게 퍼진다는 것이다.

Golden Rule

✦ 028

that이 이끄는 명사절이 문장에서 하는 역할

1. that절이 주어일 때
   - That절+동사
   - It(가주어) is ~ that절(진주어)
2. that절이 목적어일 때
   say, tell, admit, believe, think, know, find 등의 동사의 목적어 자리에 온다.
3. that절이 보어일 때 be동사의 보어로 쓰인다.
   ➡ 주어=that절(~는 …이다)

✦ 029

생략된 that 찾아내기

1. S+V 뒤에 바로 또 다른 S+V ~가 이어져 문장 전체의 목적어나 보어가 될 때
   ➡ S+V (that) S+V ~
2. say, tell, admit, believe, think, know, find 등의 동사 뒤에 목적어로 S+V ~가 올 때

Application Exercises

A 개념 다음 문장에서 명사절에 밑줄을 긋고, 명사절의 역할로 알맞은 것을 <보기>에서 골라 그 기호를 쓰시오.

> 보기   ⓐ 주어   ⓑ 목적어   ⓒ 보어

01 The good news is that Korean food is becoming more popular worldwide.

02 Some people believe that star signs affect a person's personality.

03 The benefit of group work is that you can share your ideas with others.

04 It is important that you manage your time wisely during the exam.

05 We know that too much salt in food can cause high blood pressure.

[모의응용]

06 It is essential that you should maintain good posture for body balance.

07 My parents always tell me that I should not judge people by their appearance.

B 개념 다음 문장에서 접속사 that이 생략된 부분에 ∨로 표시하시오.

01 Experts claimed there was no vaccine for this flu.

02 The amazing fact is language influences our thoughts and culture.

03 Most people know too much exposure to the sun is unhealthy.

04 Researchers found mosquitoes are attracted to people on the basis of their smell.

05 We think the experience of failure is necessary in the learning process.

A star sign 별자리 / affect ~에 영향을 미치다 (= influence) / high blood pressure 고혈압 / essential 필수적인 / maintain 유지하다 / posture (몸의) 자세 **B** claim 주장하다 / vaccine (예방) 백신 / exposure 노출 / attract (어디로) 끌어들이다; 마음을 끌다 / on the basis of ~에 근거하여

명사절 II

1 명사절을 이끄는 종속접속사

1) whether/if: ~인지 (아닌지)

> ### I wonder **whether[if] the rumor is true (or not)**. (목적어)
>
> Is the rumor true?와 같은 Yes나 No로 대답할 수 있는 의문문을 연결한다.
> 명사절을 이끌어 '~인지 (아닌지)'의 의미를 나타낸다. whether 명사절은 주어, 목적어, 보어 역할을 할 수 있으나, if 명사절은 대부분 목적어로만 쓰이고 그 외에는 진주어절만 이끌 수 있다.
>
> *ask/check/decide/doubt/find out/say/tell/(want to) know/wonder + whether[if]

※다음 문장에서 굵게 표시된 whether[if]절은 문장에서 주어, 목적어, 보어 역할을 한다. 해석하면서 확인해 보자.

01 **Whether you will succeed (or not)** is entirely up to you. (주어)

　　→ **It** is entirely up to you **whether you will succeed (or not)**.
　　　가주어 └────────── = ──────────┘ 진주어

02 The nurse asked me **whether[if] tomorrow is fine for the appointment**. (직접목적어)

03 My main concern is **whether I can actually help you**. (보어)

2) 의문사: who(m), what, which, when, where, why, how

> ### I wonder **why you've changed your mind**. (목적어)
>
> Why have you changed your mind?와 같은 의문사 의문문을 연결한다. 의문사가 이끄는 명사절은 문장에서 주어, 목적어, 보어의 역할을 하는데, 주로 목적어로 쓰인다. 이때 「의문사+V+S」의 어순이 명사절에서는 「의문사+S+V」가 되는 것에 주의한다.

※다음 문장에서 굵게 표시된 의문사절은 문장에서 주어, 목적어, 보어 역할을 한다. 해석하면서 확인해 보자.

01 **How you treat others** is a reflection of your personality. (주어)

02 I asked him **why he traveled all around the world**. (직접목적어)

03 The problem is **when the project will end**. (보어)

※다음 문장에서 굵게 표시된 의문사절은 <의문사+S+V>의 어순이 조금씩 다른 경우이다. how는 바로 뒤에 형용사나 부사가 연결되며, 의문사가 명사절의 주어 역할을 하는 경우에는 바로 뒤에 동사가 온다. which, what 바로 뒤에는 which나 what의 수식을 받는 명사가 올 수 있다. 해석하면서 확인해 보자.

04 I can't tell you *how much* I appreciate your kindness. <how+부사+S+V>

05 They don't realize *how serious* the situation is. <how+형용사+S+V>

06 Do you know *how many calories* are in this chocolate bar? <how+형용사+명사+V>

---

1 **1)** 나는 그 소문이 사실인지 (아닌지) 궁금하다. **01** 당신이 성공할지 아닐지는 전적으로 당신에게 달렸다. **02** 간호사는 내게 예약을 내일로 해도 괜찮은지 물어보았다. **03** 내 주된 관심사는 내가 당신을 실제로 도와줄 수 있는가이다. **2)** 나는 네가 왜 마음을 바꿨는지 궁금해. **01** 당신이 다른 사람들을 어떻게 대하는지가 당신의 인격에 대한 반영이다. **02** 나는 그에게 왜 세계 일주를 하는지 물었다. **03** 문제는 언제 프로젝트가 끝날 것인가이다. **04** 당신의 친절에 제가 얼마나 많이 감사하는지 말로 표현할 수 없어요. **05** 그들은 상황이 얼마나 심각한지를 깨닫지 못하고 있다. **06** 이 초콜릿바에 얼마나 많은 열량이 있는지 알고 있니? **07** 나는 누가 옆집에 살고 있는지조차 모른다. **08** 나는 어느 대학에 갈지 아직 결정하지 못했다. **09** 그녀는 내게 무슨 음악을 좋아하는지 물었다.

07 I don't even know **who is living next door**. <의문사(S)+V>

08 I haven't decided **which college I'll attend** yet. <which+명사+S+V>

09 She asked me **what music I like**. <what+명사+S+V>

Golden Rule

✍ 030
의문문을 문장과 연결해 주는 접속사
1. Yes나 No로 대답할 수 있는 의문문
   ➡ whether 또는 if가 연결
2. 의문사 의문문 ➡ 의문사가 연결

주의 ⚠
의문문의 어순인 「의문사+(조)동사+주어」가 명사절로 연결될 때는 「의문사+주어+(조)동사」가 되는 것에 주의한다.

✍ 031
명사절을 이끄는 접속사 that과 if의 구별
┌ 접속사 that+확실한 사실 (~것)
└ if/whether+불확실하거나 의문시 되는 일 (~인지 아닌지)

✍ 032
의문사가 이끄는 명사절 어순
1. 기본 어순:
   「의문사+주어+(조)동사」
2. 자주 출제되는 어순:
   「how+형용사/부사+주어+(조)동사」

주의 ⚠
조동사가 있는 경우 주어 뒤에 「조동사+동사원형」이 와야 한다.

Application Exercises

A 개념 다음 두 문장을 한 문장으로 만드시오.

01 I wonder ... + Could you lend me your laptop for a day?
   → I wonder _____ .

02 I'd like to know ... + When will my order be delivered?
   → I'd like to know _____ .

03 I can't decide ... + Where should we go for dinner?
   → I can't decide _____ .

04 My friend showed me ... + How could I take good photographs?
   → My friend showed me _____ .

B 어법 다음 중 어법과 문맥상 적절한 것을 고르시오.

01 Philip asked me [if / that] I wanted to take part in an English speaking contest.

02 [Because / Whether] you've lived abroad or not doesn't matter in learning English.

03 Psychologists have proved [if / that] a mother's emotions can affect her unborn baby.

04 When can I find out [if / that] my scholarship application has been accepted?

C 내신 다음 밑줄 친 부분이 어법상 맞으면 O, 틀리면 X로 표시하고 바르게 고치시오.

01 We cannot predict how successful will this project be.

02 Danny couldn't understand why was everyone laughing at him.

03 I didn't know how should I respond to the interviewer's question.

04 Julie completely forgot where had she placed her science report.

B psychologist 심리학자 / unborn 아직 태어나지 않은 / scholarship 장학금 / application 신청(서); 응용 프로그램 **C** predict 예측하다 / interviewer 면접관

1 부사절의 역할

> ***When I talked about my worries,*** she listened to me carefully.

부사절은 문장에서 '때, 조건, 양보, 이유' 등의 의미를 나타낸다.
부사절은 부사와 마찬가지로 문장을 수식하는 역할을 하므로, 명사절과 달리 부사절이 없어도 문장이 성립한다.
I went to Paris **recently**. (부사가 없어도 문장 성립)   I went to Paris **when I was little**. (부사절이 없어도 문장 성립)

2 부사절을 이끄는 종속접속사   하나의 접속사가 두 가지 이상의 의미로 쓰일 수 있으므로 문맥을 잘 살펴야 한다.

때	when(~할 때), while(~하는 동안), as(~할 때, ~하면서), after(~한 후에), before(~하기 전에), until[till](~할 때까지), since(~한 이래로), once(~하자마자, 일단 ~하면), as soon as(~하자마자), every time(~할 때마다), by the time(~할 때쯤)
조건	if(~한다면), unless(~하지 않는다면), as[so] long as(~하는 한), in case 만약 ~인 경우에는 (= if)
양보·대조	(al)though, even though[if], while(~인 반면에; 비록 ~이지만), whether ~ or not(~이든 아니든 간에)
이유	because, as, since, now (that) (~ 때문에, ~이니까)
목적	so (that)(~하기 위하여) (= in order that), in case(~할 경우에 대비하여)
결과	so+형용사[부사]+that ..., such (a/an)+(형용사+)명사+that ...(너무 ~해서 …하다) ~(,) so (that) ~(그 결과 ~)
양태	as(~인 것처럼, ~이듯이), as if[though](마치 ~인 것처럼)

＊다음 문장에서 굵게 표시된 접속사의 의미를 바르게 파악하여 해석해 보자.

01 I was stopped by the security guard **as** I was entering the building.   (~할 때)

02 **As** I hadn't eaten anything all day, I was really hungry.   (~ 때문에)

03 **As** the weather forecast had predicted, the weather was fine all day.   (~인 것처럼)

04 *Young* **as** she is, she is a powerful leader.   (비록 ~이지만)

05 **Since** you paid for the movie tickets, I'll pay for our dinner.   (~ 때문에)

06 The phone rang **while** I was taking a shower.   (~하는 동안)

07 I like hip-hop music, **while** my brother likes jazz.   (~인 반면에)

08 **While** I think some of your ideas are good, they're not practical.   (비록 ~이지만)

09 She hurried up **so that** she wouldn't be late for the appointment.   (~하기 위하여)

10 You walk **so** *fast* **that** I can't follow you.   (너무 ~해서 …하다)

11 Math is used in your daily life **whether** you like it **or not**.   (~이든 아니든 간에)

어법 Plus   전치사 vs. 접속사

My wife and I visited my parents **during / while** the summer vacation. [모의] 내 아내와 나는 여름 휴가 동안 나의 부모님을 방문했다.
　　　　　　　　　　　　　　　　전치사　　　　　　명사구
전치사 뒤에는 명사(구)가 오고 접속사 뒤에는 「주어+동사 ~」 구조의 절이 온다.

---

1 내 고민에 관해 이야기할 때, 그녀는 주의 깊게 들어주었다. 2 01 건물에 들어가고 있을 때 나는 보안요원에게 저지되었다. 02 종일 아무것도 먹지 않아서, 정말로 배가 고팠다. 03 일기
예보에서 예측한 것처럼, 날씨는 종일 맑았다. / forecast 예측, 예보 04 그녀는 비록 어리지만, 영향력 있는 리더이다. 05 영화 표는 네가 샀으니까, 저녁 식사는 내가 살게. 06 내가 샤워를
하는 동안 전화벨이 울렸다. 07 내 남동생은 재즈를 좋아하는 반면에, 나는 힙합 음악을 좋아한다. 08 네 몇몇 아이디어는 좋다고 생각하지만, 그것들이 실현 가능하지는 않아. 09 그녀는 약속에
늦지 않기 위해 서둘렀다. 10 네가 너무 빨리 걸어서 나는 따라갈 수가 없어. 11 당신이 좋아하든 아니든 수학은 일상생활에서 사용된다.

We'll contact you **as soon as** we *get* your test results. 검사 결과를 받자마자 연락드리겠습니다.

If it *rains* tomorrow, we will cancel the picnic. 내일 비가 오면, 우리는 소풍을 취소할 거야.

미래를 현재시제로 나타낸다. 반면 명사절에서는 미래 표현을 그대로 쓰므로 주의해야 한다.

e.g. I don't know **when** he *will come* back. 나는 그가 언제 돌아올지 모르겠어.

Golden Rule

⚡ 033
다양한 의미를 지닌 접속사

as	① ~할 때, ~하면서
	② ~ 때문에
	③ ~처럼, ~하는 대로
	④ 비록 ~이지만 (「형용사 등 +as+주어+동사」)
since	① ~한 이래로
	② ~ 때문에
if	① ~한다면 《조건》
	② ~인지 아닌지 《명사절》 (= whether)
while	① ~하는 동안
	② ~하는 반면 《대조》 (= whereas)
	③ 비록 ~이지만, ~할지라도 (= although)

⚡ 034
전치사 vs. 접속사
1. 전치사+명사(구)

-during(~ 동안에)
-despite[in spite of](~에도 불구하고)
-because of(~ 때문에)

2. 접속사+절(「주어+동사」)

-while(~하는 동안)
-(al)though(비록 ~이지만)
-because(~ 때문에)

Application Exercises

A 개념 다음 빈칸에 문맥상 알맞은 것을 <보기>에서 골라 문장을 완성하시오. (단 <보기>의 표현을 한 번씩만 사용할 것)

> 보기   while   in case   if   once   since

01 My sister loves meat, _____ my brother is a strict vegetarian.

02 I haven't heard from him _____ we graduated from middle school.

03 Your computer may have a virus _____ strange windows appear for no reason.

04 _____ you start reading this book, you won't be able to stop.

05 Keep the receipt for the T-shirt _____ you need to get a refund.

B 어법 다음 중 어법과 문맥상 적절한 것을 고르시오.

01 We'll be late for the movie [if / unless] we hurry up.

02 I did volunteer work at an animal shelter [while / during] the winter vacation.

03 Jim hates to make presentations [because / because of] he gets really nervous.

04 Bella is in good shape [although / despite] she doesn't get much exercise.

C 어법 다음 밑줄 친 부분이 어법상 맞으면 O, 틀리면 X로 표시하고 바르게 고치시오.

01 David listened to music during he was doing exercise.

02 We enjoyed the movie despite we didn't have very good seats.

03 People worry about an invasion of privacy because of social media.

A strict 엄격한 / graduate from ~를 졸업하다 / receipt 영수증 / get a refund 환불받다 **B** shelter 보호소 / in good shape (몸의) 상태가 좋은 **C** invasion 침해, 침범

Overall Exercises

1 다음 중 어법과 문맥상 적절한 것을 고르시오.

01 You can listen to songs or [download / to download] music files from our website.

02 A smile makes a good impression and [improves / improving] your confidence.

03 Consumers use online social commerce [because of / because] its cheap prices.

04 I am just wondering [if / that] you received my email yesterday.

05 [Although / Despite] I had a really big lunch, I can have ice cream for dessert.

06 The medical center provides health care, performs surgery, and [runs / run] nutrition programs. [모의응용]

2 다음 중 어법과 문맥상 **틀린** 것은?

① I can't remember <u>whether</u> I turned the computer off.

② I'd like to know <u>what Sujin wants</u> for her birthday present.

③ We can chat with people or <u>send</u> mobile gifts with this application.

④ It is necessary <u>that</u> a lifeguard should be placed at every pool.

⑤ Stop worrying about problems and <u>finding</u> a solution yourself.

3 다음 밑줄 친 부분이 어법과 문맥상 맞으면 O, 틀리면 X로 표시하고 바르게 고치시오.

01 You can request a free copy of the book, download a file, or <u>reading</u> it online.

02 The goal of the test is to check students' knowledge and <u>motivating</u> their learning.

03 The study suggests <u>that</u> drinking at least three cups of water a day improves attention and memory. [모의응용]

04 <u>Despite</u> various laws and campaigns, the amount of cell-phone use while driving is rising.

05 Today, people work longer, go to meetings at night, eat dinner late, watch television, or <u>going</u> out late. [모의응용]

06 Hotel guests can use free Wifi, a 24-hour fitness center, and an outdoor pool <u>while</u> their stay. [모의응용]

---

1 confidence 자신감 / **consumer** 소비자 / **social commerce** 소셜커머스 / **surgery** 수술 / **run** 운영[경영]하다 **2** lifeguard 인명 구조원 / **place** 배치하다, 두다
3 motivate 동기를 부여하다

072

4 다음 빈칸에 문맥상 알맞은 것을 <보기>에서 골라 문장을 완성하시오.

보기	that	although	as long as
	in case	so that	unless

01 You can hang out with your friends _____ you come home by 10 p.m.

02 The outdoor concert was a success, _____ it rained a little bit.

03 Jenny goes swimming every day _____ she can stay healthy.

04 It is considered _____ "please" is the first and most powerful word.

05 You'll have to pay a late fee _____ you return the book by tomorrow.

5 주어진 문장의 밑줄 친 접속사와 같은 의미로 쓰인 것을 고르시오.

01 If you have many important tasks, start with the most important task first.
   ① If you want to go to a famous restaurant, make a reservation in advance.
   ② She asked me if I had read the original novel of the movie.

02 While the main course was tasty, the dessert was disappointing.
   ① Don't raise your voice while you're having an argument with others.
   ② While experts say eight hours of sleep is ideal, it all depends on how you feel.

03 Since the baseball game was canceled, the crowd received refunds.
   ① My grandmother's health has gotten better since I last saw her.
   ② I had to walk all the way home since I forgot to charge my transportation card.

6 다음 밑줄 친 부분 중, 어법과 문맥상 틀린 것을 찾아 바르게 고치시오.

It doesn't matter whether you're debating in front of a crowd or arguing with your friends.
   　　　　　　　①

There are a few simple rules if you want to debate like a professional. Don't get angry when

you debate, or you'll probably lose the debate. Use effective communication, say your
   　　　　②

opinion clearly, and paying attention to what your opponent is saying.
   　　　　　　③

---

4 **hang out with** ~와 시간을 보내다 / **late fee** 연체료 5 **make a reservation** 예약하다 / **in advance** 미리, 사전에 / **disappointing** 실망스러운 / **charge** 충전하다;
청구하다 6 **debate** 논의[논쟁]하다 / **opponent** 상대, 반대자

7 (A), (B), (C)의 각 네모 안에서 어법에 맞는 표현으로 가장 적절한 것은?

In some design research cases, careful analysis of the target customers (A) is / are required. Japanese teenage girls are very different from Japanese women, and in turn, very different from German teenage girls. If a product is intended for subcultures like these, the exact population must be studied. Another way of putting it is that different products target different needs. Some products are also symbols of status or group membership. Here, (B) despite / although they perform useful functions, they are also symbolic objects. In this respect, teenagers in one culture differ from (C) that / those of another, and even from younger children and older adults of the same culture. Design researchers must carefully adjust the focus of their observations to the target market and customers for whom the product is made.

	(A)		(B)		(C)
①	is	……	despite	……	that
②	is	……	although	……	those
③	are	……	although	……	that
④	are	……	despite	……	that
⑤	are	……	although	……	those

8 다음 글의 밑줄 친 부분 중, 어법상 틀린 것은?

Work on doing what you can today, right now, and avoid ① putting off things until later. In most cases, it is easier to just do something right then rather than to think about it, try to decide when you will do it, get frustrated because it is not done, and then ② going through the whole thought process again the next day. You will find out ③ that some things aren't difficult to do and don't need to be worried about. It is like the bulb that needs to be changed. Every time you turn on that light switch, you think, "I really need to change that bulb," and then you don't. But you think about it every day and it can continue for days and days until it ④ becomes an annoyance. If you spent the few minutes ⑤ changing the bulb when it went out, it would never bother you again.

---

7 analysis 분석 / target 목표; 목표로 삼다, 겨냥하다 / in turn 이어서, 차례로 / intend 의도하다 / subculture 하위문화 (집단) / symbol 상징(물) *cf.* symbolic 상징적인 / status 신분, 자격 / in this respect 이 점에 있어서 / adjust 조정[조절]하다 / observation 관찰 **8** work on ~에 착수하다 / frustrated 좌절감을 느끼는 / go through ~을 거치다 / bulb 전구 / annoyance 골칫거리

Grammar Organizer

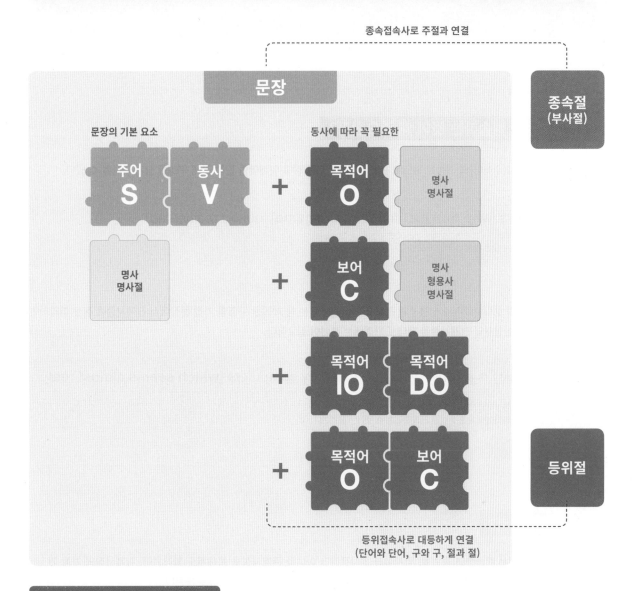

종속접속사로 주절과 연결

문장

종속절
(부사절)

문장의 기본 요소

| 주어 S | 동사 V |

동사에 따라 꼭 필요한

+ 목적어 O / 명사 명사절

명사 명사절

+ 보어 C / 명사 형용사 명사절

+ 목적어 IO / 목적어 DO

+ 목적어 O / 보어 C

등위절

등위접속사로 대등하게 연결
(단어와 단어, 구와 구, 절과 절)

CHAPTER GOALS Checklist

다음 목표를 달성했으면 □ 안에 ✔로 표시하시오.

1. 등위접속사가 문장 내에서 무엇과 무엇을 연결하고 있는지를 정확하게 파악할 수 있다. □
   Many people think they can take a pill **and** lose weight.

2. 문장 내에서 명사절(that절, whether[if]절, 의문사절)의 역할과 의미를 바르게 파악할 수 있다. □

3. 두 가지 이상의 의미로 쓰이는 접속사를 문맥을 살펴 바르게 해석할 수 있다. □
   As it's raining again, we'll have to stay at home.
   □ ~ 때문에 □ ~할 때
   As I was walking down the street, I saw Chris.
   □ ~할 때 □ ~처럼

CHAPTER 5
문장의 확장 II

⭐ **Golden Rule 035 ~ 047**

✓ 관계사절을 학습하는 것이 왜 중요한가?

관계사절은 형용사(수식어)의 기능을 하므로 관계사절의 범위를 잘 파악해야만 문장 전체 구조를 쉽게 이해할 수 있다.

> *The players* [**who had just finished the game**] <u>looked</u> <u>really tired.</u>
> S   V   C
> 막 경기를 마친 선수들은 정말로 피곤해 보였다.

또한 관계대명사가 생략되었거나 선행사와 관계사가 떨어져 있는 등 복잡한 구조를 가진 문장에서 관계사절을 잘못 파악하면 오역하기 쉬우니 선행사와 관계사절을 제대로 가려내는 훈련이 필요하다.

> Virtual reality is *an environment* created by computers [**which seems almost real**].
>
> 가상현실은 거의 현실처럼 보이는 컴퓨터에 의해 만들어진 환경이다. (X)
> → 가상현실은 컴퓨터에 의해 만들어진 거의 현실처럼 보이는 환경이다. (O)

✓ 관계사절이란?

문장은 앞 챕터에서 학습했던 등위절, 명사절과 부사절뿐만 아니라 관계사절을 통해서도 확장된다. 관계사절의 가장 기본적인 용법은 앞에 나온 명사(선행사)를 수식하는 것이기 때문에 종종 형용사절이라고 불린다.

> *The people* [**who love me most**] are my parents. [**나를 가장 사랑하는**] 사람들은 내 부모님이다.

Unit 17	관계대명사
Unit 18	*that vs. what*
Unit 19	관계대명사의 심화 이해
Unit 20	관계부사
Unit 21	복합관계사

관계사절을 이끄는 관계사에는 관계대명사와 관계부사가 있다. 관계대명사는 두 문장을 하나로 연결하는 접속사와 두 문장의 공통된 부분을 대신하는 대명사 역할을 동시에 한다. 관계부사도 두 문장을 연결하는 접속사의 역할을 하지만 부사(구)의 역할을 대신한다는 점에서 관계대명사와 다르다.

Watermelon is **a fruit**. + **It** tastes best in summer. 수박은 **과일**이다. + **그것은** 여름에 가장 맛있다.
접속사+대명사 → 관계대명사
Watermelon is *a fruit* **which** tastes best in summer. 수박은 <u>여름에 가장 맛있는</u> **과일**이다.

That is **the place**. + The accident happened **there**. 저곳이 **그 장소**이다. + 그 사고는 **거기에서** 발생했다.
접속사+부사 → 관계부사
That is *the place* **where** the accident happened. 저곳이 <u>그 사고가 발생한</u> **장소**이다.

관계대명사는 선행사의 종류(사람, 사물 등), 관계사절 내 역할(주어, 목적어 역할 등)에 따라 결정된다.

선행사	관계대명사		
	주격	소유격	목적격
사람	who	whose	who(m)
동물, 사물	which	whose of which	which
사람, 동물, 사물	that		that

*관계대명사 what은 선행사 the thing(s)를 포함하고 있으며, 명사절을 이끈다. (☞ Unit 18)

관계부사도 선행사의 종류에 따라 when(시간), where(장소), why(이유), how(방법)로 구분된다.

🚩 CHAPTER GOALS

1 선행사의 종류와 유무, 관계사절 내 관계사의 역할을 파악하라.
2 선행사와 관계사절의 범위를 바르게 파악하라.

1 관계대명사의 종류와 역할

> *People* **who are vegetarian** don't eat meat.

관계대명사는 선행사가 사람인 경우 주격 who, 목적격 who(m), 사람이 아닌 경우 which를 쓴다. 주격, 목적격 관계대명사는 관계사절 내에서 각각 주어, 목적어 역할을 하며, 목적격 관계대명사는 생략되는 경우가 많다.

＊다음 문장에서 [ ] 부분은 관계대명사가 이끄는 절의 범위이며, ●는 선행사인 명사가 원래 위치했던 자리를 나타낸다.
해석하면서 각 관계대명사의 역할을 파악해 보자.

01 The police stopped *the driver* [**who** was speeding].   (관계사절 내 주어 역할)

02 *The eggs* [**which** were in the refrigerator] went bad.   (관계사절 내 주어 역할)

03 I don't enjoy *movies* [**which** show violent scenes].   (관계사절 내 주어 역할)

04 *The man* [(**who(m)**) I asked ● for directions] answered kindly.   (동사 asked의 목적어 역할)

05 A true friend is *a person* [(**who(m)**) you can trust ●].   (동사 trust의 목적어 역할)

06 *The room* [(**which**) I booked ● for my trip] has a nice view.   (동사 booked의 목적어 역할)

07 Lots of people visited *the blog* [(**which**) I created ●].   (동사 created의 목적어 역할)

＊소유격 관계대명사는 선행사의 종류에 상관없이 사용되며 소유격(your, his 등)을 대신하므로 「whose+명사」의 형태로 나타난다.

08 Van Gogh is *a painter* [**whose works**^{S} move^V many people^O].   (whose = the painter's)

09 My family wants *a house* [**whose windows**^{S} face^V south^M].   (whose = the house's)

10 She is *an actress* [**whose name**^{O} I^S have heard^V before].   (whose = the actress's)
    ● 「whose+명사」가 관계사절 내에서 목적어 역할을 할 때는 <whose+명사+주어+동사>의 어순이 된다.

어법 Plus 관계대명사의 격 구분

I have *an acquaintance* [who / whom calls me by the wrong name]. [모의응용]

나에게는 내 이름을 틀리게 부르는 지인이 있다. 주어 역할 → 주격 관계대명사

관계대명사가 관계사절 내에서 어떤 역할을 하는지에 따라 관계대명사의 격이 결정된다.

어법 Plus 관계사절의 수일치

1) He recovers ***photos*** [that was / were deleted from memory cards by mistake]. [모의응용]
    선행사(복수명사)   관계사절 내 동사(복수동사)
그는 실수로 메모리 카드에서 지워진 사진들을 복구한다.

주격 관계대명사절의 동사와 선행사의 수일치: 선행사에 수일치 시킨다.

2) ***Animals*** [that pulled plows for planting] was / were more efficient than humans. [모의응용]
    주어(복수명사)   문장의 동사(복수동사)
씨를 심기 위해 쟁기를 끄는 동물들은 사람들보다 더 효율적이었다.

관계사절의 수식을 받는 주어와 동사의 수일치: 주어에 수일치 시킨다.

---

1 채식하는 사람들은 고기를 먹지 않는다. / **vegetarian** 채식주의자(의) **01** 경찰은 과속 중이던 운전자를 멈춰 세웠다. / **speed** 과속하다 **02** 냉장고에 있는 달걀들은 상했다. **03** 나는 폭력적인 장면을 보여주는 영화를 즐기지 않는다. **04** 내가 길을 물어보았던 남자는 친절하게 대답했다. **05** 진정한 친구는 당신이 신뢰할 수 있는 사람이다. **06** 여행을 위해 내가 예약한 방은 전망이 좋다. / **book** 예약하다 **07** 많은 사람이 내가 만든 블로그에 방문했다. **08** 반 고흐는 작품들이 많은 사람을 감동시킨 화가이다. / **move** 감동시키다 **09** 우리 가족은 창문들이 남쪽을 향한 집을 원한다. **10** 그녀는 내가 전에 이름을 들어본 적이 있는 배우이다.

Golden Rule

✧ 035
문장의 주어+[관계사절]+ 문장의
동사 구조 파악
선행사가 문장의 주어인 경우 관계사절은
문장의 동사 바로 앞까지이다.
e.g. **The books**^{S} [which are^V
on the table] **are**^{V} mine.

✧ 036
1. 관계대명사의 격 구분
이어지는 절의 구조를 파악한다.
1) 주격(who, which)
　선행사+＿＿＿+V
2) 목적격(who(m), which)
　선행사+＿＿＿+S+V+●
3) 소유격(whose)
　선행사+＿＿＿+명사+V(+O)
　　　　　　명사+S+V
「whose+대명사」 형태는 불가능
하다.

2. 목적격 vs. 소유격
공통점 which/whose+명사
차이점
➡ which+주어(명사)+동사+●
　동사의 목적어 역할
➡ whose+명사+(주어+)동사
　명사의 소유격 역할
　해석: '선행사'의 '명사'가 ~

주의 ⚠
his, her 등의 소유격 대명사는 접속
사 없이 두 개의 절을 연결할 수 없다.

✧ 037
관계대명사절의 수일치
주어+[관계사절]+문장의 동사
　　└───수일치───┘
선행사+(M+)[주격 관계사+V′ ~]
　　└───수일치───┘

Application Exercises

A 개념 <보기>와 같이 선행사에 밑줄을 긋고, 관계대명사절은 [　]로 표시하시오.

> 보기 We went to a coffee shop [which John recommended to us].

01 We are looking for volunteers who want to help homeless dogs.

02 The news which had shocked people proved to be false.

03 The photos which I had taken in Jeju were displayed at our school festival.

04 I saw a movie whose plot came from a best-selling book.

B 개념 다음 빈칸에 알맞은 관계대명사를 <보기>에서 모두 골라 문장을 완성하시오.

> 보기　which　　　whose　　　whom　　　who

01 You should avoid drinks ＿＿＿＿＿＿ contain a lot of sugar.

02 Antiques are old objects ＿＿＿＿＿＿ value goes up over time.

03 Jane is the employee ＿＿＿＿＿＿ we really need for our team.

04 Your donation will go to elderly people ＿＿＿＿＿＿ live alone in the city.

05 Often, adults can't understand the words ＿＿＿＿＿＿ teenagers use in their conversations.

C 어법 다음 중 어법상 적절한 것을 고르시오.

01 The people who have just moved in on the third floor [looks / look] nice.

02 Steve is an architect [his / whose] designs have won international praise.

03 The teacher [whose / whom] students like for his sense of humor will retire soon.

04 Most travel agencies sell full package tours which [includes / include] flight tickets and hotels.

05 Many people go to large stores for grocery shopping which [offer / offers] a lot of discounts.

A plot 줄거리 / best-selling 베스트셀러의 **B** contain 함유하다 / antique 골동품 / donation 기부, 기증 **C** retire 은퇴[퇴직]하다
/ travel agency 여행사 / package tour 패키지여행 / grocery shopping 장보기

that vs. what

1 관계대명사 that과 what

> *The family* **that lives next door** is friendly.
> **What I want** ● now is your sincere apology.

관계대명사 that	관계대명사 what
선행사의 종류와 상관없이 주격, 목적격 관계대명사로 사용된다.	선행사를 포함하는 관계대명사(= the thing(s) which[that])로, 보통 '~하는 것(들)'으로 해석한다. 관계대명사이지만 명사절을 이끌어 문장에서 주어, 목적어, 보어가 된다.

✻다음 문장에서 관계대명사 that과 what이 이끄는 절의 역할을 해석하면서 구분해 보자.

01 This is *the only bus* [**that** goes to the town]. (주격 관계대명사)

02 We checked *everything* [(**that**) we needed ● for the trip]. (목적격 관계대명사)

03 **What** makes me happy is good music. (주어 자리에 쓰인 명사절)

04 That job is **what** I have wanted ● since childhood. (보어 자리에 쓰인 명사절)

05 Julie really liked **what** she bought ● from the store. (목적어 자리에 쓰인 명사절)

2 that과 what의 구분 방법

1) 관계대명사 that vs. 관계대명사 what: 선행사가 있는지 없는지를 확인한다.

01 *The player* [**that** hit a home run] shouted with joy. (선행사: The player)

02 **What** disappointed me was his rude behavior. (선행사 없음)

2) 접속사 that vs. 관계대명사 what: 뒤에 이어지는 절의 구조를 확인한다.

03 Everyone knows (**that**) John never tells lies. (that이 이끄는 절이 완전한 구조)

04 She reviews **what** she learns ● in every class. (동사 learns의 목적어가 없는 불완전한 구조)

Further Note

**접속사 that vs.
관계대명사 that**

1) The trouble is (**that**) I^S have lost^V my wallet^O. 문제는 내가 지갑을 잃어버렸다는 것이다.
  접속사 that절이 문장에서 보어 역할. that절이 없으면 문장 성립 X
2) This is the book [(**that**) I^S need^V ● for the test]. 이것은 시험을 위해 내가 필요로 하는 책이다.
  선행사 ┗━━━━━━━━━┛ 동사 need의 목적어가 없는 불완전한 구조

접속사 that	관계대명사 that
1. 이어지는 절의 구조가 완전하다 2. 명사절을 이끌어 주어, 목적어, 보어로 쓰이기 때문에 that절이 없으면 문장이 성립하지 않는다.	1. 이어지는 절의 구조가 불완전하다 2. 선행사를 수식하는 형용사절을 이끈다.

---

¹ 옆집에 사는 가족은 친절하다. / 제가 지금 원하는 것은 당신의 진정한 사과입니다. / sincere 진정한 **01** 이것은 그 마을로 가는 유일한 버스이다. **02** 우리는 여행에 필요한 모든 것을 점검했다. **03** 나를 행복하게 만드는 것은 좋은 음악이다. **04** 그 일은 어렸을 때부터 내가 원해 왔던 것이다. **05** 줄리는 그 가게에서 산 것을 정말로 마음에 들어 했다. **2 01** 홈런을 친 선수는 기뻐서 소리쳤다. **02** 나를 실망시킨 것은 그의 무례한 행동이었다. **03** 모든 사람은 존이 결코 거짓말을 하지 않는다는 것을 안다. **04** 그녀는 매 수업 시간에 배우는 것을 복습한다.

Golden Rule

↯ 038
that과 what의 구분법
1. 관계대명사 that vs. 접속사 that

┌ 관계대명사 **that**+불완전한 구조
　명사(선행사) [that+V+O]
　　　　　　 [that+S+V+●]
└ 접속사 **that**+완전한 구조
　that+S+V(+C/O 등)

2. 관계대명사 that vs. what
공통점 주어, 목적어 등이 빠진 불완전한 절을 이끎
차이점

that	what
선행사 있음	선행사 없음
선행사 수식	명사절을 이끎

3. 접속사 that vs. 관계사 what
공통점 선행사 없음
차이점 뒤따르는 절의 구조

that	what
완전한 구조	불완전한 구조

Application Exercises

A 개념 다음 밑줄 친 that의 역할로 알맞은 것을 <보기>에서 골라 그 기호를 쓰시오.

> 보기 ⓐ 관계대명사　　　ⓑ 접속사

01 Show me the backpack <u>that</u> you bought recently.

02 Scientists discovered <u>that</u> the flu virus had spread through the air.

03 You are the only person <u>that</u> can make you happy in the end.

04 It is true <u>that</u> a study group helps to get different opinions on the same subject.

B 개념 다음 빈칸에 알맞은 관계대명사를 <보기>에서 골라 그 기호를 쓰시오.

> 보기 ⓐ that　　　ⓑ what

01 It was the best bibimbap _____ I've ever had in my life.

02 Bike riding is _____ she does for health every weekend.

03 You can choose internship programs _____ best meet your needs.

04 I am sorry, but I can't really understand _____ you are saying.

C 어법 다음 중 어법상 적절한 것을 고르시오.

01 The problem is [that / what] hairdryers can cause hair damage.

02 [That / What] matters most is not physical appearance but inner beauty.

03 I believe [that / which] positive thoughts lead to positive outcomes.

04 The teacher told us the news [that / what] he heard on the radio this morning.

05 This article explains [that / what] is necessary for a successful presentation.

A flu 독감 / in the end 결국, 마침내 B internship 인턴사원 근무 (기간); 인턴직 / meet (필요, 요구 등을) 충족시키다 C inner 내적인; 안쪽의

1 전치사+목적격 관계대명사

That is *the shirt* for which I have been looking.

That is <u>the shirt</u>. + I have been looking for <u>the shirt</u>.

→ That is *the shirt* [(**which**) I have been looking ***for** ●].

관계사로 접속하려는 문장에서 관계대명사가 전치사의 목적어에 해당하는 경우, 전치사는 그대로 관계사절 끝에 둘 수도 있고, 관계대명사 앞에 둘 수도 있다. 단 관계대명사 who와 that 앞에는 전치사를 쓸 수 없다.

*「전치사+관계대명사」 구조의 문장은 관계대명사 자리에 선행사를 넣어 해석하면 이해하기 쉽다.

01 Tom attends *the college* [***from** which his sister graduated].   (→ from the college)

02 *The people* [***with** whom I work] are very nice and diligent.   (→ with the people)

2 관계대명사의 계속적 용법

Busan has *various local dishes*, which(= and they) are all delicious.

「콤마(,)+관계대명사」 형태의 관계대명사절은 선행사를 보충 설명하는 역할을 한다. 대부분 앞에서부터 차례로 해석하며, 「접속사+대명사」로 풀어서 해석하는 것이 자연스럽다. 관계대명사 that과 what은 이 용법으로 쓰이지 않는다.

*계속적 용법의 관계사절은 단어뿐만 아니라 구나 절도 선행사로 취하므로, 문맥에서 선행사를 잘 찾아 해석할 수 있어야 한다.
이때 to부정사구나 동명사(v-ing)구, 절을 선행사로 취하면 관계대명사 뒤에 단수동사가 온다.

01 I went to see *my grandparents*, **who**(= but they) were not at home.   (선행사가 명사구)

02 *My sister*, **whose**(= though her) major is math, wants to be a lawyer.   (선행사가 명사구)

03 Jason wants *to speak English well*, **which**(= and that) demands practice.   (선행사가 to부정사구)

04 *Susan caught a severe cold*, **which**(= and it) worried her parents.   (선행사가 앞 절 전체)

3 대명사+of+목적격 관계대명사

She has *many foreign friends*, some of <u>whom</u> are from Canada.

← She has *many foreign friends*, **and some of <u>them</u>** are from Canada.

which와 whom은 most[all, many, some, one] of which[whom](그중 대부분[모두, 다수, 일부, 하나])와 같은 형태로 선행사를 보충 설명하기도 한다. 두 개의 절은 접속사 없이 연결될 수 없으므로 「접속사+대명사」의 역할을 하는 관계대명사가 필요하다. e.g. She has *many foreign friends*, **some of <u>them</u>** are from Canada. (X)

---

1 그것은 내가 찾고 있던 셔츠이다. 01 톰은 누나가 졸업한 대학에 다닌다. 02 내가 함께 일하는 사람들은 매우 착하고 성실하다. 2 부산에는 다양한 향토 음식이 있는데, 그것들은 모두 맛있다. 01 나는 조부모님을 뵈러 갔는데, 그분들은 집에 안 계셨다. 02 내 여동생은 전공이 수학인데, 변호사가 되고 싶어 한다. / major 전공 03 제이슨은 영어를 잘하기 원하는데, 그것은 연습을 필요로 한다. 04 수잔은 심한 감기에 걸렸는데, 그것은 그녀의 부모를 걱정시켰다. / severe 극심한 3 그녀는 많은 외국인 친구가 있는데, 그들 중 일부는 캐나다 출신이다.

**제한적 용법 vs.
계속적 용법**

제한적 용법의 관계사절은 선행사를 단순 수식하는 반면, 계속적 용법의 관계사절은 선행사에 관한 추가 정보를
제공한다.
I have *an uncle* **who** lives in China. 나는 중국에 사는 삼촌이 한 명 있다.
→ '나'에게는 삼촌이 여러 명 있으며 그중 한 분이 중국에 산다는 의미.
I have *an uncle*, **who** lives in China. 나는 삼촌이 한 명 있는데, 그분은 중국에 사신다.
→ '나'에게는 삼촌이 단 한 명뿐이라는 의미. who 이하는 단지 선행사 an uncle에 관한 추가 정보를 제공한다.

Golden Rule

☆ 039
**계속적 용법으로 쓰이는 관계대명사의
선행사 찾기**
→ (대)명사/구/절
바로 앞의 명사만을 선행사로 착각하
지 않도록 주의한다.

☆ 040
**전치사+목적격 관계대명사 구조
파악하기**

which whom	주어	자동사
which whom	주어	타동사+목적어

구조가 오는 경우, 관계사 앞에 **전치사**
가 필요하다.
This is *the house* **in** which I
live.
자동사
This is *the park* **in** which we
play soccer.
타동사 목적어

☆ 041
관계대명사의 계속적 용법 구분하기
→ 콤마(,) 다음 관계사 확인
1. 콤마(,)+관계대명사 that(X) →
   which(O)
2. 두 개의 절은 콤마(,)만으로 연결될
   수 없다.
   → 콤마(,) most[all, many,
   some, one] of **which [whom]**

Application Exercises

A 개념 다음 문장에서 선행사를 찾아 밑줄을 그으시오.

01 She grew up in a small town, which is located in Pyeongchang.

02 I want to try new things, which requires some courage and confidence.

03 He met an old friend from middle school in a cafe, which was a surprise.

B 개념 다음 빈칸에 알맞은 것을 <보기>에서 골라 문장을 완성하시오.

> 보기 at   on   with   X(해당 없음)

01 Here is the road _____ which the car accident happened last night.

02 The members _____ whom I am doing a group project are all trying hard.

03 She kindly told me the bus stop _____ which I could take the bus to the town.

04 I went to the Japanese restaurant _____ which you had recommended before.

C 어법 다음 중 어법상 적절한 것을 고르시오.

01 I don't like these jeans, [which / that] are too tight for me.

02 The company interviewed ten applicants, some of [them / whom] were experienced.

03 Her house has a large bathroom, [it / which] has a TV on the wall.

04 Webtoons are online cartoons, and many of [them / which] have been made into dramas.

A be located in ~에 위치해 있다 / require 필요로 하다, 요구하다 / confidence 자신(감) **C** applicant 지원자 / experienced
경력[경험]이 있는

1 관계부사의 종류와 역할

I can't remember *the place* **where I lost my phone.**   (선행사가 장소)

← I can't remember *the place* **in which** I lost my phone.
← I can't remember the place. + I lost my phone in the place.

「접속사+부사」의 역할을 하는 관계부사 when, where, why는 「전치사+관계대명사」를 대신하며 각각 시간, 장소, 이유를
나타내는 선행사를 수식한다. 이때 일반적으로 많이 쓰이는 선행사 the time, the place, the reason 등은 생략될 수 있다.

✻다음 문장에서 [ ] 부분은 관계부사가 이끄는 절의 범위이다. 관계부사 where의 선행사는 point(점), case(경우), circumstance
(상황, 사정), situation(상황) 등의 추상적인 공간일 수도 있다. 해석하면서 확인해 보자.

01   Tell me (*the time*) [**when** you're available for the meeting].   (선행사가 시간)

02   Have you been in *a situation* [**where** you had to tell a white lie]?   (선행사가 추상적인 공간)

03   We don't know (*the reason*) [**why** the exam was delayed].   (선행사가 이유)

✻관계부사 how(~하는 방법[방식])는 선행사가 없고, the way (that), the way in which로 대신할 수 있다.

04   Smartphones have changed **how** we communicate with each other.

05   Honestly, I don't like **the way (that[in which])** you think about the matter.

2 관계부사의 계속적 용법

The island has the most visitors in *June*, **when various events are held.**

= The island has the most visitors in June, **and** various events are held **then.**

I went to *the popular restaurant*, **where a lot of people were waiting in line.**

= I went to the popular restaurant, **and** a lot of people were waiting in line **there.**

관계부사 when과 where는 계속적 용법으로 쓰여 선행사를 보충 설명할 수 있다. 이때는 각각 '그리고[그런데] 거기서 ~,'
'그리고[그런데] 그때 ~'로 해석하는 것이 자연스럽다.

어법 Plus   관계대명사 vs. 관계부사

Nervous first dates and anniversaries are *moments* | that / when | need^V flowers^O. [모의응용]
떨리는 첫 데이트와 기념일은 꽃이 필요한 순간이다.   관계대명사   주어 없음 → 불완전한 구조

A movie set is *the location* | which / where | a motion picture^S is filmed^V. [모의응용]
영화 세트는 영화가 촬영되는 장소이다.   관계부사   영화가 촬영된다 → SV만으로 의미가 완전

┌관계대명사+불완전한 구조 (주어나 목적어 등 문장 필수 성분이 빠짐)
└관계부사+완전한 구조 (문장 필수 성분이 빠지지 않음)

---

1 나는 휴대전화를 잃어버린 장소를 기억할 수 없다. **01** 당신이 회의에 올 수 있는 시간을 제게 말씀해 주세요. **02** 너는 선의의 거짓말을 해야 하는 상황에 있어 본 적 있니? **03** 우리는 시험이
연기된 이유를 모른다. / **delay** 미루다, 연기하다 **04** 스마트폰은 우리가 서로 의사소통하는 방법을 바꿔 놓았다. **05** 솔직히, 나는 당신이 그 문제에 대해 생각하는 방식이 마음에 안 들어요.
2 그 섬은 6월에 가장 많은 방문객이 있는데, 그때는 다양한 행사가 개최된다. / 나는 그 인기 있는 식당에 갔는데, 그곳에서는 많은 사람이 줄 서서 기다리고 있었다.

Golden Rule

✦ 042
「접속사+부사」의 역할을 하는
관계부사 파악하기
선행사가 **시간** ➡ when
선행사가 **장소** ➡ where
선행사가 **이유** ➡ why

✦ 043
알맞은 관계부사 넣기
1. 선행사가 생략된 경우 문맥에 따라
   적절한 관계부사를 선택한다.
2. the way how (X)
   ➡ the way / the way that /
   the way in which (O)
3. 관계부사 where의 선행사는 추상
   적인 공간일 수 있다.

✦ 044
관계대명사 vs. 관계부사
1. **관계대명사+불완전한 구조**
선행사+관계대명사+S+V+●
　　　　　　　+●+V+O
➡ 목적어 또는 주어 없음
2. **관계부사+완전한 구조**
선행사+관계부사+S+V(+C/O 등)

Application Exercises

A 개념 <보기>와 같이 다음 두 문장을 하나로 연결할 때 빈칸에 들어갈 알맞은 말을 써넣으시오.

> 보기 I don't remember the place. + I left my jacket in the place.
> → I don't remember the place ___where___ I left my jacket.

01 Can you tell me the date? + We should hand in the report on the date.
→ Can you tell me the date _____ we should hand in the report?

02 I don't know the reason. + I feel sleepy after lunch for that reason.
→ I don't know the reason _____ I feel sleepy after lunch.

03 She is looking for a post office. + She can send a package at the post office.
→ She is looking for a post office _____ she can send a package.

B 개념 다음 빈칸에 알맞은 것을 <보기>에서 골라 문장을 완성하시오.

> 보기 when　　where　　how　　why　　X(해당 없음)

01 Tomorrow is the day _____ the last episode of the show will be released on TV.

02 The book describes the way _____ we can learn from mistakes.

03 I explained to my sister _____ she could install the computer program.

04 There might be some circumstances _____ delivery is delayed because of weather.

C 어법 다음 중 어법과 문맥상 적절한 것을 고르시오.

01 The magician never told the audience [how / what] he did his trick.

02 A blog is an online space [which / where] you can express your ideas.

03 You need to limit the time [that / when] you spend on computer games.

04 Wild cats are active in the early morning and evenings, [which / when] they hunt. [모의응용]

A hand in 제출하다 **B** episode (연속 프로의) 1회 방송분 / release 공개[발표]하다; 풀어 주다 / install 설치하다

복합관계사에는 관계대명사 which, who(m), what에 -ever가 붙은 복합관계대명사와 관계부사 when, where, how에 -ever가 붙은 복합관계부사가 있다. 복합관계사가 이끄는 절은 '~든지'나 '~하더라도'로 해석된다.

1 복합관계대명사

Whoever visits the park should keep it clean.

관계사절 내에서 주어, 목적어, 보어의 역할을 하기 때문에 뒤에 불완전한 구조의 절이 이어지며, 명사절과 부사절을 이끈다. whatever, whichever는 형용사적 용법으로 쓰여 뒤에 명사가 올 수도 있다.

✽다음 문장을 해석하면서 굵게 표시된 복합관계대명사가 이끄는 절의 역할과 의미를 파악해 보자.

01 **Who(m)ever** you meet ●, treat them with kindness. (부사절(= no matter who(m)))

02 Tell me **whatever** you want ● for your birthday gift. (명사절(= anything that))

03 I will support you **whatever** you decide to do ●. (부사절(= no matter what))

04 A: Can I borrow one of your pens?
　　B: Sure, you can use **whichever** you need ●. (명사절(= any one which))

05 **Whichever** is chosen, it will be fine with me. (부사절(= no matter which))

06 I'll appreciate **whatever help** you give ● to me. (명사절(= any help that))

07 **Whichever team** wins, the crowd will be pleased. (부사절(= no matter which team))

2 복합관계부사

I'll lend you my camera *whenever you want it*.

복합관계부사는 시간과 장소, 양보를 의미하는 부사절을 이끈다. why에는 복합형이 없으며, however는 보통 뒤에 형용사나 부사를 동반한다.

✽다음 문장을 해석하면서 굵게 표시된 복합관계부사가 이끄는 절의 역할과 의미를 파악해 보자.

01 **Whenever** you call her, she won't answer the first time. (= no matter when)

02 Please have a seat **wherever** you like. (= at any place where)

03 **Wherever** you work, try to do your best. (= no matter where)

04 **However** I think about it, it is your fault. (= no matter how)

05 **However rich** you are, you can't buy a true friend. (= no matter how+형용사)

06 **However clearly** I explained, he still couldn't understand. (= no matter how+부사)

---

1 공원을 방문하는 사람은 누구나 그곳을 깨끗하게 유지해야 한다. **01** 당신이 누구를 만나더라도, 그들을 친절하게 대해라. **02** 생일 선물로 네가 원하는 것이 무엇이든 내게 말해 줘. **03** 네가 무엇을 하기로 결정하든지, 나는 너를 지지할 거야. **04** A: 네 펜 중에서 하나를 빌릴 수 있을까? B: 물론이지, 네가 필요한 것이라면 어느 것이든 사용해도 좋아. **05** 어느 것이 선택되더라도, 저는 괜찮을 거예요. **06** 당신이 제게 무슨 도움을 주시든 저는 감사할 거예요. **07** 어느 팀이 이기더라도, 관중은 기뻐할 것이다. **2** 네가 원할 때는 언제든지 내 카메라를 빌려줄게. **01** 네가 언제 그녀에게 전화를 하더라도, 그녀는 처음에는 전화를 받지 않을 것이다. **02** 당신이 원하는 곳으로 아무 데나 앉으세요. **03** 어디에서 일하더라도, 최선을 다하도록 노력해라. **04** 아무리 내가 그것을 생각해 보아도, 그것은 너의 잘못이다. **05** 당신이 아무리 부유하더라도, 진정한 친구를 살 수는 없다. **06** 내가 아무리 분명하게 설명해도, 그는 여전히 이해하지 못했다.

Golden Rule

복합관계대명사의 역할
복합관계대명사는 명사절과 부사절을 이끌며, whatever와 whichever는 뒤에 명사를 동반할 때가 많다.

✦ 046
복합관계부사의 역할
복합관계부사는 부사절을 이끈다. however는 뒤에 **형용사**나 **부사**를 동반할 때가 많다.

✦ 047
관계사 vs. 복합관계사
1. 관계사 what vs. 복합관계사 **whatever**
- what 명사절: ~하는 것
- whatever 명사절: ~하는 것은 무엇이든지,
  부사절: 무엇을[이] ~하더라도

2. 관계사 how vs. 복합관계사 **however**
- how 명사절: ~하는 방법
  부사절: ~하는 대로
- however 부사절: 아무리 ~하더라도

Application Exercises

A 개념 다음 밑줄 친 부분에 유의하여 빈칸에 알맞은 복합관계대명사를 <보기>에서 골라 문장을 완성하시오.

> 보기 whoever   whatever   whichever

01 <u>Anyone who</u> likes reading books can join this book club.

→ _____ likes reading books can join this book club.

02 If you can't start an essay, write down <u>anything that</u> comes to your mind first.

→ If you can't start an essay, write down _____ comes to your mind first.

03 <u>No matter which</u> product you choose, you will get 10 percent off.

→ _____ product you choose, you will get 10 percent off.

B 개념 다음 빈칸에 알맞은 복합관계부사를 <보기>에서 골라 문장을 완성하시오.

> 보기 whenever   wherever   however

01 Communication skills are essential _____ you may work.

02 _____ hard he tried, he couldn't finish his report on time.

03 _____ you're curious about something, write it down and research it. [모의응용]

04 _____ difficult the situation may be, don't be frustrated.

C 어법 다음 중 어법과 문맥상 적절한 것을 고르시오.

01 We should respect other cultures, [how / however] diverse society may become.

02 No matter [how / what] the home-made cake looks like, it still tastes good.

03 [What / Whatever] happens to him, he always stays calm and patient.

04 This shirt comes in various colors, so you can choose [however / whichever] you like.

A essay 과제물, 리포트 / come to A's mind A에게 (생각이) 떠오르다 B essential 필수적인 / on time 제시간에 / frustrated 좌절감을 느끼는 C diverse 다양한

Overall Exercises

1 다음 중 어법과 문맥상 적절한 것을 고르시오.

01 James helped a little kid who [was / were] lost in the department store.

02 I am looking at movie reviews [which / who] were written by viewers.

03 He is the famous food critic [whose / his] articles appear in a major newspaper.

04 One thing that can improve our lives [are / is] to focus on the future, not the past.

05 The museum has some exhibits [which / whose] visitors can touch in person.

06 There are special dogs at the airport which [finds / find] drugs and bombs.

2 다음 빈칸에 알맞은 관계대명사를 <보기>에서 골라 문장을 완성하시오.

보기 who whom whose which what

01 My dad is fixing the bicycle _____ handle is badly damaged.

02 He didn't feel sorry about his mistake, _____ made me really angry.

03 Jenny is my friend with _____ I go to the library every day.

04 The store is looking for someone _____ can work part-time.

05 Family is _____ makes you strong when you have a difficult time.

3 다음 밑줄 친 부분이 어법상 틀린 것은?

① Your hands touch many things that can move germs to your face. [모의응용]

② Our body can create energy from what we eat and drink.

③ I forgot to return the book what I had borrowed from my friend.

④ It is true that spending money wisely requires a lot of practice.

⑤ This cap is exactly what I was looking for as a birthday present.

---

1 critic 비평가 / **major** 주요한; 전공 / **in person** 직접 / **bomb** 폭탄

4 다음 밑줄 친 부분이 어법과 문맥상 맞으면 O, 틀리면 X로 표시하고 바르게 고치시오.

01 That book is not <u>what</u> I ordered online. I've just received a different book.

02 Summer is the season <u>when</u> has the most daylight hours.

03 I just signed up for the gym <u>where</u> offers a free yoga class.

04 This is the guest house <u>at which</u> we stayed during our trip to Jeju.

05 Your birthday is a day <u>which</u> you should thank your parents for your birth.

06 The author wrote a lot of books, some of <u>them</u> were translated into Korean.

5 다음 중 빈칸에 들어갈 말이 순서대로 바르게 짝지어진 것은?

- _____ busy you are, take some time for yourself.
- _____ major you choose, it should reflect your interests.
- You may order _____ you want from the menu. It's on me.

① How   ...   Whichever   ...   whatever
② How   ...   However   ...   however
③ However   ...   Whichever   ...   however
④ However   ...   Whichever   ...   whatever
⑤ However   ...   However   ...   however

6 다음 밑줄 친 부분 중, 어법상 **틀린** 것을 찾아 바르게 고치시오.

There are many websites on the Internet which <u>help</u> with learning. For instance, if you want
　　　　　　　　　　　　　　　　　　　　　　　　　①
to learn English, just type "learning English." You will find thousands of websites <u>from which</u>
　　　　　　　　　　　　　　　　　　　　　　　　　　　　　　　　　　　　　　②
you can get help. Learn to use the Internet wisely, for it has the resources <u>what</u> you need.
　　　　　　　　　　　　　　　　　　　　　　　　　　　　　　　　　　　　③

---

4 **daylight** 햇빛, 일광 / **sign up (for)** (~에) 등록하다 / **translate** 번역하다 5 **reflect** 반영하다; 반사하다

7 (A), (B), (C)의 각 네모 안에서 어법에 맞는 표현으로 가장 적절한 것은?

I live high in the hills and my body is getting old. One day I was out in my garden and quickly grew tired. I decided to lie down and rest like I (A) used to / was used to when I was young. I woke up a few minutes later and saw a neighbor leaning over me. He was out of breath and asking if I was okay. He had looked out his window and saw me lying on my back on the grass. Thinking (B) that / what I had suffered a heart attack, he had run to check on me. It was embarrassing, but it was also a heartfelt moment. After talking for a few minutes, he lay down on the grass beside me. We both stayed there for a while and then he said, "Thank you for deciding to take your nap out on the lawn (C) which / where I could see you. I cannot remember the last time I really looked at the sky."

	(A)		(B)		(C)
①	used to	……	that	……	which
②	was used to	……	what	……	where
③	was used to	……	that	……	which
④	used to	……	that	……	where
⑤	used to	……	what	……	which

8 다음 글의 밑줄 친 부분 중, 어법상 틀린 것은?

When a journalist gets a story assignment, he doesn't immediately sit down and make a finished piece. He has a routine, ① which is common to all good journalists. First, he reads all the background material ② what he can get his hands on. Then he talks to people to check old information, find new information, and ③ get their opinions. He writes all this down in his notes. Filling up the notebook can take hours or months, depending on the journalist's deadline. But only when his research ④ is done and his notebook is full does he write the story. If his research is good enough, the writing will reflect that. It will come out clearly and quickly. If, however, the research is poor, the writing will be, too. And it will seem almost ⑤ impossible to write a good story.

---

7 out of breath 숨이 가쁜 / embarrassing 당혹스러운 / heartfelt 깊이 감명한 / lawn 잔디밭 **8** journalist 기자 / assignment 과제, 임무 / material 자료; 재료 / get one's hands on ~을 손에 넣다 / depending on ~에 따라 / deadline 기한, 마감 시간[일자]

Grammar Organizer

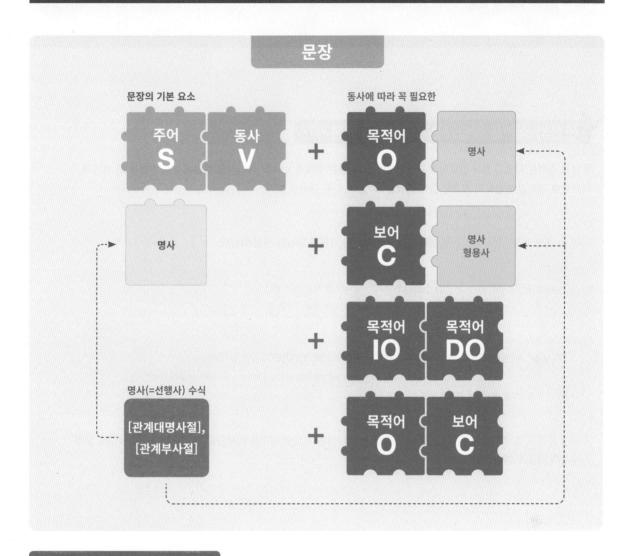

CHAPTER GOALS Checklist

다음 목표를 달성했으면 □ 안에 ✔로 표시하시오.

1. 선행사와 관계사절 내 역할에 따른 적절한 관계사를 사용할 수 있다. □
2. 관계대명사와 관계부사의 역할과 쓰임을 바르게 이해했다. □
   → 일반적으로 관계대명사는 「접속사+대명사」, 관계부사는 「접속사+부사」 역할을 하며 선행사를 수식한다.

3. 선행사와 관계사절의 범위를 바르게 파악할 수 있다. □
   There were many people on the mountain [**who enjoyed camping**].

✓ **문장의 축약을 학습하는 것이 왜 중요한가?**

문장의 축약은 다양한 절이 간결하게 표현된 것이므로 같은 형태의 to-v라 하더라도 문장에서의 역할과 그 의미가
다르므로 제대로 학습하지 않으면 잘못 파악할 수 있다. 다음 예문을 보자.

아래 두 문장 모두 「명사+to-v」의 형태지만 문장에서의 역할과 의미는 전혀 다르다.

I have *lots of work* [**to finish**]. 나는 **끝내야 할** *많은 일이* 있다.
 └────────────────┘ (명사구 lots of work 한정 – 형용사적 용법)

I'm working night and day / **to finish** the project on time.
(''~하기 위해'라는 의미의 목적을 나타내는 부사구 – 부사적 용법)
나는 그 프로젝트를 제시간에 **끝내기 위해** 밤낮으로 일하는 중이다.

따라서 문장의 축약 학습을 통해 to부정사와 동명사의 다양한 역할과 의미를 이해함으로써 문장에서의 쓰임에 맞게
사용하며 바르게 해석할 수 있다.

Unit 22 to부정사/동명사 기본 역할
Unit 23 to부정사/동명사 목적어
Unit 24 to부정사 기본 용법(형/부 중심)
Unit 25 to부정사/동명사 관용표현

✓ 문장의 축약이란?

앞 챕터에서는 문장이 확장되는 등위절, 명사절, 부사절, 관계사절에 대해 학습했다.

본 챕터에서는 복잡한 문장을 간결하게 표현하면서도 동일한 의미를 나타내는 도구로서의 준동사인 to부정사와
동명사에 대해 학습한다. (분사는 CHAPTER 7에서 다룬다.)

아래 표에서 볼 수 있듯이 to부정사와 동명사를 이용해 절을 구로 간결하게 나타낼 수 있다.
이와 같은 것을 문장의 축약이라고 한다.

절	구	
It is wrong **that you waste time**. 진주어(명사절) 시간을 낭비하는 것은 잘못된 것이다.	It is wrong (**for you**) to waste time. 진주어 (명사적 용법의 to부정사구)	부정사
She was *the first woman* [**who won a Nobel Prize**]. 명사 수식 (관계사절) 그녀는 노벨상을 수상한 첫 번째 여성이다.	She was *the first woman* [**to win a Nobel Prize**]. 명사 수식 (형용사적 용법의 to부정사구)	
That he passed the test surprised his parents. 주어(명사절) 그가 시험을 통과한 것은 그의 부모님을 놀라게 했다.	**His passing the test** surprised his parents. 주어(동명사구) *His는 동명사 passing의 의미상 주어	동명사
There is *no reason* [**why he should refuse**]. (관계사절) 그가 거절해야 할 이유가 없다.	There is *no reason* **for his refusing**. (☞ Unit 29) (전치사+동명사구)	
As soon as I arrived in Paris, I called on her. (부사절) 나는 파리에 도착하자마자 그녀를 방문했다.	**On arriving in Paris**, I called on her. (전치사+동명사구)	

⚑ CHAPTER GOALS

1 to부정사와 동명사가 문장에서 하는 역할(주어, 목적어, 보어 등)을 파악하라.
2 to부정사가 문장에서 부사적 역할을 할 때 문맥에 맞게 해석하라.

to부정사/동명사 { 기본 역할 } Unit 22

1 to부정사와 동명사의 기본 역할

Learning about other cultures is very interesting. (주어 역할의 동명사)
　　　S　　　　　　　　　V　　　　　C

to부정사와 동명사는 명사와 마찬가지로 문장 내에서 주어, 목적어, 보어의 역할을 할 수 있다.
이때 해석은 'v하는 것, v하기'로 한다.
동명사는 주어로 잘 쓰이지만, to부정사 주어는 가주어 it으로 대신하고 진주어인 to부정사(구)는 문장 뒤로 보내는 것이
일반적이다. 보어로 쓰일 때는 주로 be동사와 함께 쓰여 주격보어의 역할을 한다. 목적어 역할은 다음 유닛에서 자세히
학습한다. (☞ Unit 23)

＊다음 문장에서 to부정사구와 동명사구는 주어, 목적어, 보어 역할을 한다. 해석하면서 확인해 보자.

01 **To use** your time wisely is important. (주어 역할의 to부정사)

= **It** is important **to use** your time wisely. (= It is ~ to-v: v하는 것은 ~하다)
　　가주어　　　　　　　　진주어

02 I chose **to go** to the movies alone. (목적어 역할의 to부정사)

03 Dean is considering **buying** a new cell phone. (목적어 역할의 동명사)

04 My long-term goal is **to help[helping]** many people in trouble. (보어 역할의 to부정사/동명사)

어법 Plus to부정사/동명사 주어의 수일치

Calculating the number of people in large countries *are* not an easy job. [모의]
큰 국가에서 사람들의 수를 산출하는 것은 쉬운 일이 아니다.　　　→ **is**　동명사구 주어+단수동사
주어로 쓰인 동명사(구)와 to부정사(구)는 한 덩어리로 보고 단수 취급한다.

2 전치사의 목적어로 쓰이는 동명사

You can start the machine *by pressing* this button. (전치사의 목적어)

전치사는 (대)명사 앞에 쓰여 「전치사+(대)명사」 형태의 '전명구'를 만드는데, 동명사도 명사적 기능을 하므로 전치사의
목적어로 자주 쓰인다.

어법 Plus 전치사+동명사

Double Dutch is also great **for** ┃ development / **developing** ┃ *cooperative skills* among children. [모의응용]
　　　　　　　　　　　　　　　　전치사+동명사+동명사의 목적어(명사구)
Double Dutch(두 개의 줄을 서로 반대쪽으로 돌리는 줄넘기 놀이)는 아이들 간의 협력 기술을 개발하는 데도 좋다.

전치사의 목적어로는 동명사 또는 명사(구)가 올 수 있다. (동사 X, 형용사 X)
이때 동명사는 동사적 속성을 가지고 있으므로 동사처럼 목적어를 취할 수 있지만, 명사 뒤에는 전치사 등이 필요하다.
e.g. Double Dutch is also great **for development *of*** cooperative skills among children.

---

1 다른 문화에 대해 배우는 것은 매우 흥미롭다. **01** 시간을 현명하게 사용하는 것은 중요하다. **02** 나는 혼자서 영화를 보러 가기로 정했다. **03** 딘은 새 휴대전화 사는 것을 고려하고 있다.
04 나의 장기적 목표는 어려움에 처한 많은 사람을 돕는 것이다. **2** 이 버튼을 누름으로써 기계를 작동시킬 수 있습니다.

Golden Rule

to부정사와 동명사의 기본 역할
-명사와 같은 역할을 해 문장에서 주어, 목적어, 보어의 역할을 한다.
-동명사의 경우, 전치사의 목적어로 쓰인다.

049
전치사의 목적어로 쓰이는 동명사
-전치사+명사(구)
-전치사+**동명사**+명사 목적어

050
구가 주어일 때 수일치
→ to-v/v-ing구 주어 + 단수동사

주의 ⚠
동사 바로 앞에 있는 복수형 명사에 수일치 하지 않도록 주의한다.
Learning about these *patterns* [help / **helps**] us to understand the world a little better. [모의]

Application Exercises

A 개념 다음 밑줄 친 부분의 역할로 알맞은 것을 <보기>에서 골라 그 기호를 쓰시오.

> 보기 ⓐ 주어 ⓑ 동사의 목적어 ⓒ 전치사의 목적어 ⓓ 보어

01 Would you mind taking a picture of us? Thanks.

02 To choose the right path in life is not always easy.

03 Jake's new hobby is collecting animation action figures.

04 Drinking tea can relieve the symptoms of a sore throat.

05 It is important to express your appreciation to those around you.

06 My neighbor apologized for making noise early in the morning.

07 I decided to apply for the international student exchange program.

B 어법 다음 중 어법상 적절한 것을 고르시오.

01 I'm thinking about [purchase / purchasing] a new bike.

02 Taking many risks [is / are] helpful for gaining experience.

03 To achieve goals [require / requires] many hours of preparation.

04 Respect comes from [accept / accepting] different points of views.

05 There is the chance of [development / developing] a new treatment for cancer.

06 The article offers useful tips for [selection / selecting] fresh vegetables.

C 어법 다음 밑줄 친 부분이 어법상 맞으면 O, 틀리면 X로 표시하고 바르게 고치시오.

01 You can improve your English by watch American dramas.

02 Sharing your feelings with others are good for your mental health.

03 The tests for determining personality types are not completely reliable.

A action figure (영화 등에 나온) 영웅이나 캐릭터 인형 / symptom 증상 / sore throat 인후염 / appreciation 감사 **B** purchase 구입하다; 구입 / take a risk 위험을 감수하다 / require 필요로 하다 / preparation 준비 / point of view 관점 / treatment 치료 **C** determine 알아내다; 결정하다 / completely 완전히 / reliable 믿을 수 있는

to부정사/동명사 { 목적어 }   Unit 23

1 to부정사만 목적어로 취하는 동사   희망, 시도, 의도나 아직 일어나지 않은 '미래'의 일을 주로 나타낸다.

I want to ask you a favor.   (want to-v: v하기를 원하다)

※다음 문장에서 굵게 표시된 동사들은 모두 to부정사만 목적어로 취한다. 해석하면서 확인해 보자.

01 I didn't **expect** to meet you in a place like this.   (expect to-v: v하기를 예상[기대]하다)

02 We are **planning** to move house next spring.   (plan to-v: v하기로 계획하다)

03 I **decided** to think positively about everything.   (decide to-v: v하기로 결심[결정]하다)

04 He **refused** to accept responsibility for the mistake.   (refuse to-v: v하기를 거절[거부]하다)

05 I can't **afford** to buy a car.   (afford to-v: v할 여유가 있다)

● 그 외 동사들: hope(희망하다), need(~할 필요가 있다), manage(간신히 ~해 내다), fail(실패하다), prepare(준비하다), hesitate(망설이다), agree(동의하다), choose(선택[결정]하다), pretend(~하는 척하다), mean(작정하다), promise(약속하다) 등

cf. **help**+**(to-)v**: 동사 help는 목적어로 to부정사와 원형부정사(v)를 모두 취할 수 있다.
　　She **helped** (to) **prepare** the dinner.

2 동명사만 목적어로 취하는 동사   현재 진행 중이거나 '과거'에 일어난 일을 주로 나타낸다.

I enjoy traveling around the country.   (enjoy v-ing: v하는 것을 즐기다)

※다음 문장에서 굵게 표시된 동사들은 모두 동명사만을 목적어로 취한다. 해석하면서 확인해 보자.

01 The rain **kept** falling all afternoon.   (keep v-ing: v하는 것을 계속하다)

02 Let's **stop[quit]** talking about it.   (stop[quit] v-ing: v하는 것을 그만두다)

03 The politician **avoided** answering the question.   (avoid v-ing: v하는 것을 피하다)

04 He **admitted** lying to police about his stealing.   (admit v-ing: v한 것을 인정하다)

05 We **postponed[put off]** going on our vacation.   (postpone[put off] v-ing: v하는 것을 미루다)

● 그 외 동사들: practice(연습하다), finish(마치다), give up(포기하다), mind(꺼리다), deny(부인하다), delay(연기하다), suggest(제안하다), imagine(상상하다), involve(포함하다), include(포함하다), consider(고려하다) 등

3 to부정사와 동명사를 둘 다 목적어로 취하는 동사   동사에 따라 의미 차이가 거의 없거나 의미가 분명하게 다른 경우도 있으므로 해석 시 주의한다.

의미 차이가 거의 없는 동사	의미 차이가 있는 동사
like, love, hate, prefer, intend, start, begin, continue 등	remember, forget, regret, try 등

---

1 부탁 하나만 하고 싶어요. **01** 너를 이런 장소에서 만나는 것을 예상하지 못했어. **02** 우리는 내년 봄에 이사할 계획이다. **03** 나는 모든 일에 긍정적으로 생각하기로 결심했다. / **positively** 긍정적으로 **04** 그는 그 실수에 대한 책임을 받아들이기를 거부했다. **05** 나는 차를 살 여유가 없다. *cf.* 그녀는 저녁 준비하는 것을 도왔다. 2 나는 전국을 여행 다니는 것을 즐긴다. **01** 비가 오후 내내 계속 내렸다. **02** 그것에 대해서는 그만 이야기하자. **03** 그 정치인은 그 질문에 답하는 것을 피했다. / **politician** 정치인 **04** 그는 절도에 대해 경찰에 거짓말한 것을 인정했다. **05** 우리는 휴가를 가는 것을 미뤘다. 3 **01** 빌린 것은 되돌려 줄 것을 기억해라. / 나는 그를 한 번 본 기억이 난다. **02** 나는 에어컨을 끄는 것을 잊어버렸다. / 나는 그 공포 영화를 본 것을 절대로 잊지 못할 것이다. **03** 당신의 제안을 받아들일 수 없다고 말씀드리게 되어 유감입니다. / 그녀는 어릴 때 더 여행을 다니지 못한 것을 후회한다. **04** 우리는 우리만의 방식으로 그 문제를 해결하려고 노력했다. / 스트레스를 받을 때는 다크 초콜릿 을 한번 먹어 보세요.

※다음 문장에서 굵게 표시된 동사는 목적어의 형태에 따라 의미가 달라진다. 해석하면서 확인해 보자.

01 **Remember** *to return* what you have borrowed.　(remember to-v: (앞으로) v할 것을 기억하다)

I **remember** *seeing* him once.　(remember v-ing: (과거에) v한 것을 기억하다)

02 I **forgot** *to turn off* the air conditioner.　(forget to-v: (앞으로) v할 것을 잊어버리다)

I will never **forget** *watching* the horror movie.　(forget v-ing: (과거에) v한 것을 잊어버리다)

03 We **regret** *to say* that we cannot accept your offer.　(regret to-v: (앞으로) v하게 되어 유감이다)

She **regrets** *not traveling* more when she was young.　(regret v-ing: (과거에) v한 것을 후회하다)

04 We **tried** *to solve* the problem in our own way.　(try to-v: v하려고 노력하다[애쓰다])

When you feel stressed, **try** *eating* dark chocolate.　(try v-ing: 시험 삼아 v해 보다)

cf.

stop v-ing: v하던 것을 멈추다	stop to-v: v하기 위해 멈추다 ('목적'을 나타내는 to-v의 부사적 용법)
stop은 동명사만 목적어로 취하는 동사	We **stopped** *to ask for* directions. 우리는 길을 **묻기 위해** 멈춰 섰다.

Golden Rule

♪ 051

동사의 목적어 to-v vs. v-ing
1. to-v: (대개 미래성) v할 것을
v-ing: (대개 현재성, 과거성)
v하는 것을, v한 것을

2. remember, forget, regret,
+ to-v/v-ing

（과거에) ~했던 것을 v하다 → **v-ing**

（미래에) ~할 것을 v하다 → **to-v**

주의 ⚠
stop+v-ing: v하던 것을 멈추다
stop+to-v: v하기 위해 멈추다
→ 문맥을 통해 구분한다.

Application Exercises

A 어법 다음 중 어법상 적절한 것을 고르시오.

01 Have you ever considered [to study / studying] abroad?

02 I've finished [to design / designing] the poster for the festival.

03 Don't hesitate [to ask / asking] if you have any questions.

04 Tim woke up late. Fortunately, he managed [to arrive / arriving] for school on time.

B 어법 다음 중 어법과 문맥상 적절한 것을 고르시오.

01 Don't forget [to close / closing] the door when you go out.

02 Stop [to complain / complaining] about your situation and take action.

03 I regret not [to listen / listening] to your advice. You were right.

04 I remember [to put / putting] my cellphone in my bag, but now I can't find it.

05 My washing machine suddenly made a lot of noise, and later, it stopped [to work / working] entirely.

06 You should remember [to change / changing] the filter in your air conditioner regularly.

B take action 행동을 취하다 / *entirely* 완전히 / *filter* 필터, 여과 장치

to부정사의 기본 용법(형/부 중심) | Unit 24

to부정사는 형용사처럼 명사, 대명사를 수식하거나, 부사처럼 동사, 형용사, 다른 부사, 구, 절 등을 수식할 수 있다.

1 to부정사의 형용사적 역할

> I made a list of *things* to buy. (명사 수식)
>
> to부정사는 (대)명사를 뒤에서 수식 및 한정하거나 주어의 상태를 설명하는 주격보어의 역할을 한다.

✻다음 문장을 해석하면서 확인해 보자.

01 Marie Curie was *the first person* **to win** two Nobel Prizes. (명사 수식)

02 You **seem to know** everything! (seem[appear] to-v: v인 것 같다)

03 The news **proved to be** false. (prove[turn out] to-v: v인 것으로 판명되다)

Further Note

to부정사+전치사

We are looking for *a house* **to live in**. (← **live** *in a house*) 우리는 살 집을 찾는 중이다.

I need *a partner* **to play tennis with**. (← **play tennis** *with a partner*.)
나는 같이 테니스를 칠 상대가 필요하다.

수식 받는 명사가 전치사의 목적어인 경우에는 전치사가 to부정사구 마지막에 와야 한다. 괄호 안의 문장에서 볼 수 있듯이 전치사가 없으면 의미가 성립하지 않는다.

2 to부정사의 부사적 역할

> Remember to wear sunscreen **to protect your skin.** (목적: v하기 위해)
> = in order to-v, so as to-v
>
> to부정사가 동사, 형용사, 부사를 수식하여 부사 역할을 할 때 여러 의미를 나타낼 수 있기 때문에 문맥에 따라 to부정사의 의미를 정확하게 파악하는 것이 중요하다. 이때 'v하기 위해'라는 '목적'의 의미로 가장 많이 쓰이는데, 목적의 의미를 더 명확하게 하기 위해 「in order to-v」나 「so as to-v」로 나타내기도 한다.

✻다음 문장에서 to부정사는 모두 부사 역할을 하는데, 각각 다른 의미를 나타낸다. 해석하면서 확인해 보자.

01 I was happy **to get** to learn new things. (감정의 원인: v해서, v하게 되어)

02 You were foolish **to buy** those useless items. (판단의 근거: v하다니)

03 I woke up **to find** myself alone in the house. (결과: (~해서 결국) v하다)

04 True friends are *hard* **to find**. (형용사 수식: v하기에 (~한))

05 She is **wise enough to lead** others. (형용사[부사]+enough+to-v: v하기에 충분히 ~한[하게])
   = She is **so wise that** she **can** lead others. (= so+형용사[부사]+that+S+can[could]+동사원형)

06 Time is **too important to waste**. (too+형용사[부사]+to-v: 너무 ~해서 v할 수 없다)
   = Time is **so important that** we **cannot waste** it. (= so+형용사[부사]+that+S+cannot[couldn't]+동사원형)

---

1 나는 살 물건들의 목록을 작성했다. 01 마리 퀴리는 노벨상을 2회 수상한 첫 번째 사람이었다. 02 너는 모든 걸 아는 것 같아! 03 그 뉴스는 오보로 판명되었다. 2 피부를 보호하기 위해 자외선 차단제를 바르는 것을 기억해라. 01 나는 새로운 것들을 배우게 되어 행복했다. 02 너는 저 쓸데없는 물건들을 사다니 어리석었다. 03 잠에서 깨어 보니 집에 나 혼자 있었다. 04 진정한 친구는 찾기가 어렵다. 05 그녀는 다른 사람들을 이끌기에 충분히 지혜롭다. 06 시간은 너무 중요해서 낭비할 수가 없다.

명사+**to-v**

I have *a lot of questions* **to ask** you. (명사 수식: v하는, v할) 나는 네게 물어볼 질문들이 많다.

Let's use *the stairs* **to save** energy. (목적: v하기 위해) 에너지를 절약하기 위해 계단을 이용하자.
= in order to save
I'll ask *my sister* **to help out**. (목적격보어 ☞ Unit 30) 내 여동생에게 좀 도와달라고 할게.
　　　　　O　　　　C　　(O와 C가 주어-술어 관계)
명사 뒤에 to부정사가 오는 경우는 위와 같이 세 가지 경우이다. 문맥상 가장 자연스러운 역할과 의미를 찾아야 한다.

Golden Rule

⚡ 052
to부정사의 역할
-주어: To-v ~(v하는 것은)+동사 /
It(가주어) is 형용사 to-v(진주어)
-목적어: 동사+to-v
-보어: be동사+to-v
-(대)명사 수식: 명사+to-v
-부사: 형용사, 부사, 동사, 문장
전체 수식

⚡ 053
to부정사 해석 – 문맥상 가장
자연스러운 역할과 의미를 찾는다.
1. 명사+to-v
-명사 수식(v할, v하는)
-목적(v하기 위해)
2. 형용사+to-v
-감정의 원인(v해서)
-판단의 근거(v하다니)
-형용사 수식(v하기에 (~한))
3. '결과(결국 v하다)'를 나타내는
to-v
-주어의 의지와 무관한 동작을 나타내
는 동사(awake, wake up, live,
grow up 등)+to-v
-only to-v: 그러나 결국 v하다
-never to-v: 그러나 결국 v하지 않다

Application Exercises

A 개념 다음 밑줄 친 **to부정사구**의 역할로 알맞은 것을 <보기>에서 골라 그 기호를 쓰시오.

보기 　ⓐ 주어　　ⓑ 목적어　　ⓒ 보어　　ⓓ (대)명사 수식　　ⓔ 부사

01 I'm planning to take an online English course.

02 It is dangerous to listen to loud music with earphones.

03 Mike's dream is to become a news announcer.

04 If you have time to improve yourself, what will you do first?

05 Learning a language is not easy to accomplish in a short time.

06 I don't have the courage to make a speech in front of people.

07 To avoid food poisoning, wash your hands often.

B 독해 다음 밑줄 친 **to부정사구**의 의미로 알맞은 것을 <보기>에서 골라 그 기호를 쓰시오.

보기 　ⓐ 목적: v하기 위해　　　　　　　ⓑ 감정의 원인: v해서, v하게 되어
　　　ⓒ 판단의 근거: v하다니　　　　　ⓓ 결과: 결국 v하다, v되다
　　　ⓔ 형용사 수식: v하기에 (~한)

01 They hurried to the station, only to miss the train.

02 This printer's instruction manual was difficult to understand.

03 You were careless to buy a camera without comparing prices.

04 The child star grew up to be an attractive woman.

05 To keep up with events from around the world, I watch the news.

06 This chatting application is easy to download on any phone.

07 My dad was glad to hear the good news about my scholarship.

08 You should separate recyclable wastes to maintain a clean
environment.

A accomplish 성취하다 / make a speech 연설하다 / food poisoning 식중독 **B** instruction manual 사용설명서 /
application 응용 프로그램; 지원(서) / separate 분리하다; 분리된 / recyclable 재활용할 수 있는 / maintain 유지하다

1 to부정사, 원형부정사를 포함한 관용표현

＊다음 문장에서 관용표현에 주의하여 해석해 보자.

01 The team **is likely to win** the championship. (be likely to-v: v할 것 같다)

02 I **was** just **about to say** the same thing. (be about to-v: 막 v하려는 참이다)

03 She **is** always **eager to learn** something new. (be eager to-v: 간절히 v하고 싶어 하다)

04 **It takes** half an hour **to get** there. (It takes ~ to-v: v하는 데 ~의 시간이 걸리다)

05 I **make it a rule to exercise** daily. (make it a rule to-v: v하는 것을 원칙[규칙]으로 하다)

06 We **couldn't but laugh** throughout the movie. (cannot but+v: v하지 않을 수 없다)
= We **couldn't help laughing** throughout the movie. (= cannot help v-ing)

2 동명사를 포함한 관용표현

＊다음 문장에서 관용표현에 주의하여 해석해 보자.

01 I **spent** my vacation (**in**) **working** part-time. (spend ~ (in) v-ing: v하는 데 (시간, 비용 등을) 쓰다)

02 I sometimes **have difficulty** (**in**) **making** a decision. (have difficulty[trouble] (in) v-ing: v하는 데 어려움을 겪다)

03 The rain **prevented** us **from eating** outdoors. (prevent[stop, keep] A from v-ing: A가 v하지 못하게 하다)

04 **On arriving** home, I lay down on the bed. (on[upon] v-ing: v하자마자)

＊다음 표현은 모두 전치사 to 뒤에 동명사가 오는 경우이다. to-v를 쓰지 않도록 주의한다.

05 I **look forward** *to seeing* you again. (look forward to v-ing: v하기를 고대하다)

06 Many local people **object** *to building* a new airport. (object to v-ing: v하는 것에 반대하다)

07 I'm not **accustomed** *to speaking* in public. (be accustomed[used] to v-ing: v하는 것에 익숙하다)

08 I'm not scared **when it comes** *to going* to the dentist. (when it comes to v-ing: v하는 것에 관한 한)

09 She **devoted herself** *to helping* homeless dogs. (devote oneself to v-ing: v하는 것에 헌신[공헌]하다)

10 All the players **contributed** *to winning* the game. (contribute to v-ing: v하는 것에 기여하다)

어법 Plus to-v vs. to(전치사)+v-ing/명사(구)

We have moved **from** going to a football game once a week **to** [have / **having**] sports on television twenty-four hours a day. [모의]
from A to(전치사) B: A에서 B까지
우리는 일주일에 한 번 축구경기를 보러 가는 것에서 하루 24시간 텔레비전으로 스포츠를 보는 것으로 옮겨갔다.

When I got back to my hotel room after taking a lot of pictures, I **was eager to** [**upload** / uploading] the photos to my blog. [모의]
be eager to-v: v하고 싶어 하다
많은 사진을 찍은 후 호텔 방으로 돌아와서, 나는 블로그에 사진들을 올리고 싶었다.

to가 나오면 전치사 to인지 부정사를 이끄는 to인지 확인한다.

---

1 01 그 팀이 우승을 차지할 것 같다. **02** 저도 막 같은 말을 하려던 참이었어요. **03** 그녀는 항상 새로운 무언가를 배우고 싶어 한다. **04** 그곳에 가려면 30분이 걸린다. **05** 나는 매일 운동하는 것을 규칙으로 삼고 있다. **06** 우리는 영화 내내 웃지 않을 수 없었다. **2 01** 나는 시간제로 일하는 데 방학을 썼다. **02** 나는 때로 결정을 내리는 데 어려움을 겪는다. **03** 비는 우리가 밖에서 식사하지 못하도록 했다. **04** 집에 도착하자마자, 나는 침대에 누웠다. **05** 당신을 다시 만나 뵙기를 고대합니다. **06** 많은 지역 주민들이 새 공항을 건설하는 것에 반대한다. **07** 나는 사람들 앞에서 말하는 것에 익숙하지 않다. **08** 치과에 가는 일이라면 나는 무섭지 않다. **09** 그녀는 유기견을 돕는 일에 헌신했다. **10** 모든 선수가 경기에 이기는 데 기여했다.

Application Exercises

to부정사와 동명사가 포함된 관용표현 해석하기

특정 단어 뜻 그대로 해석하면 매우 어색한 표현에 주의한다.

· **be about to-v**: 막 v하려는 참이다
· **cannot help v-ing**: v하지 않을 수 없다
· **on[upon] v-ing**: v하자마자
· **when it comes to v-ing**: v하는 것에 관한 한
· **far from v-ing**: v하기는커녕
· **make a point of v-ing**: v하는 것을 습관으로 하다

A 독해 굵게 표시된 부분에 유의하여 다음 해석을 완성하시오.

01 **On receiving the gift**, he removed the packaging.

→ _____, 그는 포장지를 뜯었다.

02 One of the buttons on my jacket **is about to fall off**.

→ 내 재킷 단추 하나가 _____.

03 If you**'re not accustomed to exercising**, start with a short walk.

→ 네가 _____면 단거리 걷기부터 시작해라.

04 **It takes only ten minutes to make a pizza** with this recipe.

→ 이 요리법으로 _____.

05 **When it comes to making a poster**, it's important to deliver one clear message. [모의응용]

→ _____, 하나의 분명한 메시지를 전달하는 것이 중요하다.

06 Meaningful work, friendships, and family all **contribute to living a happy life**.

→ 의미 있는 일, 우정, 가족 이 모든 것은 _____.

to-v vs. to(전치사)+동명사

to가 나오면 ① 전치사 to인지, ② 부정사를 이끄는 to인지 확인한다.

동명사를 포함한 관용표현 중 전치사 to가 들어간 표현을 잘 알아둔다.

B 어법 다음 중 어법상 적절한 것을 고르시오.

01 I look forward to [receiving / receive] your response soon.

02 Washing hands can prevent colds [to spread / from spreading].

03 I make it a rule [arriving / to arrive] on time for appointments.

04 Athletes are eager to [become / becoming] an Olympic champion.

05 Animal lovers object to [use / using] animals in testing products.

06 I shouldn't eat any more, but I can't help [having / to have] some ice cream.

07 Not getting enough sleep is likely to [lead / leading] to poor concentration.

08 To keep his parents [from worrying / to worry], he didn't mention his problem with his friends.

09 The site shows strategies for dieting, from doing yoga and aerobics, to [keep / keeping] a food diary.

A packaging 포장(재) / meaningful 의미 있는, 중요한 **B** appointment 약속 / athlete (운동)선수 / concentration 집중(력) / strategy 계획, 전략

Overall Exercises

1 다음 중 어법과 문맥상 적절한 것을 고르시오.

01 Writing down all your expenses [help / helps] you to save your money.

02 You should avoid [to make / making] careless mistakes on your tests.

03 Don't forget [taking / to take] out the food waste before it starts to smell.

04 The law prevented people [to post / from posting] copyrighted music files online.

05 She kept [to forget / forgetting] to turn off the light when she went to bed.

06 To write an English essay within thirty minutes [is / are] difficult without practice.

07 I enjoy [to watch / watching] a late-night movie on weekends.

08 We're looking forward to [go / going] to an amusement park next week.

09 My cell-phone bill is too high! I can't afford [to pay / paying] it.

10 She is in charge of [organization / organizing] a campaign for the environment.

2 다음 밑줄 친 부분이 어법과 문맥상 맞으면 O, 틀리면 X로 표시하고 바르게 고치시오.

01 Julia regrets <u>to play</u> games yesterday instead of preparing for the exam.

02 I make it a rule <u>to brush</u> my teeth right after I eat a meal or snack.

03 You can improve your English pronunciation by <u>record</u> your speech.

04 If you refuse <u>to listen</u> to my advice, I can't help you any more.

05 Web users are accustomed to <u>share</u> their diaries and photographs on blogs.

3 다음 밑줄 친 to부정사구의 역할 또는 의미가 나머지와 다른 하나를 고르시오.

01 ① This is a list of books <u>to read during summer vacation</u>.

② He always makes a plan <u>to use his precious time effectively</u>.

③ My sister had the patience <u>to hear all my complaints</u>.

02 ① This laptop is convenient <u>to carry around in your backpack</u>.

② The basic computer course is suitable <u>to master practical computer skills</u>.

③ Baseball fans were excited <u>to see that the player broke the home-run record</u>.

---

1 food waste 음식물 쓰레기 / **copyrighted** 저작권이 있는 / **late-night** 심야의 / **be in charge of** ~을 담당하다 **2 pronunciation** 발음 **3 patience** 참을성, 인내심 /
complaint 불평(거리) / **laptop** 노트북 컴퓨터 / **suitable** 적합한 / **master** 완전히 익히다, 숙달하다 / **break a record** 기록을 깨다

03 ① I paid too much to repair my old computer.

② The issue is too important to ignore.

③ Sorry, you're too late to register for this class.

04 ① A soft sofa is comfortable to get some rest on.

② The restaurant was impossible to find without a map.

③ You're so brave to share your heartbreaking story with us.

4 주어진 우리말과 같은 뜻이 되도록 <보기>와 괄호 안의 단어를 활용하여 문장을 완성하시오.

보기	cannot but	be about to	have difficulty
	on	prevent ~ from ...	

01 나는 40분 이상 집중력을 유지하는 데 어려움을 겪는다.

→ I _____ for more than 40 minutes. (stay focused)

02 누군가로부터 전화 한 통을 받자마자, 그녀는 창백해졌다.

→ _____ a call from someone, she turned pale. (receive)

03 공연이 곧 시작되려고 하니, 이제 자리에 앉아 주시기 바랍니다.

→ The show _____, so please take your seat now. (begin)

04 가볍게 아침을 먹는 것은 점심에 과식하는 것을 막아준다.

→ Having a light breakfast _____ you _____ too much at lunchtime. (eat)

05 나는 내 시험 결과에 실망감을 느낄 수밖에 없었다.

→ I _____ disappointed with my test results. (feel)

5 다음 밑줄 친 부분 중, 어법상 틀린 것을 찾아 바르게 고치시오.

Eating slowly helps to avoid eating too much. It also helps you to notice "real" hunger.
                                    ①

This is because it takes about 20 minutes to realize your stomach is full. After that, your
                                                    ②

brain sends the signal to stop to eat. Therefore, don't forget to take your time.
                                    ③   ④

---

3 register 등록하다 / heartbreaking 가슴 아픈 4 pale (얼굴이) 창백한; (색이) 연한 / take one's seat 자리에 앉다 5 take one's time 천천히 하다

6 **(A), (B), (C)의 각 네모 안에서 어법에 맞는 표현으로 가장 적절한 것은?**

Designing for people with special needs, such as the elderly or the disabled, (A) is / are often called *universal design*. That name is appropriate because everyone often gets benefits from it. For example, sidewalk ramps, essential for people in wheelchairs, are used by all. Considering this principle, when you design something, make the lettering larger and bolder. It may be helpful for the elderly, and everyone will be able to read it better. Make things adjustable, and you will find (B) what / that more people can use them, and even people who liked them before may now like them better. In other words, in design, special features (C) making / made for specific purposes often end up being useful for everyone.

*ramp: (높이가 다른 두 도로·건물 등의 사이를 연결하는) 경사로

	(A)		(B)		(C)
①	is	……	what	……	making
②	is	……	that	……	making
③	is	……	that	……	made
④	are	……	what	……	made
⑤	are	……	that	……	making

7 **다음 글의 밑줄 친 부분 중, 어법상 틀린 것은?**

The most famous man of all dancing men ① was Fred Astaire. He began his career by ② follow his older sister, Adele, into the world of dance. At the age of six, he started ③ performing with her in variety shows, and the duo was one of the highest paid performance groups of the time. During their 27 years of performing together, they appeared in 10 Broadway musicals and enjoyed huge success in London. By 1932, Adele was planning to retire and Fred was faced with remaking his career. ④ Changing his attention to film, he became the biggest star of the Hollywood musical era. His credits included seven highly successful films. He is still widely recognized as an expert choreographer because of his work on film, ⑤ which includes 212 musical numbers and 133 fully developed dance routines.

*choreographer: 안무가

---

6 disabled 장애를 가진 / universal 보편적인; 일반적인 / appropriate 적절한 / considering ~을 고려하면 / lettering (특정한 서체로 쓰거나 인쇄한) 글자 / bold 굵은, 선명한; 대담한 / adjustable 조절[조정] 가능한 / feature 특색, 특징 / specific 특정한; 구체적인, 명확한 / end up v-ing 결국 v하게 되다 **7** retire 은퇴[퇴직]하다 / be faced with ~에 직면하다 / era 시대 / credit 크레디트(영화나 텔레비전 프로그램 제작 등에 참여한 사람들의 이름을 언급하는 것) / be recognized as ~로 인정받다 / dance routine 안무

Grammar Organizer

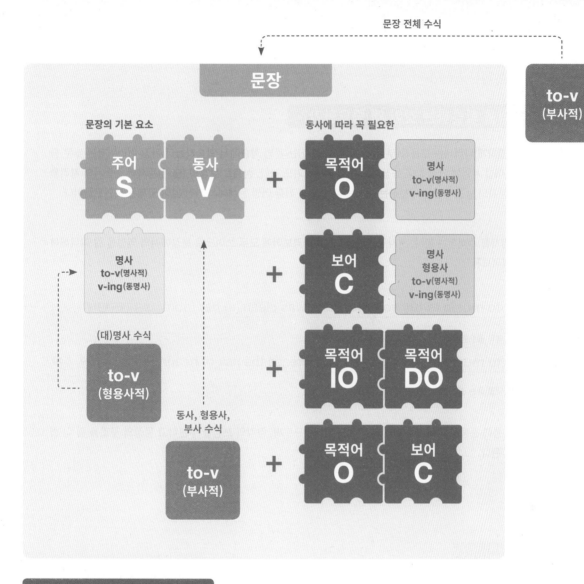

문장 전체 수식

문장

to-v
(부사적)

문장의 기본 요소

주어
S

동사
V

+

목적어
O

명사
to-v(명사적)
v-ing(동명사)

명사
to-v(명사적)
v-ing(동명사)

(대)명사 수식

to-v
(형용사적)

+

보어
C

명사
형용사
to-v(명사적)
v-ing(동명사)

동사, 형용사,
부사 수식

to-v
(부사적)

+

목적어
IO

목적어
DO

+

목적어
O

보어
C

CHAPTER GOALS Checklist

다음 목표를 달성했으면 □ 안에 ✓로 표시하시오.

1. 문장 내에서 to부정사와 동명사가 하는 기본 역할을 파악할 수 있다. □
2. to부정사와 동명사를 목적어로 취하는 동사들을 구분할 수 있다. □
   - quit, postpone, consider, give up, suggest 등 + 동명사(v-ing)
   - decide, hope, wish, plan, promise, learn, choose 등 + to부정사(to-v)

3. to부정사가 문장에서 하는 형용사적/부사적 역할의 의미를 파악하고 바르게 해석할 수 있다. □

✔ 문장의 축약을 학습하는 것이 왜 중요한가?

복잡한 문장을 간결하게 나타내는 준동사(부정사, 동명사, 분사)는 문법 학습에서 학습자들이 가장 어려워하는 부분 중하나이자, 문법과 어법 시험에 가장 많이 등장하는 문법 사항이기도 하다. 실제로 문장의 (술어)동사와 준동사의 자리를 구분하는 문제와 분사의 능동·수동을 구분하는 문제는 수능·모의 기출 어법 문제에서 가장 많이 출제된 포인트들이다.

특히 v-ing형은 명사를 수식하는 분사, 분사구문, 동명사, 목적격보어에 모두 쓰이므로 문장에서의 역할을 잘 파악해야한다. 다음 예를 살펴보자.

Listening to music at full volume, Jane was cleaning her room. (분사구문 – 부사구)
           M   S   V

최대 음량으로 음악을 들으면서, 제인은 자신의 방을 청소하고 있었다.

Listening to music at full volume can increase the risk of hearing loss. (동명사구 – 주어)
                        S   V

최대 음량으로 음악을 듣는 것은 청력 손실의 위험을 높일 수 있다.

따라서 이 챕터를 통해 준동사의 역할과 형태를 바르게 이해함으로써, 각각의 쓰임을 구분하고 문장의 구조를 좀 더 쉽게 파악할 수 있게 된다.

✔ 문장의 축약이란?

앞 챕터에서 학습한 to부정사, 동명사와 마찬가지로 복잡한 문장을 분사를 통해 간결하게 표현할 수 있다.

분사는 형용사의 기능을 하므로 명사를 수식하는데, 관계사절이 축약된 형태로 볼 수 있다.

There was *an elderly woman* **who was sitting alone** in the park. (관계사절의 명사 수식)

→ There was *an elderly woman* **sitting alone** in the park. (현재분사구의 명사 수식)

공원에 **혼자 앉아 계시는** 한 할머니가 있었다.

Unit 26 분사의 이해

Unit 27 분사구문

Unit 28 동사와 준동사

Unit 29 준동사의 의미상 주어, 태, 시제

Unit 30 동사와 목적격보어

분사는 또한 분사구문에 사용되어 여러 가지 뜻을 나타낸다.

분사구문이란 부사구의 역할을 하면서 <접속사+주어+동사>를 겸한 기능을 갖는 구문이다.

분사구문 역시 부사절이나 등위절을 보다 간결한 부사구로 나타낸 것이다.

As I felt so tired, I took a nap. (부사절) → **Feeling so tired**, I took a nap. (부사구)

피곤함을 느껴서, 나는 낮잠을 잤다.

또한 이 챕터에서는 <CHAPTER 1 기본 문장 형식>의 SVOC문형에서 다루지 않았던 목적격보어 자리에

부정사 또는 분사가 오는 경우를 학습한다. 아래 예문을 살펴보자.

I wanted him to sing.
S   V   O   C

He sings.

이때 목적어와 목적격보어는 'O가 C하다'로 해석되어 의미상으로 주어와 술어의 관계(주술관계)가 된다.

🚩 **CHAPTER GOALS**

1 분사와 분사구문을 바르게 이해하고 능동형과 수동형 중 알맞은 형태를 파악하라.

2 분사구문을 논리적 의미 관계에 맞게 해석하라.

3 동사와 준동사의 공통점과 차이점을 이해하라.

4 목적어와 준동사 목적격보어가 '주술관계'를 이루는 동사 구조를 파악하라.

1 명사 수식

> **Blue** is considered a **relaxing** *color*.   (마음을 편하게 하는 – 능동)
> **What** are the **required** *documents* for admission?   (요구된 – 수동)

수식하는 분사와 수식 받는 명사가 '능동' 관계일 때는 현재분사형(v-ing)을, '수동' 관계일 때는 과거분사형(p.p.)을 쓴다.
● 현재분사: 능동(~하는, 할), 진행(~하고 있는)   ● 과거분사: 수동(~된, ~해진), 완료(~한)

분사가 단독으로 명사를 수식하면 명사 앞에 오고, 분사가 목적어, 보어, 부사(구) 등을 이끌면 명사 뒤에 온다.
flying *birds* → *birds* [**flying** in the sky]
displayed *clothes* → *clothes* [**displayed** in the window]

＊다음 굵게 표시된 분사(구)는 모두 명사를 수식한다. 분사가 명사 뒤에서 그 명사를 수식할 경우 분사가 이끄는 형용사구가 어디까지인지를 파악하여 [ ]로 묶어 보면 문장의 구조와 의미를 쉽게 파악할 수 있다.

01   She has a **pleasing** *personality*.   (기분을 좋게 하는 – 능동)

02   *A noise* [**coming** from upstairs] really annoyed me.   (~로부터 나는 – 진행)

03   A friend of mine has a *dog* [**named** Bingo].   (이름 지어진 – 수동)

04   The **fallen** *leaves* are spread all over the ground.   (떨어진 – 완료)

어법 Plus   명사를 수식하는 분사의 능동 vs. 수동

They often teach *moral lessons or values* ▢ **considered** / considering ▢ important in a society. [모의응용]
     수식 받는 명사(구)와 consider(~라고 여기다) = 수동 관계 → p.p.
그들은 사회에서 중요하게 여겨지는 도덕적 교훈이나 가치를 종종 가르친다.
수식 받는 명사와 분사의 관계가 능동이면 v-ing, 수동이면 p.p.를 쓴다.

---

2 주격보어

> *The situation* was very **embarrassing**.   (상황이 **당황스럽게 함** – 감정을 유발함)
> *I* was **embarrassed** by my mistake.   (실수 때문에 내가 **당황함** – 감정을 느낌)

SVC문형에서 주격보어 자리에 현재분사가 오면 주어가 분사 행위의 주체이거나 감정을 유발한다. 반면에 과거분사가 오면 분사 행위의 대상이거나 감정을 느끼는 것이다.

＊다음 굵게 표시된 분사는 모두 주어의 동작, 상태 등을 보충 설명한다. 현재분사와 과거분사가 각각 다른 의미를 나타내므로 주의하면서 해석해 보자.

01   *The end of the movie* was really **disappointing**.   (영화 결말이 **실망스럽게 함** – 감정을 유발함)

02   *I* felt a bit **disappointed** with the movie.   (영화에 **실망함** – 감정을 느낌)

03   *The audience* remained **standing** throughout the concert.   (관객이 계속해서 **서 있음** – 분사 행위의 주체)

04   *The facts of the case* remain **hidden**.   (사건의 진실이 **숨겨져 있음** – 분사 행위의 대상)

---

1 파란색은 마음을 편하게 하는 색이라고 여겨진다. / 입학에 필요한 서류들은 무엇인가요? / **admission** 입학; 입장 **01** 그녀는 유쾌함을 주는 성격을 가지고 있다. **02** 위층에서 나는 소리가 정말로 나를 짜증 나게 했다. **03** 내 친구 중 한 명은 빙고라고 이름 지어진 개를 키운다. **04** 떨어진 잎들(낙엽들)이 땅 위에 널려 있다. **2** 그 상황은 매우 당황스러웠다. / 나는 내 실수 때문에 당황했다. **01** 그 영화의 결말은 정말 실망스러웠다. **02** 나는 그 영화에 약간 실망했다. **03** 관객들은 콘서트 내내 서 있었다. **04** 그 사건의 진실들이 숨겨진 채로 있다.

Golden Rule

✦ 056
명사(구)를 수식하는 분사(구)의 위
치
┌ 분사+**명사(구)**
└ **명사(구)**+[분사+O]
명사(구)+[분사+O+O]
명사(구)+[분사+O+C]
명사(구)+[분사+수식어구]

✦ 057
명사를 수식하는 분사: v-ing vs.
p.p.
수식 받는 명사(의미상 주어)와 분사
의 관계를 따져본다.
→ 능동이면 v-ing, 수동이면 p.p.
① N+v-ing: N이 직접 ~하다
② N+p.p.: N이 ~되다, ~당하다

Application Exercises

A 개념 다음 문장에서 굵게 표시된 분사가 수식하는 명사(구)에 밑줄을 그으시오.

01 Listening to **calming** music in bed helps you fall asleep.

02 There are many indie bands **playing** their music with great passion.

03 My father always carries a briefcase **filled** with sheets of paper.

04 This book gives you useful information **needed** to apply for college.

B 개념 다음 문장에서 굵게 표시된 명사(구)와 괄호 안에 제시된 동사의 관계가 능동이면
v-ing, 수동이면 p.p. 형태로 나타내시오.

01 _____ (freeze) **fruit** can replace ice cream as a healthy dessert.

02 Keep away from **the pot** _____ (contain) boiling water. It's
dangerous.

03 One-third of **the food** _____ (produce) in the world goes to
waste each year.

04 **The player** _____ (injure) in the game will recover soon.

05 The onion is named after **a Latin word** _____ (mean) "large
pearl."

C 어법 다음 중 어법상 적절한 것을 고르시오.

01 Da Vinci wrote a secret note [covered / covering] with symbols.

02 We attended the seminar [dealing / dealt] with how to reduce stress.

03 People [participated / participating] in the summer camp should pay
a registration fee.

04 The outdoor concert [scheduled / scheduling] for tomorrow has been
canceled because of heavy rain.

05 China has various ethnic groups [spoken / speaking] different
Chinese languages.

06 Heating boilers [controlled / controlling] from a smartphone are
getting popular.

A briefcase 서류 가방 / apply for ~에 지원하다 **B** keep away from ~에 가까이 하지 않다 / go to waste 버려지다; 쓸모없게
되다 / injure 부상을 입다 / recover 회복되다 / be named after ~을 따서 이름 지어지다 **C** seminar 세미나 / registration
fee 등록비 / ethnic 인종의, 민족의 / heating boiler 난방용 보일러

1 분사구문의 기본 형태와 의미

Arriving at school, she was still half asleep. (부사구)

← **When she arrived at school,** she was still half asleep. (접속사 when이 이끄는 부사절)

분사구문은 「접속사+주어+동사 ~」의 부사절을 부사구로 간결하게 나타낸 것이다. 대부분 부대상황을 나타내는데, 시간 관계, 이유, 조건 등의 의미도 나타낸다. 물론 이러한 의미가 접속사 없이도 명확하게 드러날 때 사용되며 보통 문어체에서 쓰인다. 문장의 앞, 뒤, 중간(주어와 동사 사이 등) 어디에나 올 수 있다.

＊분사구문은 「S+V ~」 부분과의 논리적 의미 관계에 따라 자연스럽게 해석한다. 분사구문의 의미상 주어는 문장의 주어(S)와 대부분 일치한다. 다음 굵게 표시된 분사구문은 모두 의미상 주어와 '능동' 관계를 나타낸다. 해석하면서 확인해 보자.

01 **Saying goodbye**, *I* waved to my friends. (= As I said goodbye, ~: 동시동작(~하면서[한 채로] …하다))

02 *She* walked out of the room, **slamming the door**. (= ~, and slammed the door: 연속동작(~하고 나서 …하다))

03 **Not wishing to argue with him**, *she* said no more. (= Because she didn't wish to argue ~: 이유)

04 **Trying to open the can**, *I* cut my finger. (= While I was trying to open ~: 시간)

05 **Using a low-cost airline**, *we* can save money. (= If we use ~: 조건)

cf. 분사구문의 의미상 주어와 문장의 주어가 다를 때는, 분사 앞에 둔다. (☞ Unit 29)
　　Other things being equal, *I* prefer this one.

2 분사구문의 심화 이해

(Being) Praised for her honesty, *she* looked shy. (= When she **was praised** ~: 시간)

분사구문은 부사절의 동사를 v-ing로 바꾸는 것이 원칙이나, 부사절 동사가 수동태인 경우에는 (being) p.p.로 바꾼다. Being은 보통 생략되어 과거분사(p.p.)로 시작하는 분사구문이 된다.

＊다음 굵게 표시된 분사구문은 모두 과거분사로 시작하는 분사구문으로 의미상 주어와 '수동' 관계를 나타낸다. 해석하면서 확인해 보자.

01 **Attracted to the special sale**, *I* bought the new bicycle. (= Because I was attracted to ~: 이유)

02 **Used properly**, *plastic containers* are safe in the microwave. (= If they are used ~: 조건)

어법 Plus　분사구문의 능동 vs. 수동

In 1885, *a rubber tire company* decided to try black tires, | **thinking** / thought | that they might not show dirt. [모의]
분사구문의 의미상 주어와 think(생각하다) = 능동 관계 → v-ing
1885년에, 한 고무 타이어 회사가 검은색 타이어는 흙먼지를 드러나게 하지 않을 것으로 생각하고 검은색 타이어를 만들어 보기로 했다.

분사구문의 의미상 주어(= 대부분 문장의 주어)와 분사의 관계가 능동이면 **v-ing**, 수동이면 **p.p.**를 쓴다.

---

1 학교에 도착했을 때, 그녀는 여전히 잠이 반쯤 덜 깬 상태였다. / half asleep 잠이 덜 깬 01 작별인사를 하면서, 나는 친구들에게 손을 흔들었다. 02 그녀는 방에서 걸어가서, 문을 쾅 닫았다. / slam 쾅 닫다 03 그와 언쟁을 벌이고 싶지 않아서, 그녀는 더는 말을 하지 않았다. 04 캔을 따려고 하다가, 손가락을 베었다. 05 저가 항공사를 이용하면, 우리는 돈을 절약할 수 있어. *cf.* 다른 점들이 동일하다면, 나는 이것이 더 좋다. 2 자신의 정직함을 칭찬받자, 그녀는 부끄러워하는 것 같았다. 01 특별 할인에 이끌려서, 나는 새 자전거를 샀다. 02 적절하게 사용되면, 플라스틱 그릇은 전자레인지 안에서도 안전하다. / properly 적절히, 제대로 / container 그릇, 용기

with+O+분사

I can't concentrate **with** *you* **standing** there. 네가 거기에 서 있으면 내가 집중할 수가 없어.

'~가 …한 채로, ~가 …하며'의 의미로 부대상황을 나타낸다. 이때 분사의 의미상 주어는 바로 앞에 있는 (대)명사이다. (대)명사와 분사의 관계가 능동이면 v-ing, 수동이면 p.p.로 표현된다.

Golden Rule

⚡ 058
분사구문의 능동 vs. 수동
-의미상 주어를 올바로 찾아서 분사와 주어, 동사의 관계로 놓고 능동, 수동을 따져본다.
-분사구문의 의미상 주어는 별도로 분사 앞에 주어지지 않는 한 문장의 주어와 같다.

⚡ 059
분사구문의 의미
-대부분의 분사구문(동시동작, 연속동작)은 부대상황을 나타낸다.
-「S+V ~」부분과 논리적 의미 관계가 자연스러운 의미를 찾는다.
① 동시동작: ~하면서(As ~)
② 연속동작: ~하고 나서(~ and)
③ 이유: ~ 때문에(Because ~)
④ 때(When/While/After 등)
⑤ 조건: ~한다면(If ~)

Application Exercises

A 개념 문맥상 문장의 주어와 괄호 안에 제시된 동사의 관계에 체크한 후, 알맞은 형태로 바꿔 빈칸을 채우시오.

01 문장의 주어 chocolate과 keep의 관계: 능동 ☐ 수동 ☐

_____ (keep) cool, chocolate can be stored for up to a year.

02 문장의 주어 she와 wrap의 관계: 능동 ☐ 수동 ☐

_____ (wrap) the leftovers, she put them in the refrigerator.

B 어법 다음 중 어법상 적절한 것을 고르시오.

01 [Writing / Written] his report in a hurry, he didn't notice the spelling errors.

02 [Forming / Formed] over millions of years, the Grand Canyon is an amazing sight.

03 Dieting at an early age can damage health, [resulting / resulted] in poor growth.

C 독해 다음 밑줄 친 분사구문을 부사절로 바꿔 쓸 때, 문맥상 가장 알맞은 접속사를 <보기>에서 골라 문장을 완성하시오.

> 보기   when   if   because

01 Hearing the news of her grandma's death, she burst into tears.

→ _____ she heard the news of her grandma's death, she burst into tears.

02 Changing your eating habits, you will become healthy.

→ _____ you change your eating habits, you will become healthy.

03 Not knowing what to say at the interview, she froze.

→ _____ she didn't know what to say at the interview, she froze.

A wrap 싸다, 포장하다 / **leftover** (식사 후에) 남은 음식 **B spelling** 맞춤법; 철자 / **sight** 명소[관광지]; 시력 / **result in** ~을 낳다[야기하다] **C burst into** (갑자기) ~을 터뜨리다

동사와 준동사

1 준동사의 동사적 성격

> I didn't mean **to make**^{V} *you*^{O} *angry*^{C}.

① 목적어나 보어를 취할 수 있다. 이때 준동사는 그 동사가 이끄는 기본 문형을 취한다. (☞ CHAPTER 1)
② 부사의 수식을 받을 수 있다.
③ 준동사의 동작이나 상태를 유발하는 의미상 주어를 가진다. (☞ Unit 29)
④ 시제에 따라 형태가 변화한다. (☞ Unit 29)
⑤ 태 변화를 한다. (☞ Unit 29)

＊다음 문장을 해석하면서 준동사가 가지는 동사적 성격을 확인해 보자.

01 You need **to love**^{V} yourself^O **to feel**^{V} happy^C.   (목적어나 보어를 취함)

02 **Exercising** *regularly* is the most important thing for good health.   (부사의 수식을 받음)

03 There is a lot of work *for us*^{S} **to do**^{V}.   (동작을 행하는 to-v의 의미상 주어)

04 He is proud of **having been** a firefighter before.   (시제를 나타내는 동명사의 완료형)

05 The event is worthy of **being remembered**.   (태를 나타내는 동명사의 수동형)

2 문장의 동사 vs. 준동사

> Keep / **Keeping** a healthy diet **is** not an easy task. → 준동사 자리
>   S   V(문장의 술어동사)

한 문장에서 접속사나 관계사의 연결 없이 두 개의 술어동사가 쓰일 수 없다. 따라서 문장의 술어동사가 이미 있다면, 또 다른 하나는 준동사여야 한다.

＊각각의 절에는 동사가 있어야 한다. 다음 문장을 해석하면서 굵게 표시된 형태가 적절한 이유를 찾아보자.

01 **Choose** / Choosing *books* [which encourage you to read on]. → 명령문을 이끄는 문장의 동사 자리

02 *Everything* [(that) we do] **is** / being aimed at the same goal. → 문장의 동사 자리

03 I remember *a vacation* **spent** / were spent at a sunny beach. → 명사를 수식하는 분사 자리

04 The storm blocked the roads, left / **leaving** us isolated. → 분사구문을 이끄는 분사 자리

05 Studies show that the smell of chocolate **calms** / calming people down. → that절 내 동사 자리
         S   V   S'   V'

어법 Plus   동사 vs. 준동사

Create / **Creating** the electrical energy also **creates** environmental problems. [모의]
문장의 동사 creates가 이미 있으므로 동명사구 주어를 이루는 준동사 자리
전기에너지를 생성하는 것은 또한 환경적인 문제도 일으킨다.

문장 또는 해당 절에 동사(술어동사)가 따로 있는지를 확인한다.

---

1 널 화나게 할 생각은 없었어. **01** 행복함을 느끼려면 자기 자신을 사랑해야 한다. **02** 규칙적으로 운동하는 것은 건강에 가장 중요한 것이다. **03** 우리가 해야 할 일들이 많이 있다. **04** 그는 예전에 소방관이었던 것을 자랑스러워 한다. **05** 그 사건은 기억될 만한 가치가 있다. 2 건강한 식습관을 가지는 것은 쉬운 일이 아니다. / diet 식습관 **01** 당신이 계속 읽을 수 있도록 격려하는 책들을 골라라. **02** 우리가 하는 모든 일은 같은 목표를 목표로 한다. / be aimed at ~을 목표로 하다 **03** 햇살이 내리쬐는 해변에서 보낸 휴가가 기억난다. **04** 폭풍우가 도로들을 막고, 우리를 고립시켰다. / isolated 고립된 **05** 연구에서는 초콜릿 향기가 사람을 진정시켜 준다는 것을 보여준다.

Golden Rule

준동사의 동사적 성격
-준동사는 동사에서 나온 것이므로
 그 동사가 이끄는 기본 문형이 이어
 진다.
e.g. **to make+목적어**(~을 만들다)
to make+목적어+목적격보어(~을
…하게 하다)
-부사의 수식을 받을 수 있다.

문장의 동사 vs. 준동사
문장에 접속사가 없으면 그 문장의
술어동사의 개수는 반드시 1개이다.
→ 접속사[관계사]의 개수 = 동사의
개수 −1
① 술어동사를 먼저 파악하고, ② 그
외의 동사는 역할에 따라 적절한 준동
사로 바꿔 써야 한다.

Application Exercises

A 개념 다음 문장에서 굵게 표시한 준동사가 취하고 있는 목적어나 보어, 수식어에 각각 O, C, M으로 표시하시오.

01 **Reading** books regularly stimulates deep and creative thinking.

02 **Being** tall, he can easily change the light bulb without a chair.

03 **To appreciate** jazz music fully, you need to know about its history.

04 This article deals with doctors **examining** poor patients for free.

B 어법 다음 중 어법과 문맥상 적절한 것을 고르시오.

01 [Write / Writing] by hand helps to develop brain function.

02 Grapes [grow / grown] in California produce great wine.

03 You should accept new challenges [make / to make] progress.

04 His passion for music discovered at an early age [leading / led] to his success in music.

05 The movie he recommended [being / is] based on a true story.

06 He closed his eyes for meditation, [taking / took] a deep breath through his nose.

07 If you want to develop a rich vocabulary, [read / reading] various magazines or newspapers.

C 어법 다음 밑줄 친 부분이 어법상 맞으면 O, 틀리면 X로 표시하고 바르게 고치시오.

01 Scientists are researching Egyptian treasures <u>bury</u> deep under the pyramids.

02 Some people who are sensitive to caffeine <u>experiencing</u> increased heart rate.

03 When you trust your instincts, opportunities <u>showing</u> up from unexpected places.

A stimulate 활발하게 하다, 자극하다 / light bulb 전구 / appreciate 감상하다; 감사하다 / fully 충분히, 완전히 / for free 무료로, 공짜로 **B** function 기능 / make progress 진전을 이루다 / rich 풍부한; 부유한 **C** bury (파)묻다 / sensitive 민감한, 예민한 / heart rate 심박동수 / instinct 직감; 본능

준동사의 { 의미상 주어, 태, 시제 } Unit 29

1 준동사의 의미상 주어

It's important **for the meeting** *to start* on time. (to부정사의 의미상 주어: for+목적격)

준동사의 동작을 행하거나 상태를 유발하는 주체를 의미상 주어라고 한다. 문장의 주어와 일치할 수도 있고, 그렇지 않을 수도 있다. 이때 준동사의 의미상 주어가 문장의 주어나 목적어와 일치하거나 일반인이면 의미상 주어를 따로 명시하지 않는다.

※다음 문장은 모두 준동사의 의미상 주어를 나타낸 경우이다. 해석하면서 확인해 보자.

01 I can't remember **his[him]** taking a day off work. (동명사의 의미상 주어: 소유격 또는 목적격)
　　cf. 문장을 시작하는 자리에는 소유격을 쓰는 것이 자연스럽다. **His** *joining* our project was a great help.

02 **Nobody** *having* any more to say, the meeting was over. (분사구문의 의미상 주어: 분사 앞의 (대)명사)

03 It was *kind* **of you** *to take* me home. (to부정사의 의미상 주어: of+목적격)

● to부정사의 의미상 주어가 「of+목적격」으로 표현될 때는 대개 의미상 주어의 행동(to-v의 내용)에 대한 '칭찬'이나 '비난'을 의미하는 형용사가 그 앞에 be동사의 보어로 쓰인 문장이다.
칭찬: good, kind, nice, generous, considerate 등 / **비난**: careless, foolish, stupid, unfair 등

2 준동사의 태

Results are expected **to be announced** next week. (to부정사의 수동: to be p.p.)

준동사의 태는 모두 의미상 주어와 능동 관계인지 수동 관계인지에 따라 결정된다.

※다음 문장에서 의미상 주어와 준동사의 관계에 유의하여 해석해 보자.

01 *We* could think of other ways of **dealing** with the problem. (동명사의 능동: v-ing)

02 *Your proposal* has a chance of **being accepted**. (동명사의 수동: being p.p.)

03 Look at *the stars* **shining** in the sky. (분사의 능동: v-ing)

04 *Everyone* **involved** in the case has been punished. (분사의 수동: p.p.)

05 **Feeling** tired, *I* went to bed early. (분사구문의 능동: v-ing)

06 **(Being) Left** alone in the house, *my dog* keeps barking. (분사구문의 수동: (being) p.p.)

07 *I* forgot **to tell** you something important. (to부정사의 능동: to-v)

3 준동사의 시제

She *claims* **to have met** many famous people. (to부정사의 완료형: to have p.p.)

(= She **claims** that she **met[has met]** many famous people.)

지금까지는 준동사의 형태가 모두 술어동사와 같은 때 혹은 미래를 나타냈다. 준동사가 술어동사가 나타내는 때보다 이전의 동작이나 상태를 나타낼 때는 준동사의 완료형으로 표현한다.

---

1 회의가 제시간에 시작하는 것은 중요하다. **01** 나는 그가 하루 근무를 쉰 것을 기억할 수 없다. *cf.* 그가 우리 프로젝트에 합류한 것은 큰 도움이 되었다. **02** 아무도 더 할 말이 없어서, 회의는 끝났다. **03** 저를 집에 데려주시다니 친절하시군요. **2** 결과는 다음 주에 발표될 예정입니다. **01** 우리는 그 문제를 해결하는 다른 방법들을 생각해 낼 수 있을 것이다. **02** 당신의 제안은 받아들여질 가능성이 있습니다. **03** 하늘에서 반짝이고 있는 별들 좀 봐봐. **04** 그 사건에 관련된 모든 사람이 처벌을 받았다. **05** 피곤함을 느껴서, 나는 일찍 잠자리에 들었다. **06** 집에 혼자 남겨지면, 우리 집 개는 계속 짖는다. **07** 중요한 무언가를 네게 말하는 것을 잊어버렸어. **3** 그녀는 유명한 사람들을 많이 만났다고 주장한다. **01** 그들은 강연회를 갑자기 취소한 것에 대해 사과했다. **02** 숙제를 다 끝내고 나서, 나는 산책하러 나갔다.

※다음 굵게 표시된 준동사의 완료형은 모두 술어동사보다 앞선 때를 나타낸다. 해석하면서 확인해 보자.

01 They *apologized* for **having canceled** the lecture suddenly.　　　(동명사의 완료형: having p.p.)
(= They **apologized** because they **had canceled** the lecture suddenly.)

02 **Having done** my homework, I *went* out for a walk.　　　(분사구문의 완료형: having p.p.)
(= After **I had done[did]** my homework, **I went** out for a walk.)

Golden Rule

✦ **062**
준동사의 의미상 주어
준동사의 동작을 행하거나 상태를
유발하는 주체
-문장의 주어, 목적어, 일반인
-동명사: 동명사 앞의 소유격[목적격]
-분사: 수식 받는 명사
-분사구문: 분사 앞의 (대)명사
-to부정사: for[of]+목적격 to-v

✦ **063**
준동사의 태: 능동 vs. 수동
준동사의 의미상 주어와 준동사가 능
동 관계인지 수동 관계인지 파악한다.

✦ **064**
준동사의 시제
준동사의 완료형은 술어동사가 나타
내는 때보다 이전의 시점

Application Exercises

A 개념 다음 문장에서 굵게 표시된 동명사, 분사, to부정사의 의미상 주어에 밑줄을 그으시오.
(일반인일 경우는 X로 표시할 것)

01 **Having** a pet develops responsibility and respect for life.

02 The Folk Village is a popular place for foreign tourists **to experience** traditional Korea.

03 It was rude of her **to cut** in line at the school cafeteria.

04 This Sunday **being** a national holiday, we'll have a "substitute holiday" on Monday.

05 This book is useful for someone **planning** to backpack on Jeju Island.

B 개념 괄호 안의 단어를 어법과 문맥에 알맞은 형태로 바꿔 쓰시오.

01 It is impotant for your health ＿＿＿＿＿＿＿＿ (check) regularly.

02 ＿＿＿＿＿＿＿＿ (hold) in a shopping mall, the book signing event attracted many people.

03 When I was young, I learned to ride a bike without ＿＿＿＿＿＿＿＿ (teach).

C 개념 다음 빈칸에 들어갈 말로 어법과 문맥에 알맞은 것을 고르시오.

01 Not ＿＿＿＿＿＿ enough money, I can't afford to buy you dinner.
ⓐ having　　ⓑ having had

02 Tony seems ＿＿＿＿＿＿ asleep. I could hear his snoring.
ⓐ to fall　　ⓑ to have fallen

A responsibility 책임(감) / **Folk Village** 민속촌 / **cut in line** 새치기하다 / **substitute** 대체(의); 대체하다 **B** book signing 책
사인회 **C** snore 코를 골다

1 목적어와 목적격보어가 능동 관계

I made *him* change his mind.   (make+목적어+v: ~가 v하게 하다)

목적어와 목적격보어가 능동 관계일 때, 목적격보어 자리에는 원형부정사(v), to부정사(to-v), 현재분사(v-ing)가 올 수 있으므로, 동사별로 어떤 형태의 목적격보어가 쓰일 수 있는지 알아두어야 한다.

✽다음 문장에 쓰인 동사들은 원형부정사(v)를 목적격보어로 취한다. 해석하면서 확인해 보자.

01 Please don't **let** *anyone* **disturb** me.   (let+목적어+v: ~가 v하게 하다 = allow+목적어+to-v)

02 I'll **have** *someone* **help** you with your luggage.   (have+목적어+v: ~에게 v가 하다[시키다])

03 I **saw** *you* **throw[throwing]** trash on the street.   (see[watch]+목적어+v[v-ing]: ~가 v하는 것을 보다)

04 She **heard** *the doorbell* **ring[ringing]**.   (hear+목적어+v[v-ing]: ~가 v하는 것을 듣다)

05 I **felt** *someone* **tap[tapping]** my shoulder.   (feel+목적어+v[v-ing]: ~가 v하는 것을 느끼다)

● see, watch, notice, hear, feel 등의 동사들은 현재분사(v-ing)도 목적격보어로 취할 수 있다. 원형부정사는 동작·사건의 전 과정을 보거나 듣는 것을 나타내고, 현재분사는 진행 중이거나 아직 완료되지 않은 동작·사건을 강조한다.

✽다음 문장에 쓰인 동사들은 to부정사(to-v)를 목적격보어로 취한다. 해석하면서 확인해 보자.

06 She **asked** *me* **not to tell** anybody about it.   (ask+목적어+to-v: ~가 v해주길 부탁하다)

07 New technologies will **enable** *us* **to have** greener cars.   (enable+목적어+to-v: ~가 v할 수 있게 하다)

08 The sudden breakdown **caused** *the train* **to stop**.   (cause+목적어+to-v: ~가 v하게 하다)

09 I'll **help** *you* **(to) solve** your problem.   (help+목적어+to-v[v]: ~가 v하도록 돕다)

● want, expect, require, order, allow, permit, force, persuade, encourage, get, lead, advise, tell 등+목적어+to-v

✽다음 문장에 쓰인 동사들은 현재분사(v-ing)를 목적격보어로 취한다. 해석하면서 확인해 보자.

10 The movie **keeps** *you* **guessing** about what's going on.   (keep+목적어+v-ing: ~가 계속 v하게 하다)

11 I **found** *my dog* **barking** at someone.   (find+목적어+v-ing: ~가 v하는 것을 발견하다)

12 Somebody **has left** *the water* **running**.   (leave+목적어+v-ing: ~가 v한 채로 놔두다)

2 목적어와 목적격보어가 수동 관계

I heard *my name* repeated several times.

원형부정사와 현재분사를 목적격보어로 취하는 동사들의 경우에는 목적어와 목적격보어가 수동 관계일 때는 동사의 종류에 관계없이 목적격보어 자리에 과거분사(p.p.)를 쓴다.

(단 동사가 let인 경우는 be p.p.를 쓴다. e.g. Don't **let** *your decision* **be delayed**.)

---

1 나는 그가 마음을 바꾸게 했다. **01** 아무도 저를 방해하게 두지 말아주세요. / disturb 방해하다 **02** 사람을 시켜 짐을 들어 드릴게요. **03** 당신이 길거리에 쓰레기를 버리는 것을 봤습니다. **04** 그녀는 초인종이 울리는 소리를 들었다. **05** 나는 누군가가 내 어깨를 톡톡 두드리는 것을 느꼈다. / tap 톡톡 두드리다[치다] **06** 그녀는 그것에 대해 아무에게도 이야기하지 말아 달라고 내게 부탁했다. **07** 새로운 기술은 우리가 더 환경친화적인 자동차를 가질 수 있게 할 것이다. / green 환경친화적인 **08** 갑작스러운 고장이 기차를 멈추게 했다. / breakdown 고장 **09** 네가 문제를 해결하도록 내가 도울게. **10** 그 영화는 무슨 일이 일어나고 있는지 네가 계속 추측하게 한다. **11** 나는 우리 집 개가 누군가에게 짖고 있는 것을 발견했다. **12** 누군가가 물이 흐르는 채로 놔두었다. **2** 나는 내 이름이 여러 번 반복되는 것을 들었다. e.g. 네 결정이 지체되게 두지 마라.

You need a program to **have** *lost files* [to recover / **recovered**] in case things go wrong. [모의응용]

의미상 주어 **lost files**와 **recover**는 수동 관계 → p.p.

당신은 일이 잘못될 경우를 대비해 잃어버린 파일들을 복구시키는 프로그램이 필요하다.

목적어와 목적격보어의 관계를 살핀다.

Golden Rule

✦ 065
목적어와 목적격보어의 주술(주어-술어)관계

S + V + **O** + **C**
　　　　주술관계

해석: O가 C하다

✦ 066
동사에 따른 목적격보어의 알맞은 형태

- 원형부정사(v), to부정사, 현재분사 (v-ing)
- 동사에 따라 적절한 형태의 목적격보어를 찾는다.

✦ 067
목적어와 목적격보어의 능동/수동 관계

- O가 C하다 → 능동 관계(동사에 따라 v/to-v/v-ing)
- O가 C되다[당하다] → 수동 관계 (p.p.)

Application Exercises

A 개념 다음 문장에서 주술관계를 이루고 있는 목적어와 목적격보어를 찾아 밑줄을 긋고 각각 O, C로 표시하시오.

01 My professor encouraged me to pursue my interest in design.

02 I won't let my physical disabilities stop my dream.

03 Bad skin-care habits can lead you to have pimples on your face.

04 I heard a loud noise coming from upstairs late at night.

B 어법 다음 중 어법과 문맥상 적절한 것을 고르시오.

01 The typhoon made our school [cancel / to cancel] all classes.

02 The local people noticed a stranger [walking / to walk] around their town.

03 Our teacher doesn't allow us [to use / using] mobile phones in class.

04 She saw a look of fear suddenly [come / to come] over his face after he answered the phone.

05 Put motivating words on your desk. They will keep you [studying / to study].

C 어법 다음 중 어법과 문맥상 적절한 것을 고르시오.

01 My mom had me [clean / cleaned] my dirty room.

02 We watched our home team [competing / competed] against its longtime rival team.

03 Sean didn't bring his book, so I had my book [copied / copy] for him.

04 Some people like to hear music [played / playing] live at a concert.

A pursue 추구하다 / disability (신체적·정신적) 장애 / pimple 여드름 **B** typhoon 태풍 / motivate 동기를 부여하다 **C** compete against ~와 경쟁하다 / rival 경쟁자

Overall Exercises

1 괄호 안의 단어를 어법과 문맥에 알맞도록 현재분사 또는 과거분사 형태로 바꿔 쓰시오.

01 The books _____ (display) in the window are the best-sellers in the bookstore.

02 The results of the research have shown some _____ (surprise) conclusions.

03 The naming of a newly _____ (discover) star depends on its discoverer.

04 You don't have to get _____ (frustrate) over your misfortunes.

05 Many people think that the word "whatever" is very _____ (annoy).

06 I didn't like the task because it was very _____ (bore) and required little effort.

07 The teacher noticed that his students looked _____ (puzzle), so he repeated the question.

2 다음 중 어법과 문맥상 적절한 것을 고르시오.

01 Not [using / used] very much, your muscles will naturally weaken.

02 The nurse asked me [avoid / to avoid] a shower after the flu shot.

03 I found the festival [postponing / postponed] with no explanation.

04 [Asking / Asked] to answer a series of questions in a limited time, students felt nervous.

05 I am happy to [invite / be invited] to the fund-raising party for the school library.

06 The new health-care system will enable people [to access / accessing] the service more easily.

07 We're planning a surprise party [celebrates / to celebrate] Jennifer's 18th birthday.

3 다음 밑줄 친 부분이 어법과 문맥상 맞으면 O, 틀리면 X로 표시하고 바르게 고치시오.

01 <u>Parked</u> in a no-parking zone, his car was towed away.

02 The man <u>worn</u> a black shirt and jeans is the CEO of this company.

03 He really enjoyed the modern art paintings <u>exhibited</u> in the museum.

04 Not <u>wanting</u> to interrupt others in the movie theater, I whispered in her ear.

05 Whatever style of dress the singer wears on TV <u>becoming</u> popular among teenagers.

---

1 conclusion 결론 / **frustrate** 좌절감을 주다 / **misfortune** 불행, 불운 / **require** 필요로 하다, 요구하다 / **puzzle** 어리둥절하게 만들다 **2 flu shot** 독감 예방 주사 / **postpone** 연기하다, 미루다 / **explanation** 해명; 설명 / **a series of** 일련의 / **fund-raising** 모금 활동(의) / **access** 이용하다, 접근하다 **3 tow away** 견인하다 / **modern** 현대의 / **interrupt** 방해하다 / **whisper** 속삭이다

4 다음 밑줄 친 분사구문을 절로 바꿔 쓸 때, 문맥상 가장 알맞은 접속사를 <보기>에서 골라 문장을 완성하시오.

> 보기   when   because   and

01 <u>Not getting enough sleep</u>, Eric had dark circles under his eyes.

→ _____ Eric didn't get enough sleep, he had dark circles under his eyes.

02 After the wedding, he smiled brightly, <u>showing everyone his appreciation</u>.

→ After the wedding, he smiled brightly, _____ showed everyone his appreciation.

03 <u>Working on a computer</u>, you need to take a short break every 20 minutes for your eyes.

→ _____ you work on a computer, you need to take a short break every 20 minutes for your eyes.

5 다음 밑줄 친 부분 중, 어법상 틀린 것을 찾아 바르게 고치시오.

01 No matter where you go, you'll see people <u>tapping</u> on their smartphones constantly
①
with their fingers. Having a smartphone brings convenience to our lives, but also results
in smartphone addiction. This addiction causes people <u>to become</u> frustrated when they
②
are separated from their smartphone for even 5 minutes. <u>Find</u> a balance, just like in
③
many other areas of life, is important.

02 <u>Remembering</u> a person's name is the first step in starting a relationship. Unfortunately,
①
many people have difficulty remembering names. Not <u>known</u> the names of others, they
②
sometimes find it difficult to make friends. So, make the decision to start remembering
people's names today. Nobody likes <u>to be forgotten</u>!
③

---

4 appreciation 감사; 감상 5 tap 가볍게 두드리다 / constantly 끊임없이 / convenience 편리 / addiction 중독 / frustrated 좌절감을 느끼는 / separate A from B
B에서 A를 떼어놓다

6 **(A), (B), (C)의 각 네모 안에서 어법에 맞는 표현으로 가장 적절한 것은?**

Have you ever heard your alarm clock (A) ring / to ring and dreamed that you were hearing a car horn? Subjects who have water sprayed on their hands during REM sleep and (B) is / are later awakened tend to report water-related dreams. This is a phenomenon familiar to most of us because the brain doesn't "shut off" during sleep. It's simply in a different state. So, please don't put your roommate's hand in a glass of warm water during the night. Though we may include some external stimuli in our dreams, we don't remember information (C) given / giving to us during sleep. It's unfortunate, but this means you won't be able to learn English on tape while you sleep for a short period of time.

*REM sleep: 렘수면(잠을 자고 있는 듯이 보이나 뇌파는 깨어 있을 때의 알파파(α波)를 보이는 수면 상태)
**external stimuli: 외부 자극

	(A)	(B)	(C)
①	ring	is	given
②	ring	are	given
③	ring	are	giving
④	to ring	are	giving
⑤	to ring	is	giving

7 **다음 글의 밑줄 친 부분 중, 어법상 틀린 것은?**

As long as you view the people in your life as competitors, you'll always focus on trying ① to win. And you can't have healthy relationships with people when you're focused on how to beat them, rather than how to build them up. Spend some time examining those in your life ② whom you see as your competition. ③ Noticing that viewing them as your competition isn't really healthy to your relationships. What if, instead, you began to view them as part of your team? People in your life who ④ have skills and talents that you don't can actually be valuable. If you've got a friend who is good at speaking English, instead of being jealous about it, why don't you ask him or her ⑤ to share some tips? Behaving in a humble manner can do wonders for how you feel about yourself, as well as other people.

---

6 horn (차량의) 경적 / **subject** 피(被)실험자; 주제 / **awaken** (잠에서) 깨다[깨우다] / **-related** ~와 관련된 / **phenomenon** 현상 / **shut off** 멈추다, 서다 / **state** 상태
7 **view[see] A as B** A를 B로 여기다 / **examine** 조사[검토]하다 / **competitor** 경쟁자 cf. **competition** 경쟁자; 경쟁 / **B rather than A** A라기보다는 B / **jealous** 질투하는 / **humble** 겸손한 / **do wonders** 놀라운 일을 하다

Grammar Organizer

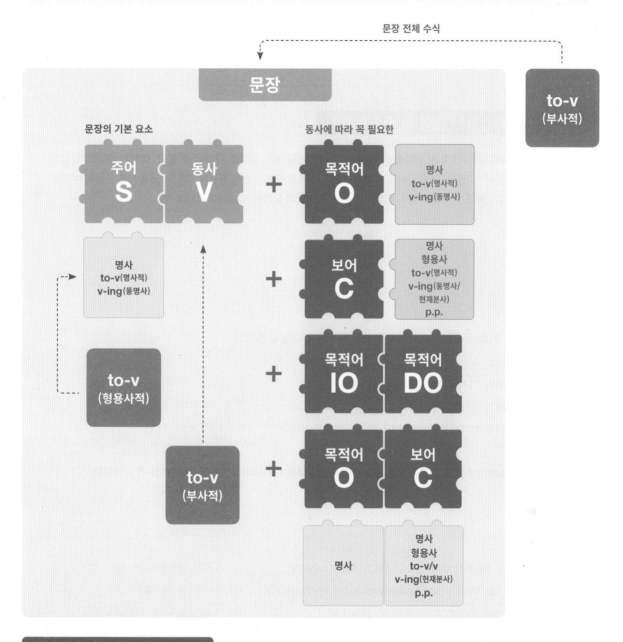

문장 전체 수식

문장

to-v
(부사적)

문장의 기본 요소 ｜ 동사에 따라 꼭 필요한

주어 S ～ 동사 V

\+ 목적어 O

명사
to-v(명사적)
v-ing(동명사)

명사
to-v(명사적)
v-ing(동명사)

to-v
(형용사적)

\+ 보어 C

명사
형용사
to-v(명사적)
v-ing(동명사/
현재분사)
p.p.

to-v
(부사적)

\+ 목적어 IO ～ 목적어 DO

\+ 목적어 O ～ 보어 C

명사

명사
형용사
to-v/v
v-ing(현재분사)
p.p.

CHAPTER GOALS Checklist

다음 목표를 달성했으면 □ 안에 ✓로 표시하시오.

1. 분사와 의미상 주어의 관계를 파악하여 v-ing와 p.p. 중 알 맞은 형태를 사용할 수 있다. □
2. 분사구문의 기본 형태와 역할, 의미를 이해할 수 있다. □
   ① 분사구문: 부사절의 접속사와 주어를 생략하고 동사를 분사 형태로 만든 것이다.

　② 「S+V ~」부분과의 논리적 의미 관계에 따라 동시동작, 연 속동작, 때, 이유, 조건 등의 의미를 나타낸다.
3. 문장에서 문장의 동사와 준동사가 오는 자리를 구분할 수 있 다. □
4. 동사에 따라 목적격보어 자리에 오는 알맞은 형태의 준동사를 파악할 수 있다. □

조동사를 학습하는 것이 왜 중요한가?

조동사는 기본적으로 모두 '추측'의 의미를 담고 있지만, 이외에도 여러 의미를 나타낼 수 있다. 이러한 의미의 다양성 때문에, 조동사가 문맥상 어떤 의미를 나타내고 있는지를 재빨리 파악하는 것이 어렵다. 따라서 조동사를 포함하는 구문을 정확하게 이해하기 위해서는 각 조동사가 가진 고유 의미에 관해 철저한 학습이 이뤄져야 한다.

조동사란?

동사의 '도우미'인 조(助)동사는 그 역할에 따라 크게 두 가지로 나눌 수 있다.

We **have** been friends since middle school.	우리는 중학교 때부터 친구 사이다.
Various kinds of shoes **are** sold at this store.	이 가게에는 다양한 종류의 신발이 팔린다.
Do you have an appointment this afternoon?	오늘 오후에 약속이 있습니까?

여기에서 have, are, do는 각각 본동사와 결합하여 시제나 태를 나타내거나 의문문 등을 만들 때 사용되는 조동사이다.

Our soccer te am **can** beat your team easily.	우리 축구팀은 너희 팀을 쉽게 이길 수 있다.
You **must** submit your homework by tomorrow.	너는 내일까지 숙제를 제출해야 한다.
You **may** use my computer at any time.	너는 내 컴퓨터를 아무 때나 사용해도 좋다.

반면에 can, must, may 등의 조동사는 문법적인 기능을 주로 담당하는 조동사 have, be, do와 달리 능력, 의무, 허가 등의 의미를 나타내며 화자의 생각과 마음을 전달하는 데 사용된다.

Unit 31   조동사의 의미
Unit 32   조동사의 심화 이해
Unit 33   *if* 가정법
Unit 34   기타 가정법 구문

 ## 가정법을 학습하는 것이 왜 중요한가?

'가정법 시제'는 그것이 실제로 가리키는 '때'와 다르다. 과거시제를 사용한 가정법 과거는 '현재나 미래'를, 가정법 과거완료는 '과거'를 의미하므로, 이를 잘 구분하여 학습하지 않으면 의도하는 '때'를 정확히 전달할 수 없다. 가정법 과거는 '현재나 미래,' 가정법 과거완료는 '과거'와 관련이 있음을 염두에 두고 이번 챕터를 학습하도록 하자.

 ## 가정법이란?

영어에서도 우리말과 마찬가지로 사실과 '반대되는' 일이나 '일어날 가능성이 희박한' 일을 가정·상상·소망할 때 가정법으로 표현할 수 있다.

'사실 그대로'의 일 또는 '일어날 가능성이 상당히 있는' 일을 말하는 직설법에서도 **if**절이 조건을 나타내어 '~한다면'의 의미를 나타내지만 조건절에 사용되는 동사는 주어의 인칭과 시제에 따라 그 형태가 바뀐다.

반면에 주어의 수, 인칭이나 시제와 관계없이 특정 동사의 형태로 사실과 반대되는 가정을 나타낼 때, 이를 가정법이라고 한다.

If I **have** time, I **watch** a movie.	(직설법: 사실 그대로의 일)
나는 시간이 **있으면**, 영화를 **본다**.	
If I **have** time, I **will watch** a movie.	(직설법: 일어날 가능성이 상당히 있는 일)
나는 시간이 **있으면**, 영화를 **볼 것이다**.	

If I **had** time, I **could watch** a movie.	(가정법: 사실과 반대되는 일)
내게 시간이 **있다면**, 영화를 **볼 수 있을 텐데**. → 나는 시간이 없어서 영화를 볼 수 없다.	
If the world **ended** tomorrow, what **would** you **do**?	(가정법: 일어날 가능성이 희박한 일)
내일 세상이 **멸망한다면**, 너는 무엇을 **할 거니**?	

 CHAPTER GOALS

1   조동사의 다양한 의미를 이해하고 문맥에서 가장 적절한 의미를 파악하라.
2   가정법에 사용된 시제와 그것이 실제로 나타내는 때를 정확히 파악하라.

1 현재나 미래에 대한 가능성, 추측

Your careless words may[might] upset others. (불확실한 추측: ~일지도 모른다)

대부분의 조동사는 기본적으로 가능성, 추측의 의미가 있고, 확신의 정도는 아래와 같은 순서이다.

might　may　could　can　should　ought to　would　will　must (↔ cannot)

◄--►
불확실　　　　　　　　　　　　　　　　　　　　　　　　　　　　　　　확실

※다음 문장에서 굵게 표시된 조동사는 모두 가능성·추측의 의미를 나타낸다. 해석하면서 확인해 보자.

01 You **can[could]** get a sunburn in strong sunlight. (가능성, 추측: ~일 수도 있다)

02 The beach **should[ought to]** be crowded during the holiday. (추측: ~일 것이다)

03 The work **would** take a week to finish. (추측: ~일 것이다)

04 A bus is coming. It **will** be the bus for Gangnam. (추측: ~일 것이다)

05 Sarah **must** be tired now after the long flight. (강한 추측: ~임이 틀림없다)

06 She **can't** be over 40. She looks pretty young. (강한 부정적 추측: ~일 리가 없다)

2 조동사의 종류별 기타 의미

각 조동사는 '추측'의 의미 외에 각기 고유한 뜻이 있으므로 일종의 다의어처럼 알아두자.

can/could	능력(= be able to-v), 허가, 요청	**must**	의무, 필요(= have to)
may/might	허가	**should/ought to**	의무, 충고
will/would	의지·고집, 요청, 과거의 습관(would)		

01 I **can**(= **am able to**) play many kinds of musical instruments. (능력(현재): ~할 수 있다)

02 I **could**(= **was able to**) run 100 meters within 13 seconds. (능력(과거): ~할 수 있었다)

　　cf. He **will be able to** pass the driving test. (*will can* (X)) (능력(미래): ~할 수 있을 것이다)

03 You **can** go outside after you clean your room. (허가: ~해도 좋다)

04 **Can[Could]** you return this book for me? (요청: ~해 주시겠어요?)

05 You **may** try on the shirt if you want. (허가: ~해도 좋다)

06 I **will** stop drinking too much soda for my health. (의지·고집: (반드시) ~할 것이다)

07 **Will[Would]** you change your seat with mine? (요청: ~해 주시겠어요?)

08 We **would**(= **used to**) ride bikes at the river on the weekends. (과거의 습관: ~하곤 했다)

　　cf. used to도 과거의 '습관'을 나타낼 수 있지만, 과거의 '상태'를 나타낼 수 있다는 점에서 would와 다르다.
　　There **used to** be nine planets in the solar system. (*would* (X))

09 We **must**(= **have to**) admit that everyone has different ideas. (의무, 필요: ~해야 한다)

10 You **should[ought to]** get enough sleep before exams. (의무, 충고: ~해야 한다)

---

1 당신의 부주의한 말이 다른 사람들의 기분을 상하게 할지도 모릅니다. **01** 당신은 강한 햇빛에 화상을 입을 수도 있습니다. / sunburn 햇볕에 심하게 탐 **02** 그 해변은 휴가철에 붐빌 것이다. **03** 그 일은 끝마치는 데 일주일이 걸릴 것이다. **04** 버스 한 대가 오고 있다. 그것은 강남으로 가는 버스일 것이다. **05** 사라는 장시간의 비행 후라 피곤할 것이 틀림없다. **06** 그녀는 마흔 살이 넘었을 리 없어. 그녀는 매우 어려 보여. **2 01** 나는 여러 종류의 악기를 연주할 수 있다. **02** 나는 100m를 13초 이내에 달릴 수 있었다. *cf.* 그는 운전 시험에 통과할 수 있을 것이다. **03** 너는 네 방을 청소한 후에 밖에 나가도 좋다. **04** 제 대신 이 책을 반납해 주시겠어요? **05** 당신이 원하시면 그 셔츠를 입어 보셔도 좋습니다. **06** 건강을 위해 나는 탄산음료를 과다하게 마시는 것을 중단할 것이다. **07** 당신의 자리를 제 것과 바꿔 주시겠어요? **08** 우리는 주말마다 강변에서 자전거를 타곤 했다. *cf.* 태양계에는 아홉 개의 행성이 있었다. (그러나 지금은 아니다.) **09** 우리는 모든 사람이 다른 생각을 가지고 있다는 것을 인정해야 한다. / admit 인정[시인]하다 **10** 너는 시험 전에 잠을 충분히 자야 한다.

Golden Rule

✦ 068
can, may, will 등의 조동사는
다양한 의미를 나타낼 수 있으므로
문맥에서 가장 적절한 의미가
무엇인지 생각하며 문장을 해석해
본다.

can[could]
- 능력: ~할 수 있다
- 허가: ~해도 좋다 (= may)
- 요청: ~해 주시겠어요?
- 가능성, 추측: ~일 수도 있다
- 강한 부정적 추측(can't): ~일 리가 없다

may[might]
- 허가: ~해도 좋다 (= can)
- 추측: 어쩌면 ~일지도 모른다.

will/would
- 의지: (반드시) ~할 것이다
- 추측: ~일 것이다
- 요청: ~해 주시겠어요?
- 습관(would): ~하곤 했다

must
- 의무, 필요: ~해야 한다
- 강한 추측: ~임이 틀림없다

should, ought to
- 의무, 충고: ~해야 한다
- 추측: ~일 것이다

Application Exercises

A 개념 다음 밑줄 친 조동사의 의미로 알맞은 것을 <보기>에서 골라 그 기호를 쓰시오.

> 보기 ⓐ 능력: ~할 수 있다　　　　ⓑ 허가: ~해도 좋다/~해도 되나요?
> ⓒ 요청: ~해 주시겠어요?　　　ⓓ 가능성, 추측: ~일 수도 있다
> ⓔ 강한 부정적 추측: ~일 리가 없다

01 You can't sit here. These seats are reserved. _____

02 Could you tell me where the art museum is? _____

03 There could be rain with lightning this afternoon. _____

04 Can you speak any foreign language? _____

05 Amy can't be in Seoul now. She went to Canada. _____

> 보기 ⓐ 허가: ~해도 좋다/~해도 되나요?
> ⓑ 가능성, 불확실한 추측: 어쩌면 ~일지도 모른다

06 I have lots of work to do, so I might be late for dinner. _____

07 You may bring your own food or drinks to the theater. _____

> 보기 ⓐ 의지, 고집: (반드시) ~할 것이다　　ⓑ 추측: ~일 것이다
> ⓒ 요청: ~해 주시겠어요?　　　　　　　ⓓ 습관: ~하곤 했다

08 It's two o'clock. He will be on his way to the airport. _____

09 If you see Jane, would you tell her to call me? _____

10 I will really start running in the morning for weight loss. _____

11 I lived by a lake, and often my dad and I would go fishing. _____

B 독해 다음 밑줄 친 조동사와 같은 의미로 쓰인 것은?

01 Something must be wrong with my laptop. Its screen went black.
ⓐ How could you be so rude to Brian! He must be upset.
ⓑ I have a terrible toothache. I must go to the dentist right now.

02 You should wear a life jacket when you enjoy water sports.
ⓐ You should follow traffic rules for your safety.
ⓑ I ordered a book a week ago, and it should be delivered today.

03 The weather ought to improve after the weekend.
ⓐ You ought to turn your phone off when you take an exam.
ⓑ If the traffic isn't too bad, I ought to get there around 8 p.m.

A lightning 번개 **B life jacket** 구명조끼

1 조동사+have p.p.

「조동사+have p.p.」는 과거 사실에 관한 추측 또는 과거의 일에 관한 후회나 유감을 나타낸다.

I'm sorry, but you must have called the wrong number. (~였음[했음]이 틀림없다)

01	She looks so familiar. I **may[might] have seen** her before.	(어쩌면 ~였을[했을]지도 모른다)
02	He **could have gotten** lost on his way. He's a stranger here.	(~였을[했을] 수도 있다)
03	Sam **cannot have failed** the test. He studied really hard.	(~였을[했을] 리가 없다)
04	I **should have washed** my hands often. I have a cold now.	(~했어야 하는데 (하지 않았다))
05	I **shouldn't have watched** this movie. It was a waste of time.	(~하지 말았어야 하는데 (해버렸다))
06	You **needn't have come** this early. The store opens at 10 a.m.	(~할 필요 없었는데 (해버렸다))

2 should의 특별용법

＊명령, 요구, 제안, 주장, 필요 등을 나타내는 동사나 형용사 뒤의 that절이 '당위성(~해야 한다)'을 의미하는 경우 that절에 「(should+)동사원형」을 쓴다. 해석하면서 확인해 보자.

01 Our teacher *insists* that we (**should**) **read** at least one book a month.
02 The doctor *suggested* that he (**should**) **avoid** late-night snacks.
03 I *recommended* that she (**should**) **reduce** her unnecessary expenses.
04 It is *necessary* that every applicant (**should**) **be** on time for the interview.

● 동사: ask, demand, require, request, suggest, insist, recommend 등 / 형용사: necessary, essential, vital, important 등
cf. that절의 내용이 사실을 있는 그대로 나타낼 때는 동사를 인칭, 수, 시제에 맞게 쓴다.
　　He *insisted* that his confession **had been forced**. (that절의 내용이 당위성이 아닌 과거의 '사실'을 나타냄)

3 기타 조동사 및 관용표현

01	You **had better** see a doctor for the wound.	(~하는 편이 낫다 (부정형: had better not))
02	You **need not** worry about the problem seriously.	(~할 필요가 없다)
03	I **would like to** buy two tickets for the movie.	(~하고 싶다)
04	I **would rather** walk **than** drive during rush hour.	((…하느니) 차라리 ~하고 싶다)
05	We **cannot** be **too** careful with our health.	(아무리 ~해도 지나치지 않다)
06	There's no food at home. We **may as well** go grocery shopping.	(~하는 편이 낫다)
07	A typhoon is coming, so the festival **may well** be canceled.	(아마 ~일 것 이다)
	Kate couldn't sleep last night. She **may well** want to take a rest.	(~하는 것도 당연하다)

---

1 죄송합니다만, 당신은 잘못된 전화번호로 전화하셨던 게 틀림없습니다. 01 그녀는 매우 낯익어 보인다. 어쩌면 내가 전에 그녀를 만났을지도 모른다. 02 그는 오는 길에 길을 잃었을 수도 있다. 그는 이 근처를 잘 모른다. 03 샘이 시험에 실패했을 리가 없다. 그는 정말로 열심히 공부했다. 04 나는 손을 자주 씻었어야 한다. 나는 지금 감기에 걸렸다. 05 나는 이 영화를 보지 말았어야 한다. 그것은 시간 낭비였다. 06 너는 이렇게 일찍 올 필요가 없었다. 그 가게는 오전 10시에 문을 연다. 2 01 선생님은 우리가 적어도 한 달에 한 권의 책을 읽어야 한다고 주장하신다. 02 의사 선생님은 그가 야식을 피해야 한다고 제안했다. 03 나는 그녀가 불필요한 소비를 줄여야 한다고 권했다. / expense 지출, 비용 04 모든 지원자는 면접을 위해 정시에 도착해야 할 필요가 있다. *cf.* 그는 자신의 자백이 강요되었다고 주장했다. / confession (죄의) 자백; 고백 3 01 너는 그 상처를 치료하기 위해 진찰을 받는 편이 낫다. 02 너는 그 문제에 관해 심각하게 걱정할 필요가 없다. 03 저는 그 영화 표를 두 장 사고 싶습니다. 04 나는 출퇴근 시간에 운전하느니 차라리 걷고 싶다. 05 우리는 건강을 아무리 조심해도 지나치지 않다. 06 집에 먹을 것이 없어. 우리는 장을 보러 가는 편이 낫겠어. 07 태풍이 오고 있어서, 그 축제는 아마 취소될 것이다. / 케이트는 어젯밤에 잠을 잘 수 없었다. 그녀가 쉬고 싶어 하는 게 당연하다.

Golden Rule

✦ 069
기타 조동사 및 관용표현
· need not: ~할 필요가 없다
· had better: ~하는 편이 낫다
· would rather A (than B): (B하느니) 차라리 A하고 싶다
· cannot ~ too...: 아무리 ~해도 지나치지 않다
· may well: 아마 ~일 것이다.

✦ 070
주절이 <명령, 요구, 제안, 주장, 필요> 등의 의미일 경우, that절이 '~해야 한다'의 의미이면 「(should+)동사원형」, 사실 그대로를 의미하면 동사를 인칭, 수, 시제에 맞게 쓴다.
➡ Mom *insisted* that I (**should**) **clean** my room immediately. (~해야 한다: 당위성 O)
➡ Sam *insisted* that he **had seen** me at the bus stop last night. (사실을 있는 그대로 진술: 당위성 X)

✦ 071
조동사 vs. 조동사 have p.p.

조동사+동사원형	조동사+have p.p.
현재의 추측, 가능성	**과거**의 추측, 가능성, 유감

✦ 072
여러 가지 조동사+have p.p.
각 조동사가 가진 고유의 의미를 고려하여 문맥에 알맞은 것을 고른다.

Application Exercises

A 개념 다음 빈칸에 알맞은 조동사 표현을 <보기>에서 골라 문장을 완성하시오.

> 보기   had better   would rather   need not
>   cannot   may well

01 I _____ take the stairs than the elevator for my health.

02 We _____ set an alarm clock, or we won't wake up on time.

03 You _____ recognize Paul at a distance because he is tall.

04 We _____ be too careful about personal information on the Internet.

05 You _____ bring the book back before next week. I don't need it right now.

B 내신 괄호 안의 단어를 어법과 문맥에 알맞은 형태로 바꿔 쓰시오.

01 Witnesses insisted that the accident _____ (take) place in the parking lot.

02 Dentists advise that you _____ (brush) your teeth right after eating.

03 The customer argued that she _____ (receive) the wrong change from a cashier.

C 어법 다음 중 어법과 문맥상 적절한 것을 고르시오.

01 Kevin didn't answer the phone. He [might / should] have been in the shower.

02 Pets over three months old must [have / have had] a name tag on them.

03 I can't log in. I might [type / have typed] the wrong password.

04 I'm not feeling well. I [should / may] have caught a cold from my brother.

A at a distance 멀리서 **B** witness 목격자 / cashier 계산원, 출납원 **C** name tag 이름표

1   if 가정법 과거   현재 사실에 반대되는 일이나 현재나 미래에 일어날 가능성이 희박한 일을 가정·상상한다.

If I were rich, I would spend all my time traveling.   (현재 사실과 반대)
If+S'+동사의 과거형[were] ~, S+조동사 과거형+동사원형 (만약 ~라면, ~할 텐데)

＊다음 문장은 모두 if절에 동사의 과거형이 쓰이지만, '현재'나 '미래'의 일에 대한 가정·상상을 나타낸다.

01   If I **spoke** English fluently, I **could apply for** the job.   (현재 사실과 반대)
     (= Because I **don't speak** English fluently, I **can't apply for** the job.)

02   If you **lived** near my house, we **would go** to school together.   (현재 사실과 반대)
     (= Because you **don't live** near my house, we **don't go** to school together.)

03   If you **went** to a desert island, what **would** you **take** with you?   (가능성이 희박한 일)

＊if 절에 should나 were to를 쓰면 일이 일어날 가능성이 더욱 희박하다는 느낌을 주며, 공손하고 완곡한 제안을 나타낼 때도 사용된다.

04   If the sun **were to[should] disappear**, all life **would disappear** as well.   (가능성이 희박한 일)

05   If you **were to[should] lend** me the book, I **could do** my homework.   (완곡한 제안)

2   if 가정법 과거완료   과거 사실에 반대되는 일 또는 실현 가능성이 매우 희박했거나 불가능했다고 보는 일을 가정·상상한다.

If I had seen you at the bus stop, I would have said hello.
If+S'+had p.p., S+조동사 과거형+have p.p. (만약 (그때) ~했다면, ~했을 텐데 (안 했다))

＊다음 문장은 모두 if절에 동사의 과거완료형이 쓰여, '과거의 일'에 대한 가정·상상을 나타낸다.

01   If we **had locked** the door, the burglar **couldn't have gotten** in.   (과거 사실과 반대)
     (= Because we **didn't lock** the door, the burglar **could get** in.)

02   If you **had left** earlier, you **wouldn't have missed** the bus.   (과거 사실과 반대)
     (= Because you **didn't leave** earlier, you **missed** the bus.)

03   If I **had lived** in the Stone Age, I **would have hunted** wild animals for food.   (가능성이 희박했던 일)

Further Note

혼합 가정법

주로 「If+S'+had p.p., S+조동사 과거형+동사원형(만약 (과거에) ~했다면, (지금) ~할 텐데)」의 형태로, 과거에 실현되지 못한 일이 현재까지 영향을 미칠 때 사용된다.

If I **hadn't skipped** breakfast, I **would not be** hungry now.
(= Because I **skipped** breakfast, I **am** hungry now.)
내가 아침 식사를 **거르지 않았더라면**(과거), 나는 지금 **배가 고프지 않을** 텐데(현재).

---

1 내가 부유하다면, 내 모든 시간을 여행하는 데 쓸 텐데. **01** 내가 영어를 유창하게 한다면, 그 일에 지원할 수 있을 텐데. = 내가 영어를 유창하게 하지 않아서, 그 일에 지원할 수 없다. / **fluently** 유창하게 **02** 네가 우리 집 근처에 산다면, 우리는 함께 학교에 갈 텐데. = 네가 우리 집 근처에 살지 않아서, 우리는 함께 학교에 가지 않는다. **03** 당신이 무인도에 간다면, 무엇을 가져가시겠습니까? / **desert island** 무인도 **04** 태양이 사라진다면, 모든 생명체도 마찬가지로 사라질 것이다. **05** 네가 그 책을 내게 빌려준다면, 나는 숙제를 할 수 있을 텐데. **2** 내가 버스정류장에서 너를 보았더라면, 나는 인사를 했을 텐데. **01** 우리가 문을 잠갔더라면, 도둑이 들어올 수 없었을 텐데. = 우리가 문을 잠그지 않았기 때문에, 도둑이 들어올 수 있었다. / **burglar** 도둑, 절도범 **02** 네가 더 일찍 떠났더라면, 그 버스를 놓치지 않았을 텐데. = 네가 더 일찍 떠나지 않았기 때문에, 그 버스를 놓쳤다. **03** 내가 석기 시대에 살았더라면, 나는 식량을 얻기 위해 야생 동물을 사냥했을 텐데.

Golden Rule

if 가정법의 종류

if 가정법 과거
형태 If+S'+동사의 과거형, S+조동사 과거형+동사원형
현재 사실에 반대되는 일을 가정·상상 (직설법 현재)

if 가정법 과거 완료
형태 If+S'+had p.p., S+조동사 과거형+have p.p.
과거 사실에 반대되는 일을 가정·상상 (직설법 과거)

혼합 가정법
형태 If+S'+had p.p., S+조동사 과거형+동사원형
if절은 주로 과거 사실과 반대되는 내용이며 주절에는 그것이 현재에 미치는 영향이 나타나 있다. 따라서 주절에는 보통 now와 같은 명백한 시간 표현이 포함되어 있다.

Application Exercises

A 개념 주어진 우리말과 같은 뜻이 되도록 괄호 안의 단어를 고쳐 쓰시오.

01 내가 외국어를 잘한다면, 관광객들에게 서울을 안내할 수 있을 텐데.
→ If I _____ (speak) a foreign language well,
I _____ (guide) tourists around Seoul.

02 어제가 너의 생일이라는 것을 알았더라면, 나는 너에게 선물을 사주었을 텐데.
→ If I _____ (know) yesterday was your birthday,
I _____ (buy) you a present.

03 어젯밤에 폭우가 내리지 않았더라면, 우리는 지금 등산을 갈 수 있을 텐데.
→ If it _____ (rain) heavily last night, we _____
(go) climbing now.

B 내신 다음 두 문장이 같은 뜻이 되도록 빈칸을 완성하시오.

01 If she didn't drink so much coffee, she could sleep well at night.
→ Because she _____ so much coffee, she
_____ well at night.

02 If he had listened to my advice, he wouldn't be in trouble now.
→ Because he _____ to my advice, he _____
in trouble now.

03 If you had studied more, you would have done well on the test.
→ Because you _____ much, you _____
well on the test.

C 어법 다음 중 어법과 문맥상 적절한 것을 고르시오.

01 If I had waited another minute, I could [see / have seen] you then.

02 If I weren't afraid of flying, I would [travel / have traveled] to Europe
with you next month.

03 Your headache might [disappear / have disappeard] if you took this
pill.

04 If I [read / had read] the instructions carefully, my camera wouldn't
have broken.

05 If I had known when your train arrived, I would [pick / have picked]
you up.

C instruction 사용 설명서; 설명; 지시

1 I wish 가정법

I wish I were a little bit taller. (현재 – 현재, (지금) ~하면 좋을 텐데)

소망 시점(현재) = 소망 내용의 시점(현재)

I wish에 이어지는 절에 가정법이 사용될 때에는, 현재나 과거에 이룰 수 없는 소망을 표현한다.
가정법 과거와 과거완료의 구분은 소망 시점(wish(ed))과 소망 내용의 시점이 일치하는지 아닌지에 따라 결정된다.

I wish 가정법 과거: 소망 시점과 소망 내용의 시점이 일치	I wish(ed)+S′+(조)동사 과거형
I wish 가정법 과거완료: 소망 시점보다 소망 내용의 시점이 더 먼저	I wish(ed)+S′+had p.p.
	I wish(ed)+S′+조동사 과거형+have p.p.

※다음 문장에서 소망 시점과 소망 내용의 시점을 파악하며 해석해 보자.

01 I **wished** my parents **would buy** me a new laptop. (과거 – 과거, (그때) ~하면 좋았을 텐데)

02 I **wish** I **had studied** harder in high school. (현재 – 과거, (그때) ~했다면 (지금) 좋을 텐데)

03 I **wish** I **could have gone** to the theater with you. (현재 – 과거, (그때) ~했다면 (지금) 좋을 텐데)

04 I **wished** I **had apologized** to her first for my mistake. (과거 – 대과거, (그전에) ~했다면 (그때) 좋았을 텐데)

2 as if 가정법

as if 가정법 과거	S+동사의 현재형[과거형]+as if+S′+동사의 과거형
as if 가정법 과거완료	S+동사의 현재형[과거형]+as if+S′+had p.p.

※I wish 가정법과 마찬가지로, as if 가정법 과거는 주절과 동일할 때, 가정법 과거완료는 주절보다 앞선 때의 사실과 반대되거나 가능성이 희박한 일을 가정한다. 해석하면서 확인해 보자.

01 Your Chinese **sounds** perfect, **as if** you **were** from China. (현재 – 현재, 마치 ~인 것처럼 …한다)

02 She **treated** me **as if** she **didn't** know me at all. (과거 – 과거, 마치 ~인 것처럼 …했다)

03 John **cooks** well, **as if** he **had been** a chef before. (현재 – 과거, 마치 ~였던 것처럼 …한다)

04 She **talked as if** she **had visited** Canada several times. (과거 – 대과거, 마치 ~였던 것처럼 …했다)

3 if 조건절을 대신하는 여러 표현

※if가 없지만 가정법인 문장도 있을 수 있다. 다음 문장의 굵게 표시된 표현들은 모두 '조건'의 의미를 포함한다. 해석하면서 확인해 보자.

01 I hurried to school, **otherwise** I would have been late. ((만약) 그렇지 않으면[않았다면])

02 **Without[But for]** laughter, the world would be a sad place. ((지금) ~이 없다면)

03 **Without[But for]** your help, I couldn't have finished this work. ((그때) ~이 없었더라면)

---

1 나는 키가 좀 더 크면 좋겠다. **01** 부모님이 내게 새 노트북 컴퓨터를 사주시면 좋았을 텐데. **02** 고등학교 때 공부를 더 열심히 했더라면 좋을 텐데. **03** 내가 너와 함께 영화관에 갈 수 있었다면 좋을 텐데. **04** 내가 그녀에게 먼저 내 잘못에 대해 사과했다면 좋았을 텐데. 2 **01** 당신의 중국어는 마치 당신이 중국 출신인 것처럼 완벽하게 들립니다. **02** 그녀는 마치 나를 전혀 모르는 것처럼 나를 대했다. **03** 존은 마치 전에 요리사였던 것처럼 요리를 잘한다. / chef 요리사 **04** 그녀는 마치 캐나다를 여러 번 가봤던 것처럼 말했다. 3 **01** 나는 서둘러 학교에 갔는데, 그렇지 않았다면 나는 지각했을 것이다. **02** 웃음이 없다면, 세상은 슬픈 곳이 될 것이다. **03** 네 도움이 없었더라면, 나는 이 일을 끝내지 못했을 것이다. **04** 당신이 복권에 당첨된다면, 무엇을 하시겠습니까? / lottery 복권 **05** 당신은 당신의 직업에 대해 결정해야 할 때이다. / career 직업 **06** 그 배우의 성공담을 들으면, 너는 감동할 것이다. / touched 감동한 **07** 그 영화에 10점 만점에서 점수를 매겨 달라고 요청받는다면, 나는 20점을 줄 것이다.

04 **Supposing** you won the lottery, what would you do? （만약 ~라면）

05 It is (high) **time that** you **decided** on your career. （~해야 할 때다）

06 **To hear** the actor's success story, you would be touched. （'조건'의 to부정사: 만약 ~라면）

07 **Asked** to give the movie a mark out of 10, I would give it 20. （'조건'의 분사구문: 만약 ~라면）

Golden Rule

♪ 074

I wish 가정법

I wish 가정법 과거
I wish(ed) S+동사의 과거형
소망 시점 = 소망 내용 시점
1) I wish ~: (지금) ~하면 좋을 텐데
2) I wished ~: (그때) ~하면 좋았을 텐데

I wish 가정법 과거완료
I wish(ed) S+had p.p.
소망 시점　소망 내용 시점
(더 이전의 일)
1) I wish ~: (그때) ~했다면 (지금) 좋을 텐데
2) I wished ~: (그전에) ~했다면 (그때) 좋았을 텐데

♪ 075

as if 가정법

as if 가정법 과거
① S V **as if** ② S′ V′(과거 동사)
①과 ②의 동작 시점이 일치

as if 가정법 과거완료
① S V **as if** ② S′ V′(had p.p.)
②의 동작 시점이 ①보다 더 이전

♪ 076

if 이외의 가정법 구문

· to부정사(만약 ~라면)
· 분사구문(만약 ~라면)
· without+명사(~이 없었(었)다면)
· It is (high) time that S+
　1) (should) 동사원형
　2) 동사의 과거형
　(~해야 할 때다)

Application Exercises

A 개념 **주어진 우리말과 같은 뜻이 되도록 괄호 안의 단어를 어법과 문맥에 알맞은 형태로 바꿔 쓰시오.**

01 휴가를 갈 시간이 있다면 좋겠지만, 나는 시간이 없다.
→ I wish I _____ (have) time to go on a vacation, but I don't.

02 지난밤 나는 너무 많은 피자를 먹지 않았다면 좋을 텐데. 배가 아프다.
→ I wish I _____ (eat) so much pizza last night. My stomach hurts.

03 네가 그 표를 온라인으로 주문하기 전에 나에게 먼저 물어보았더라면 좋았을 텐데.
→ I wished you _____ (ask) me first before ordering the tickets online.

B 개념 **괄호 안의 단어를 어법과 문맥에 알맞은 형태로 바꿔 쓰시오.**

01 One of my guests acted as if he _____ (be) the host of the party.

02 Mark hadn't lived in London, but he talked as if he _____ (live) there.

03 She was so smart. I felt as if she _____ (have) everything in her head.

C 독해 **굵게 표시된 부분에 유의하여 다음 해석을 완성하시오.**

01 **Not leaving right now**, we might miss the last subway.
→ _____, 우리는 마지막 지하철을 놓칠지도 몰라.

02 **Without patience**, I couldn't have completed the marathon.
→ _____ 나는 마라톤을 완주하지 못했을 것이다.

03 **It's time that you took responsibility for your actions**.
→ _____.

C **patience** 인내심 / **take responsibility for** ~에 대해 책임을 지다

Overall Exercises

1 다음 중 어법과 문맥상 적절한 것을 고르시오.

01 If the price [have been / had been] reasonable, I would have bought the running shoes.

02 IT experts recommend that computer users [install / installing] anti-virus programs on their computers.

03 Research suggested that seeing the color green [increase / increases] motivation.

04 I [should / might] have deleted some photos from my phone. I can't find them anymore.

05 If we knew what would happen, we could [choose / have chosen] better options for our future.

06 The beauty of Korean traditional houses [cannot / may not] be praised too much.

07 If I lived in a big city, I could [enjoy / have enjoyed] various cultural events.

2 다음 밑줄 친 부분이 어법과 문맥상 맞으면 O, 틀리면 X로 표시하고 바르게 고치시오.

01 You should ask me first before you used my camera.

02 You may tell me where you put your key, but I can't remember.

03 My watch isn't in its usual place. Someone must move it.

04 His glasses broke again. He should treat them carefully.

05 He must have visited the restaurant several times. He never asks for a menu.

06 The supermarket near my house doesn't open today. I may as well go to another one.

3 다음 문장을 가정법으로 고칠 때 밑줄 친 부분이 어법상 틀린 것은?

① Today is not the last day of my life, but I try to live it fully.

   → I try to live today fully, as if it were the last day of my life.

② Nancy hadn't helped me with my homework, but she talked like that.

   → Nancy talked as if she had helped me with my homework.

③ I am disappointed because you didn't keep your promise to come home early.

   → I wish you kept your promise to come home early.

④ I regret that I couldn't watch the baseball game with my friends.

   → I wish I could have watched the baseball game with my friends.

---

1 reasonable 적정한; 합리적인 / **running shoes** 운동화 / **install** 설치하다 / **anti-virus** 바이러스 퇴치용의 / **motivation** 동기 부여 / **delete** 삭제하다 / **various** 다양한
3 fully 충실히, 완전히

4 다음 빈칸에 알맞은 조동사를 <보기>에서 골라 그 기호를 쓰시오. (단 <보기>의 표현을 한 번씩만 사용할 것)

> 보기   ⓐ can't   ⓑ would   ⓒ must   ⓓ should   ⓔ shouldn't

01 He _____ have finished his writing in half an hour. It was a more than 2,000-word essay.

02 She hasn't received my email yet. I _____ have typed the wrong e-mail address.

03 My sweater shrank in the washing machine. I _____ have sent it to a laundry shop.

04 The price of the cell phone dropped. I _____ have bought it so early.

05 When I was a child, my mom _____ make me pancakes for breakfast.

5 괄호 안의 단어를 어법과 문맥에 알맞은 형태로 바꿔 쓰시오.

01 I don't blame you. I would do the same if I _____ (be) in your position.

02 Sam spoke as if he _____ (arrive) to the class on time, but he had been late.

03 It is time you _____ (think) about a topic for your history assignment.

04 If Nicole _____ (go) to a law school two years ago, she would be a lawyer now.

05 If I _____ (know) you were coming, I would have prepared more food and drinks.

06 It is necessary that you _____ (consider) what you want to achieve during this vacation.

07 My friend insists that she _____ (fail) the test because she marked the wrong answers by mistake.

08 If Napoleon _____ (win) at the Battle of Waterloo, much of Europe might be united today.

6 다음 밑줄 친 부분 중, 어법상 틀린 것을 찾아 바르게 고치시오.

Last year, a friend of mine recommended that I take your photoshop class. So, I decided to
①
take it, and it was very useful. I wish I had known about this course earlier. If I hadn't gotten
②
help from your class, I would miss the opportunity to get a job at a design company.
③

---

4 shrink 줄어들다 / laundry shop 세탁소 5 blame 탓하다; 비난하다 / assignment 과제 / lawyer 변호사 / consider 곰곰이 생각하다; 고려하다 / achieve 달성하다 / unite 통합시키다 6 opportunity 기회

7 (A), (B), (C)의 각 네모 안에서 어법에 맞는 표현으로 가장 적절한 것은?

One day, 10-year-old Cody Yaeger was using a toilet at school when he found something unusual inside a roll of toilet paper — a neatly folded $100 bill. The bill was so perfectly placed into the roll that it seemed like it (A) must / should have been put there by someone at the toilet paper factory. (B) Knowing / Known that the money didn't belong to him, he took it to a teacher. The school's lost-and-found policy states that if, after two weeks, nobody claims the item, the person who found it gets to keep it. Two weeks later, no one had claimed the money so Cody became $100 richer. His mom, Terri, says she isn't (C) surprising / surprised that he acted so honestly. "When it comes to school or church, when he finds something, he turns it in," she says.

	(A)		(B)		(C)
①	must	......	Knowing	......	surprising
②	must	......	Known	......	surprising
③	must	......	Knowing	......	surprised
④	should	......	Known	......	surprising
⑤	should	......	Knowing	......	surprised

8 다음 글의 밑줄 친 부분 중, 어법상 틀린 것은?

Their dream was to see their country's soccer team ① play in a World Cup game in Germany in 2006, but the ticket price was more than the three Argentinians wanted to pay. Since they were determined to attend the match, they found another way: discounted seats ② were being offered to disabled people. So they somehow got ③ themselves three wheelchairs and rolled into the match against the Netherlands, ④ claiming a handicapped viewing spot close to the action. The plan likely would have worked, if one of them ⑤ didn't get so excited after a play that he jumped out of his chair with his arms raised in the air. "A person close by thought there was a miracle happening," one of the fakers said to reporters outside the stadium. Naturally, the three fans weren't allowed back inside.

---

7 toilet 화장실; 변기 / bill 지폐; 청구서; 법안 / Lost and Found 분실물 보관소 / claim 요구[요청]하다 / when it comes to A A에 관해서라면 / turn in ~을 돌려주다 **8** be determined to-v v하기로 결심하다 / discounted 할인된 / disabled 장애가 있는(= handicapped) / viewing (바라)보기, 감상 / spot 장소, 자리 / faker 사기꾼

Grammar Organizer

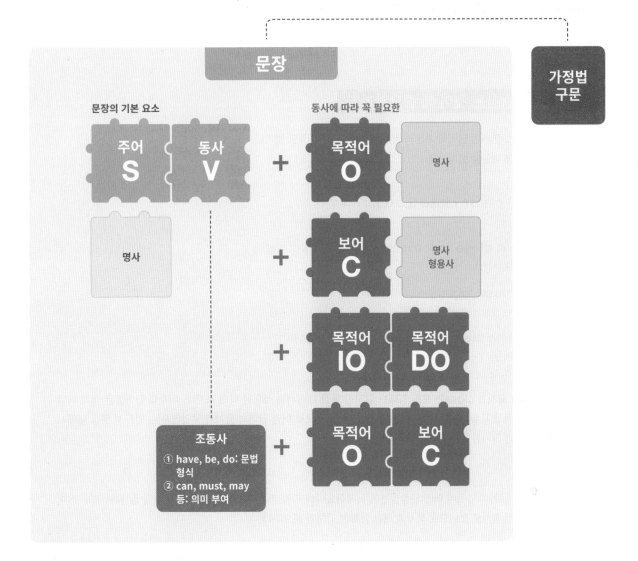

가정법 구문

문장

문장의 기본 요소

주어 **S** — 동사 **V**

명사

동사에 따라 꼭 필요한

+ 목적어 **O** — 명사

+ 보어 **C** — 명사 형용사

+ 목적어 **IO** — 목적어 **DO**

조동사
① have, be, do: 문법 형식
② can, must, may 등: 의미 부여

+ 목적어 **O** — 보어 **C**

CHAPTER GOALS Checklist

다음 목표를 달성했으면 □ 안에 ✓로 표시하시오.

1. 조동사의 다양한 의미를 이해하고 문맥상 가장 적절한 의미를 파악할 수 있다. □
2. '가정법 시제'와 그것이 나타내는 '때'를 바르게 이해했다. □
   → 가정법 과거는 현재나 미래를 나타내고 가정법 과거완료는 과거를 나타낸다.
3. if가 없어도 '조건'을 의미하는 다양한 표현들을 모두 이해했다. □
   otherwise(그렇지 않으면), without[but for](~이 없(었)다면), supposing(만약 ~라면) 등

품사를 학습하는 것이 왜 중요한가?

품사는 문장의 최소 단위인 단어를 기능과 의미, 형태에 따라 분류한 것이다.
이에 유의하여 다음 예문을 살펴보자.

> Could you please **close** the door? (동사: 닫다)
>
> 문 좀 닫아 주실래요?
>
> My house is **close** to the supermarket. (형용사: 가까운)
>
> 우리 집은 슈퍼마켓과 가깝다.
>
> They sat **close** together. (부사: 가까이)
>
> 그들은 서로 가까이 앉아 있었다.
>
> Can we bring this meeting to a **close**? (명사: 끝)
>
> 그만 회의를 끝낼까요?

위 문장에서, 굵게 표시된 close는 모두 형태는 같지만 문장 내에서의 쓰임은 각기 다르다. 이처럼 단어들은 대개 하나의 품사로 고정되어 있지 않고 여러 품사로 쓰일 수 있다. 그러므로 어떤 단어의 품사가 무엇인지는, 반드시 문장 내에서의 쓰임을 보아야만 판가름할 수 있다.

따라서 영어는 한 단어의 앞뒤에 어떤 문장성분이 위치하느냐에 따라 품사가 변화할 수 있다는 점을 잘 유념해야 하며, 하나의 단어가 여러 품사로 쓰이므로 품사에 대한 정확한 이해가 중요하다.

Unit 35   명사, 관사

Unit 36   대명사 Ⅰ

Unit 37   대명사 Ⅱ

Unit 38   형용사, 부사

Unit 39   전치사

✓ 품사란?

문장을 구성하는 가장 작은 단위는 단어이다. 즉 단어를 유기적으로 연결하면 하나의 문장이 되는 것이다.
영어에서 단어는 기능과 의미, 형태에 따라 8가지 종류로 분류되는데, 이를 각각 품사(品詞)라고 한다.
(보통, 명사, 대명사, 형용사, 부사, 동사, 전치사, 접속사, 감탄사 총 8개의 품사로 나눈다. 관사는 형용사로,
조동사는 동사로 분류하는 경우가 대부분이다.)

Oh,	I	was	really	happy	when	you	invited	me	to	the	party.
감탄사	주절				접속사	종속절					
	S	V	C			S	V	O	M		
	대명사	동사	부사	형용사		대명사	동사	대명사	전치사	관사	명사

*관사 (☞ Unit 35)

동사에 대해서는 챕터 2, 3에서 자세히 다루었으므로, 이번 챕터에서는 명사(noun), 대명사(pronoun),
형용사(adjective), 부사(adverb), 전치사(preposition)에 대해 알아본다. 8품사에 속하지는 않지만 명사와
함께 사용되는 관사(article)에 대해서도 함께 공부해 보자.

🏁 **CHAPTER GOALS**

1 명사가 문장에서 셀 수 있는/없는 명사로 쓰였는지 판별하라.

2 문맥을 살펴 대명사가 대신하는 명사가 무엇인지 바르게 파악하라.

3 형용사, 부사, 전치사의 역할과 쓰임을 이해하라.

1 셀 수 있는 명사와 셀 수 없는 명사

> **A girl picked a rose from the garden.**
> 명사는 사람이나 사물의 이름을 나타내는 말로, 셀 수 있는 명사와 셀 수 없는 명사로 분류된다.

셀 수 있는 명사	셀 수 없는 명사
보통명사, 집합명사	추상명사, 고유명사, 물질명사
반드시 a/an, the, your, this, that 등의 범위를 한정해 주는 말과 함께 쓰이거나 복수(-(e)s)형으로 사용한다.	a/an과 함께 쓰이지 않으며 복수형이 없다.

＊단수명사와 셀 수 없는 명사는 단수 취급하고 복수명사는 복수 취급한다. 다음 문장에서 굵게 표시된 명사의 수와 특징에 유의하여 다음 문장을 해석해 보자.

01 **Bees** *are* important because they help **flowers** bloom. (셀 수 있는 명사 – 보통명사)

02 **The family** next door *looks* happy all the time. (셀 수 있는 명사 – 집합명사)

- family, audience, committee, staff 등의 집합명사는 단수(하나의 집합체)나 복수(개별 구성원) 모두 가능하다. 단 police, people, cattle 등은 항상 복수 취급한다.

03 **Information** about the product *is* available online. (셀 수 없는 명사 – 추상명사)

04 **Tom** *is* going to move to **Seoul** next **Friday**. (셀 수 없는 명사 – 고유명사)

05 Fresh **bread** *is* made at the bakery every morning. (셀 수 없는 명사 – 물질명사)

06 The new **furniture** in my bedroom *feels* comfortable. (셀 수 없는 명사 – 종류 전체를 대표)

- 셀 수 없는 명사를 세고자 할 때는 적절한 단위(담는 용기나 측정 단위 등)를 이용한다. e.g. **a glass of** water, **a loaf of** bread 등

2 부정관사와 정관사의 쓰임

＊관사는 명사 앞에 붙어서 명사의 의미를 한정해 주는 말로, 부정관사(a/an)와 정관사(the)가 있다. 다음 문장에서 부정관사와 정관사의 의미와 쓰임에 유의하여 해석해 보자.

01 There's **a concert** this weekend. Do you want to go with me? (최초로 언급하거나 듣는 이가 몰랐던 것)

02 You're totally wet. Didn't you carry **an umbrella**? (여러 개 중 아무거나 하나)

03 The bus arrived **an hour** late because of heavy traffic. (하나의, 한(= one))

04 Mary gets a dental checkup twice **a year**. (~마다, ~당(= per))

05 **A Mr. Lee** came to see you when you were out. (부정관사+고유명사: 어떤, ~라는 사람[사물])

06 **A lion** is a dangerous animal. (일반적인 종류 총칭)

- 종류 전체를 대표할 때 「the+명사」나 복수명사도 가능하다. (= **The lion** is a dangerous animal. = **Lions** are dangerous animals.)

1 한 소녀가 정원에서 장미 한 송이를 꺾었다. 01 벌은 꽃을 피우도록 도우므로 중요하다. 02 옆집 가족은 항상 행복해 보인다. 03 그 상품에 관한 정보는 인터넷에서 구하실 수 있습니다. 04 톰은 다음 주 금요일에 서울로 이사할 예정이다. 05 그 제과점에서는 매일 아침 신선한 빵이 만들어진다. 06 내 침실에 있는 새 가구는 안락한 느낌이 든다. 2 01 이번 주말에 콘서트가 있어. 나와 함께 가고 싶니? 02 너는 완전히 젖었구나. 우산을 가져오지 않았니? 03 그 버스는 교통 체증으로 한 시간 늦게 도착했다. 04 메리는 일 년마다 두 번씩 구강 검진을 받는다. 05 당신이 외출했을 때 이 씨라는 분이 당신을 만나러 왔습니다. 06 사자는 위험한 동물이다. 07 나는 온라인으로 셔츠를 샀다. 그러나 그 셔츠는 내게 너무 꼭 낀다. 08 이 방에서 안 좋은 냄새가 나. 창문 좀 열어 주겠니? 09 달은 지구의 조수에 영향을 미친다. 10 노인들은 젊은이들에게 유용한 조언을 줄 수 있다. 11 최근에, 나는 피아노를 연주하는 법을 배우기 시작했다.

07 I bought a shirt online. But **the shirt** is too tight for me. (앞에서 이미 언급된 것)

08 This room smells bad. Will you open **the window**? (상황으로 보아 듣는 이가 알 수 있는 것)

09 **The moon** affects tides on **the Earth**. (세상에 유일한 것)

10 **The old** *are* able to give helpful advice to **the young**. (the+형용사: ~한 사람들 (복수 취급))

11 Recently, I started to learn how to play **the piano**. (the+악기)

Golden Rule

✦ 077

셀 수 있는/없는 명사 파악하기

셀 수 있는 명사
-반드시 앞에 a/an, the, one 등과 같이 쓰이거나 복수형으로 사용한다. -앞에 a/an, the 모두 쓰일 수 있다.

셀 수 없는 명사
-복수형을 만들지 못한다. -관사 중 정관사 the만 앞에 쓰일 수 있다.

✦ 078

관사의 쓰임

a/an	불특정한 것
	+셀 수 있는 명사 (원칙적)
the	정해진 것
	+셀 수 있는[없는] 명사

Application Exercises

A 개념 다음 중 어법상 적절한 것을 고르시오.

01 I borrowed [a book / book] from the library, but I lost it on the way home.

02 The [soup / soups] went bad. I should have kept it in the refrigerator.

03 [Visitor / Visitors] to the park are almost all parents with their children.

04 This recipe for pancakes doesn't need [flour / flours] at all.

05 My mom asked me to buy two [potatoes / potato] at the supermarket.

06 The new office [equipment / equipments] will be delivered this afternoon.

B 개념 다음 빈칸에 a, an, the 중 알맞은 것을 쓰시오.

01 There's _____ grocery store across the way.

02 What do you think we can do to save _____ earth from pollution?

03 Our English teacher assigned us to write _____ essay instead of the final test.

04 I feel visiting my grandma once _____ month is not enough.

05 I'm currently working on a new task, and the deadline of _____ task is next Monday.

06 I got _____ e-mail from a friend of mine in China.

07 One of the promises the politician made was to help _____ elderly.

A **flour** 밀가루 / **equipment** 장비, 용품 B **assign** (일, 책임 등을) 맡기다, 배정하다 / **currently** 현재, 지금

대명사 I

1 **it의 여러 쓰임** it은 '그것'이라는 의미의 대명사 기능 외에 문장의 구성을 위해 형식적으로 쓰이는 경우도 있다.

대명사	앞에 나온 단어, 구, 절을 받는 대명사. '그것'이라고 해석한다.
비인칭주어	시간, 날씨, 거리, 명암, 요일, 막연한 상황 등을 나타낸다.
가주어	to부정사구 주어나 명사절 주어를 대신
가목적어	to부정사구 목적어나 명사절 목적어를 대신
강조구문	「It is ~ that ...(…한 것은 바로 ~이다)」 구문으로 특정 부분 강조 (☞ Unit 43)

＊다음 문장에서 it은 각각 다른 역할을 한다. 해석하면서 확인해 보자.

01 I can't find *my wallet*. I must have lost **it** somewhere. (대명사 = my wallet)

02 **It**'s already *8 a.m.* I'm late for my class. (비인칭주어 – 시간)

03 **It** is difficult to break old and bad habits. (가주어 – to-v 진주어)

04 **It** is true that one choice can change your whole life. (가주어 – that절 진주어)

05 I made **it** clear that I didn't agree to his opinion. (가목적어 – that절 진목적어)

06 **It** is *practice* that can make your learning perfect. (강조구문 – practice 강조)

2 **재귀대명사**

재귀용법	John^S considers **himself**^{O} a person with great potential. 주어와 목적어가 같은 대상일 때 사용되며 목적어를 대신하는 것이므로 생략할 수 없다.
강조용법	I booked two movie tickets on the website **myself**^{M}. (주어 강조) 주어나 목적어 등을 강조하는 것으로서 생략해도 문장이 성립한다.

어법 Plus 대명사의 성, 수, 격 일치

What is beauty? Different cultures define it / them quite differently. [모의]

미(美)란 무엇인가? 서로 다른 문화는 그것을 상당히 다르게 정의한다.

대명사는 가리키는 대상과 성, 수, 격이 일치해야 한다.

어법 Plus 목적격 인칭대명사 vs. 재귀대명사

Once the sun goes down, she transforms **her** into a vampire. [모의]
→ herself

해가 지자마자, 그녀는 자신을 뱀파이어로 변신시킨다.

문맥상 주어와 목적어가 같은 대상인지를 먼저 파악한 후, 같을 경우에는 재귀대명사를 쓴다.

---

1 01 나는 내 지갑을 찾을 수가 없다. 나는 그것을 어디선가 잃어버렸음이 틀림없다. 02 벌써 오전 8시다. 나는 수업에 늦었다. 03 오래되고 나쁜 습관을 없애는 것은 어렵다. 04 하나의 선택이 당신의 인생 전체를 바꿀 수 있다는 것은 사실이다. 05 나는 그의 의견에 동의하지 않는다는 것을 분명히 했다. 06 당신의 학습을 완벽하게 할 수 있는 것은 연습이다. 2 존은 자신을 대단한 잠재력을 지닌 사람으로 여긴다. / 내가 직접 그 웹사이트에서 두 장의 영화 표를 예매했다.

Golden Rule

✤ 079

it의 구별법

대명사
해석을 통해 문맥으로 알아낸다.

가주어
it 자리에 진짜 주어로 생각되는 부분을 대입하여 의미가 통하는지 살펴본다.

비인칭주어
'그것'이라고 해석하면 어색하다.

✤ 080

대명사의 수일치
문맥을 파악해야 하므로 해석이 필수이다.

-대명사가 가리킬 수 있는 명사를 앞에서 찾아낸다.
-단수명사 → it(목적격 or 주격)/ its(소유격)
-복수명사 → them(목적격)/ they(주격)/their(소유격)

✤ 081

인칭대명사 vs. 재귀대명사
동사의 목적어가 주어와 일치하면 → 재귀대명사

Application Exercises

A 개념 다음 밑줄 친 **it**의 역할을 <보기>에서 골라 그 기호를 쓰시오.

보기	ⓐ 대명사	ⓑ 비인칭주어
	ⓒ 가주어	ⓓ 가목적어

01 I thought it better to tell the truth.

02 I don't know how far it is from here to the station.

03 My mom took me to the jazz concert a week after it was mentioned during our conversation.

04 It is a great honor for me to be here and talk in front of you.

05 It is proven by research that Chimpanzees prefer cooked food to raw food.

B 어법 다음 중 어법과 문맥상 적절한 것을 고르시오.

01 I had a minor disagreement with my group members, but we managed to overcome [it / them].

02 The apartment building near the two malls is not so popular, despite [its / their] convenient location.

03 Perhaps the most helpful way to achieve your goals is to keep reminding yourself of [it / them].

04 Take the medicine I gave you for those symptoms. I'm sure [it / they] will help you feel better.

C 어법 다음 중 어법과 문맥상 적절한 것을 고르시오.

01 Some people force [them / themselves] to eat more vegetables to stay healthy.

02 The boss praised one of his staff and attributed the success of the conference to [him / himself].

03 With the help of her teacher, Jen became good at encouraging [her / herself] to work harder.

04 Parents expect their children to listen to [them / themselves] when they talk about important matters.

A prefer A to B B보다 A를 더 좋아하다 **B** minor 사소한, 별로 중요하지 않은 / disagreement 의견 차이 / overcome 극복하다 / remind A of B A에게 B를 상기시키다 / symptom 증상 **C** attribute A to B A를 B의 결과로[덕분으로] 보다

대명사 II

1 one, another, other

> **This travel guide is old. I need a new one.** (이미 언급된 것과 같은 종류의 명사)
>
> one, another, other(s)는 '하나, 또 다른 하나, 다른 (것[사람]들))'으로 해석되는 부정대명사로, 불특정한 명사를 대신한다.

＊another, other는 형용사적으로도 많이 쓰인다. 다음 문장에서 굵게 표시된 부정대명사의 의미와 쓰임에 유의하여 해석해 보자.

01	**One** should work hard to protect the environment.	(일반적인 사람(사람들))
02	That jacket doesn't seem nice. Show me **another**.	(또 다른 하나[사람])
03	Can I have **another** glass of water? I'm so thirsty.	(또 다른 하나의 ~: another+단수명사)
04	Jim always speaks to **others** in a polite manner.	(다른 것[사람]들)
05	I attended a class to learn about **other** cultures yesterday.	(다른 ~: other+ 복수명사)

Further Note

some, one, another, (the) other 표현

one / the other ● ●	I bought two gifts yesterday. **One** is for my parents, and **the other** is for my sister. 나는 어제 두 개의 선물을 샀다. **하나**는 내 부모님 것이고, **나머지 다른 하나**는 여동생 것이다.
one / another / the other ● ● ●	I borrowed three books. **One** is a novel, **another** is a comic book, and **the other** is a cookbook. 나는 세 권의 책을 빌렸다. **하나**는 소설, **또 다른 하나**는 만화책, **나머지 하나**는 요리책이다.
some / others ●● ●●● ●●	People around the world live on different food. **Some** (people) live on rice, and **others** live on bread. 전 세계 사람들은 다양한 음식을 주식으로 한다. **몇몇 사람들**은 쌀을, **다른 사람들**은 빵을 주식으로 한다.
some / others / the others ●● ●●● ●● '나머지'라는 의미에는 정관사 the가 붙는다.	**Some** of these Christmas cards are for my friends, **others** are for my teachers, and **the others** are for my family. 이 크리스마스카드 중 **일부**는 내 친구들을 위한 것이고, **다른 카드들**은 선생님들을 위한 것이며, **나머지**는 우리 가족을 위한 것이다.

2 each, all, most, every

＊each, all, most, every는 '각각(의), 모든(것[사람]), 대부분(의), 모든'으로 해석되는 부정대명사이다. each, all, most는 또한 형용사적으로도 많이 쓰이는데, every는 형용사적으로만 사용된다. 해석하면서 확인해 보자.

01	**Each** of us has a unique and different personality.	(each of+복수명사+단수동사: ~ 각각)
02	**Most[All]** of the lake was frozen over the weekend.	(most[all] of+명사: ~의 대부분[전부])
03	**Most[All]** applicants for the job were in their twenties.	(most[all]+명사: 대부분의[모든] ~)
04	**Every[Each]** student has a student ID card.	(every[each]+단수명사+단수동사: 모든[각각의] ~)
05	The World Cup is held **every** four years.	(every+숫자+복수명사: ~마다)

1 이 여행 책자는 오래되었다. 나는 새 것이 필요하다. **01** 사람들은 환경을 보호하기 위해 열심히 노력해야 한다. **02** 저 재킷은 좋아 보이지 않아요. 제게 다른 것을 보여 주세요. **03** 물 한 잔 더 마셔도 될까요? 저는 매우 목이 마릅니다. **04** 짐은 항상 다른 사람들에게 공손한 태도로 이야기한다. **05** 나는 어제 다른 문화에 관해 배우는 수업에 참여했다. 2 **01** 우리 각자는 독특하고 서로 다른 성격을 가지고 있다. **02** 주말에 그 호수의 대부분[전부]이 얼었다. **03** 그 직업의 대부분의[모든] 지원자는 20대였다. **04** 모든[각각의] 학생은 학생증을 가지고 있다. **05** 월드컵은 4년마다 열린다. 3 그것은 훌륭한 경기였다. 두 팀 다 매우 잘했다. / 월요일이나 화요일요. 저는 회의 날짜로 둘 중 어느 날이든 괜찮습니다. / 나는 지난주에 두 편의 영화를 보았지만, 둘 다 재미있지 않았다. / 저는 그 셔츠 둘 다 마음에 들지 않습니다. (= 저는 두 셔츠 중 어느 것도 마음에 들지 않습니다.)

3 both, either, neither

both	둘 다(의)	It was a good match. **Both** (of the) teams played very well.
either	둘 중 어느 하나(의)	Monday or Tuesday. **Either** (day) is fine with me for the meeting.
neither	둘 중 어느 것도 아닌 (것)	I saw two movies last week, but **neither** (of them) was fun. I like **neither** of the two shirts. (= I do**n't** like **either** of the two shirts.)

Golden Rule

↻ 082

both, either, neither

both	둘 다(의)
either	둘 중 어느 하나(의)
neither	둘 중 어느 것도 아닌 (것)

↻ 083

부정대명사 쓰임 구분하기

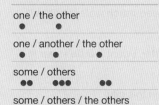

one / the other
● ●

one / another / the other
● ● ●

some / others
●● ●●● ●●

some / others / the others
●● ●●● ●●

every	+셀 수 있는 명사의 단수형
all	+복수형 명사/셀 수 없는 명사

Application Exercises

A 개념 주어진 우리말과 같은 뜻이 되도록 빈칸에 알맞은 말을 <보기>에서 골라 문장을 완성하시오.

> 보기   both   either   neither

01 그는 두 개의 대학정보 사이트를 알려줬지만, 그 중 어느 것도 유용한 정보를 담고 있지 않았다.

→ He introduced two college information websites, but _____ contained any useful information.

02 성공은 타고난 재능과 끝없는 노력이 필요하다.

→ Success requires _____ natural ability and endless effort.

03 기억이 잘 안 나지만 그녀의 생일은 5월 6일이거나 5월 7일일 거야.

→ I can't remember well, but her birthday is _____ May 6th or May 7th.

B 어법 다음 중 어법과 문맥상 적절한 것을 고르시오.

01 Don't compare yourself with [other / others]. Be confident in yourself.

02 I've just found one contact lens on the floor, but I still can't find [the other / another].

03 You ate it up. Would you like to have [another / other] cupcake?

04 Our sports club offers [every / all] different kinds of exercises.

05 Some enjoy reading e-books, while [another / other] people prefer paper-based books.

A require 필요로 하다, 요구하다 / endless 끝없는 **B** compare A with B A를 B와 비교하다 / eat up 다 먹다

1 형용사와 부사의 역할

> The Internet is a **useful** *tool* for finding information.　　(형용사: 명사 수식)
>
> James **regularly** *goes* for a jog in the morning.　　(부사: 동사 수식)

형용사는 (대)명사를 꾸며주거나 그것의 특징, 속성 등을 묘사한다. 부사는 동사, 형용사, 부사, 문장 전체를 수식하며 주로 시간, 장소, 방법, 정도, 빈도 등을 의미한다.

※다음 문장에서 굵게 표시된 형용사와 부사의 역할에 유의하여 해석해 보자.

01　Adapting to a new environment is **difficult** but **exciting**.　　(형용사: 주격보어)

02　Having good manners can make a person **attractive**.　　(형용사: 목적격보어)

03　I am **terribly** *sorry* to have spilled juice on your shirt.　　(부사: 형용사 수식)

04　The staff at the hotel welcomed my family **very** *kindly*.　　(부사: 다른 부사 수식)

05　**Usually**, *it is effective to learn new words in context*. [모의응용]　　(부사: 문장 전체 수식)

2 서술적 용법으로 쓰이는 형용사

※형용사 중에는 보어로만, 즉 서술적 용법으로만 쓰이는 것들이 있다. 주로 'a-'의 형태이다. 다음 문장에서 굵게 표시된 형용사의 역할에 유의하여 해석해 보자.

01　A person or animal must drink water to stay **alive**.　　(동사 stay의 보어 역할)

02　You and I are **alike** in character.　　(동사 are의 보어 역할)

　　cf. **alike vs. like**: 형태상 혼동할 수 있으니 주의한다. like(전치사)는 '~와 같이, ~처럼'의 의미로 쓰여 뒤에 명사(구)가 온다.
　　I became so absorbed in that book that two hours passed by | like / alike | *two minutes*.

● 보어로만 쓰이는 형용사: alive(살아 있는), alike(비슷한), awake(깨어 있는), asleep(잠이 든), alone(혼자), afraid(두려운) 등

3 수와 양을 나타내는 형용사 　셀 수 있는 명사와 셀 수 없는 명사의 수식어는 다르다.

의미	셀 수 있는 명사의 수식어	셀 수 없는 명사의 수식어
많은	many, a great[good / large] number of	much, a great[good / large] amount[deal] of
	Many *buildings* were damaged by the typhoon.	Some plants don't need **much** *water* to grow.
약간 있는	a few, some	a little, some
	Could you get **a few** *onions* on your way home?	This coffee tastes bitter. I want **a little** *sugar* in it.
거의 없는	few	little
	Few *people* like rainy weather.	We have **little** *snow* in this city.
많은	a lot of, lots of, plenty of	
	The store is always crowded with **a lot of** *customers*.	

1 인터넷은 정보를 찾는 데 유용한 도구이다. / 제임스는 아침에 규칙적으로 조깅을 하러 간다. **01** 새로운 환경에 적응하는 것은 어렵지만 흥미롭다. **02** 좋은 예를 갖추는 것은 사람을 매력적으로 만들어 줄 수 있다. **03** 당신의 셔츠에 주스를 쏟아서 대단히 죄송합니다. **04** 그 호텔의 직원들은 우리 가족을 정말로 친절하게 맞아주었다. **05** 대개, 문맥에서 새로운 단어를 배우는 것은 효과적이다. **2 01** 사람이든 동물이든 살아 있으려면 물을 마셔야 한다. **02** 너와 나는 성격이 비슷해. *cf.* 나는 그 책에 푹 빠져 있어서 2시간이 2분처럼 지나갔다. **3** 많은 건물이 태풍에 의해 피해를 입었다. / 몇몇 식물은 자라는 데 많은 물을 필요로 하지 않는다. / 집에 오는 길에 양파를 좀 사다 주시겠어요? / 이 커피는 쓴맛이 난다. 나는 설탕을 조금 넣고 싶다. / 비 오는 날씨를 좋아하는 사람은 거의 없다. / 이 도시에는 눈이 거의 오지 않는다. / 그 가게는 늘 많은 손님으로 붐빈다. **4 01** 늦은 오후에 **02** 늦게 일어나다 **03** 최근에 돌아왔다 **04** 대부분의 학생 **05** 거의 불가능한 **06** 높은 산 **07** 높이 뛰다 **08** 매우 성공적인 **09** 어려운 결정 **10** 열심히 공부하다 **11** 거의 서로를 알고 있지 않다

4 혼동하기 쉬운 형용사와 부사 형태와 의미가 유사하므로 어법과 문맥에 적절한 것을 사용한다.

| late 혱 늦은 閉 늦게
lately 閉 최근에 | 01 in the **late** afternoon
02 get up **late**
03 have returned **lately** | high 혱 높은 閉 높이
highly 閉 매우 | 06 a **high** mountain
07 jump **high**
08 **highly** successful |
| most 혱 대부분의
almost 閉 거의 | 04 **most** students
05 **almost** impossible | hard 혱 어려운 閉 열심히
hardly 閉 거의 ~않다 | 09 a **hard** decision
10 study **hard**
11 **hardly** know each other |

Golden Rule

✐ 084
형용사 vs. 부사
1. 형용사 vs. 부사 자리 구별
-명사 수식, 보어 → 형용사
-동사, 형용사, 부사, 문장 전체 수식
  → 부사

**2. 혼동되는 형용사와 부사 구별
  하기**
형태별 의미와 쓰임을 알아두고 문맥
을 고려하여 판단한다.

✐ 085
**명사와 수식어(수량형용사)의
수일치**
1. 수식 받는 명사가 셀 수 있는지 아
  닌지와 문맥을 살핀다.
2. 명사의 복수형 앞에는 셀 수 있는
  명사의 수식어가 온다.

Application Exercises

A 다음 중 어법과 문맥상 적절한 것을 고르시오.

01 The music download industry is growing [rapid / rapidly].

02 Use [specific / specifically] reasons to support your opinions.

03 The politician kept [silent / silently] after the rumor, but his public image was damaged.

04 Fast-food restaurants can be found [easy / easily] in many countries.

B 다음 중 어법과 문맥상 적절한 것을 고르시오.

01 Camping has provided me with [many / much] enjoyable experiences.

02 The English language, [alike / like] most other languages, is always changing.

03 [Almost / Most] teenagers use shortened words frequently.

04 One of the concerns is that we are absorbing too [many / much] information.

05 A lack of cultural understanding can make relationships [hard / hardly].

06 After improving the customer service, the company received [few / little] complaints.

A specific 구체적인; 특정한 **B enjoyable** 즐거운 / **shorten** 짧게 하다, 단축하다 / **frequently** 자주, 흔히 / **lack** 부족, 결핍 / **complaint** 불평[항의]

1 전치사의 역할

The next bus **for Gangnam** *comes* **in ten minutes.**
　　　└─── 형용사구(명사 수식) ───┘　　└── 부사구(동사 수식) ──┘

전치사는 (대)명사 앞에 위치하여 「전치사+(대)명사」의 형태로 '구'를 만든다. 이러한 '전명구'는 문장 내에서 수식어(형용사, 부사) 역할을 한다. 각 전치사의 의미에 따라 시간, 장소 등 다양한 의미를 나타낼 수 있다.

＊다음 굵게 표시된 전명구가 문장 내에서 어떤 역할을 하는지에 유의하여 해석해 보자.

01 I'm looking for *a house* **with two bedrooms**. (형용사구: 명사 수식)

02 Regular exercise *is* **of importance** to health. (형용사구: 보어 역할)

03 The singer *can sing* any type of song **with ease**. (부사구: 동사 수식)

04 Julie is really *good* **at remembering names**. (부사구: 형용사 수식)

05 I was hot, so I sat *close* **to the fan** to cool down. (부사구: 다른 부사 수식)

06 **To my surprise**, *I met my favorite actor by chance yesterday*. (부사구: 문장 전체 수식)

2 전치사의 목적어

I'll choose warm milk *instead of* **coffee.** (명사)

전치사 뒤에 오는 명사(구) 또는 명사 상당어구를 전치사의 목적어라고 한다. 전치사의 목적어로는 (대)명사, 동명사, 명사절(관계대명사 what절, 의문사절, whether절)이 쓰인다. 전치사의 목적어는 반드시 명사(구)여야 하므로, 준동사 중에서는 명사에 가장 가까운 동명사만 가능하다.

01 Are you interested *in* **making a blog**? (동명사)

02 Don't worry much *about* **what hasn't happened yet**. (명사절)

　　cf. 전치사는 that절을 목적어로 취할 수 없지만, in that(~라는 점에서), except that(~을 제외하고)의 형태는 가능하다.
　　Men differ from animals **in that** they can speak a language.

3 혼동 전치사

during	~ 동안	Getting plane tickets is hard **during** the holiday season. during+특정 기간, 행사, 사건
for		I'll go backpacking in Europe **for** a few weeks. for+기간의 길이
until	~까지	The clear weather will continue **until** this weekend. until: 어떤 시점까지 '계속'
by		Could you send us your resume **by** tomorrow? by: 어떤 시점까지 '완료'

1 강남으로 가는 다음 버스는 10분 후에 온다. 01 저는 두 개의 침실이 딸린 집을 찾고 있습니다. 02 규칙적인 운동은 건강에 중요하다. 03 그 가수는 어떤 종류의 노래든 쉽게 부를 수 있다. 04 줄리는 이름을 기억하는 것을 정말로 잘한다. 05 나는 더워서, 열을 식히기 위해 선풍기에 가까이 앉았다. 06 놀랍게도, 나는 어제 내가 가장 좋아하는 배우를 우연히 만났다. 2 저는 커피 대신 따뜻한 우유를 선택할게요. 01 당신은 블로그를 만드는 데 관심이 있습니까? 02 아직 일어나지 않은 것에 대해 많이 걱정하지 마. *cf.* 인간은 언어를 말할 수 있다는 점에서 동물과 다르다. 3 휴가철에 비행기 표를 구하는 것은 어렵다. / 나는 몇 주 동안 유럽에 배낭여행을 갈 것이다. / 맑은 날씨가 이번 주말까지 계속될 것이다. / 내일까지 당신의 이력서를 저희에게 보내 주시겠어요? / 그는 도착한 순간부터 수다 떠는 것을 멈추지 않았다. / 나는 어제 이후로 그를 보지 못했다.

| from | ~로부터 | He didn't stop chatting **from** the moment he arrived.
from+시작점 (계속의 의미는 없음) |
| since | ~ 이후로 | I haven't seen him **since** yesterday.
since+시작점 (계속) |

Golden Rule

☆ 086
전치사의 역할

「전치사+(대)명사」구가
- 앞의 명사 수식, 보어 역할
 → 형용사 역할
- 동사, 형용사, 부사, 문장 전체 수식
 → 부사 역할

☆ 087
혼동 전치사의 쓰임 구분

during	for
+특정 기간, 행사, 사건	+기간의 길이
until	**by**
어떤 시점까지 '계속'	어떤 시점까지 '완료'
from	**since**
+시작점 (계속의 의미는 없음)	+시작점 (계속)

Application Exercises

A 개념 다음 밑줄 친 전명구의 역할을 <보기>에서 골라 그 기호를 쓰시오.

> 보기   ⓐ 형용사   ⓑ 부사

01 The vehicles are parked <u>on the side of the road</u>.

02 Eating snacks <u>at night</u> isn't good for deep sleep.

03 You will meet many people <u>with more experience than you</u>.

04 We arranged to meet <u>at the restaurant</u> to celebrate Lina's birthday.

05 Does the guy <u>in the picture</u> look familiar to you?

B 개념 다음 중 어법과 문맥상 적절한 것을 고르시오.

01 [For / During] the expo, visitors will be able to enjoy many fun events.

02 She will be out of the country [by / until] next week.

03 The shopping mall has been crowded with people [from / since] its opening.

04 He's going away [for / during] the next few days because of his business trip.

05 The construction of this building will be completed [by / until] the end of this month.

06 Fred and I became partners and ran the store [for / during] twenty years.

A arrange 마련하다, 준비하다 B expo 엑스포, 전람회 / business trip 출장 / construction 건설, 공사 / complete 완료하다; 완전한; 완료된 / run 운영[관리]하다

Overall Exercises

1 다음 중 어법과 문맥상 적절한 것을 고르시오.

01 If there is any food left on the shelves, give [it / them] to the dog.

02 Kangaroos have difficulty in walking backwards because of the unusual shape of [its / their] legs.

03 Have you listened to all the songs in the album? I think [it / they] might cheer you up with their good lyrics.

04 He is a really dedicated player who is always trying to improve [him / himself].

05 The new amusement park is surrounded by several major towns, making [it / them] an ideal vacation destination.

06 *Stegosaurus*, one of the plant-eating dinosaurs, was over 9 meters long, but [its / their] brain was the size of a walnut.

2 다음 중 어법과 문맥상 적절한 것을 고르시오.

01 Some people have oily hair, while [others / the other] have dry hair.

02 I think [many / much] of your comments on this article missed the point.

03 I saw my sister waving on [the other / other] side of the road.

04 Dan didn't understand my explanation, so I gave him [other / another] example.

05 Sports drinks contain too [much / many] sugar and sodium to replace water.

3 다음 중 <보기>의 밑줄 친 It과 쓰임이 같은 것을 모두 고르면?

> 보기   **It** is unusual for him to get angry.

① The dessert looks delicious and **it** smells sweet.

② The forecast says **it** will be sunny during the weekends.

③ **It**'s surprising that prices are increasing so fast.

④ **It**'s really difficult to read your writing.

⑤ **It**'s ten minutes' walk from here to the station.

---

1 have difficulty (in) v-ing v하는 데 어려움을 겪다 / **backwards** 뒤로 (↔ **forwards** 앞으로) / **lyrics** (노래의) 가사 / **dedicated** 헌신적인 / **ideal** 이상적인 / **destination** 목적지, 도착지 / **dinosaur** 공룡 / **walnut** 호두 **2 contain** ~이 들어 있다, 함유하다 / **sodium** 나트륨 / **replace** 대신[대체]하다

4 다음 중 어법과 문맥상 적절한 것을 고르시오.

01 This anti-virus software can be installed very [easy / easily] on your smartphone.

02 Much progress in science has been the result of [unexpected / unexpectedly] discoveries.

03 Looking at things from a different viewpoint makes you [creative / creatively].

04 Even though he was [obvious / obviously] wrong, my friend continued to argue his point.

05 Christina felt [nervous / nervously] when she got a sudden question from a teacher.

06 The remake of the movie was nothing [alike / like] the original movie.

07 We arrived half an hour [late / lately] for the seminar, so we missed the beginning.

5 다음 빈칸에 알맞은 것을 <보기>에서 골라 문장을 완성하시오. (단 <보기>의 표현을 한 번씩만 사용할 것)

보기	by	until	during	for

01 Many of the stores here stay open _____ midnight.

02 _____ her lifetime, she worked hard to help people in need.

03 I forgot to do my homework, which should be done _____ tomorrow morning.

04 The baseball team has held the championship _____ the past two years.

6 다음 밑줄 친 부분 중, 어법상 틀린 것을 찾아 바르게 고치시오.

Many native Australians are quite superstitious, and their connection with the land leads
①
themselves to believe that certain animal spirits can harm people. One belief is that killing
②   ③
a willy-wagtail bird makes the bird's spirit angry, which results in violent storms that can kill

people.

*willy-wagtail bird: 딱새의 일종

---

4 install 설치하다 / discovery 발견; 발견된 것 / viewpoint 관점 / obvious 분명한, 명백한 cf. obviously 분명히 / original 원본의; 최초의; 독창적인 5 lifetime 일생, 평생 / in need 어려움에 처한 6 superstitious 미신을 믿는 / result in ~을 낳다, 야기하다

7 (A), (B), (C)의 각 네모 안에서 어법에 맞는 표현으로 가장 적절한 것은?

For years, we (A) were / have been warned against the dangers of anything from killer bees to mad cow disease. It seems like we're constantly hearing various statistics, research studies, and warnings about the many great dangers that exist. This makes it difficult to determine the extent of the danger we actually face in our lives. Some studies estimate that cancer accounts for nearly one of every four deaths. Other reports warn that within a few years about half of us will have cancer. Although those types of statistics can be a cause for alarm, (B) it / they can often be misleading. In fact, a young healthy person who makes smart decisions (C) have / has a relatively low risk of developing cancer. But sometimes it's hard to think clearly when we're constantly flooded with such frightening statistics.

	(A)		(B)		(C)
①	were	⋯⋯	it	⋯⋯	have
②	have been	⋯⋯	they	⋯⋯	has
③	have been	⋯⋯	it	⋯⋯	has
④	have been	⋯⋯	they	⋯⋯	have
⑤	were	⋯⋯	it	⋯⋯	has

8 다음 글의 밑줄 친 부분 중, 어법상 틀린 것은?

Things are changing more and more quickly every day. New technologies are transforming how we think, work, play, and ① understand each other. At the same time, the population of the earth is growing faster than before. Many of the challenges that we face ② is being made by the powerful interaction of these forces. The problem is ③ that many of our established ways of doing things are based on old ways of thinking. They are facing backwards, not forwards. As a result, many people and organizations are having trouble ④ dealing with these changes and feel left behind. To face these challenges, we have to understand their nature; to deal with ⑤ them, we have to recognize that developing our natural powers of imagination and creativity is essential.

---

7 constantly 끊임없이 / statistics 통계, 통계 자료 / estimate 추정[추산]하다 / account for ~의 이유가 되다; ~을 설명하다 / misleading 오해의 소지가 있는 / relatively 상대적으로 / be flooded with ~로 넘쳐나다 / frightening 겁을 주는, 무서운 **8** transform 완전히 바꿔 놓다; 변형시키다 / interaction 상호작용 / established 확립된, 확정된 / be left behind 뒤에 남게 되다, 뒤처지다 / essential 필수적인

Grammar Organizer

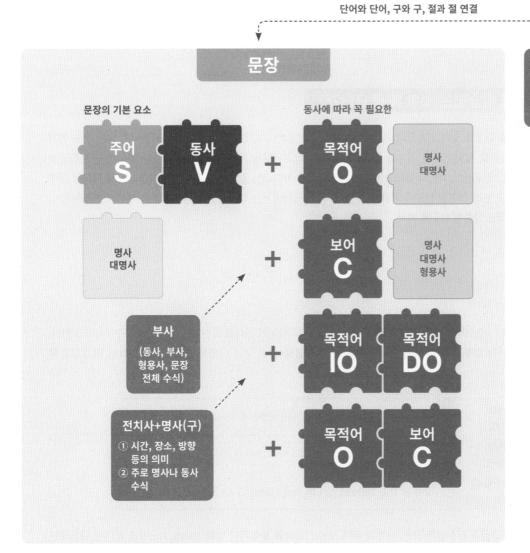

단어와 단어, 구와 구, 절과 절 연결

문장

접속사

문장의 기본 요소

주어 S

동사 V

명사
대명사

부사
(동사, 부사, 형용사, 문장 전체 수식)

전치사+명사(구)
① 시간, 장소, 방향 등의 의미
② 주로 명사나 동사 수식

동사에 따라 꼭 필요한

+ 목적어 O ─ 명사 대명사

+ 보어 C ─ 명사 대명사 형용사

+ 목적어 IO ─ 목적어 DO

+ 목적어 O ─ 보어 C

CHAPTER GOALS Checklist

다음 목표를 달성했으면 □ 안에 ✓로 표시하시오.

1. 셀 수 있는 명사와 셀 수 없는 명사를 구분하고 알맞은 형태로 사용할 수 있다. □

2. 대명사가 가리키는 것을 정확히 찾아 그 의미를 파악할 수 있다. □

3. 부정대명사 some, one, another, (the) other, other(s) 표현을 문맥에 맞게 사용할 수 있다. □

4. 형용사 vs. 부사 자리를 구분하여 사용할 수 있다. □

5. 「전치사+(대)명사」구가 문장에서 하는 역할과 의미를 파악할 수 있다. □

✔ 비교구문을 학습하는 것이 왜 중요한가?

비교구문에는 서로 형태와 뜻이 비슷한 것이 많아 혼동이 자주 일어나며, 일상생활에 빈번히 사용되지 않는 것도 있기 때문에 암기해도 곧잘 잊어버리는 경우가 있다. 그러므로 비교구문을 무조건 암기하는 것이 아니라 근본적으로 이해하는 것이 가장 중요하다. 예컨대 비교구문에서 비교 대상을 가려내는 것과 같은 기본적인 학습 요소를 제대로 공부하지 않으면 문장의 본래 의미를 바르게 파악할 수 없다. 이번 챕터에서는 비교구문에 대한 기본 이해부터 혼동하기 쉬운 표현까지 차례대로 학습해 보도록 하자.

✔ 비교구문이란?

둘 이상의 대상끼리 성질이나 상태를 비교할 때, 그 정도가 같거나 차이가 있음을 표현하는 구문을 비교구문이라고 한다. 문장의 구조에 따라 형용사나 부사의 원급, 비교급, 최상급을 활용하여 나타내며, 가장 대표적인 비교구문은 다음과 같다.

as+원급+as (~만큼 …한)	She is **as tall as** I (am). 그녀는 나**만큼** 키가 크다.
비교급+than (~보다 더 …한)	She is **taller than** I (am). 그녀는 나**보다 더** 키가 크다.
the+최상급+in[of] (~ (중)에서 가장 …한)	She is **the tallest** girl **in** her class. 그녀는 반**에서 가장** 키가 크다.

형용사, 부사의 비교급과 최상급은 형용사, 부사 뒤에 -(e)r, (e)st를 붙이거나 앞에 more, most를 붙이는 규칙적인 것과 형태가 불규칙한 것이 있다.

Unit 40	원급, 비교급
Unit 41	비교구문의 심화 이해
Unit 42	최상급
Unit 43	도치, 강조
Unit 44	생략, 삽입, 동격

✔ 특수구문을 학습하는 것이 왜 중요한가?

문장은 대체로 「주어+동사+보어[목적어]」의 어순을 취하지만, 실제로는 주어와 동사가 도치되거나 문장의 일부가 생략되는 등의 특수구문이 사용되어 문장의 구조와 의미 파악이 어려운 경우가 많다. 독해 지문에서 아무리 복잡한 문장을 접하더라도 그것의 의미를 제대로 이해하기 위해서는 특수구문을 철저히 학습해야 한다.

✔ 특수구문이란?

내용을 더 효과적으로 전달하기 위해 문장의 기본 형태에 각종 변형을 가한 구문을 특수구문이라고 한다.
특수구문은 문장을 간결하게 표현하거나 내용의 일부를 강조하고자 할 때 주로 사용되며 그 종류는 다음과 같다.

도치	**Down** fell^V the leaves of the tree^S. 그 나무의 잎사귀들이 떨어졌다. 특정 어구가 문두로 오면서 주어와 동사의 위치가 바뀐다.
강조	Susan **does** *like* her new shoes. 수잔은 그녀의 새 신발을 정말로 마음에 들어 한다. 문장에서 가장 강하게 전달하고 싶은 어구에 다른 어구를 부가한다.
생략	We easily get angry when (**we are**) hungry and tired. 우리는 (우리가) 배고프고 피곤할 때 쉽게 화를 낸다. 문장을 간결하게 표현하기 위해 반복되는 어구를 생략한다.
삽입, 동격	This dog is, **so to speak**, a member of my family. <삽입> 이 개는, 말하자면, 내 가족이다. Mr. Kim, **my homeroom teacher**, is moving to another school soon. <동격> 나의 담임 선생님인 김 선생님은 곧 다른 학교로 가실 것이다. 이해를 돕거나 추가적인 설명을 위해서 어구나 절을 삽입한다.

🚩 CHAPTER GOALS

1 원급, 비교급, 최상급의 구조와 의미를 바르게 이해하라.
2 원급, 비교급의 관용표현을 이해하고 혼동 비교급 구문을 바르게 파악하라.
3 여러 가지 특수구문을 이해하고 그 의미를 바르게 파악하라.

1 원급 (A=B)

Jane is **as old as** Tom (is).

← Jane is sixteen years **old**. Tom is sixteen years **old**, too.

「as+형용사[부사]의 원급+as」는 '~만큼 …한[하게]'이라는 뜻으로, 두 대상을 비교하여 성질이나 상태가 같을 때 사용한다.

＊다음 문장에서 밑줄 친 어구는 모두 동등하게 비교되는 대상이며, 이때 반복되는 (조)동사는 생략할 수 있다. 해석하면서 확인해 보자.

01 The movie is **as interesting as** its original novel (is).

02 Julie speaks English **as fluently as** a native speaker (does).

03 Sam likes playing the guitar **as much as** I (do).

04 The living room in my house is **twice as large as** my bedroom (is).

- 「as ~ as」 앞에 배수사(twice, three times, ...)/about/almost[nearly]/just[exactly] 등이 와서 각각 '~배만큼/대략/거의/꼭, 정확히 ~한'이라는 의미를 나타낸다.

2 비교급 (A > B 또는 A < B)

The Pacific Ocean is **bigger than** the Atlantic Ocean (is).

「형용사[부사]의 비교급+than」은 '~보다 더 …한[하게]'이라는 뜻으로, 두 대상을 비교하여 정도의 차이가 날 때 사용한다.

＊다음 문장에서 밑줄 친 두 비교 대상과 생략되는 (조)동사에 유의하여 다음 문장을 해석해 보자.

01 This white shirt is **more expensive than** that pink shirt (is).

02 Our soccer team played **more skillfully than** the other team (did).

03 That leather bag is **two times heavier than** this cloth bag (is).

- 「비교급+than」 앞에 배수사가 와서 '~배만큼 …한'이라는 의미를 나타낸다. 이때 배수사 자리에 twice나 half는 쓸 수 없다.

04 Sometimes, experience is **much more useful than** knowledge (is).

- 비교급 수식 부사: even, much, still, a lot, (by) far (훨씬 더 ~한[하게])

cf. than 대신 전치사 to를 쓰는 비교급: superior[inferior, senior, junior, preferable] to+명사구(~보다 월등한[열등한, 손위의, 손아래의, 선호하는])
  That applicant is **superior to** the others in every way.

3 비교 대상의 병렬구조   비교되는 대상인 A와 B는 문법적 성격(형태, 격, 수)이 서로 같아야 한다.

01 **Staying** indoors is better than **going** out in this hot weather.   (형태: to go (×))

02 **Everyone's life** is as important as **mine**.   (격: me (×))

03 **His paintings** are as great as **those** of professional artists.   (수: that (×))

---

1 제인은 톰과 같은 나이이다. ← 제인은 열여섯 살이다. 톰도 열여섯 살이다. **01** 그 영화는 원작 소설만큼 재미있다. **02** 줄리는 원어민만큼 영어를 유창하게 구사한다. / fluently 유창하게 **03** 샘은 나만큼 많이 기타를 연주하는 것을 좋아한다. **04** 우리 집 거실은 내 침실의 두 배만큼 크다. 2 태평양은 대서양보다 크다. / the Atlantic Ocean 대서양 **01** 이 흰색 셔츠는 저 분홍색 셔츠보다 더 비싸다. **02** 우리 축구팀은 상대 팀보다 더 능숙하게 경기했다. / skillfully 능숙하게 **03** 저 가죽 가방은 이 천 가방보다 두 배 더 무겁다. / leather 가죽 **04** 때때로, 경험은 지식보다 훨씬 더 유용하다. *cf.* 그 지원자는 모든 점에서 다른 지원자들보다 월등하다. / in every way 모든 점에서 3 **01** 이렇게 더운 날씨에는 실내에 머무르는 것이 밖에 나가는 것보다 낫다. **02** 모든 사람의 인생이 내 것[인생]만큼 중요하다. **03** 그의 그림들은 전문 화가들의 그것[그림]들 만큼 훌륭하다.

Golden Rule

✦ 088
비교 대상의 문법적 형태는 서로 같다.

1. **Oranges** are sweeter than **lemons**. (명사 – 명사)
2. **Resting well** is as important as **working hard**. (동명사 – 동명사)

✦ 089
형용사 vs. 부사 자리 구별

as나 than을 떼고 문장 구조상 적절한 것을 찾는다.

형용사: (주로 be동사의) 보어 역할, 명사 수식
부사: 동사 수식

✦ 090
부사 very, pretty, so는 비교급을 수식하지 않고 원급을 수식한다.

V̶e̶r̶y̶ more interesting
→ even, much, still, a lot, (by) far 등

Application Exercises

A 개념 <보기>와 같이 비교하고 있는 두 대상에 밑줄을 그으시오.

> 보기 Olivia is as old as Tom.

01 A sense of confidence is as essential as a sense of achievement in learning.

02 To see something once is better than to hear about it a hundred times.

03 My father thinks that his family is more important than his work.

04 It is true that organic food is more expensive than ordinary food.

B 어법 다음 중 어법상 적절한 것을 고르시오.

01 Customers can eat as [many / much] as they want at this restaurant for two hours.

02 Lucy pronounces words as [clear / clearly] as a news announcer.

03 Cats can hear high-pitched sounds [very / much] better than humans.

04 Listening to rain drops can be as [nice / nicely] as listening to a song.

05 Watching baseball at a stadium is more [interesting / interestingly] than watching it on TV.

06 He always speaks as [careful / carefully] as he acts to the people around him.

A **confidence** 자신(감) / **essential** 필수적인 / **achievement** 성취; 업적 / **organic** 유기농의 B **pronounce** 발음하다 / **high-pitched** 고음의

1 원급의 관용표현

Be as careful as possible when you make a decision. (가능한 한 ~한[하게])
(= Be **as careful as you can** when ~.)

＊다음 문장에서 원급의 관용표현에 주의하여 해석해 보자.

01 I have **as many comic books as** my brother (does). (~와 같은 수의)

02 Dan saved **as much money as** I (did) for the overseas trip. (~와 같은 양의)

03 There were **as many as** 20,000 people at the concert. (~씩이나: 수가 많음을 강조)

04 **As much as** 1 million dollars was collected for charity. (~씩이나: 양이 많음을 강조)

2 비교급의 관용표현

The more we recycle, **the better** our environment will be. (~할수록 더 …하다)

＊비교급이 쓰인 다음 구문 중, 「the+비교급 ~, the+비교급 …」 구문에서는 「the more+형용사/부사」와 「the+비교급+명사」의 어순에 특히 주의한다. 해석하면서 확인해 보자.

01 **The more** I hear, **the more interested** I become.

02 **The more choices** you have, **the more difficult** it is to choose.

03 The weather is getting **colder and colder** these days. (점점 더 ~한[하게])

04 Please give me **the bigger of the two** pieces of cake. (두 ~ 중에 더 …한 쪽)

3 혼동하기 쉬운 비교급 표현

＊다음 문장에서 굵게 표시된 부분은 형태가 유사하여 혼동하기 쉬우나 모두 숫자와 관련된 비교급 표현이다. 해석하면서 확인해 보자.

01 This elevator takes **not more than** 10 persons at a time. (not more than: 많아야, 기껏해야)
(= This elevator takes **at (the) most** 10 persons at a time.)

02 I spend **not less than** two hours reading a book every day. (not less than: 적어도)
(= I spend **at (the) least** two hours reading a book every day.)

03 It takes **no more than** five minutes from here to the library. (no more than: 겨우 ~인, ~밖에 되지 않는)
(= It takes **only** five minutes from here to the library.)

04 **No less than** 10,000 people gathered to see the fireworks. (no less than: ~나 되는, ~만큼의)
(= **As many as** 10,000 people gathered to see the fireworks.)

1 결정을 내릴 때는 가능한 한 신중해라. **01** 나는 내 남동생과 같은 수의 만화책을 갖고 있다. **02** 댄은 해외여행을 위해 나와 같은 양(액수)의 돈을 모았다. / overseas 해외의 **03** 콘서트에는 2만 명이나 되는 사람들이 있었다. **04** 백만 달러나 되는 돈이 자선기금으로 모였다. 2 우리가 재활용을 많이 할수록 환경은 더욱 좋아질 것이다. **01** 많이 들을수록, 더욱 흥미로워지는데요. **02** 당신이 많은 선택권을 가질수록, 선택하는 것이 더욱 어렵다. **03** 날씨가 요즘에 점점 더 추워지고 있다. **04** 제게 케이크 두 조각 중에 더 큰 쪽을 주세요. 3 **01** 이 엘리베이터는 한 번에 기껏해야 10명을 태운다. / at a time 한 번에 **02** 나는 매일 적어도 두 시간을 책을 읽는 데 쓴다. **03** 여기에서 도서관까지는 겨우 5분밖에 걸리지 않는다. **04** 만 명이나 되는 사람들이 불꽃놀이를 보기 위해 모였다.

Golden Rule

ﾑ 091
원급, 비교급 관용표현
1. 원급 관용표현

as 원급 as possible
가능한 한 ~한[하게]

as many[much] 명사 as
~와 같은 수[양]의 명사

주의 ⚠
many+셀 수 있는 명사
much+셀 수 없는 명사

2. 비교급 관용표현

the 비교급 of the two ~
두 ~ 중에 더 …한 쪽

비교급 and 비교급
점점 더 ~한[하게]

ﾑ 092
혼동하기 쉬운 비교급 표현

not less than
~보다 적지 않은 ☞ 적어도

not more than
~보다 많지 않은 ☞ 많아야, 기껏해야

no less than
~보다 적은 것이 절대로 아닌
☞ ~나 되는, ~만큼의
(= as many[much] as)

no more than
~~보다 많은 것이 절대로 아닌
☞ 겨우 ~인, ~밖에 되지 않는
(= only)

ﾑ 093
비교 대상의 병렬구조
원급, 비교급의 두 비교 대상은
형태, 격, 수 등의 문법적 성격이
같아야 한다.

ﾑ 094
the+비교급, the+비교급
the 뒤의 비교급 자리에 형용사
[부사]의 원급이 와서 오답인 경우
가 많으므로 주의한다.

Application Exercises

A 개념 주어진 우리말과 같은 뜻이 되도록 괄호 안의 단어를 활용하여 문장을 완성하시오.

01 수학 선생님은 우리에게 늘 가능한 한 쉽게 설명해 주신다. (easily)
→ The math teacher always explains things to us _____
_____ _____ _____.

02 우리 반의 반장으로는, 에이미가 두 후보자 중에서 더 낫다. (good)
→ For our class president, Amy is _____ _____
of the two candidates.

03 지구 온난화 때문에 날씨가 점점 더워지고 있다. (hot)
→ The weather is getting _____ _____
because of global warming.

04 그 감독의 두 번째 영화는 자신의 첫 번째 영화와 같은 수의 관객을 끌어모았다.
(viewers)
→ The director's second movie attracted _____ _____
_____ _____ his first one.

B 독해 굵게 표시된 부분에 유의하여 다음 해석의 빈칸에 들어갈 말로 알맞은 것을 고르시오.

01 Tom paid **no less than** 20 dollars to cancel the bus ticket.
→ 톰은 버스표를 취소하는 데 _____.
ⓐ 20달러나 냈다　　　　ⓑ 20달러밖에 내지 않았다

02 Many people took the test, but **no more than** four passed it.
→ 많은 사람이 그 시험에 응시했는데, _____.
ⓐ 4명보다 적게 통과했다　　　　ⓑ 겨우 4명만 통과했다

03 I want to memorize **not less than** 10 English words a day.
→ 나는 하루에 _____ 외우고 싶다.
ⓐ 적어도 영어 단어 10개씩은　　　　ⓑ 영어 단어 10개씩만

C 어법 다음 밑줄 친 부분이 어법과 문맥상 맞으면 O, 틀리면 X로 표시하고 바르게 고치시오.

01 The good the quality of the product is, the more expensive it is.

02 Praising others is more effective than criticize them when you want them to change.

03 People with a positive attitude live longer than that with negative emotions.

A candidate 후보자 **C** effective 효과적인 / criticize 비판[비난]하다 / attitude 사고방식, 태도 / negative 부정적인 (↔ positive 긍정적인)

최상급

1 최상급 (A > B, C, D...)

He is the most popular actor in Korea. (~ 안에서 가장 …한)

「the+형용사[부사]의 최상급」은 '가장 ~한[하게]'이라는 뜻으로, 셋 이상을 비교하여 하나가 다른 것들보다 정도가 가장 심함을 나타낸다.

the+최상급+of+[in]	~ 중에서 가장 …한	one of the+최상급+복수명사	가장 …한 것들 중 하나
the+서수+최상급	~ 번째로 가장 …한	the least+원급+(of+[in] ~)	(~ 중에서) 가장 …이 아닌
the+최상급+(that+)S+ have ever p.p.	지금까지 ~ 중에 가장 …한	much, by far, the very+최상급	단연 가장 …한 (최상급 강조)

01 Sarah is **the most diligent of** all the students in my class. (~ 중에서 가장 …한)
02 Canada is **the second largest** country in the world. (~ 번째로 가장 …한)
03 This is **the scariest** story [(that) I **have ever heard ●**]. (지금까지 ~ 중에 가장 …한)
04 Tokyo is **one of the busiest cities** in the world. (가장 …한 것들 중 하나)
05 Luckily, I got **the least expensive** ticket to Hong Kong. (가장 …이 아닌)
06 That restaurant is **by far the best** place for dinner in our town. (단연 가장 …한)

cf. 동일한 대상의 성질, 상태를 비교할 때는 최상급이라도 the를 붙이지 않는다. 또한 부사의 최상급인 경우 the를 쓰지 않을 수도 있다.
I'm **happiest** when I'm working hard towards my dream. (동일한 대상(I)의 상태 비교)
My mom always gets up **(the) earliest** in my family. (부사의 최상급)

2 원급, 비교급을 활용한 최상급 표현

＊원급, 비교급으로도 최상급의 의미를 나타낼 수 있다. 다음 문장의 굵게 표시된 부분은 모두 최상급의 의미를 나타낸다. 해석하면서 확인해 보자.

01 **No other continent** is **as[so] small as** Australia in the world. (no (other) 단수명사 … as[so] 원급 as ~)
   No other continent is **smaller than** Australia in the world. (no (other) 단수명사 … 비교급 than ~)
   Australia is **smaller than any other continent** in the world. (비교급 than any other 단수명사)
   (= Australia is **the smallest continent** in the world.)

02 **Nothing** is **as[so] important as** health in life. (nothing … as[so] 원급 as ~)
   Nothing is **more important than** health in life. (nothing … 비교급 than ~)
   Health is **more important than anything else** in life. (비교급 than anything else)
   (= Health is **the most important thing** in life.)

---

1 그는 한국에서 가장 인기 있는 배우이다. **01** 사라는 우리 반의 모든 학생 중에서 가장 부지런하다. **02** 캐나다는 세계에서 두 번째로 큰 나라이다. **03** 이것은 내가 지금까지 들었던 것 중에 가장 무서운 이야기이다. **04** 도쿄는 세계에서 가장 분주한 도시 중 하나이다. **05** 운이 좋게도, 나는 홍콩으로 가는 가장 저렴한 표를 구했다. **06** 그 식당은 우리 마을에서 단연 저녁 식사하기에 가장 좋은 장소이다. *cf.* 나는 내 꿈을 향해서 노력할 때가 가장 행복하다. / 우리 엄마는 가족 중에서 가장 일찍 일어나신다. 2 **01** 세계에서 어떤 대륙도 호주만큼 작지 않다. / 세계에서 어떤 대륙도 호주보다 더 작지 않다. / 호주는 세계에서 다른 어떤 대륙보다 더 작다. (= 호주는 세계에서 가장 작은 대륙이다.) **02** 인생에서 어떤 것도 건강만큼 중요하지 않다. / 인생에서 어떤 것도 건강보다 더 중요하지 않다. / 건강은 인생에서 다른 어떤 것보다 더 중요하다. (= 건강은 인생에서 가장 중요한 것이다.)

Golden Rule

✒ 095
최상급 구문

1. 기본 최상급 구문

the+최상급+in[of]
~에서 가장 …한

2. 다양한 최상급 구문

the least+원급
가장 …이 아닌
the+서수+최상급
~ 번째로 가장 …한
one of the+최상급+복수명사
가장 …한 것들 중 하나
the+최상급+(that+)S+ have ever p.p.
지금까지 ~ 중에 가장 …한

3. 원급, 비교급을 활용한 최상급 표현

A > B, C, D일 때

A is 비교급 than any other 단수명사.

No (other) 명사 is as 원급 as A.

No (other) 명사 is 비교급 than A.

주의 ⚠

any[no] other+단수명사

e.g. The Nile is longer than any other **rivers**(→ **river**) in the world.

Application Exercises

A 개념 주어진 우리말과 같은 뜻이 되도록 괄호 안의 단어를 활용하여 문장을 완성하시오.

01 일반적으로, 갈색은 가을 패션으로 가장 인기 있는 색상이다.
→ Generally, brown is _____ for fall fashion.
(popular, color)

02 무료 인터넷이 없는 호텔은 여행객들 사이에서 가장 큰 불만들 중 하나이다.
→ Hotels without free Internet are _____
among travelers.
(one, complaint, big)

03 이 버스 앱은 내가 여태껏 이용해 본 중에 가장 유용한 응용 프로그램이다.
→ This bus app is _____.
(useful, application, ever, use)

04 계획을 세울 때는, 가장 중요하지 않은 일을 목록의 마지막에 적어라.
→ When you make a plan, write _____
at the end of your list.
(least, task, important)

05 캘리포니아는 미국에서 세 번째로 큰 주(州)이다.
→ California is _____ in the U.S.
(third, large, state)

B 개념 <보기>와 같이 주어진 문장과 같은 뜻이 되도록 빈칸을 바르게 채우시오.

> 보기 | The Nile is the longest river in the world.
> = The Nile is __longer than any other river__ in the world.
> = No other river in the world is __as[so] long as the Nile__.
> = No other river in the world is __longer than the Nile__.

01 The fried rice is the most delicious dish in this restaurant.
= The fried rice is _____ in this restaurant.
= No other dish in this restaurant is _____ the fried rice.
= No other dish in this restaurant is _____ the fried rice.

02 Doing your best is the most valuable thing in your life.
= Doing your best is _____ in your life.
= No other thing in your life is _____ doing your best.
= Nothing in your life is _____ doing your best.

A generally 일반적으로 / complaint 불평 / application 응용 프로그램; 지원(서) / state 주(州); 상태

도치, 강조

1 도치구문

On top of the drawer is an alarm clock.
장소의 부사구　　　V　　　S

(← An alarm clock is *on top of the drawer*.)

「주어+동사」의 어순을 취하는 평서문에서 강조를 위해 특정한 어구가 문장 앞으로 나갈 때 「(조)동사+주어」의 어순이 되는데, 이를 도치라고 한다. 주로 '방향, 장소의 부사(구)'나 '부정어 (포함 어구)'가 문두로 나갈 때 도치가 일어난다.

＊다음 문장을 해석하면서 문두에 위치한 어구와 도치된 주어, 동사를 확인해 보자.

01 *Around the fence* **grow various flowers**.　　　(부사구+자동사+주어)

02 *There* **is a bowl of salad** on the table.　　　(There+be동사+주어)

03 *Never* **have I** seen such an exciting movie.　　　(부정어+(조)동사+주어)

04 *Only five books* **could I** borrow at a time from the library.　　(준부정어 only 포함 어구+(조)동사+주어)

05 *No sooner* **had I** lain on my bed than I fell asleep.　　　(부정어구+(조)동사+주어)

06 *Not until the accident* **did I** realize the value of health.　　　(부정어구+(조)동사+주어)

07 My mom cooks very well and *so* **does my sister**.　　　(so+(조)동사+주어: ~도 또한 그렇다(긍정문))

08 James hasn't seen the movie and *neither[nor]* **have I**. (neither[nor]+(조)동사+주어: ~도 또한 그렇지 않다(부정문))

＊if가 이끄는 조건절의 동사가 were, had, should일 때, 「(조)동사+주어」의 어순으로 도치시켜 표현하기도 한다.

09 **Were I** in your shoes, I would apologize to her first.　　　(= If I were ~)

10 **Had it** not been for his support, I couldn't have finished it.　　(= If it had ~)

cf. 다음과 같은 경우에는 주어와 (조)동사를 도치시키지 않는다.
　　Here **he comes** with his dog. (there[here] 뒤 주어가 대명사일 때)
　　No **photography is** allowed during the performance. (부정어가 주어를 수식할 때)
　　The living room **I have** already cleaned. (목적어가 문두로 나갈 때)

2 강조구문

It was *a mosquito* that[which] kept me awake all night. (주어 강조)

문장에서 주어, 목적어, 부사구[절]와 같은 특정 어구를 강하게 전달하고자 할 때, 「It is[was] ~ that ...」 구문을 사용한다.

＊강조하는 (대)명사가 사람일 경우 that대신 who(m), 사물이면 which를 쓸 수 있다. 해석하면서 확인해 보자.

01 **It is** *my parents* **that[who(m)]** I admire most in the world.　　　(목적어 강조)

02 **It was** *at the airport* **that** I met my old friend by chance.　　　(부사구 강조)

03 **It was** *because I broke the promise* **that** she got angry at me.　　　(부사절 강조)

---

1 서랍 위에는 알람시계가 있다. **01** 울타리 주위로 다양한 꽃들이 자란다. **02** 식탁 위에 샐러드 한 그릇이 있다. **03** 나는 그렇게 재미있는 영화를 본 적이 없다. **04** 나는 그 도서관에서 한 번에 오직 다섯 권의 책을 빌릴 수 있었다. **05** 나는 침대에 눕자마자 잠이 들었다. **06** 나는 그 사고가 있고서야 비로소 건강의 가치를 깨달았다. **07** 우리 엄마는 요리를 매우 잘하시는데 내 여동생도 그렇다. **08** 제임스는 그 영화를 본 적이 없고 나도 그렇다. **09** 내가 네 입장이라면, 나는 그녀에게 먼저 사과할 텐데. **10** 그의 도움이 없었더라면, 나는 그것을 끝낼 수 없었을 것이다. *cf.* 그가 자신의 개와 함께 온다. / 공연 중에는 사진 촬영이 허용되지 않습니다. / photography 사진 촬영 / 거실은 제가 이미 청소했습니다. **2** 나를 밤새 깨어 있게 한 것은 모기 한 마리였다. **01** 내가 세상에서 가장 존경하는 이는 바로 내 부모님이다. / admire 존경하다 **02** 내가 우연히 오랜 친구를 만난 곳은 바로 공항에서였다. **03** 그녀가 내게 화를 낸 것은 내가 약속을 어겼기 때문이었다. **04** 그 정장을 입으니 그는 정말로 멋져 보인다. **05** 사라는 피아노 경연대회에서 우승하기 위해 정말로 최선을 다했다.

*do[does, did]는 '정말[확실히] ~하다'란 의미로 술어동사 앞에 써서 동사의 의미를 강조한다.

04 He **does** *look* very nice in that suit. （동사 강조）

05 Sarah **did** *do* her best to win at the piano contest. （동사 강조）

Golden Rule

✦ 096
도치구문의 어순
장소, 방향의 부사구나 부정어
포함 어구가 문두에 오면 도치가
일어난다.

┌ 장소, 방향의 부사구+자동사+주어
│　　　　　　　　　　(be동사)
└ 부정어 포함 어구+
　1) be동사/조동사/자동사+주어
　2) 그 외 일반동사일 때: do[does,
　　did]+주어+동사원형

✦ 097
강조
1. 술어동사를 강조할 때는 do
[does, did]+술어동사의 원형
2. 「It is[was] ~ that ...」 구문은
주어, 목적어, 부사구[절]를 강조
할 때 사용한다.
cf. 강조하는 (대)명사가 사람일 때는
who(m), 사물이면 which를 쓸 수 있
다.

✦ 098
도치구문의 수일치
동사 앞의 부사구나 부정어구의 명사
를 주어로 착각하지 않도록 한다.
도치된 어구+동사+**주어**
　　　　　　└─────┘
　　　　　　　수일치

Application Exercises

A 개념 다음 굵게 표시된 부분이 강조되도록 주어진 문장을 바꿔 쓰시오.

01 A 24-hour convenience store is **in front of my house**.

→ In front of my house _____.

02 I have **never** read such a touching novel in my life.

→ _____ such a touching novel in my life.

03 The flu virus can spread **only through physical contact**.

→ Only through physical contact _____.

B 개념 다음 굵게 표시된 부분이 강조되도록 주어진 문장을 바꿔 쓰시오.

01 My sister didn't believe in Santa Claus, but I **believed** in him.

→ My sister didn't believe in Santa Claus, but I _____ in him.

02 **A 5-year-old child** called 119 to report his mother's accident.

→ It was a 5-year-old child _____ to report his mother's accident.

03 Our soccer team won the match against our rival team **by a score of 2-0**.

→ It was _____ against our rival team.

C 어법 다음 중 어법상 적절한 것을 고르시오.

01 These days, there [is / are] plenty of self-service gas stations.

02 At the center of the city [is / are] dozens of shops and restaurants.

03 Only recently [has / have] a video game been considered a form of art.

A convenience store 편의점 / contact 접촉(하다); 연락(하다) B believe in ~의 존재를 믿다 / rival 라이벌, 경쟁 상대
C dozens of 수십의

1 생략구문

＊반복을 피하기 위해 이미 나온 어구를 생략하여 문장을 간결하게 만들 수 있는데 이를 생략구문이라 한다. 다음 문장의 굵게 표시된 부분은 생략하더라도 의미 파악에 지장을 주지 않는다. 해석하면서 확인해 보자.

01 I enjoy spicy food, but my brother doesn't (***enjoy spicy food***).   (조동사 뒤 동사 생략)

02 He was a soccer player, but he isn't (***a soccer player***) now.   (보어 생략)

03 Fruit can stay fresh for months if (***it is***) kept in a freezer.   (부사절 내 「주어+be동사」 생략)

04 You can join us for dinner if you'd like to (***join us for dinner***).   (대부정사 뒤 동사 생략)

● 대부정사: 반복을 피하기 위해 to-v의 v를 생략한 것

2 삽입구문

＊문장 내에서 설명을 덧붙이거나 강조할 때, 또는 완곡하게 표현하기 위해 콤마(,)나 대시(—)를 이용하여 어구나 절이 삽입되기도 한다. 다음 문장의 굵게 표시된 삽입구[절]에 유의하여 해석하면서 확인해 보자.

01 True friends are, **indeed**, the treasures of our lives.   (단어 삽입)

02 Seoul, **with around 10 million citizens**, is the capital of Korea.   (전명구 삽입)

03 The movie, **starring a popular actor**, failed to attract audiences.   (분사구문 삽입)

04 Being on time, **I think**, is very important for a job interview.   (주절 삽입)

05 My younger brother is, **as I told you before**, tall and handsome.   (부사절 삽입)

06 There is little food, **if any**, in the refrigerator.   (관용구 삽입)

07 The shopping mall, **which opened last week**, is crowded with people.   (관계사절 삽입)

08 Could you tell me some books [which **you think** are interesting]?   (관계사절 내 「주어+동사」 삽입)

3 동격구문

＊콤마(,), or, of, that절 등을 사용하여 (대)명사를 달리 말하거나 의미를 보충할 수 있는데, 이를 동격구문이라 한다.

01 *Venice*, **the city of water**, is a world-famous tourist spot.   (명사, 명사)

02 *Biology*, **or the study of living creatures**, is my favorite subject.   (명사, or ~)

03 My family agreed to *the idea* **of spending the holidays at a beach**.   (명사+of ~)

04 No one can deny *the fact* **that everyone is equal**.   (명사+that절)

● 동격절을 이끄는 주요 명사: fact, news, belief, idea, notion(개념), thought, proposal, suggestion, opinion, hope, rumor 등

---

1 01 나는 매운 음식을 즐기지만 내 남동생은 그렇지 않다. **02** 그는 축구선수였지만, 지금은 그렇지 않다. **03** 과일은 냉동실에 보관되면 몇 달 동안 신선함을 유지할 수 있다. **04** 당신이 원한다면 저희와 저녁 식사를 함께하셔도 좋습니다. **2 01** 진정한 친구는, 정말로, 우리 삶의 보물이다. **02** 서울은, 약 천만 명의 시민이 있는데, 한국의 수도이다. **03** 그 영화는, 인기 있는 배우를 주연으로 했지만, 관객을 끄는 데 실패했다. / **star** 주연[주역]을 맡기다 / **attract** 끌다, 끌어당기다 **04** 시간을 지키는 것은, 내 생각에, 구직 면접에 정말로 중요하다. **05** 내 남동생은, 전에 네게 말했듯이, 키가 크고 잘생겼다. **06** 냉장고에는 음식이, 있다 하더라도, 거의 없다. / **refrigerator** 냉장고 **07** 그 쇼핑몰은, 지난주에 문을 열었는데, 사람들로 붐빈다. **08** 당신이 생각하기에 재미있는 책 몇 권을 말씀해 주시겠어요? **2 01** 물의 도시인 베네치아는 세계적으로 유명한 관광 장소이다. **02** 생물학, 즉 생물에 관한 학문은 내가 가장 좋아하는 과목이다. / **biology** 생물학 **03** 우리 가족은 휴가를 바닷가에서 보내는 생각에 동의했다. **04** 누구도 모든 사람이 평등하다는 사실을 부인할 수 없다. / **deny** 부인[부정]하다

동격절을 이끄는 that 앞에 있는 명사를 선행사로 착각하는 경우가 많다. 그러나 동격절을 이끄는 that은 접속사이므로 뒤에 완전한 구조가, 관계대명사 that 뒤에는 불완전한 구조가 이어진다. (☞ Unit 18)

I agree to **the opinion that** pets are a great comfort to people. (동격)
나는 애완동물이 사람들에게 큰 위로가 된다는 의견에 동의한다.

The opinion [that I expressed ●] wasn't accepted. (관계대명사)
내가 말한 그 의견은 받아들여지지 않았다.

Golden Rule

✦ 099
반복되는 어구의 생략
1. 문장 내 반복되는 주어, 동사, 보어는 생략할 수 있다.
2. 조동사나 대부정사 뒤에 반복되는 동사구는 생략할 수 있다.
3. 부사절의 주어가 주절의 주어와 일치할 때 부사절의 「주어+be동사」는 생략할 수 있다.

✦ 100
어구나 절은 콤마(,)나 대시(—)로 삽입되기도 하나, 그러한 표시가 없는 경우도 있으므로 유의한다.
e.g. Tell me *the shirt* [which **you think** looks better on me].
네가 생각하기에 내게 더 잘 어울리는 셔츠를 말해 줘.

✦ 101
콤마(,), of, or, that절을 통해 (대)명사를 달리 말하거나 의미를 보충할 수 있다.
동격절을 이끄는 주요 명사: fact, news, belief, idea, thought 등

Application Exercises

A 개념 <보기>와 같이 다음 문장에서 생략할 수 있는 부분을 ( )로 표시하시오.

> 보기 I walked to the supermarket and (I) bought an ice cream.

01 Bryan is a firefighter, as his father used to be a firefighter.

02 I didn't want to buy an umbrella, but I had to buy an umbrella because it was raining.

03 You need to wear sunblock when you are participating in outdoor activities.

B 개념 다음 문장에서 삽입된 어구에 밑줄을 그으시오.

01 Janet recommended some English classes that she thought would be helpful for me.

02 Following the recipe, as it was shown on the show, was not easy for me.

03 The lake near my house, frozen in winter, is a good place for skating.

04 Being honest, I suppose, is the key to healthy relationships.

C 개념 다음 문장에서 굵게 표시된 부분과 동격을 이루는 부분을 찾아 밑줄을 그으시오.

01 How do you like **the idea** of changing the time of our appointment?

02 **Folk songs**, simple songs with a guitar, are gaining in popularity.

03 I was surprised at **the fact** that mosquitoes carry deadly diseases.

04 We can learn about cultures in the past through **archaeology**, or the study of ancient societies.

B the key to A A의 비결 **C** appointment (특히 업무 관련) 약속; 임명 / folk song 포크송; 민요 / **deadly** 치명적인 / **archaeology** 고고학

Overall Exercises

1 다음 중 어법과 문맥상 적절한 것을 고르시오.

01 There [is / are] some tips for choosing fresh vegetables in this article.

02 Time management is as [important / importantly] as money management to success.

03 The subway map of Paris is [very / even] more complicated than that of Korea.

04 At each end of the bus terminal [is / are] information desks for customers.

05 Speak as [clear / clearly] as possible when you take an English speaking test.

06 The art festival, held every two years, [offers / offer] the chance to meet local artists.

07 Working with others can solve a problem more [effective / effectively] than working alone.

2 다음 밑줄 친 부분이 어법과 문맥상 맞으면 O, 틀리면 X로 표시하고 바르게 고치시오.

01 On the top shelf of the bookcase <u>is</u> his favorite comic books.

02 Having fun during the game is more valuable than <u>to win</u> the game.

03 The more widely you read, the <u>much</u> your vocabulary will improve.

04 I think inner beauty is more significant <u>as</u> a good-looking appearance.

05 The belief that sudden increases in temperature cause headaches <u>are</u> not true.

06 My new dogs, which I got from an animal shelter, <u>are</u> shy around strangers.

07 Only recently <u>has</u> the world become aware of the dangers of environmental pollution.

3 다음 중 <보기>의 문장과 의미가 <u>다른</u> 것은?

> **보기** Setting specific goals is the most essential point in exercising.

① Setting specific goals is more essential than any other point in exercising.

② Nothing is as essential as setting specific goals in exercising.

③ Setting specific goals is more essential than anything else in exercising.

④ No other point is more essential than setting specific goals in exercising.

⑤ Setting specific goals is less essential than any other point in exercising.

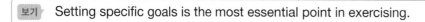

---

1 management 관리 / complicated 복잡한 **2** bookcase 책장 / vocabulary 어휘 / inner 내면의 / significant 중요한; 상당한 / animal shelter 동물 보호소 / environmental 환경의 **3** specific 구체적인

4 다음 빈칸에 알맞은 것을 <보기>에서 골라 문장을 완성하시오.

> **보기**   is   are   do   does

01 Most movies are three times longer than episodes of TV dramas _____ .

02 Sam doesn't like to put things off until later, and neither _____ Mike.

03 I am very tired after mountain climbing, and so _____ my brother.

04 Jane and I like swimming. She goes to a swimming pool as often as I _____ .

5 주어진 우리말과 같은 뜻이 되도록 괄호 안의 단어를 재배열하시오.

01 당신의 시력에 손상을 입히는 것은 바로 과도한 스마트폰 사용이다.

→ It is _____ .

(too much use of, damages, smartphones, that, your eyesight)

02 식품에 들어 있는 많은 양의 설탕은 체중 감량의 가장 큰 걸림돌들 중 하나이다.

→ The large amount of sugar in food is _____ to weight loss.

(biggest, one, the, of, obstacles)

03 바나나는 줄기의 윗부분을 랩으로 감싸면 더욱 천천히 익는다.

→ Bananas ripen more slowly _____ around the top of the stem.

(plastic wrap, if, with, sealed)

04 경청하는 것이 의사소통에 중요하다는 사실을 명심하세요.

→ Keep in mind _____ in communication.

(listening well, that, is, the fact, important)

6 다음 밑줄 친 부분 중, 어법상 틀린 것을 찾아 바르게 고치시오.

These days, password requirements are getting more and more complicated. Only after trying several passwords <u>can</u> we succeed in creating a new online account. Of course,
    ①
the more complicated the password is, the <u>secure</u> it is. However, it's the complicated
    ②
requirements <u>that</u> make choosing a password so stressful.
    ③

---

4 episode (방송 프로그램의) 1회 방송분 / put off 미루다 **5** eyesight 시력 / obstacle 장애물 / ripen 숙성하다 / plastic wrap 식품 포장용 랩 / stem 줄기
6 requirement 필요조건 / account 계정; 계좌 / secure 안전한

7 (A), (B), (C)의 각 네모 안에서 어법에 맞는 표현으로 가장 적절한 것은?

Over the past thirty years, evidence for the benefits of nuts (A) grew / has grown . Several studies have shown that nuts help decrease dramatically the occurrence of cancer, heart disease, and strokes, while significantly increasing the average person's life span. As people ate more fat calories from nuts, rather than cooked carbohydrates such as rice and bread, their blood glucose levels dropped. So (B) did / was their weight. In other words, people who ate more nuts had a lower weight and thinner waist than (C) that / those who ate fewer calories. Certainly, one shouldn't consume too many nuts, because they are rich in calories. In reasonable quantities, however, they increase the amount of fat which the body doesn't absorb and help you control overeating.

*carbohydrate: 탄수화물
**blood glucose: 혈당(혈액 중에 녹아 있는 포도당)

	(A)		(B)		(C)
①	grew	⋯⋯	did	⋯⋯	that
②	grew	⋯⋯	was	⋯⋯	those
③	has grown	⋯⋯	did	⋯⋯	that
④	has grown	⋯⋯	did	⋯⋯	those
⑤	has grown	⋯⋯	was	⋯⋯	that

8 다음 글의 밑줄 친 부분 중, 어법상 틀린 것은?

Looking through boxes in their basement, homeowners, Tommy and Cherry Settle discovered a small notebook. Inside the notebook ① was several old recipes, including one for fried chicken that called for 11 herbs and spices. The number immediately caught the attention of the Settles because their home had once belonged to Kentucky Fried Chicken founder Colonel Harland Sanders. The Settles believed the recipe may be a copy of Colonel Sanders's "Original Recipe," a carefully kept secret by KFC and the foundation ② which the $20 billion fast-food chain was built on. Only ③ a few KFC employees know the recipe, and none is allowed to talk about it. So, was the Settles' find genuine? The Settles thought so, because when they asked KFC about it, the chain demanded that the recipe ④ be given to them, and even filed a lawsuit. If the recipe were ever released, KFC wouldn't be able to stop it from ⑤ being used.

---

7 evidence 증거 / benefit 이익(을 얻다) / decrease 감소시키다 (↔ increase 증가시키다) / dramatically 극적으로 / occurrence 발생, 일어남 / stroke 뇌졸중 / B rather than A A라기 보다는 오히려 B / consume 먹다; 소비하다 / quantity 양 / overeating 과식 **8** basement 지하실 / including ~을 포함하여 / herb 허브, 약초 / spice 양념, 향신료 / founder 창립자 cf. foundation 창립, 설립 / colonel 대령 / be built on ~을 기반으로 하다[세워지다] / genuine 진짜의 / file a lawsuit 소송을 제기하다

Grammar Organizer

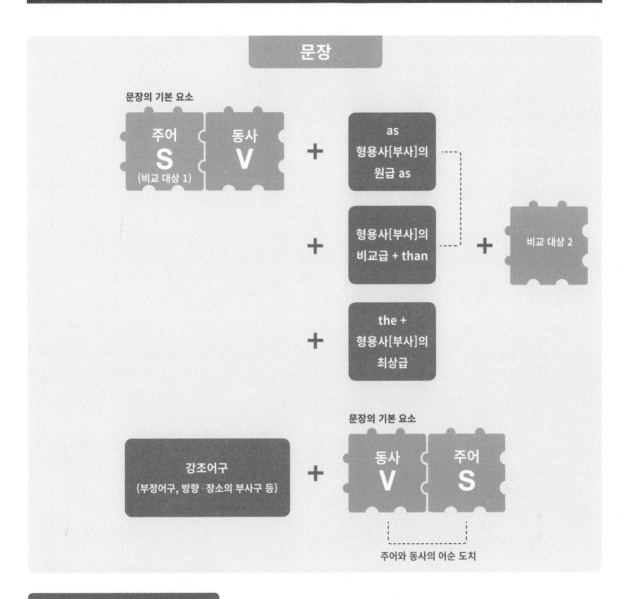

문장

문장의 기본 요소

주어 S (비교 대상 1) 동사 V

\+ as 형용사[부사]의 원급 as

\+ 형용사[부사]의 비교급 + than

\+ the + 형용사[부사]의 최상급

\+ 비교 대상 2

문장의 기본 요소

강조어구 (부정어구, 방향·장소의 부사구 등)

\+ 동사 V 주어 S

주어와 동사의 어순 도치

CHAPTER GOALS Checklist

다음 목표를 달성했으면 □ 안에 ✓로 표시하시오.

1. 원급, 비교급, 최상급의 구조와 의미를 바르게 이해했다. □
2. 원급, 비교급의 관용 표현과 혼동 비교급 구문을 바르게 이해했다. □

as ~ as possible (= as ~ as+S+can[could])	가능한 한 ~한[하게]
the+비교급, the+비교급	~할수록 더 …한
not more than (= at (the) most)	많아야, 기껏해야
not less than (= at (the) least)	적어도

3. 여러 가지 특수구문을 이해하고 그 의미를 바르게 파악했다. □
   ① 도치구문   ② 강조구문   ③ 생략구문
   ④ 삽입구문   ⑤ 동격구문

1 구문

판매 1위 '천일문' 콘텐츠를 활용하여 정확하고 다양한 구문 학습

(끊어읽기) (해석하기) (문장 구조 분석) (해설·해석 제공) (단어 스크램블링) (영작하기)

2 문법·서술형

쎄듀의 모든 문법 문항을 활용하여 내신까지 해결하는 정교한 문법 유형 제공

(객관식과 주관식의 결합) (문법 포인트별 학습) (보기를 활용한 집합 문항) (내신대비 서술형) (어법+서술형 문제)

3 어휘

초·중·고·공무원까지 방대한 어휘량을 제공하며 오프라인 TEST 인쇄도 가능

(영단어 카드 학습) (단어 ↔ 뜻 유형) (예문 활용 유형) (단어 매칭 게임)

4 선생님 보유 문항 이용

(Online Test) (OMR Test)

---

 cafe.naver.com/cedulearnteacher

쎄듀런 학습 정보가 궁금하다면?

쎄듀런 Cafe

· 쎄듀런 사용법 안내 & 학습법 공유
· 공지 및 문의사항 QA
· 할인 쿠폰 증정 등 이벤트 진행

문법의
골든룰
101

The 101 Golden Rules of Grammar

정답 및 해설

쎄듀 | 쎄듀런

문법의
골든룰
101

정답 및 해설

Unit 1 | Application Exercises p.023

A 이 문제는?

> SV문형은 동사 뒤에 보어나 목적어를 취하지 않아도 완전한 의미가 된다는 것 파악하기

01 **doesn't occur,** 일어나다[발생하다], **O** | 행동 변화는 하룻밤 사이에 일어나지 않는다. | 해설 overnight는 부사로 쓰였다.

02 **starts,** 시작하다, **O** | 초보자를 위한 요가 수업은 오전 10시에 시작한다.

03 **happened,** 일어나다[발생하다], **O** | 두 가지 좋은 일이 내게 동시에 일어났다.

04 **became,** ~해지다, **X** | 하늘이 갑자기 어두워졌다. | 해설 동사 become은 '~이 되다; ~해지다'라는 뜻. 주어(The sky)와 동사(became)만으로 의미가 완전하지 않으므로 동사 뒤에 주어를 설명해 주는 보어가 필요하다. 따라서 SVC문형에 해당. (☞ Unit 2)

05 **are cheering,** 응원하다, **O** | 붉은색 티셔츠를 입은 많은 사람이 경기장에서 응원하고 있다.

06 **enjoyed,** 즐기다, **X** | 우리는 뉴욕에서 우리의 시간을 즐겼다. | 해설 동사 enjoy는 '즐기다'라는 뜻. 주어(We)와 동사(enjoyed)만으로 의미가 완전하지 않으므로 동사 뒤에 enjoyed의 대상(목적어)이 필요하다. 따라서 SVO문형에 해당. (☞ Unit 3)

07 **gets up,** 일어나다, **O** | 사라는 아침 식사를 위해 보통 일찍 일어난다.

08 **arrives,** 도착하다, **O** | 부산에서 오는 버스는 오후 3시에 도착한다.

09 **fell,** 떨어지다, **O** | 모든 열매가 강풍이 부는 동안 나무에서 떨어졌다.

10 **sat down,** 앉다, **O** | 우리 가족은 점심을 먹으려고 나무 아래에 앉았다.

B 이 문제는?

> <count v. 수를 세다 / pay v. 지불하다 / matter n. 일, 문제 / work v. 일하다; 공부하다>의 의미로 익숙하게 알고 있는 단어들이 SV문형에서 다른 의미로 쓰이는 것 파악하기

01 ❺ | 에스컬레이터를 타는 대신 계단을 오르는 것은 당신의 일상 운동을 위해 중요하다. | 해설 Climbing the stairs instead of
$\underset{\text{S}}{}$
riding the escalator **counts** / for your daily exercise.
$\underset{\text{V}}{}$
Climbing ~ escalator는 동명사 주어. (☞ CHAPTER 6)

02 ❻ | 열심히 일하는 것이 결국에는 항상 이득이 된다.

03 ❺ | 다른 사람들에게 선물을 줄 때, 그것이 꼭 비쌀 필요는 없다. 가격이 아니라 생각이 중요한 것이다.

04 ❸ | 그는 대학에서 열심히 공부하여 지난달에 졸업했다.

05 ❹ | 잔돈을 세보시고 맞는지 확인해주세요.
| 해설 $\underset{\text{V}}{\text{Count}}$ $\underset{\text{O}}{\text{your change}}$ and ~.

06 ❷ | 내 차에 있는 에어컨과 CD 플레이어는 가끔 작동하지 않는다. | 해설 Sometimes $\underset{\text{S}}{\text{the air conditioner and the CD player}}$ [in my car] $\underset{\text{V}}{\text{don't work}}$.

Unit 2 | Application Exercises p.025

A 이 문제는?

> SVC문형은 주어와 동사만으로는 문장의 의미가 완전하지 않고 주어를 보충 설명하는 보어(명사 or 형용사)가 반드시 필요하다는 것 파악하기

01 **remains,** ~인 채로 있다, **O** | 아버지는 어떤 어려운 상황에서도 항상 평정심을 유지하신다.

02 **is,** ~이다, **O** | 우리 지역의 대중교통은 정말 편리하다.

03 **sounds,** ~하게 들리다, **O** | 라디오에서 DJ의 목소리가 매우 부드럽게 들린다.

04 **left,** 떠나다, **X** | 데이비드는 오늘 출장을 위해 일찍 떠났다. | 해설 주어(David)와 동사(left)만으로도 의미가 완전하므로 SV문형에 해당한다. early는 동사 left를 수식하는 부사이며, for his business trip과 today 역시 부사(구)이다.

05 **goes,** ~해지다, **O** | 여름에는, 높은 기온 때문에 음식이 쉽게 상한다. | 해설 동사 go는 여기서 '가다'라는 뜻이 아니라 변화를 나타내는 '~해지다'라는 의미. 주어를 보충 설명해 주는 보어 bad가 있어야 문장이 성립한다.

06 **become,** ~해지다, **O** | 인사를 주고받음으로써, 사람들은 친숙해진다. | 해설 friendly는 '-ly'의 형태지만 형용사로서 문장의 주어인 people의 상태를 보충 설명하고 있다.

07 **grew,** ~해지다, **O** | 내 머리카락은 스트레스 때문에 저절로 흰 머리가 되었다.

08 **seemed,** ~인 것 같다, **O** | 그 의사의 얼굴 표정은 심각한 것 같았다.

B 이 문제는?

> 보어로 쓰이는 형용사 자리와 동사를 수식하는 부사 자리 파악하기

01 **warm** | 이번 주말에 날씨가 따뜻해질 것이다. | 해설 문맥상 동사 get이 '~해지다'라는 뜻의 SVC문형 동사로 쓰여 주격보어가 필요하다. 보어가 될 수 있는 것은 형용사이므로 warm이 적절. 부사는 보어 자리에 올 수 없다.

02 **familiar** | 저기에 있는 소녀는 내게 낯이 익어 보인다. | 해설 문맥상 동사 look이 '~하게 보이다'라는 뜻의 SVC문형 동사로 쓰여 주격보어가 필요하다. 보어 자리이므로 형용사가 적절.

03 **suddenly** | 개 한 마리가 문 뒤에서 갑자기 나타났다. | 해설 문맥상 동사 appear는 '나타나다'란 뜻의 SV문형 동사로 쓰여 주격보어가 필요하지 않다. 따라서 동사를 수식하는 부사 suddenly가 적절.

04 **quiet** | 극장에 있는 모든 사람이 공연 내내 조용한 채로 있었다. | 해설 문맥상 동사 keep이 '~인 채로 있다'라는 뜻의 SVC문형 동사로 쓰여 주격보어가 필요하다. 보어 자리이므로 형용사가 적절.

05 **sweet** | 우리 집 마당에 있는 장미와 튤립은 정말로 향긋한 냄새가 난다. | 해설 동사 smell(~한 냄새가 나다)의 보어 자리이므로 형용사가 적절.

06 **cold** | 배달 음식은 도착하기 전에 종종 차갑게 된다. | 해설 문맥상 동사 turn이 '(~한 상태로) 되다'란 뜻의 SVC문형 동사로 쓰여 주격보어가 필요하다. 보어 자리이므로 형용사가 적절.

07 **gently** | 빗방울이 땅에 조용히 떨어지고 있다. | 해설 문맥상 동사 fall이 '떨어지다'란 뜻의 SV문형 동사로 쓰여 주격보어가 필요하지 않다. 따라서 동사를 수식하는 부사 gently가 적절.

08 **bitter** | 이 채소는 쓴맛이 나지만, 건강에는 좋다. | 해설 동사 taste(~한 맛이 나다)의 보어 자리이므로 형용사가 적절.

09 **different** | 제인은 그녀의 쌍둥이 여동생과 달라 보인다. | 해설 문맥상 동사 look이 '~하게 보이다'라는 뜻의 SVC문형 동사로 쓰여 주격보어가 필요하다. 보어 자리이므로 형용사가 적절.

10 **rapidly** | 그 도시는 새로운 대중교통 시스템으로 빠르게 성장했다. | 해설 문맥상 동사 grow는 '성장하다'란 뜻의 SV문형 동사로 쓰여 주격보어가 필요하지 않다. 따라서 동사를 수식하는 부사 rapidly가 적절. 형용사 rapid가 오려면 동사 grow를 be동사로 바꿔봤을 때 의미가 통해야 하는데 'The city was rapid.(도시가 빨랐다.)'는 논리적으로 말이 되지 않으므로 적절하지 않다.

11 **comfortable** | 우리는 그 호텔의 따뜻이 맞이하는 분위기에서 편안하게 느꼈다. | 해설 동사 feel(~한 느낌이 들다)의 보어 자리이므로 형용사가 적절.

Unit 3   Application Exercises   p.027

A 이 문제는?

> SVO문형은 주어와 동사만으로는 문장의 의미가 완전하지 않고 동작의 대상인 목적어가 반드시 필요하다는 것 파악하기

01 **started, 시작하다, O** | 아버지는 최근 중국에서 새로운 사업을 시작하셨다.

02 **improves, 향상시키다, O** | 적절한 걱정은 실제로 당신의 성과를 향상시킨다.

03 **remain, 계속[여전히] ~이다, X** | 우리의 배낭여행은 즐거운 기억으로 남을 것이다. | 해설 동사 뒤에 나오는 명사구 a delightful memory가 주어인 Our backpacking trip과 동격의 개념이므로

SVC문형에 해당한다. (☞ Unit 2)

04 **keeps, 지키다, O** | 책임감 있는 사람은 약속을 잘 지킨다.

05 **broke, 깨다, O** | 조던은 실수로 비싼 접시를 깨뜨렸다.

06 **gets, 받다, O** | 이 방은 창문을 통해 햇빛을 많이 받는다.

B 이 문제는?

> ① SV문형과 SVO문형에 쓰이는 혼동 동사 구분하기 (lie, lay, rise, raise, sit, seat)
> ② SVO문형에서 목적어가 '~와, ~에' 등으로 해석될 때 목적어 앞에 불필요한 전치사를 붙이지 않는 것 확인하기

01 **laid** | 존은 그릴에 큰 쇠고기 한 덩이를 놓았다. | 해설 뒤에 목적어 a big piece of beef를 취하므로 '놓다'라는 뜻의 타동사 lay의 과거형 laid가 적절.

02 **raises** | 운동은 체온을 거의 1℃까지 올린다. | 해설 뒤에 목적어 body temperature를 취하므로 '올리다'라는 뜻의 타동사 raises가 적절.

03 **seated** | 스테이시는 손님들을 식탁에 둘러앉혔다. | 해설 뒤에 목적어 her guests를 취하므로 '앉히다'라는 뜻의 타동사 seated가 적절.

04 **lay** | 많은 사람이 일광욕을 위해 잔디밭에 누워 있었다. | 해설 뒤에 목적어가 없고 부사구 on the grass가 나오므로 자동사가 들어갈 자리. 문맥상 '눕다'라는 뜻의 자동사 lie의 과거형인 lay가 적절.

05 **enter** | 병실에 들어가기 전에는 손을 씻어라. | 해설 동사 enter 뒤에 목적어가 오면 '~에 들어가다'로 해석되어 전치사를 붙이기 쉬우나 SVO문형을 취하므로 동사 뒤에 전치사가 불필요하다.

06 **resemble** | 알레르기의 증상은 종종 일반 감기와 비슷하다. | 해설 동사 resemble 뒤에 목적어가 오면 '~와 닮다'로 해석되어 전치사를 붙이기 쉬우나 SVO문형을 취하므로 동사 뒤에 전치사가 불필요하다.

07 **lay** | 많은 책과 서류가 탁자 위에 놓여 있었다. | 해설 뒤에 목적어가 없고 부사구 on the table이 나오므로 자동사가 들어갈 자리. 문맥상 '놓여 있다'라는 뜻의 자동사 lie의 과거형 lay가 적절. 동사 lie(눕다; 놓여 있다)의 과거형은 lied가 아니라 lay인 것에 주의한다.

08 **rise** | 온도가 낮 동안 오를 것이다. | 해설 뒤에 목적어가 없고 부사구 during the daytime이 나오므로 '오르다'라는 뜻의 자동사 rise가 적절.

C 이 문제는?

> SVO문형에서 목적어가 '~와, ~에' 등으로 해석될 때 목적어 앞에 불필요한 전치사를 붙이지 않는 것 확인하기

01 **X, approached** | 한 뉴스 기자가 인터뷰를 위해 내게 다가왔다. | 해설 동사 approach 뒤에 목적어가 오면 '~에 다가가다'로 해석되어 전치사를 붙이기 쉬우나 SVO문형을 취하므로 동사 뒤에 전치사가 불필요하다.

02 **X, attend** | 오늘날, 많은 젊은 남성이 요리 강좌에 출석한다. |

| 해설 | 동사 attend 뒤에 목적어가 오면 '~에 출석하다'로 해석되어 전치사를 붙이기 쉬우나 SVO문형을 취하므로 동사 뒤에 전치사가 불필요하다.

03 **X, affect** | 날씨는 당신의 기분과 건강에 영향을 미칠 수 있다. | 해설 동사 affect 뒤에 목적어가 오면 '~에 영향을 미치다'로 해석되어 전치사를 붙이기 쉬우나 SVO문형을 취하므로 동사 뒤에 전치사가 불필요하다.

Unit 4   Application Exercises   p.029

A 이 문제는?

① SVOO문형의 어순을 파악하고, SVOO문형이 <동사+목적어+부사구> 형태로 쓰일 때 알맞은 전치사 넣기
② SVOO문형으로 착각하기 쉬운 SVO문형 동사 구조 파악하기

01 **X** | 봉사활동은 당신에게 사회적 상호 작용을 할 수 있는 더 많은 기회를 준다. | 해설 <give+간접목적어(you)+직접목적어(more opportunities ~ interaction)>의 어순이 바르게 쓰였다.

02 **houses for poor people** | 그 회사의 회장은 가난한 사람들을 위해 집을 지어주었다. | 해설 동사 build가 '~에게 …을 지어주다'의 뜻으로 쓰일 때 SVOO문형을 취하는데, 직접목적어에 해당하는 houses가 동사 바로 뒤에 왔으므로 간접목적어 poor people 앞에는 전치사 for가 필요하다.

03 **suggests to the readers** | 이 기사는 독자들에게 성공적인 글쓰기를 위한 몇 가지 조언을 제안한다. | 해설 동사 suggest는 SVO문형 동사로 「SVO+부사구」 형태를 취한다. 목적어는 a few tips ~ writing이므로 the readers 앞에 전치사 to가 필요하다. 이때 목적어가 상대적으로 길어 부사구가 목적어 앞에 왔다.

04 **X** | 다행히, 택시 운전사가 내게 잃어버린 휴대전화를 어제 가져다주었다. | 해설 <bring+간접목적어(me)+직접목적어(my lost cell phone)>의 어순이 바르게 쓰였다.

05 **his engagement to his fans** | 그 유명 영화배우는 팬들에게 자신의 약혼을 발표했다. | 해설 동사 announce는 SVO문형 동사로 「SVO+부사구」 형태를 취한다. 목적어는 his engagement이므로 his fans 앞에 전치사 to가 필요하다.

06 **books to local residents** | 도서관은 지역 주민들에게 2주간 무료로 책을 빌려줄 것이다. | 해설 동사 lend가 '~에게 …을 빌려주다'의 뜻으로 쓰일 때 SVOO문형을 취하는데, 직접목적어에 해당하는 books가 동사 바로 뒤에 왔으므로 간접목적어 local residents 앞에는 전치사 to가 필요하다.

07 **a special dinner for his family** | 존은 매년 크리스마스이브에 가족들을 위해 특별한 저녁 식사를 요리해 준다. | 해설 동사 cook이 '~에게 …을 요리해 주다'의 뜻으로 쓰일 때 SVOO문형을 취하는데, 직접목적어에 해당하는 a special dinner가 동사 바로 뒤에 왔으므로 간접목적어 his family 앞에는 전치사 for가 필요하다.

08 **the result of your test to you** | 저희가 당신에게 시험 결과를 이틀 안에 알려드리겠습니다. | 해설 동사 tell이 '~에게 …을 알려주다[말하다]'의 뜻으로 쓰일 때 SVOO문형을 취하는데, 직접목

적어에 해당하는 the result of your test가 동사 바로 뒤에 왔으므로 간접목적어 you 앞에는 전치사 to가 필요하다.

B 이 문제는?

간접목적어와 직접목적어를 찾아 바르게 해석하기

01 **us a copy of a newspaper article**, 우리에게 한 신문 기사의 복사본을

02 **me several questions about my suitcase**, 내게 내 여행 가방에 대한 몇 가지 질문을

03 **children health benefits**, 아이들에게 건강상의 이점을

Unit 5   Application Exercises   p.031

A 이 문제는?

SVOC문형은 목적어 뒤의 명사나 형용사가 보어로서 목적어= 보어 관계가 성립한다는 것 파악하기

01 **made, ~을 …로 만들다, O** | 블레어의 부모님은 그녀를 훌륭한 피겨 스케이팅 선수로 만들었다. | 해설 목적어(her) = 보어(a great figure skater) 관계가 성립하므로 SVOC문형에 해당한다.

02 **appointed, ~을 …로 임명하다, O** | 사장은 수잔을 마케팅 부서의 책임자로 임명했다. | 해설 목적어(Susan) = 보어(head of ~ department) 관계가 성립하므로 SVOC문형에 해당한다.

03 **thought, ~을 …로 생각하다, O** | 많은 시민이 교황의 방문을 큰 영광이라고 생각했다. | 해설 목적어(the visit of the Pope) = 보어(a great honor) 관계가 성립하므로 SVOC문형에 해당한다.

04 **made, ~에게 …을 만들어 주다, X** | 나는 내 남동생에게 종이 비행기를 많이 만들어 주었다. | 해설 my younger brother ≠ many paper airplanes이고, 문맥상 <make+IO+DO (~에게 …을 만들어 주다)> 구조로 해석하는 것이 적절하므로 SVOO문형에 해당한다.

05 **left, ~을 …(의 상태)로 두다, O** | 아이티의 지진은 20만 명이 넘는 사람들이 사망하게 했다. | 해설 목적어(over 200,000 people) = 보어(dead – 목적어의 상태) 관계가 성립하므로 SVOC문형에 해당한다.

06 **consider, ~을 …로 생각하다[여기다], O** | 일반적으로, 사람들은 책을 학습에 필수적인 도구로 여긴다. | 해설 목적어(books) = 보어(an essential tool for learning) 관계가 성립하므로 SVOC문형에 해당한다.

B 이 문제는?

보어로 쓰이는 형용사 자리와 동사를 수식하는 부사 자리 파악하기

01 **carefully** | 그 리더는 신중하게 결정을 내렸다. | 해설 문맥상 동사 made를 수식하는 부사 자리. SVOC문형으로 해석하면 '결정

4

을 신중한 상태로 만들었다'라는 의미가 되므로 적절하지 않다.

02 **convenient** | 나는 새로 산 내 컴퓨터가 일하기에 정말로 편리하다는 것을 알았다. | 해설 목적어인 my new computer를 보충 설명하는 보어 자리이므로 형용사가 와야 한다.

03 **continuously** | 나는 허리 통증을 지속적으로 느꼈다. | 해설 문맥상 동사 felt를 수식하는 부사 자리. 동사 feel이 SVOC문형으로 쓰일 때는 목적격보어 자리에 형용사가 아니라 원형부정사(v) 또는 분사(v-ing/p.p.) 형태가 온다. (☞ CHAPTER 7)

04 **uncomfortable** | 낯선 사람의 갑작스러운 방문이 나를 불편하게 만들었다. | 해설 <make+O+C (O를 C의 상태로 만들다)>의 구조로 목적격보어 자리이므로 형용사 uncomfortable이 적절.

05 **differently** | 다른 성격 유형은 세상을 다르게 바라본다. | 해설 문맥상 동사 see를 수식하는 부사 자리. 동사 see가 SVOC문형으

로 쓰일 때는 목적격보어 자리에 형용사가 아니라 원형부정사(v) 또는 분사(v-ing/p.p.) 형태가 온다. (☞ CHAPTER 7)

06 **sleepy** | 그의 3시간짜리 강의는 학생들을 졸리게 만들었다. | 해설 목적어인 the students를 보충 설명하는 보어 자리이므로 형용사가 와야 한다.

07 **easily** | 우리는 지도 애플리케이션으로 그 쇼핑몰을 쉽게 찾았다. | 해설 문맥상 동사 found를 수식하는 부사 자리. SVOC문형으로 해석하면 '그 쇼핑몰이 쉽다는 것을 알게 되었다'라는 의미가 되므로 적절하지 않다.

08 **lucky** | 대부분 사람들이 일반적으로 숫자 7이 행운을 가져온다고 여긴다. | 해설 목적어인 the number seven을 보충 설명하는 보어 자리이므로 형용사가 와야 한다.

| Unit 1 - Unit 5 | **Overall Exercises** | p.032 |

1

01 **open** | 그 대학 도서관은 일반인에게 개방되고 있다. | 해설 주어인 The college library를 보충 설명하는 보어 자리이므로 형용사가 적절.

02 **silent** | 오늘 아침 그들은 충격적인 뉴스에 조용해졌다. | 해설 주어인 They의 상태를 보충 설명하는 보어 자리이므로 형용사가 적절.

03 **rising** | 금 가격이 갈수록 더 오르고 있다. | 해설 뒤에 목적어가 없으므로 '오르다'라는 뜻의 자동사 rise가 적절.

04 **resemble** | 아이들은 부모와 식습관이 유사하다. | 해설 동사 resemble 뒤에 목적어가 오면 '~와 닮다'로 해석되어 전치사를 붙이기 쉬우나 SVO문형을 취하므로 동사 뒤에 전치사가 불필요하다.

05 **to me** | 스티브는 경기장에서 농구 규칙에 관해 내게 설명해 주었다. | 해설 동사 explain은 SVO문형 동사로 「SVO+부사구」 형태를 취한다. 목적어는 the rules of basketball이므로 me 앞에 전치사가 to가 필요하다. 이때 목적어가 상대적으로 길어 부사구가 목적어 앞에 왔다.

06 **to** | 데이브는 비 오는 날 내게 우산을 빌려주었다. | 해설 동사 lend가 '~에게 …을 빌려주다'의 뜻으로 쓰일 때 SVOO문형을 취하는데, 직접목적어에 해당하는 an umbrella가 동사 바로 뒤에 왔으므로 간접목적어 me 앞에는 전치사 to가 필요하다.

07 **coldly** | 그녀는 나를 냉담하게 바라보고는 고개를 돌려버렸다. | 해설 동사 look이 여기서는 '~하게 보이다'의 의미가 아니라 at과 함께 쓰여 '~을 보다'의 의미이므로 동사 look을 수식하는 부사 coldly가 적절.

2

01 **X, discussed** | 우리는 회의 일정에 대해 의논했다. | 해설 동사 discuss 뒤에 목적어가 오면 '~에 대해 의논하다'로 해석되어 전치

사를 붙이기 쉬우나 SVO문형을 취하므로 동사 뒤에 전치사가 불필요하다.

02 **X, to me** | 그녀는 내게 캐나다로 배낭여행 가는 것을 제안했다. | 해설 동사 suggest는 SVO문형 동사로 「SVO+부사구」 형태를 취한다. 목적어는 a backpacking trip to Canada이므로 me 앞에 전치사 to가 필요하다. 이때 목적어가 상대적으로 길어 부사구가 목적어 앞에 왔다.

03 **X, laid** | 그는 어제 할머니의 산소에 꽃을 놓아두었다. | 해설 lay는 자동사 lie(눕다; 놓여 있다)의 과거형 또는 타동사 lay(놓다)일 수 있다. 뒤에 목적어 flowers를 취하고 과거를 나타내는 부사구 yesterday가 있으므로 타동사 lay의 과거형 laid가 적절하다.

04 **O** | 삼촌은 내게 콘서트 표 두 장을 구해 주셨다. | 해설 <get+IO+DO (~에게 …을 마련해 주다)> 구조가 <SVO+부사구> 형태로 바뀌면서 간접목적어 me 앞에 전치사 for가 바르게 쓰였다.

05 **X, suddenly** | 그녀는 아무 말도 없이 갑자기 자리를 떠났다. | 해설 문맥상 동사 left를 수식하는 부사 자리.

06 **X, curious** | 좋은 제목은 그 영화에 대해 사람들이 더욱 호기심을 가지게 만든다. | 해설 <make+O+C (O를 C의 상태로 만들다)>의 구조로 목적어(people)를 보충 설명하는 목적격보어 자리이므로 형용사가 적절.

3

❷ | ⓐ 형형색색의 조개껍데기들이 해변에 놓여 있었다. ⓑ 인천에서 오는 비행편이 한 시간 늦게 도착했다. ⓒ 이 케이크는 커피와 함께 먹으면 맛있다. ⓓ 그 연극은 관객들에게 가족의 중요성을 가르쳐 준다. ⓔ 이기적인 사람들은 다른 사람들의 의견을 거의 중요하게 여기지 않는다. | 해설 ⓐ laid는 타동사 lay(놓다)의 과거형. 뒤에 목적어가 없고 부사구만 있으므로 자동사 lie(놓여 있다)의 과거형 lay로 고쳐야 한다. ⓓ 동사 teach가 '~에게 …을 가르쳐 주다'의 뜻으로 쓰일 때 SVOO문형을 취하는데, 직접목적어에 해당하는 the importance of family가 동사 바로 뒤에 왔으므로 간접목적어 its audience 앞에는 전치사

to가 필요하다. ⓔ <consider+O+C (O를 C로 여기다)>의 구조로 목적어인 the opinions of others를 보충 설명하는 목적격보어 자리이므로 형용사 important로 고쳐야 한다. 부사는 보어 자리에 올 수 없다. ⓑ 동사 arrived를 수식하므로 부사 late(늦게)가 적절하게 쓰였다. ⓒ 동사 taste(~한 맛이 나다)의 보어 자리이므로 형용사가 적절하게 쓰였다. 주어 This cake를 보충 설명한다.

4

❹ | 그는 앞마당에서 정성 들여 테이블을 만들고 있다. / 네 목소리가 정말 이상하게 들려. 무슨 일 있니? / 그 식당에서, 우리는 모든 음식이 비싸다는 것을 알았다. | 해설 문맥상 동사 is making을 수식하는 부사 자리. 형용사 careful이 목적어 a table을 보충 설명하는 것으로 해석하면 매우 어색하다. / 동사 sound(~하게 들리다)의 보어 자리이므로 형용사가 적절. / <find+O+C (O가 C임을 알게 되다)>의 구조로 목적어(all the dishes)를 보충 설명하는 목적격보어 자리이므로 형용사가 적절.

5

01 (1) ❸ | 옥수수 시럽은 빵을 더 오래도록 신선하게 유지해 준다.
(2) ❶ | 아빠는 엄마로부터 받은 모든 편지들을 보관하고 계신다.
(3) ❷ | 그는 3시간이 넘도록 침묵을 지켰다.

| Corn syrup **keeps** bread fresh longer. |
| V   O   C |
| SVOC: O를 C한 상태로 유지하다 |

| My dad **keeps** all the letters [from my mom]. |
| V   O |
| SVO: O를 보관하다 |

| He **kept** silent for more than three hours. |
| V   C |
| SVC: 계속해서 C한 상태이다 |

02 (1) ❷ | 누군가가 내게 신분증을 찾아주었다.
(2) ❶ | 그녀는 보도 위에서 여성용 지갑을 하나 발견했다.
(3) ❸ | 많은 비평가들이 그 영화가 독창적이라고 생각했다.

| Someone **found** me my ID card. |
| V   IO   DO |
| SVOO: ~에게(IO) …을(DO) 찾아주다 |

| She **found** a woman's wallet on the sidewalk. |
| V   O |
| SVO: O를 찾다, 발견하다 |

| Many critics **found** the movie original. |
| V   O   C |
| SVOC: O를 C라고 여기다[생각하다] |

03 (1) ❶ | 열대우림에서는 식물들이 빨리 자란다.
(2) ❸ | 우리 부모님은 정원에서 다양한 채소를 기르신다.
(3) ❷ | 나는 할리우드 액션 블록버스터 영화들에 싫증이 나고 있다.

| Plants **grow** quicky in a rain forest. |
| V   M |
| SV: 자라다, 크다 |

| My parents **grow** various vegetables in our garden. |
| V   O |
| SVO: O를 기르다[재배하다] |

| I**'m growing** tired of ~ movies. |
| V   C |
| SVC: C한 상태가 되다 |

6

❶ | 우리는 거의 냄새를 알아차리지 않지만, 알아차린다면 그것은 보통 냄새가 좋은 냄새이거나 나쁜 냄새이기 때문이다. 우리는 대부분의 냄새가 매력적이거나 불쾌하거나 둘 중 하나라고 생각한다. 우리는 그 냄새들을 즐기거나 피한다. 나의 현재 세계는 오히려 냄새가 없는 것처럼 보인다. 그러나 분명히 냄새가 없는 것은 아니다. 우리가 가진 약한 후각은 아마도 세상에 어떤 냄새가 날지에 대한 우리의 호기심을 제한해 왔을 것이다. 증가하는 과학자들의 연합은 그것을 바꾸기 위해 연구 중이며, 개를 포함해 냄새에 의존하는 동물들에 대해 그들이 발견한 것은 우리로 하여금 그 동물들에 대해 부러움을 느끼도록 만들기에 충분하다. 우리가 세상을 보는 것처럼, 개는 그것을 냄새로 맡는다. 개의 세계는 복합적인 냄새들의 집합체이다. 후각의 세계는 적어도 시각의 세상만큼 다채롭다. | 해설 (A) 동사 seems의 보어 자리이므로 형용사 odorless가 적절. 부사는 보어 자리에 올 수 없다. (B) 문장의 주어는 A growing union 이므로 단수동사 is가 적절. (C) <make+O+C (O를 C의 상태로 만들다)>의 구조로서, 목적격보어 자리이므로 형용사 envious가 적절하다.

7

❷ | 인간이 동굴에 살았던 이래로, 음식을 보관하는 방법으로서 얼리는 것을 사용해 왔다. 그 관습은 아마 마지막 빙하기 동안인 약 12,000년 전에 발견되었을 것이다. 4,000년 전쯤에, 메소포타미아의 최초 문명사회에서는 음식을 보존하고 음료를 차갑게 하는 데 얼음에 있는 깊은 구덩이들을 흔히 사용하고 있었다. 중국인들은 기원전 약 1100년에 음식을 보존하는 데 얼음을 사용하게 되었다. 이집트의 파라오들은 얼음을 레바논으로부터 운송되게 했다. 알렉산더 대왕은 사람들에게 동굴 도시인 페트라(요르단 서남부의 고대 도시)에 구덩이들을 파고 눈으로 가득 채우도록 명령했다. 그래서 그의 군대는 여름에 와인을 차가운 상태로 보관할 수 있었다. 각각의 경우에, 얼음은 산에서부터 들여와야 했는데, 얼음의 상당 부분이 오는 길에 녹아 버렸다. 이는 얼음을 금처럼 귀중하게 만들었다. 페르시아, 그리스, 그리고 이후 로마에서는, 여름 동안 얼음처럼 차가운 음식을 즐길 수 있는 것이 부(富)의 상징이었다. | 해설 ② were의 보어 자리가 아니라 동사 were using을 수식하는 자리이므로 부사 commonly가 와야 한다. ① since(~ 이래로)로 시작하는 시간의 부사절(Since humans lived in caves)이 쓰여 과거부터 현재까지 계속을 의미하므로 현재완료가 적절히 쓰였다. (☞ CHAPTER 2) ③ <keep+O+C (O를 C의 상태로 유지하다)>의 구조로서, 목적격보어 자리이므로 형용사 cool이 적절. ④ 문맥상 앞에 나온 명사 the ice를 가리키므로 it이 적절. ⑤ <make+O+C (O를 C의 상태로 만들다)>의 구조로서, 목적격보어 자리이므로 형용사 valuable이 적절.

구문 [3~4행] ~, the earliest civilizations in Mesopotamia were
S   V
commonly using *deep holes* [in the ice] / **to keep food and**
O
(to) chill drinks.
▶ to keep 이하는 부사구로 '목적'을 나타내는 to부정사의 부사적 용법. to keep과 (to) chill이 and로 연결된 구조. to부정사가 등위접속사로 연결되면 뒤에 오는 to는 보통 생략된다.

[5행] The Egyptian pharaohs **had ice shipped** from
V   O   C
Lebanon.
▶ 「have+O+p.p.」 구조로서, 'O가 C되게 하다'라는 사역의 의미로 쓰였다. 목적어(ice)와 목적격보어(ship)가 수동 관계이므로 목적격보어 자리에 과거분사(p.p.) 형태가 왔다. (☞ CHAPTER 7)

[7~8행] ~, *the ice* needed **to be imported** from the mountains, ~.

▶ 동사 need는 to부정사를 목적어로 취하는데, 여기서 to부정사의 의미상 주어인 the ice가 '들여오는' 것이므로 import와 수동 관계가 되어 to부정사의 수동형인 to be p.p.로 나타냈다. (☞ CHAPTER 7)

[9~10행] ~, **it** was a sign of wealth **to be able to enjoy icy** <u>가주어</u> <u>진주어</u> **foods during the summer**.

CHAPTER 2 동사의 시제

Unit 6 Application Exercises p.039

A 이 문제는?

현재시제와 과거시제 구분하기

01 absorbs | 검은색 옷은 가장 많은 열을 흡수한다. | 해설 '일반적 사실'을 나타내므로 현재시제를 쓴다.

02 visited | 우리는 며칠 전에 조별 과제를 하기 위해 톰의 집을 방문했다. | 해설 명백한 과거 시점을 나타내는 부사구(the other day)가 있으므로 과거시제를 쓴다.

03 took | 나는 어젯밤에 두통 때문에 약을 먹었다. | 해설 명백한 과거 시점을 나타내는 부사구(last night)가 있으므로 과거시제를 쓴다.

04 drinks | 제이미는 아침에 일어날 때 보통 가장 먼저 물을 마신다. | 해설 '습관, 반복적 행동'을 나타내므로 현재시제를 쓴다.

05 floats | 기름은 물보다 더 가볍기 때문에 물 위에 뜬다. | 해설 '진리'를 나타내므로 현재시제를 쓴다.

06 started | 약 1년 전부터 나는 수영 강좌를 듣기 시작했다. | 해설 명백한 과거 시점을 나타내는 부사구(about a year ago)가 있으므로 과거시제를 쓴다.

07 discovered | 핼리는 1682년에 자신의 망원경으로 새 혜성을 발견했다. | 해설 명백한 과거 시점을 나타내는 부사구(in 1682)가 있고 '역사적 사실'을 나타내므로 과거시제를 쓴다.

B 이 문제는?

'미래'를 나타내는 여러 표현 파악하기 (현재형 동사, 현재진행형, be going to-v)

01 ⓒ | 이 일정에 의하면, 그 쇼는 내일 오전 10시에 시작된다. | 해설 '일정'을 나타낼 때는 현재시제로 '미래'를 표현할 수 있다.

02 ⓐ | 조는 공립학교에서 고등학생들에게 영어를 가르친다. | 해설 현재시제가 '현재의 상태'를 나타낸다.

03 ⓒ | 우리 비행기는 곧 이륙하오니, 안전벨트를 매주시기 바랍니다. | 해설 가까운 미래를 나타내는 부사구(soon)와 함께 쓰여 현재진행형이 '미래'를 나타낸다.

04 ⓑ | 제니는 지금 새 휴대전화를 사기 위해 돈을 모으고 있다. | 해설 문맥상 현재진행형이 일시적으로 '현재 진행 중인 일'을 나타낸다.

05 ⓒ | 나는 다음 주부터 점심시간에 운동할 것이다. | 해설 「be going to-v」는 'v할 것이다'라는 뜻으로 '미래'를 나타낸다.

06 ⓐ | 나는 저 위에 쇼핑몰 간판이 보인다. | 해설 현재시제가 '현재의 상태'를 나타낸다.

07 ⓒ | 서울행 기차는 15분 후에 출발한다. | 해설 가까운 미래를 나타내는 부사구(in fifteen minutes)와 함께 '왕래발착'을 나타내는 동사(departs)의 현재형이 '미래'를 표현한다.

Unit 7 Application Exercises p.041

A 이 문제는?

과거시제와 현재완료의 의미 차이 구분하기

01 ⓐ | 제인은 온라인 뱅킹 비밀번호를 잊어버렸다. ⓐ 제인은 여전히 비밀번호가 기억나지 않는다. ⓑ 제인은 지금 온라인 뱅킹 서비스를 이용할 수 있다. | 해설 현재완료는 '현재까지 연결되는 상태'를 나타내므로 제인은 현재도 온라인 뱅킹 비밀번호를 잊어버린 상태이다. 따라서 정답은 ⓐ이다.

02 ⓑ | 엄마, 오늘 아침에 제 파란 재킷을 보셨나요? ⓐ 지금도 여전히 오전이다. ⓑ 지금은 오후나 저녁 시간이다. | 해설 과거시제는 '이미 끝난 상황'을 의미하므로 정답은 ⓑ이다.

03 ⓐ | 나와 데이비드는 어린 시절 이후로 죽 친한 친구였다. ⓐ 나와 데이비드는 여전히 친한 친구이다. ⓑ 나와 데이비드는 현재 친한 친구가 아니다. | 해설 현재완료는 '현재까지 연결되는 상태'를 나타내므로 나와 데이비드는 아직도 친한 친구이다. 따라서 정답은 ⓐ이다.

B 이 문제는?

과거시제와 현재완료의 적절한 쓰임 구분하기

01 suffered | 줄리는 일주일 전에 심한 감기를 앓았다. | 해설 명백한 과거 시점을 나타내는 부사구(a week ago)가 있으므로 과거시제가 적절.

02 have been | 저는 약 15년 동안 귀사의 잡지를 정기구독해 왔습니다. | 해설 기간을 나타내는 부사구(for about 15 years)와 함께 쓰여 과거부터 현재까지 계속되는 상태를 나타내므로 현재완료가

적절.

03 **spilt** | 그가 막 일어나려고 했을 때 커피를 셔츠에 쏟았다. | 해설 명백한 과거 시점을 나타내는 부사절(when he was ~ get up)이 있으므로 과거시제가 적절. 「be about to-v」는 '막 v하려고 하다'라는 뜻.

04 **has received** | 그 영화는 지금까지 대중으로부터 많은 찬사를 받아 왔다. | 해설 문맥상 과거의 한 시점부터 현재까지(so far=until now) 찬사를 받아온 것이므로 현재완료가 적절.

05 **sent** | 러시아는 1957년에 우주로 세계 최초의 인공위성을 발사했다. | 해설 명백한 과거 시점을 나타내는 부사구(in 1957)가 있고 역사적 사실을 나타내므로 과거시제가 적절.

06 **has lasted** | 이렇게 습한 날씨는 그제부터 계속되었다. | 해설 <since+특정 과거 시점(the day before yesterday)>과 함께 쓰여 과거부터 현재까지 계속되고 있는 상태를 나타내므로 현재완료가 적절.

C 이 문제는?

과거시제와 현재완료의 적절한 쓰임 구분하기

01 **O** | 나는 사흘 전에 온라인으로 카메라를 주문했지만, 그것은 아직 배송되지 않았다. | 해설 부사 yet(아직)과 함께 쓰여 과거에 주문한 시점부터 현재까지 배송이 완료되지 않았다는 문맥이 자연스러우므로 현재완료 hasn't arrived가 적절.

02 **X, has been** | 수잔은 지난 학기에 역사 수업을 들었는데, 그때 이후로 역사에 많은 관심을 가져 왔다. | 해설 <since+특정 과거 시점(then=last semester)>과 함께 쓰여 과거부터 현재까지 계속되고 있는 상태를 나타내므로 현재완료가 되어야 한다.

Unit 8 Application Exercises p.043

A 이 문제는?

① 과거시제와 과거완료의 적절한 쓰임 구분하기
② 미래완료의 쓰임 파악하기

01 **had gone** | A: 네가 도착했을 때 수잔이 교실에 있었니? B: 아니, 그 애는 집에 가고 없었어. | 해설 교실에 '도착한(got)' 것보다 수잔이 집에 '간' 것이 먼저 일어난 일이므로 go를 과거완료 had gone으로 고쳐야 적절.

02 **took** | 늦어서 죄송합니다. 여기로 오는 길에 버스를 잘못 탔어요. | 해설 현재를 기준으로 문맥상 '과거'의 일을 나타내므로 take를 과거시제 took로 고쳐야 적절.

03 **had set** | 우리가 산에서 내려왔을 때는 해가 져서 매우 어두웠다. | 해설 산에서 내려왔을 때(came down)는 해가 '이미 져서' 어두웠으므로 set을 과거완료 had set으로 고쳐야 적절. 동사 set은 과거형과 p.p.형이 모두 set이다.

04 **had searched** | 경찰이 작년부터 그 남자를 수색했지만, 결국 포기했다. | 해설 경찰이 '포기한(gave up)' 것보다 그 남자를 '수색한' 것이 먼저 일어난 일이므로 search를 과거완료 had searched로 고쳐야 적절.

05 **will have retired** | 교장 선생님은 올해 말경이면 은퇴한 상태일 것이다. | 해설 미래의 특정 시점(by the end of this year)까지 완료되는 일을 나타내므로 retire를 미래완료 will have retired로 고쳐야 적절.

B 이 문제는?

① 현재완료와 과거완료의 적절한 쓰임 구분하기
② 과거시제와 과거완료의 적절한 쓰임 구분하기

01 **had left** | 그가 공항에 도착했을 때, 그는 여권을 책상 위에 두고 온 것을 알았다. | 해설 그가 '알았던(knew)' 것보다 여권을 '두고 온' 것이 먼저 일어난 일이므로 과거완료 had left가 적절.

02 **caught** | 티파니는 찬물로 샤워해서 심한 감기에 걸렸다. | 해설 문맥상 과거의 일을 나타내므로 과거시제인 caught가 적절. 찬물로 '샤워한(took)' 것이 감기에 '걸린' 것보다 먼저 일어난 일이므로 '더 이전에 일어난 일'을 나타내는 had caught는 적절하지 않다.

03 **haven't eaten** | 나는 배가 고프다. 나는 어제 이후로 아무것도 먹지 않았다. | 해설 기준이 되는 시점은 현재(am hungry)인데, 과거(yesterday)부터 현재까지 아무것도 먹지 않은 것이므로 현재완료 haven't eaten이 적절.

04 **hadn't booked** | 데이지는 예매하지 않았기 때문에 영화를 보러 갈 수 없었다. | 해설 영화를 보러 '갈 수 없었던(couldn't go)' 것보다 '예매하지 않은' 것이 더 먼저 일어난 일이므로 과거완료 hadn't booked가 적절.

05 **had already started** | 우리가 탑승구에 도착했을 때, 탑승이 이미 시작되었다. | 해설 우리가 탑승구에 '도착한(got)' 것보다 탑승이 '시작된' 것이 먼저 일어난 일이므로 과거완료 had already started가 적절.

06 **had broken** | 나는 아침에 출근해서 누군가가 밤사이에 사무실에 침입했다는 것을 알았다. | 해설 내가 '알게 된(found)' 것보다 누군가가 '침입한' 것이 먼저 일어난 일이므로 과거완료 had broken이 적절.

Unit 9 Application Exercises p.045

A 이 문제는?

현재시제와 현재진행의 쓰임 구분하기

01 **is taking** | 줄리아는 샤워 중이어서, 전화를 받을 수 없다. | 해설 문맥상 현재 '진행 중인 동작'을 나타내므로 take를 현재진행형 is taking으로 고쳐야 적절.

02 **read** | 요즘, 우리는 대개 인터넷으로 신문 기사를 읽는다. | 해설 '정기적이고 습관적인 일'을 나타내므로 현재시제 read가 적절.

03 **am looking** | 실례합니다, 저는 어머니께 드릴 셔츠를 찾고 있습니다. 좀 도와주시겠어요? | 해설 문맥상 '현재 진행 중인 동작'을

나타내므로 look을 현재진행형 am looking으로 고쳐야 적절.

04 **think** | 많은 사람이 애완동물을 가족처럼 여긴다. | 해설 '일반적 사실'을 나타내므로 현재시제 think가 적절.

B 이 문제는?

과거시제와 과거진행의 쓰임 구분하기

01 **was going** | 나는 잘못된 방향으로 가고 있어서 버스에서 내려야만 했다. | 해설 문맥상 '과거에 진행 중인 일'을 나타내므로 go를 과거진행형 was going으로 고쳐야 적절.

02 **bumped, was sending** | 그가 문자 메시지를 보내는 사이에 앞차를 들이받았다. | 해설 '과거에 진행 중인 일'은 과거진행으로 나타내고, 그것과 '더불어 발생한 일'은 과거시제로 쓴다. 메시지를 '보내는 중'이었으므로 send를 과거진행형 was sending으로 고치고, 더불어 발생한 일은 과거시제 bumped로 고친다.

03 **was riding, came** | 내가 어제 자전거를 타고 있었는데 그때 개 한 마리가 갑자기 내 앞 도로로 튀어나왔다. | 해설 자전거를 '타던 중'이었으므로 ride를 과거진행형 was riding으로 고치고, 더불어 발생한 일은 과거시제 came으로 고친다.

C 이 문제는?

① 현재완료진행과 과거완료진행의 쓰임 구분하기
② 현재진행과 현재완료진행의 쓰임 구분하기

01 **has** | 그 문제는 며칠 동안 나를 괴롭혀 오고 있지만, 해결책이 없다. | 해설 현재 해결책이 없다(there is no solution)는 것으로 보아 과거부터 지금까지 나를 괴롭혀 오고 있는 것이므로 현재완료진행형을 이루는 has가 적절. 현재완료진행은 현재완료보다 동작이 '계속되고 있음'을 더 강조한다.

02 **have been working** | 열두 살 때부터 나는 내가 꿈꾸던 일을 향해 노력해 오고 있다. | 해설 과거부터 현재까지 계속을 의미하는 since로 시작하는 시간의 부사절(since I was 12 years old)이 있는 것으로 보아 현재완료진행형이 적절. 현재진행형은 일시적인 동작을 나타내므로 적절하지 않다.

03 **had** | 유럽 여행을 취소해야 했을 때, 우리는 그 여행을 몇 달 동안 준비해 오고 있었다. | 해설 여행을 '취소해야 했던(had to cancel)'것보다 여행을 '계획한' 것이 먼저 일어난 일이므로 과거완료진행형을 이루는 had가 적절. 과거완료진행은 과거의 어떤 때를 기준으로 그 이전에 시작한 동작이 그때까지 계속되고 있음을 나타낸다.

04 **have been trying** | 많은 연구원이 수년 동안 암 치료법을 발견하기 위해 노력해 오고 있다. | 해설 기간을 나타내는 부사구(for years)와 함께 쓰여 과거부터 현재까지 계속되는 동작을 나타내므로 현재완료진행형이 적절.

Unit 6 - Unit 9 | Overall Exercises | p.046

1

01 **make** | 나는 근육이 사람 몸무게의 약 절반을 차지한다는 것을 알게 되었다. | 해설 근육에 대한 '일반적 사실'을 나타내므로 현재시제가 적절. 주절의 시제가 과거(learned)라고 무조건 일치시키지 않도록 주의한다. 접속사 that이 이끄는 절이 동사 learned의 목적어 역할. (☞ CHAPTER 4)

02 **had** | 나는 기한이 연장되기 전에 이미 리포트를 제출했다. | 해설 '연장된(was extended)' 시점보다 '제출한' 시점이 더 과거이므로 과거완료가 적절. 부사절 내의 주어 the deadline과 extend(연장하다)가 수동 관계이므로 수동태 was extended가 쓰였다. (☞ CHAPTER 3)

03 **hasn't eaten** | 데이비드는 건강검진을 위해 어제부터 아무것도 먹지 않았다. | 해설 <since+특정 과거 시점(yesterday)>과 함께 쓰여 과거부터 현재까지 계속되고 있는 동작을 나타내므로 현재완료가 적절.

04 **had** | 대화를 나누는 동안, 나는 우리가 같은 학교에 다녔다는 것을 깨달았다. | 해설 '깨달은(realized)' 시점보다 '학교에 다닌' 시점이 더 과거이므로 과거완료로 나타낸다.

05 **has been** | 지난 10년 동안 그녀는 노숙자들을 위해 자원봉사 해 오고 있다. | 해설 기간을 나타내는 부사구(over the last ten years)와 함께 쓰여 과거부터 현재까지 계속되고 있는 동작을 나타내므로 현재완료진행형이 적절. last만 보고 과거시제를 써야 하는 것으로 착각하지 않도록 주의한다. 여기서는 전치사 over(~ 동안에)와 함께 쓰여 '기간'을 나타낸다.

06 **has been raining** | 세탁물이 마르지 않을 것이다. 약 10일 동안 계속 비가 내리고 있다. | 해설 기간을 나타내는 부사구(for about ten days)와 함께 쓰여 과거부터 현재까지 계속되고 있는 상태를 나타내므로 현재완료진행형이 적절.

2

01 **X, have had** | 우리는 위층 이웃이 여기에 이사 온 이후로 그들과 문제를 겪고 있다. | 해설 과거부터 현재까지 계속을 의미하는 since로 시작하는 시간의 부사절(since they moved here)이 있는 것으로 보아 현재완료가 적절.

02 **X, expired** | 죄송하지만, 고객님의 회원 자격이 일주일 전에 만료되었습니다. 지금 당장은 헬스클럽을 이용하실 수 없습니다. | 해설 명백한 과거 시점을 나타내는 부사구(a week ago)가 있으므로 과거시제가 적절.

03 X, had taken | 집에서 가방을 열었을 때, 실수로 내 친구의 가방을 가져왔다는 것을 깨달았다. | 해설 '깨달은(realized)' 시점보다 가방을 '가져온' 시점이 더 과거이므로 과거완료로 나타낸다.

04 X, has banned | 정부는 작년 이래로 모든 식당과 카페에서 흡연하는 것을 전적으로 금지했다. | 해설 <since+특정 과거 시점(last year)>과 함께 쓰여 과거부터 현재까지 계속되고 있는 동작을 나타내므로 현재완료가 적절.

05 X, left | 지난 4월, 네팔에서의 끔찍한 지진이 8,000명 이상의 사람들을 사망하게 했다. | 해설 명백한 과거 시점을 나타내는 부사구(Last April)가 있으므로 과거시제가 적절. <leave+목적어(more than 8,000 people)+목적격보어(dead)> 구조가 쓰였다. (☞ CHAPTER 1)

3 | ① 서둘러 주십시오! 세일이 15분 후에 끝납니다. ② 당신은 이 자선행사에 몇 번이나 참가하셨어요? ③ 새로운 영화관이 몇 주 전 우리 동네에 문을 열었다. ④ 전기가 나갔을 때 우리는 텔레비전으로 영화를 보는 중이었다. ⑤ 경찰이 현장에 도착했을 때, 범인들은 이미 도망가 버렸다. | 해설 ③ 명백한 과거 시점을 나타내는 부사구(a few weeks ago)가 있으므로 과거시제 opened로 나타내야 적절. ① 가까운 미래를 나타내는 부사구(in fifteen minutes)와 함께 쓰여 현재형으로 미래를 나타낸다. ② 문맥상 과거부터 현재까지 참여한 횟수를 묻고 있으므로 현재완료로 나타내는 것이 적절. ④ 문맥상 과거의 특정 시점(when ~ off)에 진행 중이었던 동작을 나타내므로 과거진행형이 적절히 쓰였다. ⑤ 경찰이 과거에 '도착한(arrived)' 시점보다 '도망간(had run away)' 시점이 더 과거이므로 과거완료가 적절히 쓰였다.

4

01 was using | 나는 근처 화장실로 서둘러 갔지만, 누군가가 사용하는 중이었다. | 해설 특정한 과거 시점에 진행되고 있는 일을 나타내므로 과거진행형이 적절.

02 am having | 10분 뒤에 다시 제게 전화해 주시겠어요? 지금 저녁을 먹고 있어요. | 해설 현재(at the moment) 진행되고 있는 동작을 나타내므로 현재진행형이 적절. 동사 have는 '가지다'라는 뜻으로 쓰일 때는 진행형으로 쓰일 수 없지만 '먹다'라는 의미일 때는 진행형이 가능하다.

03 had seen | 사라는 이전에 본 적이 있어서 그 영화를 보러 가고 싶지 않았다. | 해설 '원하지 않는(didn't want)' 시점보다 '영화를 본' 시점이 더 과거이므로 과거완료로 나타낸다.

04 missed | 데이브는 지난 학기에 심한 감기로 역사 수업에 두 번 결석했다. | 해설 과거를 나타내는 부사구(last semester)가 있으므로 과거시제가 적절.

05 had broken | 나는 며칠 전에 그녀의 자전거를 망가뜨려서 돌려줄 수 없었다. | 해설 '돌려줄 수 없었던(couldn't give back)' 시점보다 '망가뜨린' 시점이 더 과거이므로 과거완료로 나타낸다.

5

01 ❸ has lost → had lost | 스테이시는 지난주에 헬스클럽에서 존을 우연히 만났다. 그는 예전보다 훨씬 더 건강해 보였다. 그는 운동을 통해 10kg을 뺐다고 얘기했다. | 해설 ③ 과거에 '말한(told)' 시점보다 '살을 뺀' 시점이 더 과거이므로 과거완료로 나타내는 것이

적절. ① 과거(last week)의 일을 나타내므로 과거시제가 적절. ② 앞 문장에 이어 과거의 일을 나타내므로 과거시제가 적절.

02 ❷ worked → has worked 또는 has been working | 우리 아버지는 소방관이시다. 아버지는 20년이 넘도록 사람들을 위해 일하셨다. 하지만 아버지는 내년 이맘때쯤이면 은퇴해 계실 것이다. 나는 아버지의 아들인 것이 정말 자랑스럽다. | 해설 ② 기간을 나타내는 부사구(for more than 20 years)가 쓰여 과거부터 현재까지 계속 일하고 있는 상태를 나타내므로 현재완료 또는 현재완료진행으로 나타내야 한다. ① 현재 상태를 나타내므로 현재시제가 적절. ③ 미래의 특정한 시점(at this time next year)을 기준으로 그때까지 완료되는 상태를 나타내므로 미래완료(will have p.p.)가 적절하게 쓰였다.

03 ❶ has visited → visited | 작년 여름, 우리 자원봉사 팀은 캄보디아에 있는 한 지역 초등학교를 방문했다. 그것은 다섯 번째 방문이었다. 우리는 그 학교와 6년간 자매결연을 맺어 왔다. 우리는 학교의 가난한 아이들에게 학용품, 음식, 옷 등을 제공해 주었다. | 해설 ① 명백한 과거 시점을 나타내는 부사구(Last summer)가 있으므로 과거시제로 나타내야 한다. ② 기간을 나타내는 부사구(for 6 years)가 쓰여 과거부터 현재까지 계속되고 있는 상태를 나타내므로 현재완료가 적절. ③ 문맥상 과거(Last summer)에 캄보디아를 방문했을 때 한 봉사활동에 관한 내용이므로 과거시제가 적절하게 쓰였다.

6

❹ | 1990년에 첫 번째 웹브라우저가 공개된 이래로, 인터넷상에 등록된 웹사이트의 수는 빠르게 증가했다. 유감스럽게도, 간결하고 사용할 수 있는 도메인명은 한정되어 있다. 그래서 그러한 도메인명 하나를 찾는 것은 매우 어려워졌다. 웹사이트를 위한 수십조의 가능한 이름들에도 불구하고, 영어 단어의 수는 한정되어 있다. 2000년을 기점으로, 약 1,700개의 한 단어짜리 영어 도메인명만이 여전히 이용 가능했다. 이것들은 '사이버상의 무단 점유(유명 회사명이나 유명인 이름 등과 동일한 도메인명을 등록하고 그것을 팔아 돈을 버는 행위)'를 초래한 숫자들이다. 이것은 유명한 회사가 장래에 그 이름을 위해 많은 돈을 지불할 것이라는 희망을 갖고 인터넷 주소를 사는 관행이다. 예를 들어, 미국인 사업가인 마크 오스트롭스키는 1996년에 'business.com'이라는 도메인을 15만 달러에 샀고 단 4년 후에 그것을 750만 달러에 팔았다. | 해설 (A) 과거부터 현재까지 계속을 의미하는 Since로 시작하는 시간의 부사절(Since the first ~ in 1990)이 있는 것으로 보아 현재완료가 적절. in 1990만 보고 과거시제를 고르지 않도록 주의한다. (B) Despite와 Although는 같은 의미로 쓰이지만, Despite는 전치사, Although는 접속사이다. 뒤에 명사구(the many ~ a website)가 오므로 전치사가 적절. 접속사 뒤에는 「주어+동사 ~」구조의 절이 온다. (☞ CHAPTER 4) (C) 대명사의 수일치를 파악하는 문제이다. 문맥상 앞에 나온 an Internet address를 가리키므로 단수 대명사 it이 적절.

구문 [3행] So, **it**'s become very difficult **to find one**.
　　　　　　가주어　　　　　　　　　　　　진주어

▶ one은 앞 문장에 나온 a simple and available domain name을 받는다.

[6~8행] This is ~ with the hope **that** a well-known company will pay ~ in the future.
　　　　　　　　　　　　　└──────────=──────────┘

▶ the hope는 that절과 동격을 이룬다. (☞ CHAPTER 10)

7

❸ | 나는 현재 일 때문에 여행을 너무 많이 다녀서 내가 어디에 갔었는지 또는 언제 갔었는지 때로 기억할 수가 없다. 나는 최근 한 학회에서 발표하기 위해 노르웨이의 오슬로에 갔다. 강단에 올라가려고 준비하고 있을 때, 준비위원 중 한 명이 내게 이번이 오슬로에 처음 방문한 것인지를 물었다. 나는 그녀에게 자신 있게 그렇다고 말했다. 몇 시간 후에, 나는 내가 오슬로에 일주일간 있었다는 것이 기억났다! 인정하건대, 그것은 약 15년 전이었지만, 일주일 안에 당신은 모든 종류의 것들을 한다. 먹고, 샤워하고, 사람들을 만나고, 노르웨이의 것들에 관해 이야기하고 생각하는 것들을 말이다. 나는 국립 미술관에 가서 그림들을 감상하며 시간을 보냈었다. 그 그림들은 에드워드 뭉크의 그림들이었고, 「절규(The Scream)」를 포함했다. 나는 내가 그 여행 전체를 잊어버렸다는 것을 깨달았을 때 그 그림 속에 있는 인물처럼 비명을 지르고 싶었다. 어쩌면 그것은 내가 너무 많이 여행 다니는 것을 그만둬야 한다는 신호일지도 모른다. | 해설 ③ '기억한(remembered)' 시점보다 오슬로에 '있었던' 것이 더 과거의 일이므로 과거완료 had been이 되어야 한다. ①「so+부사+that ... (너무 ~해서 …하다)」 구문이 적절하게 쓰였다. (☞ CHAPTER 4) ② 문맥상 '~하기 위해'라는 뜻의 목적을 나타내는 to

부정사의 부사적 용법이 적절히 쓰였다. (☞ CHAPTER 6) ④ 동명사를 포함한 관용표현인 「spend ~ (in) v-ing (v하는 데 (시간 등을) 쓰다)」가 적절히 쓰였다. (☞ CHAPTER 6) ⑤ 문맥상 '여행하는 것을 그만두다'라는 의미가 되어야 하므로 stop의 목적어로 동명사가 적절. stop to-v는 'v하기 위해 멈추다'라는 의미. (☞ CHAPTER 6)

구문 **[2~3행]** **As** I was getting ready to go on stage, // <u>one of the organizers</u> asked <u>me</u> <u>if this was my first visit to Oslo</u>.
　　　　 S　　　　　 V　 IO　　　　　 DO

▶ 접속사 As는 여기서 '~할 때'라는 뜻으로 시간의 부사절을 이끈다. 주절에는 asked의 직접목적어 자리에 접속사 if가 이끄는 명사절이 쓰였다. '~인지 (아닌지)'로 해석한다. (☞ CHAPTER 4)

[3~4행] I told her confidently <u>that it was (*my first visit to Oslo*)</u>.

▶ it was 뒤에는 앞 문장과 반복되는 어구가 생략되었다.

[9~10행] It may be <u>a sign</u> **that** <u>I should stop traveling so much</u>.
　　　　　　　　 =

▶ a sign은 that절과 동격을 이룬다. (☞ CHAPTER 10)

CHAPTER 3 동사의 태

Unit 10　　Application Exercises　　p.053

A 이 문제는?

주어와 동사의 능동, 수동 관계 파악하기
• 주어가 동작의 주체 → 주어와 동사는 능동 관계
• 주어가 동작의 대상 → 주어와 동사는 수동 관계

01 ⓐ **능동, cause** | 알레르기는 다수의 피부 질환을 유발한다. | 해설 알레르기가 피부 질환을 '유발하는' 행위의 주체이므로 주어(Allergies)와 동사(cause)는 능동 관계.

02 ⓑ **수동, was introduced** | 사과는 초기 정착민에 의해 미국으로 도입되었다. | 해설 사과가 초기 정착민에 의해 '도입된' 것이므로 주어(The apple)와 동사(introduce)는 수동 관계. 문맥상 과거의 일을 나타내므로 과거형 수동태 was introduced로 고쳐야 적절하다.

03 ⓐ **능동, delayed** | 폭설 때문에 어제 공항은 모든 비행편을 연기했다. | 해설 공항이 모든 비행편을 '연기한' 것이므로 주어(The airport)와 동사(delay)는 능동 관계. 문맥상 과거의 일을 나타내므로 delayed로 고쳐야 적절하다.

04 ⓑ **수동, be canceled** | 학생 수가 다섯 명 미만인 과목들은 취소될 것이다. | 해설 과목이 '취소되는' 것이므로 주어(Classes ~ students)와 동사(cancel)는 수동 관계. 앞에 조동사(will)가 있으므로 be canceled로 고쳐야 적절하다.

B 이 문제는?

① 다양한 시제의 문장에서 주어와 동사의 능동, 수동 관계 파악하기
② 조동사가 포함된 문장의 수동태 파악하기
③ 대명사 주어와 동사의 능동, 수동 관계 파악하기

01 **produced** | 그 회사는 10년 동안 싸고 질 좋은 운동화를 생산해 왔다. | 해설 그 회사가 운동화를 '생산하는' 것이므로 주어(The company)와 동사(produce)는 능동 관계. 따라서 produced가 적절하다. 이때 현재완료 have produced는 「for+기간」과 함께 쓰여 '계속'을 의미한다. (☞ CHAPTER 2)

02 **be tracked** | 주문하신 물건의 배송 상태는 웹사이트에서 추적될 수 있습니다. | 해설 배송 상태가 '추적되는' 것이므로 주어(The delivery ~ order)와 동사(track)는 수동 관계. 따라서 be tracked가 적절하다. 조동사를 포함한 동사의 수동태는 「조동사+be p.p.」 형태로 나타낸다.

03 **being installed** | 그 지역으로의 빠른 접근을 위해 버스 전용 차선이 설치되고 있습니다. | 해설 버스 전용 차선이 '설치되는' 것이므로 주어(Bus-only lanes)와 동사(install)는 수동 관계. 따라서 being installed가 적절하다. 진행형의 수동태는 「be동사+being p.p.」로 나타낸다.

04 **spoiled** | 목소리에서의 자신감 부족이 그의 구직 면접을 망쳐버렸다. | 해설 목소리에서의 자신감 부족이 면접을 '망친' 것이므로 주어(The lack ~ voice)와 동사(spoil)는 능동 관계. 따라서 spoiled가 적절하다.

05 **spending** | 아이들은 자연환경과 단절되어 가고 있다. 그들은 밖에서 점점 더 적은 시간을 보내고 있다. | **해설** 문맥상 They는 Children을 대신하고, 아이들이 시간을 '보내는' 것이므로 주어(They)와 동사(spend)는 능동 관계. 따라서 spending이 적절하다.

C **이 문제는?**

> ① 수동태로 쓰이지 않는 동사 파악하기
> ② 대명사 주어와 동사의 능동, 수동 관계 파악하기

01 **X, consists of** | 운전 시험은 이론 부분과 실기 부분으로 구성되어 있다. | **해설** consist of는 '~로 이루어지다'라는 뜻의 자동사이므로 수동태로 쓸 수 없다. 따라서 is consisted of를 consists of로 고쳐야 적절.

02 **X, resembles** | 제이크는 그의 쌍둥이 형제와 식성이 매우 닮았다. | **해설** resemble은 '~와 닮다'라는 뜻의 타동사이지만, '상태'를 나타내는 동사이므로 수동태로 쓸 수 없다. 따라서 is resembled를 resembles로 고쳐야 적절.

03 **X, are made** | 당신은 모든 자전거에 브레이크가 있어야 한다고 생각할 것입니다. 하지만 트랙 경주용 자전거는 브레이크 없이 만들어진다는 점에서 독특합니다. | **해설** 문맥상 they는 the bicycles for track racing을 대신하고, 트랙 경주용 자전거가 '만들어진' 것이므로 주어(they)와 동사(make)는 수동 관계. 따라서 make를 are made로 고쳐야 적절하다.

Unit 11　**Application Exercises**　**p.055**

A **이 문제는?**

> SVOO, SVOC문형에서 주어와 동사의 능동, 수동 관계 파악하기

01 ⓑ **수동, was left** | 어젯밤에 창문이 열린 채로 있어서, 바닥이 완전히 젖어 있다. | **해설** 창문이 열린 상태로 '놓인' 것이므로 주어(The window)와 동사(leave)는 수동 관계. 명백한 과거를 나타내는 부사구 last night가 있으므로 과거형 수동태 was left로 고쳐야 적절하다. SVOC구조의 수동태는 동사를 be p.p. 형태로 바꾸고 보어는 그대로 둔다. (← Someone left^V the window^O open^C last night, ~.)

02 ⓑ **수동, be sent** | 비상사태일 경우에 모든 시민은 메시지를 전송받을 것입니다. | **해설** 시민들에게 메시지가 '보내진' 것이므로 주어(Every citizen)와 동사(send)는 수동 관계. 앞에 조동사가 있으므로 be sent로 고쳐야 적절하다. SVOO구조의 수동태에서 간접목적어가 주어인 경우 동사를 be p.p. 형태로 바꾸고 직접목적어는 그대로 둔다. (← The government will send^V every citizen^{IO} a message^{DO} ~.)

03 ⓐ **능동, made** | 어제, 면접관의 특이한 질문이 나를 긴장하게 했다. | **해설** 면접관의 질문이 나를 당황하게 '만든' 것이므로 주어(an ~ interviewer)와 동사(make)는 능동 관계. 명백한 과거를 나타내

는 부사 Yesterday가 있으므로 과거형 made로 고쳐야 적절하다.

B **이 문제는?**

> ① SVOO, SVOC문형의 능동, 수동태 구분하기
> ② SVOO, SVOC문형에서 대명사 주어와 동사의 능동, 수동 관계 파악하기

01 **kept** | 쇼핑몰의 화장실은 청소 직원에 의해 청결하게 유지된다. | **해설** 화장실이 청소 직원에 의해 청결하게 '유지되는' 것이므로 주어(Restrooms ~ mall)와 동사(keep)는 수동 관계. 따라서 앞의 동사 are와 수동태를 이루는 kept가 적절하다.

02 **found** | 그 점원은 내게 졸업식에 완벽히 어울리는 정장을 찾아주었다. | **해설** 점원이 내게 정장을 '찾아준' 것이므로 주어(The clerk)와 동사(find)는 능동 관계. 따라서 found가 적절하다.

03 **offered** | 학생증을 소지한 누구나 그 극장에서 20%의 할인을 받는다. | **해설** 학생증 소지자가 할인을 '받는' 것이므로 주어(Anyone ~ ID)와 동사(offer)는 수동 관계. 따라서 앞의 동사 is와 수동태를 이루는 offered가 적절하다.

04 **elected** | 투표자의 절반 이상이 정직함 때문에 그를 대통령으로 선출했다. | **해설** 투표자가 그를 대통령으로 '선출한' 것이므로 주어(More ~ voters)와 동사(elect)는 능동 관계. 따라서 elected가 적절하다.

05 **shown** | 지난주에, 두 축구선수가 경기중에 서로 싸웠는데, 그들은 결국 레드카드를 받았다. | **해설** 문맥상 they는 two soccer players를 가리키는데, 두 선수에게 레드카드가 '제시된' 것이므로 주어(they)와 동사(show)는 수동 관계. 따라서 앞의 동사 were와 수동태를 이루는 shown이 적절하다.

C **이 문제는?**

> SVOO, SVOC문형의 능동, 수동태 구분하기

01 **O** | 독서 모임의 모든 회원이 그녀를 리더에 적합하다고 여겼다. | **해설** 회원들이 그녀를 리더에 적합하다고 '여기는' 것이므로 주어(All ~ club)와 동사(consider)는 능동 관계. 따라서 considered가 적절히 쓰였다.

02 **X, given** | 당신은 보안 검사 후에 당신의 소지품을 받을 것입니다. | **해설** 당신이 소지품을 '받는' 것이므로 주어(You)와 동사(give)는 수동 관계. 따라서 giving을 given으로 고쳐야 적절하다.

03 **X, brought** | 그 영화의 성공은 그에게 막대한 부를 가져다주었다. | **해설** 성공이 그에게 부를 '가져다준' 것이므로 주어(The success ~ movie)와 동사(bring)는 능동 관계. 따라서 was brought를 brought로 고쳐야 적절하다.

04 **X, been made** | 그 행사는 참가자들의 지지가 있어서 가능해졌다. | **해설** 행사가 가능하도록 '만들어진' 것이므로 주어(That event)와 동사(make)는 수동 관계. 따라서 made를 been made로 고쳐야 적절하다.

05 **X, effective** | 채식주의 식단이 체중 감량에 효과적인 것으로 밝혀졌다. | **해설** SVOC 구조의 수동태는 동사를 be p.p. 형태로 바꾸고 목적격보어는 그대로 둔다. 보어 자리에는 형용사가 쓰이므로

부사 effectively를 형용사 effective로 고쳐야 적절하다.

Unit 12 Application Exercises p.057

A 이 문제는?

that절이 목적어인 문장의 수동태 이해하기

01 **is said that a four-leaf clover brings, is said to bring** | 사람들은 네 잎 클로버가 그것을 발견한 사람에게 행운을 가져다준다고 말한다. → 네 잎 클로버가 그것을 발견한 사람에게 행운을 가져다준다고 한다. | 해설 주어가 일반인(People)이고 that절이 목적어인 경우 두 가지 형태의 수동태가 가능하다.
   1) 가주어 it+be p.p.+that절: It is said that a four-leaf clover ~.
   2) that절의 주어+be p.p.+to부정사구: A four-leaf clover is said to bring ~.

02 **is expected that bus fares will rise, are expected to rise** | 사람들은 다음 달에 버스비가 20% 인상될 것이라고 예상한다. → 다음 달에 버스비가 20% 인상될 것으로 예상된다. | 해설
   1) 가주어 it+be p.p.+that절: It is expected that bus fares ~.
   2) that절의 주어+be p.p.+to부정사구: Bus fares are expected to rise ~.

B 이 문제는?

by 이외의 전치사를 사용하는 수동태 파악하기

01 **were satisfied with** | 해설 be satisfied with: ~에 만족하다

02 **are filled with** | 해설 be filled with: ~으로 가득 차 있다

03 **are interested in** | 해설 be interested in: ~에 관심이 있다

04 **was surprised at[by]** | 해설 be surprised at[by]: ~에 놀라다

C 이 문제는?

① 주어와 구동사의 능동, 수동 관계 파악하기
② 구동사의 수동태 전환 형태 이해하기

01 **X, was laughed at** | 그 농구선수가 골을 놓쳤을 때 관중에게 비웃음을 당했다. | 해설 농구선수가 관중에 의해 '비웃음을 당한' 것이므로 주어(The basketball player)와 동사(laugh at)는 수동 관계. 따라서 laughed at을 수동태인 was laughed at으로 고쳐야 적절하다.

02 **X, is referred to as** | 지구 온도의 계속적인 상승은 지구 온난화라고 불린다. | 해설 지구 온도 상승이 지구 온난화로 '불리는' 것이므로 주어(A constant ~ temperature)와 동사(refer to A as B: A를 B로 부르다)는 수동 관계. 따라서 수동태인 is referred to as가 적절하며 함께 구동사를 이루는 전치사를 생략하지 않도록 주의한다.

03 **O** | 그 선생님은 좋은 성품 덕분에 모든 학생으로부터 존경받는다. | 해설 그 선생님이 '존경을 받는' 것이므로 주어(The teacher)와 동사(look up to)는 수동 관계. 따라서 is looked up to가 적절히 쓰였다.

04 **X, is thought of as** | 눈 맞춤은 많은 문화권에서 필요한 사회적 기술로 여겨진다. | 해설 눈 맞춤이 필요한 사회적 기술로 '여겨지는' 것이므로 주어(Eye contact)와 동사(think of A as B: A를 B로 여기다)는 수동 관계. 따라서 수동태인 is thought of as로 고쳐야 적절하다.

Unit 10 - Unit 12 Overall Exercises p.058

1

01 **awarded** | 노벨 문학상은 1901년 이후로 매년 수여되어 왔다. | 해설 노벨 문학상이 '수여되는' 것이므로 주어(The Nobel ~ Literature)와 동사(award)는 수동 관계. 따라서 awarded가 적절하다. 이때 현재완료 has been awarded는 「since+과거 시점」과 함께 쓰여 '계속'을 의미한다. (☞ CHAPTER 2)

02 **includes** | 우리 학교 수학여행은 국립 미술관으로의 견학을 포함하고 있다. | 해설 수학여행이 미술관 견학을 '포함하는' 것이므로 주어(Our ~ trip)와 동사(include)는 능동 관계. 따라서 includes가 적절하다.

03 **had** | 어제, 해리는 자신이 결국 입학시험에 합격했다는 것을 들었다. | 해설 그가 시험에 '합격한' 것이므로 주어(he)와 동사(pass)는 능동 관계. 따라서 had가 적절하다. 그가 소식을 들은 것보다 시험에 합격한 것이 더 이전의 일이므로 과거완료 had passed가 쓰였다. (☞ CHAPTER 2)

04 **reduced** | 그 새로운 법안의 통과로 내년부터 대학 등록금이 인하될 것이다. | 해설 대학 등록금이 '인하되는' 것이므로 주어(College tuitions)와 동사(reduce)는 수동 관계. 따라서 reduced가 적절하다.

05 **produced** | 개교 이래로, 그 학교는 많은 훌륭한 학생을 배출해 왔다. | 해설 학교가 훌륭한 학생들을 '배출한' 것이므로 주어(the school)와 동사(produce)는 능동 관계. 따라서 produced가 적절하다.

06 **being repaired** | 모든 엘리베이터가 현재 수리 중입니다. 대신 계단을 이용해 주세요. | 해설 엘리베이터가 '수리되는' 것이므로 주어(All the elevators)와 동사(repair)는 수동 관계. 따라서

being repaired가 적절하다.

2

01 **X, is referred to as** | 종종, 아침 식사는 하루 중 가장 중요한 식사로 불린다. | **해설** 아침 식사가 가장 중요한 식사로 '불리는' 것이므로 주어와 동사는 수동 관계. 「refer to A(breakfast) as B(the most important meal of the day): A를 B라고 부르다」의 수동태이므로 「A is referred to as B」로 고쳐야 적절하다. 이때 구동사를 이루는 전치사를 생략하지 않도록 주의한다.

02 **X, are considered** | 황금독화살개구리는 지구상에서 가장 독성이 강한 동물로 여겨진다. | **해설** 황금독화살개구리가 가장 독성이 강한 동물로 '여겨지는' 것이므로 주어(Golden ~ frogs)와 동사(consider)는 수동 관계. 따라서 consider를 are considered로 고쳐야 적절하다.

03 **O** | 자전거 사고 몇 주 후에 무릎의 상처가 사라졌다. | **해설** disappear는 '사라지다'라는 뜻의 자동사이며 수동태로 쓰일 수 없으므로 disappeared가 적절히 쓰였다.

04 **X, warm** | 에너지 보존을 위해, 건물 전체가 태양 에너지에 의해 따뜻하게 유지된다. | **해설** SVOC구조의 수동태는 동사를 be p.p. 형태로 바꾸고 보어는 그대로 둔다. 보어 자리에는 형용사가 쓰이므로 부사 warmly를 형용사 warm으로 고쳐야 적절하다.

05 **X, has attracted** | 그 외국 영화는 개봉 이래로 천만 명 이상의 관객을 끌어모아 왔다. | **해설** 영화가 관객을 '끌어모으는' 것이므로 주어(The foreign movie)와 동사(attract)는 능동 관계. 따라서 has been attracted를 has attracted로 고쳐야 적절하다.

06 **X, are discovered** | 국가 간의 자연 경계선은 강이나 산맥을 따라 발견된다. | **해설** 자연 경계선이 '발견되는' 것이므로 주어(Natural ~ countries)와 동사(discover)는 수동 관계. 따라서 are discovering을 are discovered로 고쳐야 적절.

3

❸ | ① 아프리카는 인류의 발상지로 여겨진다. ② 연극이 상연되고 있으므로, 안으로 들어가실 수 없습니다. ③ 시험 시간 동안 전자기기의 사용은 허용되지 않을 것입니다. ④ 그 행사의 초대손님들은 간단한 식사와 음료를 무료로 제공받았다. ⑤ 그 교통사고가 도로의 주요 교통 체증을 유발했다. | **해설** ③ 전자기기의 사용이 '허용되는' 것이므로 주어(The use ~ devices)와 동사(accept)는 수동 관계. 앞에 조동사가 있으므로 accept를 be accepted로 고쳐야 적절하다. ① 아프리카가 인류의 발상지로 '여겨지는' 것이므로 주어(Africa)와 동사(consider)는 수동 관계. 「consider+목적어(Africa)+목적격보어(the birthplace of humankind)」 구조의 수동태가 적절히 쓰였다. ② 연극이 '상연되고 있는' 것이므로 주어(The play)와 동사(perform)는 수동 관계. 현재 진행 중인 상태를 나타내므로 현재진행형(be v-ing)과 수동태(be p.p.)가 결합된 현재진행 수동태(be being p.p.: ~되고 있다)가 적절히 쓰였다. ④ 손님들이 간식과 음료를 '제공받은' 것이므로 주어(Guests ~ event)와 동사(offer)는 수동 관계. 「offer+간접목적어(guests to the event)+직접목적어(free snacks and beverages)」 구조에서 간접목적어를 주어로 한 수동태가 적절하게 쓰였다. ⑤ 차 사고가 주요 교통 체증을 '유발한' 것이므로 주어(The car accident)와 동사(cause)는 능동 관계.

4

01 **improves** | 양질의 수면은 인간에게 중요하다. 그것은 우리의 건강과 행복을 향상시킨다. | **해설** 문맥상 It은 Good-quality sleep을 가리키는데, '양질의 수면'이 건강과 행복을 '향상시키는' 것이므로 능동 관계. 따라서 improves가 적절하다.

02 **sent** | 관리자가 최종 면접을 위해 다섯 명의 지원자를 선정했는데, 그들은 이메일로 면접 일정을 전송받을 것이다. | **해설** 문맥상 they는 5 applicants를 나타내는데, 그들이 면접 일정을 '받는' 것이므로 주어(they)와 동사(send)는 수동 관계. 따라서 sent가 적절하다. SVOO구조의 수동태에서 간접목적어가 주어인 경우 동사를 be p.p. 형태로 바꾸고 직접목적어는 그대로 둔다.

03 **affect** | 약을 복용할 때, 당신은 의사의 지시를 주의 깊게 따라야 합니다. 만약 당신이 주의하지 않으면, 몇몇 부작용이 생길지도 모릅니다. 그것들은 당신의 건강에 부정적으로 영향을 미칠 수 있습니다. | **해설** 문맥상 They는 앞에 언급된 some side effects를 나타내는데, 부작용이 건강에 부정적으로 '영향을 미치는' 것이므로 주어(They)와 동사(affect)는 능동 관계. 따라서 affect가 적절하다.

5

❸ | ① 사흘 내로 결제하지 않으면, 당신의 주문은 취소될 것입니다. ② 우리의 애완견은 작은 크기 때문에 '미니'라고 불린다. ③ 시험을 끝낸 직후에 당신은 시험 결과를 전해 들을 것입니다. ④ 중국 전통 의학은 수년간 녹차를 사용해 왔다. ⑤ 지난 현충일에 나는 사촌 집에서 열리는 바비큐 파티에 초대되었다. | **해설** ③ 주어(You)가 시험 결과를 '듣는' 것이므로 수동태 be told가 적절히 쓰였다. be told는 '전해 듣다'로 해석하는 것이 가장 자연스럽다. ① 주문이 '취소되는' 것이므로 수동태인 be canceled로 고쳐야 적절. ② 애완견이 '미니'라고 '불리는' 것이므로 수동태인 is named로 고쳐야 적절. ④ 중국 전통 의학이 녹차를 '사용하는' 것이므로 능동태인 has used로 고쳐야 적절. ⑤ 내가 '초대된' 것이므로 수동태인 was invited로 고쳐야 적절.

6

01 **❸ were searched → searched** | 여행에서 돌아왔을 때, 우리는 모든 서랍이 열려 있는 것을 발견했다. 침실의 금고는 비어 있었다. 도둑이 우리 집에 침입했던 것이다! 우리는 즉시 경찰에 신고했다. 그들은 집안 구석구석을 수색했지만, 어떠한 증거도 발견되지 않았다. | **해설** ③ 문맥상 They는 the police를 나타내는데 경찰이 집안을 '수색하는' 것이므로 능동태인 searched로 고쳐야 적절하다. ① 서랍이 열린 상태로 '놓인' 것이며 주어(we)가 발견한(found) 시점보다 더 이전에 발생한 일을 나타내므로 과거완료 수동태인 had been left가 적절히 쓰였다. ② 도둑이 집에 '침입한' 것이므로 능동태인 had broken into가 적절히 쓰였다. 여행에서 돌아온 것보다 도둑이 침입한 것이 더 이전에 발생한 일이므로 과거완료형이 쓰였다.

02 **❶ had booked → had been booked** | 지난밤, 내 여동생과 나는 영화를 보러 갔다. 표는 온라인으로 예매되어서, 우리는 팝콘과 탄산음료만 구매했다. 하지만 우리가 영화관에 입장했을 때, 우리 좌석이 한 커플에 의해 차지되어 있었다. 그들은 자신들의 표를 우리에게 보여주었고 우리는 표가 내일 것임을 깨달았다. | **해설** ① 표가 '예매된' 것이므로 수동태인 had been booked로 고쳐야

적절. 영화관에 간 것보다 표가 예매된 것이 먼저 일어난 일이므로 과거완료 수동태가 쓰였다. ② 좌석이 커플에 의해 '차지된' 것이므로 수동태인 had been taken이 적절하게 쓰였다. 영화관에 입장한 것보다 좌석이 차지된 것이 먼저 일어난 일이므로 과거완료 수동태가 쓰였다. ③ 문맥상 They는 앞에 언급된 a couple을 나타내는데, 커플이 표를 '보여준' 것이므로 능동태가 적절하게 쓰였다.

7

❺ | 동식물 연구가 존 제임스 오듀본은 한때 나그네비둘기떼가 너무나 거대해서 그 무리가 하늘 전체를 덮는다고 묘사했다. 놀랍게도, 그는 거짓말을 하는 것이 아니었다! 19세기 초반, 그 새들은 북아메리카에 서식하는 조류 수의 40%만큼이나 차지하는 것으로 추산되었다. 그러나 그 동물들은 다수라서 공격받기가 매우 쉬웠다. 쉽게 사냥 될 수 있어서, 그 새들은 식용으로, 때로는 스포츠를 위해, 대거 죽임을 당했다. 안타깝게도, 그 새들은 큰 무리를 지어 다닐 때를 제외하고는 자신을 보호할 수 없어서 개체 수가 급격히 감소했다. 1900년에는 누군가가 마지막 야생 나그네비둘기를 총으로 쏘았다. 14년 후에, 지구상의 마지막 나그네비둘기가 신시내티 동물원에서 죽었다. 그 새의 이름은 마사였다. | 해설 (A) 새들이 전체 조류 수의 40%만큼을 차지하는 것으로 '추정되는' 것이므로 주어(the birds)와 동사(estimate)는 수동 관계. 따라서 estimated가 적절하다. (B) 문맥상 동사 protect의 주어(the birds)와 목적어가 같은 대상을 가리키므로 주어의 동작이 자기 자신에게로 돌아오는 재귀대명사를 쓰는 것이 적절하다. (☞ CHAPTER 9) (C) 명백한 과거 시점을 나타내는 부사구(Fourteen years later)가 있으므로 과거시제 died가 적절. 현재완료는 명백한 과거를 나타내는 부사구와 함께 쓰일 수 없다. (☞ CHAPTER 2)

구문 [1~2행] ~ once described *a flock of passenger pigeons*

[**which** was **so large that** it covered the whole sky].
　　　　　　　　　so+형용사+that ~
▶ 관계대명사 which가 이끄는 절(which ~ sky)이 명사구 a flock of passenger pigeons를 수식한다. (☞ CHAPTER 5) 관계대명사절 내에 「so+형용사[부사]+that ...: 너무 ~해서 …이다」 구조가 쓰였으며, 이때 it은 the flock of passenger pigeons를 가리킨다. (☞ CHAPTER 4)

8

❸ | 당신이 두세 벌의 셔츠를 세탁소에 맡길 때, 그것들은 보통 적어도 10여 벌의 다른 옷들과 함께 기계로 들어간다. 어느 셔츠가 누구의 것인지를 파악하기 위해, 세탁소 직원들은 각 셔츠에 실제로 무언가를 적는다. 셔츠의 주인을 추적하는 한 가지 흔한 방법은 그 업계에서 '유령 표기'로 알려져 있다. 서너 개의 숫자 또는 글자가 옷깃 안쪽에 특수 잉크로 적히는데, 그 잉크는 오직 자외선 아래에서만 보일 수 있다. 각 셔츠가 세탁되기 전에, 그 숫자는 (당신이 깨끗이 세탁된 옷과 함께 받게 되는 표에도 나타나 있는데) 옷깃에 표시된다. 비록 몇몇 세탁소는 그러고 나서 셔츠를 그물망에 넣어 세탁하지만, 이는 그 셔츠들을 다른 것과 분리하기 위한 것이라기보다는 셔츠를 보호하기 위해 행해진다. 세탁물이 마른 후에, 직원은 그 셔츠들을 자외선 아래로 통과시킨 다음 그것들을 주인에게 돌려준다. | 해설 ③ 문맥상 it은 앞에 나온 a special ink를 나타내는데, 잉크가 '보이는' 것이므로 can see를 수동태인 can be seen으로 고쳐야 적절하다. ① 문맥상 to부정사구(To keep ~ whom)가 '~하기 위하여'라는 뜻의 '목적'을 나타내는 부사적 용법으로 쓰였으므로 적절하다. ② 방법이 '알려진' 것이므로 수동태인 is known이 적절히 쓰였다. 「be known as: ~로 알려져 있다」④ 숫자가 옷깃에 '표시된' 것이므로 수동태 are marked가 적절히 쓰였다. ⑤ 문맥상 this는 '몇몇 세탁소가 셔츠를 그물망에 넣어 세탁하는 것'을 가리키는데, 이러한 행위가 '행해지는' 것이므로 수동태인 is done이 적절히 쓰였다.

구문 [8~9행] ~, this is done to protect the shirts **rather than**
　　　　　　　　　　　　　　　(= in order to protect)
to separate them from others.

▶ 여기서 to protect는 '~하기 위하여'라는 '목적'을 나타내는 to부정사의 부사적 용법. (☞ CHAPTER 6) 「B rather than A: A라기보다는 B」 구조에서 두 개의 to부정사구가 비교 대상으로 쓰였다.

CHAPTER 4 문장의 확장 I

Unit 13	**Application Exercises**	p.065

A 이 문제는?

　　접속사에 대등하게 연결된 요소 파악하기

01 **to buy things quickly, take your time** | 쇼핑하러 갈 때 물건을 빨리 사는 것을 좋아하니, 아니면 천천히 하는 것을 좋아하니? | 해설 동사(like)의 목적어인 두 개의 to부정사구(to buy ~ quickly, (to) take ~ time)가 and로 연결된 병렬구조. to부정사가 등위접속사로 연결되면 뒤에 오는 to는 생략되는 경우가 많다.

02 **Students know the value of a healthy diet, they don't worry about the right amount of sleep** | 학생들은 건강한 식단의 가치를 알고 있지만, 그들은 적당량의 수면에 관해서는 걱정하지 않는다. | 해설 두 개의 등위절(Students ~ diet, they ~ sleep)이 접속사 but으로 연결된 병렬구조.

03 **necessary, sufficient** | 성공을 위해서는 좋은 교육적 배경이 필수적이지도 충분하지도 않다. | 해설 두 개의 형용사가 상관접속사 「neither A nor B (A나 B 어느 쪽도 ~아닌)」로 연결된 병렬구조.

04 **give you directions, provide the street view of a place** | 인터넷 지도는 당신에게 방향을 제시해 줄 뿐만 아니라 한 장소의 거리 영상도 제공한다. | 해설 두 개의 동사구(give ~ directions, provide ~ place)가 상관접속사 「not only A but also B (A뿐만 아니라 B도)」로 연결된 병렬구조.

05 **because of its food, because of its cozy atmosphere** | 사람들은 음식 때문이 아니라 아늑한 분위기 때문에 그 식당을 좋아한다. | 해설 두 개의 전명구가 상관접속사 「not A but B (A가

아니라 B)」로 연결된 병렬구조.

B 이 문제는?

병렬구조로 연결된 요소들이 문법적으로 대등한 것인지 파악하기

01 **use** | 내 목표는 영어 어휘를 공부하여 그것을 매일 사용하는 것이다. | 해설 두 개의 to부정사구가 접속사 and로 연결된 병렬구조로, to study와 대등한 형태인 to use가 적절. to부정사가 등위접속사로 연결되면 뒤에 오는 to는 생략되는 경우가 많으므로 정답은 use. 여기서 to부정사구는 문장에서 주격보어 역할을 한다. (☞ CHAPTER 6)

02 **listen** | 긴장할 때는 숨을 깊이 들이쉬거나 차분한 음악을 들으세요. | 해설 두 개의 명령문이 접속사 or로 연결된 병렬구조로, 동사원형 take와 대등한 형태인 listen이 적절.

03 **remembered** | 당신은 지금껏 책을 읽고서 그 내용이 조금도 기억나지 않았던 적이 있습니까? | 해설 두 개의 동사구가 접속사 and로 연결된 병렬구조로, 현재완료 have remembered에서 반복된 조동사(have)가 생략된 형태인 remembered가 와야 적절. 여기에서 have p.p.는 '경험'을 나타낸다. (☞ CHAPTER 2)

04 **copying** | 아이들은 다른 사람들을 관찰하거나 그들의 행동을 따라 함으로써 배울 수 있다. | 해설 문맥상 전치사의 목적어로 쓰인 두 개의 동명사구가 접속사 or로 연결된 병렬구조로, observing과 대등한 형태인 copying이 적절.

05 **gives** | 어두운 조명에서 글을 읽는 것은 당신의 눈을 피로하게 하고 두통을 일으킨다. | 해설 문맥상 두 개의 동사구가 접속사 and로 연결된 병렬구조로, makes와 대등한 형태인 gives가 적절.

C 이 문제는?

병렬구조로 연결된 요소들이 문법적으로 대등한 것인지 파악하기

01 **O** | 당신은 블로그에서 당신의 이야기를 자유롭게 공유하거나 비공개로 유지할 수 있습니다. | 해설 문맥상 두 개의 동사구(can ~ freely, (can) keep ~ private)가 접속사 or로 연결된 병렬구조로, 반복되는 조동사(can)가 생략된 keep이 적절히 쓰였다.

02 **X, make** | 도전은 당신에게 많은 에너지를 주고 당신의 삶을 의미 있게 만든다. | 해설 문맥상 두 개의 동사구가 접속사 and로 연결된 병렬구조로, making을 give와 같은 형태인 make로 고쳐야 적절.

03 **X, take** | 이번 휴가 동안 나는 소설 몇 권을 읽고, 친구들을 만나고, 단기 여행을 할 것이다. | 해설 문맥상 세 개의 동사구가 접속사 and로 이어진 병렬구조로, taking을 read, meet와 대등한 형태인 take로 고쳐야 적절.

A 이 문제는?

접속사 that이 이끄는 명사절이 문장에서 하는 역할 파악하기

01 **that Korean food ~ worldwide,** ⓒ | 좋은 소식은 한국 음식이 전 세계적으로 점점 더 인기를 끌고 있다는 것이다. | 해설 접속사 that이 이끄는 명사절이 문장의 보어로 쓰였다.

02 **that star signs ~ personality,** ⓑ | 몇몇 사람들은 별자리가 개인의 성격에 영향을 미친다고 믿는다. | 해설 접속사 that이 이끄는 명사절이 동사 believe의 목적어로 쓰였다.

03 **that you can ~ others,** ⓒ | 모둠 활동의 장점은 당신의 생각을 다른 사람들과 공유할 수 있다는 것이다. | 해설 접속사 that이 이끄는 명사절이 문장의 보어로 쓰였다.

04 **that you manage ~ the exam,** ⓐ | 시험 시간 동안 당신의 시간을 현명하게 관리하는 것은 중요하다. | 해설 It은 가주어이며 접속사 that이 이끄는 명사절이 진주어로 쓰였다.

05 **that too much salt ~ pressure,** ⓑ | 우리는 음식에 든 과도한 양의 소금이 고혈압을 일으킬 수 있다는 것을 알고 있다. | 해설 접속사 that이 이끄는 명사절이 동사 know의 목적어로 쓰였다.

06 **that you should ~ balance,** ⓐ | 신체 균형을 위해 당신이 좋은 자세를 유지하는 것은 필수적이다. | 해설 It은 가주어이며 접속사 that이 이끄는 명사절이 진주어로 쓰였다.

07 **that I should not ~ appearance,** ⓑ | 내 부모님은 외모로 사람을 판단하지 말아야 한다고 내게 늘 말씀하신다. | 해설 that이 이끄는 명사절이 직접목적어 자리에 쓰였다.

B 이 문제는?

접속사 that이 이끄는 절에서 생략된 that 자리 찾기

01 **Experts claimed** ∨ | 전문가들은 이 독감에는 백신이 없다고 주장했다. | 해설 접속사 that이 이끄는 명사절(there ~ flu)이 동사(claimed)의 목적어로 쓰였다. 목적어 자리에 쓰인 명사절 접속사 that은 대개 생략된다.

02 **The amazing fact is** ∨ | 놀라운 사실은 언어가 우리의 사고와 문화에 영향을 미친다는 것이다. | 해설 접속사 that이 이끄는 명사절(language ~ culture)이 문장의 보어로 쓰였다. 보어 자리에 쓰인 명사절 접속사 that은 자주 생략된다.

03 **Most people know** ∨ | 대부분 사람들은 햇빛에 너무 많이 노출되는 것이 해롭다는 것을 알고 있다. | 해설 접속사 that이 이끄는 명사절(too much ~ unhealthy)이 동사(know)의 목적어로 쓰였다.

04 **Researchers found** ∨ | 연구원들은 모기가 냄새에 근거하여 사람에 이끌린다는 것을 밝혀냈다. | 해설 접속사 that이 이끄는 명사절(mosquitoes ~ smell)이 동사(found)의 목적어로 쓰였다.

05 **We think** ∨ | 우리는 실패 경험이 학습 과정에서 필요하다고 생각한다. | 해설 접속사 that이 이끄는 명사절(the experience ~

process)이 동사 think의 목적어로 쓰였다.

Unit 15　Application Exercises　p.069

A　이 문제는?

다양한 의문문을 명사절 접속사를 이용하여 연결하기

01 **whether[if] you could lend me your laptop for a day** | 나는 네가 하루 동안 네 노트북 컴퓨터를 내게 빌려줄 수 있는지 궁금해. | 해설 Yes 또는 No로 대답할 수 있는 의문문을 명사절로 연결할 때는 접속사 whether나 if를 사용하며 「주어+(조)동사」의 어순이 된다. whether[if]가 이끄는 명사절(whether[if] ~ a day)이 동사(wonder)의 목적어로 쓰였다.

02 **when my order will be delivered** | 저는 제 주문품이 언제 배송될 것인지 알고 싶습니다. | 해설 의문문을 명사절로 연결할 때는 「의문사+주어+(조)동사」의 어순이 된다. when이 이끄는 명사절(when ~ delivered)이 동사(know)의 목적어로 쓰였다.

03 **where we should go for dinner** | 나는 우리가 저녁 식사를 위해 어디로 가야 할지 결정하지 못하겠어. | 해설 의문문을 명사절로 연결할 때는 「의문사+주어+(조)동사」의 어순이 된다. where가 이끄는 명사절(where ~ dinner)이 동사(decide)의 목적어로 쓰였다.

04 **how I could take good photographs** | 내 친구가 내게 사진을 잘 찍는 법을 보여주었다. | 해설 의문문을 명사절로 연결할 때는 「의문사+주어+(조)동사」의 어순이 된다. how가 이끄는 명사절(how ~ photographs)이 직접목적어 자리에 쓰였다.

B　이 문제는?

명사절을 이끄는 접속사 that과 if[whether] 구별하기

01 **if** | 필립이 내게 영어 말하기 대회에 참가하고 싶은지 물었다. | 해설 이어지는 절이 의문시되는 일을 나타내며 문맥상 '~인지 (아닌지)'로 해석되므로 접속사 if가 적절. if가 이끄는 명사절이 직접목적어 자리에 쓰였다. 접속사 that 뒤에는 확실한 사실을 나타내는 절이 이어지므로 여기서는 적절하지 않다.

02 **Whether** | 네가 해외에서 살았는지 아닌지는 영어를 배우는 데 있어 중요하지 않다. | 해설 이어지는 절이 불확실한 내용(~ or not)을 나타내고 문맥상 '~인지 (아닌지)'로 해석되므로 접속사 whether가 적절. whether가 이끄는 명사절이 주어 자리에 쓰였다. Because는 '이유'를 뜻하는 접속사로 여기서는 적절하지 않다.

03 **that** | 심리학자들은 엄마의 감정이 태아에 영향을 미칠 수 있다는 것을 증명해 왔다. | 해설 이어지는 절이 확실한 사실을 나타내며 '~것'으로 해석되므로 접속사 that이 적절. that이 이끄는 명사절이 동사(have proved)의 목적어로 쓰였다. 접속사 if 뒤에는 불확실하거나 의문시되는 일을 나타내는 절이 이어지므로 여기서는 적절하지 않다.

04 **if** | 제 장학금 신청이 수락되었는지 언제 알 수 있을까요? | 해설 이어지는 절이 의문시되는 일을 나타내며 문맥상 '~인지 (아닌지)'로 해석되므로 접속사 if가 적절. if가 이끄는 명사절이 동사(find out)의 목적어로 쓰였다.

C　이 문제는?

의문사가 이끄는 명사절의 어순 파악하기

01 **X, how successful this project will be** | 우리는 이 프로젝트가 얼마나 성공적일지 예측할 수 없다. | 해설 의문사 how가 이끄는 명사절의 어순은 「how+형용사/부사+주어+(조)동사」이므로 how successful this project will be로 고쳐야 적절.

02 **X, why everyone was laughing** | 대니는 왜 모든 사람이 그를 보고 웃고 있었는지 이해할 수 없었다. | 해설 의문사가 이끄는 명사절의 어순은 「의문사+주어+(조)동사」이므로 why everyone was laughing으로 고쳐야 적절.

03 **X, how I should respond** | 나는 그 면접관의 질문에 어떻게 답해야 할지 몰랐다. | 해설 의문사가 이끄는 명사절은 「의문사+주어+(조)동사」의 어순이므로 how I should respond로 고쳐야 적절.

04 **X, where she had placed** | 줄리는 자신의 과학 보고서를 어디에 두었는지 완전히 잊어버렸다. | 해설 의문사가 이끄는 명사절은 「의문사+주어+(조)동사」의 어순이므로 where she had placed로 고쳐야 적절.

Unit 16　Application Exercises　p.071

A　이 문제는?

문맥에 알맞은 접속사 파악하기

01 **while** | 내 남동생은 철저한 채식주의자이지만, 여동생은 육류를 아주 좋아한다. | 해설 이어지는 절과 앞 절의 내용이 문맥상 서로 대조되는 내용이므로 '~인 반면에'란 뜻의 접속사 while이 들어가야 적절.

02 **since** | 우리가 중학교를 졸업한 이후로 나는 그의 소식을 듣지 못했다. | 해설 문맥상 '~ 이후로'란 뜻의 접속사 since가 들어가야 적절. since가 이러한 뜻으로 사용될 때는 완료시제와 함께 잘 쓰인다. (☞ CHAPTER 2)

03 **if** | 이상한 창이 이유 없이 나타난다면 당신의 컴퓨터가 바이러스에 걸렸을지도 모른다. | 해설 문맥상 '만약 ~라면'이라는 뜻의 접속사 if가 들어가서 '조건'의 부사절을 이끌어야 적절.

04 **Once** | 일단 이 책을 읽기 시작하면, 당신은 멈출 수가 없을 것입니다. | 해설 문맥상 '일단 ~하면'란 뜻의 접속사 once가 들어가야 적절.

05 **in case** | 환불받을 필요가 있을 때를 대비해서 티셔츠의 영수증을 보관해 두어라. | 해설 문맥상 '~할 경우에 대비하여'란 뜻의 접속사 in case가 적절.

적절. 전치사 despite 뒤에는 명사(구)가 온다.

01 **X, while** | 데이비드는 운동을 하면서 음악을 들었다. | 해설 문맥상 '~하는 동안'을 의미하고, 뒤에 <주어(he)+동사(was doing)+목적어(exercise)> 구조의 절이 이어지므로 during을 접속사 while로 고쳐야 적절. during은 전치사로, 뒤에 명사(구)가 온다.

02 **X, (al)though 또는 even though[if]** | 우리는 비록 좋은 좌석에 앉지는 않았어도 영화를 잘 관람했다. | 해설 뒤에 <주어(we)+동사(didn't have)+목적어(very good seats)> 구조의 절이 이어지므로 despite를 접속사 (al)though 또는 even though[if]로 고쳐야 적절. despite는 전치사로, 뒤에 명사(구)가 온다.

03 **O** | 사람들은 소셜 미디어 때문에 사생활 침해에 대해 걱정한다. | 해설 뒤에 명사구(social media)가 오므로 because of가 적절히 쓰였다.

1

01 **download** | 당신은 저희 웹사이트에서 노래를 듣거나 음악 파일을 내려받으실 수 있습니다. | 해설 문맥상 두 개의 동사구(can ~ songs, (can) download ~ files)가 접속사 or로 연결된 병렬구조. 접속사 뒤에 반복되는 조동사는 생략 가능하므로 동사원형 download가 적절하다.

02 **improves** | 미소는 좋은 인상을 만들어주고 당신의 자신감을 향상해 줍니다. | 해설 문맥상 두 개의 동사구(makes ~ impression, improves ~ confidence)가 접속사 and로 연결된 병렬구조로, makes와 대등한 형태인 improves가 적절.

03 **because of** | 소비자들은 저렴한 가격 때문에 온라인 소셜 커머스를 이용한다. | 해설 뒤에 명사구(its cheap prices)가 오므로 because of가 적절. because는 접속사로, 뒤에 완전한 구조의 절이 온다.

04 **if** | 저는 당신이 어제 제 이메일을 받았는지 궁금합니다. | 해설 이어지는 절의 내용이 의문시되는 내용이고 문맥상 '~인지 (아닌지)'로 해석되어야 하므로 접속사 if가 적절. 접속사 that 뒤에는 확실한 사실을 나타내는 절이 이어지므로 여기서는 적절하지 않다.

05 **Although** | 비록 내가 점심을 정말로 많이 먹었지만, 나는 디저트로 아이스크림을 먹을 수 있다. | 해설 뒤에 <주어(I)+동사(had)+목적어(a ~ lunch)> 구조의 완전한 절이 이어지므로 접속사 Although가 적절. despite는 전치사로, 뒤에 명사(구)가 온다.

06 **runs** | 그 의료원은 진료를 제공하고, 수술을 집도하며, 영양 프로그램을 운영한다. | 해설 세 개의 동사구(provides ~ care, performs surgery, runs ~ programs)가 접속사 and로 연결된 병렬구조. 따라서 provides, performs와 대등한 형태인 runs가 적절하다.

2

❺ | ① 나는 컴퓨터를 껐는지 안 껐는지 기억나지 않는다. ② 나는 수진이가 생일선물로 무엇을 원하는지 알고 싶다. ③ 우리는 이 애플리케이션으로 사람들과 이야기를 나누거나 모바일 선물을 보낼 수 있다. ④ 모든 수영장에 안전 요원이 배치되어야 할 필요가 있다. ⑤ 문제에 대해 걱정하는 것을 멈추고 너 스스로 해결책을 찾아라. | 해설 ⑤ 문맥상 두 개의 명령문(Stop ~ problems, find ~ yourself)이 접속사 and로 연결된 병렬구조로, Stop과 대등한 형태가 되도록 finding을 find로 고쳐야 적절. find를 worrying과 대등한 것으로 볼 경우, '스스로 해결책을 찾는 것을 멈춰라'라는 어색한 해석이 되므로 문맥상 접속사가 연결하는 것이 무엇인지 잘 파악해야 한다. 여기서 yourself는 '스스로'란 뜻으로 쓰인 재귀대명사의 강조 용법. (☞ CHAPTER 9) ① 뒤에 불확실한 내용의 절이 이어지므로 '~인지 (아닌지)'를 의미하는 접속사 whether가 적절히 쓰였다. ② 의문사가 이끄는 명사절은 「의문사+주어+(조)동사」의 어순이므로 what Sujin wants가 적절하다. ③ 문맥상 두 개의 동사구(can ~ people, (can) send ~ gifts)가 접속사 or로 연결된 병렬구조로, 반복된 조동사(can)가 생략된 형태인 send가 적절히 쓰였다. ④ It은 가주어이며 진주어인 명사절을 이끄는 접속사 that이 적절히 쓰였다.

3

01 **X, read** | 당신은 그 책을 무료로 한 부 요청하거나, 파일을 내려받

B

01 **unless** | 서두르지 않으면 우리는 영화 시간에 늦을 것이다. | 해설 문맥상 '~하지 않는다면'을 의미하는 접속사가 들어가야 하므로 'if ~ not'을 뜻하는 unless가 적절. unless는 '조건'의 부사절을 이끌므로 현재시제(hurry)가 미래를 나타낸다.

02 **during** | 나는 겨울 방학 동안 동물 보호소에서 자원봉사를 했다. | 해설 뒤에 명사구(the winter vacation)가 오므로 전치사 during이 적절. 접속사 while은 뒤에 완전한 구조의 절이 이어진다.

03 **because** | 짐은 매우 긴장하기 때문에 발표하는 것을 싫어한다. | 해설 뒤에 <주어(he)+동사(gets)+보어(really nervous)> 구조의 절이 이어지므로 접속사 because가 적절. because of 뒤에는 명사(구)가 온다.

04 **although** | 벨라는 운동을 많이 하지 않음에도 불구하고 몸 상태가 좋다. | 해설 뒤에 <주어(she)+동사(doesn't get)+목적어(much exercise)> 구조의 절이 이어지므로 접속사 although가

18

거나, 아니면 그것을 온라인으로 보실 수 있습니다. | [해설] 세 개의 동사구(can request ~ the book, (can) download ~ file, (can) read ~ online)가 접속사 or로 연결된 병렬구조이므로 reading을 request, download와 대등한 형태인 read로 고쳐야 적절.

02 **X, (to) motivate** | 시험의 목적은 학생들의 지식을 점검하고 학습 동기를 부여하는 것이다. | [해설] 두 개의 to부정사구(to check ~ knowledge, (to) motivate ~ learning)가 접속사 and로 연결된 병렬구조로, to check와 대등한 형태인 to motivate로 고쳐야 적절. to부정사가 등위접속사로 연결되면 뒤에 오는 to는 생략되는 경우가 많다.

03 **O** | 그 연구에 따르면 하루에 적어도 석 잔의 물을 마시는 것이 집중력과 기억력을 개선한다고 한다. | [해설] 이어지는 절이 <주어(drinking ~ a day)+동사(improves)+목적어(attention ~ memory)> 구조로 완전하고 문맥상 '~ 것'으로 해석되므로 접속사 that이 적절히 쓰였다. 접속사 that이 이끄는 명사절이 문장의 목적어로 쓰였다.

04 **O** | 다양한 법과 캠페인에도 불구하고, 운전 중 휴대전화 사용량이 증가하고 있다. | [해설] 뒤에 명사구(various ~ campaigns)가 오므로 전치사 Despite가 적절히 쓰였다.

05 **X, go** | 오늘날은, 사람들이 더 오래 일하고, 밤에 회의를 가고, 저녁을 늦게 먹고, 텔레비전을 보거나, 늦은 시간에 외출한다. | [해설] 다섯 개의 동사구가 접속사 or로 연결된 병렬구조로, going을 work, go, eat, watch와 대등한 형태인 go로 고쳐야 적절.

06 **X, during** | 호텔 손님들은 체류 기간 동안 무료 와이파이, 24시간 헬스클럽, 그리고 야외 수영장을 이용하실 수 있습니다. | [해설] 뒤에 명사구(their stay)가 오므로 while을 전치사 during으로 고쳐야 적절. 접속사 while 뒤에는 완전한 구조의 절이 온다.

4

01 **as long as** | 네가 집에 오후 10시까지 오는 한 친구들과 시간을 보내도 좋다. | [해설] 문맥상 '~하는 한'이란 뜻으로 '조건'의 부사절을 이끄는 접속사 as long as가 들어가야 적절.

02 **although** | 비가 조금 내리긴 했지만, 야외 콘서트는 성공적이었다. | [해설] 문맥상 '비록 ~이지만'이란 뜻으로 '양보'의 부사절을 이끄는 접속사 although가 적절.

03 **so that** | 제니는 건강을 유지하기 위해 매일 수영하러 간다. | [해설] 문맥상 '~하기 위하여'란 뜻의 '목적'을 나타내는 부사절을 이끄는 접속사 so that이 들어가야 적절.

04 **that** | 'please'라는 말은 첫 번째로 가장 강력한 말로 여겨진다. | [해설] 문맥상 '~ 것'으로 해석되는 절을 이끄는 접속사 that이 들어가야 적절. 여기서 It은 가주어이며 접속사 that이 이끄는 명사절이 진주어로 쓰였다.

05 **unless** | 내일까지 그 책을 반납하지 않는다면, 당신은 연체료를 내야 할 것입니다. | [해설] 이어지는 절이 문맥상 부정의 의미를 포함하지만, not이 보이지 않으므로 '~하지 않으면'이란 뜻의 부사절을 이끄는 접속사 unless가 들어가야 적절.

5

01 **❶** | 당신에게 중요한 업무가 많다면, 가장 중요한 업무를 먼저 시작하세요. ① 유명한 식당에 가기를 원한다면, 미리 예약하세요.

② 그녀는 내게 그 영화의 원작 소설을 읽어보았는지 물었다. | [해설] 주어진 문장에서 접속사 If가 '만약 ~라면'을 뜻하는 '조건'의 부사절을 이끌므로 같은 뜻으로 쓰인 ①이 정답이다. ②에서는 if가 '~인지 (아닌지)'의 의미로 명사절을 이끄는 접속사로 쓰였다.

02 **❷** | 주요리는 맛있었지만, 디저트는 실망스러웠다. ① 다른 사람들과 논쟁을 벌이는 동안 언성을 높이지 마세요. ② 전문가들은 여덟 시간의 수면이 이상적이라고 말하지만, 그것은 전부 당신이 어떻게 느끼는지에 달려 있다. | [해설] 주어진 문장에서 접속사 While은 '~인 반면에'로 해석되어 주절과 대조되는 내용의 절을 이끌므로 같은 뜻으로 쓰인 ②가 정답이다. ①에서는 while이 '~하는 동안'의 의미로 쓰였다.

03 **❷** | 야구 경기가 취소되어서, 관중들은 환불받았다. ① 마지막으로 할머니를 뵌 이후로 할머니의 건강이 좋아지셨다. ② 교통카드를 충전해야 하는 것을 잊어버려서 나는 집까지 죽 걸어가야 했다. | [해설] 주어진 문장에서 접속사 Since는 '~ 때문에'로 해석되어 주절의 원인이 되는 내용의 절을 이끌므로 같은 뜻으로 쓰인 ②가 정답이다. ①에서는 since가 '한 ~이후로'라는 의미의 때를 나타내는 접속사로 쓰였다.

6

❸ **paying → pay** | 당신이 한 무리의 사람들 앞에서 논쟁하고 있는지 친구들과 다투고 있는지는 중요하지 않다. 만약 당신이 전문가처럼 논쟁하고자 한다면 몇 가지 단순한 규칙이 있다. 논쟁할 때 화를 내지 마라, 그렇지 않으면 당신은 아마 논쟁에 질 것이다. 효과적인 의사소통을 하고, 당신의 의견을 분명히 말하며, 상대방이 말하고 있는 것에 주의를 기울여라. | [해설] ③ 세 개의 명령문이 접속사 and로 연결된 병렬구조로 paying을 Use, say와 대등한 형태인 pay로 고쳐야 적절. ① It은 가주어이고 whether가 이끄는 절(whether ~ friends)이 '~인지 …인지'로 해석되는 진주어로 쓰였다. ② 명령문 뒤에 '그렇지 않으면'이란 의미의 접속사 or가 적절히 쓰였다.

7

❷ | 몇몇 디자인 조사의 경우, 목표 고객을 주의 깊게 분석하는 것이 요구된다. 일본의 십 대 소녀들은 일본의 성인 여성들과 아주 다르고, 이어서 독일의 십 대 소녀들과도 매우 다르다. 한 상품이 이러한 하위문화 집단을 목표로 하는 것이라면, 정확한 인구수가 조사되어야 한다. 달리 말하자면 서로 다른 상품은 서로 다른 요구를 겨냥한다는 것이다. 어떤 상품들은 지위나 집단 구성원의 상징이 되기도 한다. 이때, 그런 상품들이 유용한 기능을 수행한다 할지라도, 그것들은 또한 상징적인 물건이기도 하다. 이러한 관점에서, 한 문화의 십 대들은 다른 문화의 십 대들과는 다르며, 심지어 같은 문화의 더 어린 아이들이나 나이 든 어른들과도 다르다. 디자인 조사자들은 관찰의 초점을 상품이 겨냥되어 만들어지는 목표 시장과 고객에게 철저히 맞추어야 한다. | [해설] (A) 전명구(of ~ customers)의 수식을 받는 careful analysis가 주어이므로 단수동사 is가 적절. (B) 뒤에 <주어(they)+동사(perform)+목적어(useful functions)> 구조의 절이 이어지므로 접속사 although가 적절. despite는 전치사로, 뒤에 명사(구)가 온다. (C) 문맥상 대명사가 복수명사 teenagers를 대신하므로 복수형 those가 적절.

[구문] [9행] ~ *the target market and customers* **for whom** the product is made.

▶ 문맥상 '목표 시장과 고객들을 위해' 상품이 만들어지는 것이므로 관

계대명사 whom 앞에 '~를 위해'에 해당하는 전치사 for가 있어야 한다. (☞ CHAPTER 5)

8

❷ | 오늘 지금 당장 네가 할 수 있는 일을 하는 것에 착수해라, 그리고 일을 나중으로 미루는 것을 피해라. 대부분의 경우, 바로 그때 일을 처리하는 것이 그 일에 대해 생각하고, 언제 할 것인지 결정하려 애쓰고, 그 일이 완료되지 않아 좌절하고, 그 다음 날 이러한 사고 과정 전체를 다시 겪는 것보다 더 쉽다. 당신은 어떤 일들이 해내기에 어렵지 않고 염려될 필요가 없다는 것을 깨달을 것이다. 그것은 교체될 필요가 있는 전구와 같다. 매번 전등을 켤 때마다, 당신은 "난 정말로 저 전구를 갈아야 해."라고 생각하고는 실천하지 않는다. 하지만 당신은 매일 그 일에 대해 생각하고 그 생각은 그것이 성가신 일이 될 때까지 몇 날 며칠 계속될 수 있다. 만약 당신이 전구가 나갔을 때 그것을 교체하는 데 몇 분을 할애한다면, 그것은 결코 당신을 성가시게 하지 않을 것이다. | 해설 ② 네 개의 to부정사구(to think ~ it, (to) try ~ will do it, (to) get ~ not done, then (to) go ~ the next day)가 접속사 and로 연결된 병렬구조. 등위접속사로 연결된 to부정사의 to는 생략할 수 있는데, to가 생략된 형태의 부정사가 연결되었으므로 going을 think, try, get과 대등한 형태인 go로 고쳐야 적절하다. ① avoid는 목적어로 동명사를 취하므로 putting이 적절히 쓰였다. ③ 뒤에 완전한 구조의 절(some things ~ about)이 이어지고 문맥상 '~ 것'으로 해석되므로 접속사 that이 적절히 쓰였다. 접속사 that이 이끄는 명사절이 동사(find out)의 목적어로 쓰였다. ④ '시간'의 부사절에서는 현재시제가 미래를 나타내므로 becomes가 적절히 쓰였다. ⑤ 동명사를 포함한 관용표현인 「spend ~ (in) v-ing (v하는 데 (시간 등을) 쓰다)」가 적절하게 쓰였다. (☞ CHAPTER 6)

구문 [5~6행] It is like *the bulb* [that needs to be changed].

▶ 주격 관계대명사 that이 이끄는 절이 명사 the bulb를 수식한다. 관계사절 내 동사 needs는 목적어로 to부정사를 취하는데 이때 to부정사의 의미상 주어(the bulb)와 change가 서로 수동 관계이므로 to부정사의 수동형인 to be changed가 쓰였다. (☞ CHAPTER 7)

CHAPTER 5 문장의 확장 II

| Unit 17 | Application Exercises | p.079 |

A 이 문제는?

관계대명사절의 수식을 받는 명사(선행사)와 관계대명사절의 범위 파악하기

01 **volunteers, [who want to help homeless dogs]** | 우리는 유기견을 돕고 싶어 하는 자원봉사자들을 찾고 있습니다. | 해설 who가 이끄는 관계대명사절이 타동사구(look for)의 목적어인 volunteers를 수식.

02 **The news, [which had shocked people]** | 사람들에게 충격을 주었던 그 뉴스는 거짓으로 판명되었다. | 해설 which가 이끄는 관계대명사절이 문장의 주어인 The news를 수식. prove to-v는 'v인 것으로 판명되다'란 뜻으로 to-v가 주격보어 역할을 한다. 이때 to be는 생략 가능하여 proved false의 형태로도 쓰일 수 있다.

03 **The photos, [which I had taken in Jeju]** | 내가 제주에서 찍은 사진들이 우리 학교 축제에서 전시되었다. | 해설 which가 이끄는 관계대명사절이 문장의 주어인 The photos를 수식. 선행사가 주어인 경우 관계사절은 문장의 동사(were displayed) 바로 앞까지이다.

04 **a movie, [whose plot came from a best-selling book]** | 나는 줄거리가 베스트셀러에서 비롯된 영화를 보았다. | 해설 whose가 이끄는 관계대명사절이 문장의 목적어인 a movie를 수식.

B 이 문제는?

선행사의 종류와 관계사절 내 역할을 파악하여 알맞은 관계대명사 선택하기

01 **which** | 당신은 설탕이 많이 들어 있는 음료를 피해야 합니다. | 해설 선행사(drinks)가 사람이 아니고 관계대명사가 관계사절 내에서 주어 역할을 하므로 which가 적절.

02 **whose** | 골동품은 시간이 지날수록 가치가 상승하는 오래된 물건이다. | 해설 뒤에 <주어(value)+동사(goes up)+부사구(over time)>의 구조가 오며, 관계대명사가 관계사절 내에서 소유격(their)을 대신하므로 whose가 적절.

03 **who(m)** | 제인은 우리 팀을 위해 우리가 정말로 필요로 하는 직원이다. | 해설 선행사(the employee)가 사람이고 관계대명사가 관계사절 내 동사(need)의 목적어 역할을 하므로 who(m)가 적절.

04 **who** | 당신의 기부금은 도시에 홀로 거주하는 노인분들께 전달될 것입니다. | 해설 선행사(elderly people)가 사람이고 관계대명사가 관계사절 내에서 주어 역할을 하므로 who가 적절.

05 **which** | 종종, 어른들은 십 대들이 대화에서 사용하는 단어를 이해하지 못한다. | 해설 선행사(the words)가 사람이 아니고 관계대명사가 관계사절 내 동사(use)의 목적어 역할을 하므로 which가 적절.

① 수일치
  - 관계대명사절의 수식을 받는 주어(선행사)를 찾아 동사의 단/복수형 파악하기
  - 선행사를 찾아 주격 관계대명사절 내 동사의 단/복수형 파악하기
② 관계대명사의 알맞은 격 파악하기

01 **look** | 이제 막 3층에 이사 온 사람들은 친절해 보인다. | 해설 관계대명사 who가 이끄는 관계사절(who ~ floor)의 수식을 받는 선행사 The people이 문장의 주어이므로 복수동사가 적절. on the third floor는 부사구이므로 floor에 수일치하지 않도록 주의한다.

02 **whose** | 스티브는 (자신의) 디자인이 국제적인 찬사를 받은 건축가이다. | 해설 두 개의 절은 접속사 없이 연결될 수 없으므로 「접속사+(소유격) 대명사」의 역할을 하는 관계대명사 whose가 적절하다.

03 **whom** | 학생들이 유머 감각 때문에 좋아하는 그 선생님은 곧 퇴직하실 것이다. | 해설 선행사(The teacher)가 사람이고 관계대명사가 관계사절 내 동사(like)의 목적어 역할을 하므로 목적격 관계대명사 whom이 적절하다.

04 **include** | 대부분 여행사는 비행기 표와 호텔을 포함하는 풀 패키지여행 상품을 판매한다. | 해설 관계대명사 which가 이끄는 관계사절(which ~ hotels)의 수식을 받는 선행사는 full package tours이므로 복수동사가 적절하다.

05 **offer** | 많은 사람이 장을 보기 위해 많은 할인을 제공하는 대형 상점으로 간다. | 해설 관계대명사 which가 이끄는 관계사절(which ~ discounts)과 선행사(large stores) 사이에 전명구(for grocery shopping)가 와서 선행사와 관계사절이 떨어져 위치했다. 따라서 복수동사 offer가 적절. 이때 관계사 바로 앞 명사를 선행사로 착각하지 않도록 주의한다.

Unit 18 **Application Exercises** p.081

A 이 문제는?

관계대명사 that과 접속사 that 구분하기

01 ⓐ | 제게 당신이 최근에 산 배낭을 보여주세요. | 해설 that이 이끄는 절이 타동사 bought의 목적어가 없는 불완전한 구조이며 앞의 명사(the backpack)를 수식하므로 that은 목적격 관계대명사이다.

02 ⓑ | 과학자들은 그 독감 바이러스가 공기를 통해 퍼졌다는 것을 알아냈다. | 해설 that이 이끄는 절이 <주어(the flu virus)+동사(had spread)+부사구(through the air)> 구조로 완전하며, 문장의 동사 discovered의 목적어 역할을 하므로 that은 접속사이다.

03 ⓐ | 당신은 결국 당신을 행복하게 할 수 있는 유일한 사람입니다. | 해설 that이 이끄는 절이 주어가 없는 불완전한 구조이며 앞의 명사(the only person)를 수식하므로 that은 주격 관계대명사이다.

04 ⓑ | 스터디 그룹이 같은 주제에 관해 다양한 의견을 얻도록 도와준다는 것은 사실이다. | 해설 that이 이끄는 절이 <주어(a study group)+동사(helps)+목적어(to get ~ subject)> 구조로 완전하며, 문장상 주어로 해석되므로 that은 접속사이다. 여기에서 it은 가주어이고 that 이하가 진주어이다. (☞ CHAPTER 4)

B 이 문제는?

관계대명사 that과 관계대명사 what 구분하기

01 ⓐ | 그것은 내가 지금껏 먹어본 것 중에서 가장 훌륭한 비빔밥이었다. | 해설 이어지는 절이 동사(have had)의 목적어가 없는 불완전한 구조이고 문맥상 the best bibimbap을 수식하므로 관계대명사 that이 적절.

02 ⓑ | 자전거 타기는 그녀가 건강을 위해 매주 하는 것이다. | 해설 선행사가 없으며 이어지는 절에서 동사(does)의 목적어가 없으므로 관계대명사 what이 적절. 관계대명사 what이 이끄는 명사절이 문장의 보어로 쓰였다.

03 ⓐ | 당신은 당신의 필요에 가장 부합하는 인턴십 프로그램을 선택할 수 있습니다. | 해설 이어지는 절이 주어가 없는 불완전한 구조이고 문맥상 internship programs를 수식하므로 관계대명사 that이 적절.

04 ⓑ | 죄송합니다만, 저는 정말로 당신이 말하고 있는 것을 이해할 수 없어요. | 해설 선행사가 없으며 이어지는 절에서 동사(are saying)의 목적어가 없으므로 관계대명사 what이 적절. 관계대명사 what이 이끄는 명사절이 동사 can't understand의 목적어로 쓰였다.

C 이 문제는?

① 관계대명사 that과 관계대명사 what 구분하기
② 접속사 that과 관계대명사 구분하기

01 **that** | 문제는 헤어드라이기가 머리카락 손상을 초래할 수 있다는 것이다. | 해설 이어지는 절이 <주어(hairdryers)+동사(can cause)+목적어(hair damage)> 구조로 완전하며 명사를 수식하지 않으므로 접속사 that이 적절. that이 이끄는 명사절이 문장의 보어로 쓰였다. (☞ CHAPTER 4)

02 **What** | 가장 중요한 것은 신체적인 외모가 아니라 내면의 아름다움이다. | 해설 선행사가 없으며 뒤에 주어가 없는 불완전한 구조가 이어지므로 관계대명사 What이 적절. What이 이끄는 명사절이 문장의 주어로 쓰였다.

03 **that** | 나는 긍정적인 생각이 긍정적인 결과를 초래한다고 믿는다. | 해설 이어지는 절이 <주어(positive thoughts)+동사(lead to)+목적어(positive outcomes)> 구조로 완전하며 명사를 수식하지 않으므로 접속사 that이 적절. that이 이끄는 명사절이 문장의 목적어로 쓰였다. (☞ CHAPTER 4)

04 **that** | 선생님은 우리에게 오늘 아침에 라디오에서 들었던 소식을 말씀해 주셨다. | 해설 이어지는 절이 동사(heard)의 목적어가 없는 불완전한 구조이며 문맥상 the news를 수식하므로 관계대명사 that이 적절.

05 **what** | 이 기사는 성공적인 발표를 위해 필요한 것을 설명한다. | 해설 선행사가 없으며 뒤에 주어가 없는 불완전한 구조가 이어지므로 관계대명사 what이 적절. what이 이끄는 명사절이 문장의 목적어로 쓰였다.

A 이 문제는?

계속적 용법으로 쓰인 관계대명사절의 선행사 파악하기

01 **a small town** | 그녀는 작은 마을에서 자랐는데, 그곳은 평창에 위치해 있다. | 해설 문맥상 평창에 위치한 것은 '작은 마을'이므로 선행사는 a small town이다.

02 **to try new things** | 나는 새로운 것들을 시도하고 싶은데, 그것은 약간의 용기와 자신감을 필요로 한다. | 해설 문맥상 용기와 자신감을 필요로 하는 것은 '새로운 것들을 시도하는 것'이므로 선행사는 to try new things이다.

03 **He met an old friend from middle school in a cafe** | 그는 카페에서 옛 중학교 친구를 만났는데, 그것은 놀라운 일이었다. | 해설 문맥상 '그가 카페에서 옛 중학교 친구를 만난 것'이 놀라운 일이므로 선행사는 앞 절 전체이다. 계속적 용법의 관계대명사는 단어나 구뿐만 아니라 절도 선행사로 취할 수 있으므로 유의한다.

B 이 문제는?

관계대명사 앞 전치사의 필요 여부 파악하기

01 **on** | 여기가 어젯밤에 교통사고가 일어났던 도로이다. | 해설 문맥상 '도로 위에서' 교통사고가 일어난 것이므로 '~ 위에서'에 해당하는 전치사 on이 필요하다. Here is the road. + The car accident happened **on** the road last night. → Here is *the road* **on which** the car accident^S happened^V last night.
(자동사)

02 **with** | 내가 함께 조별 과제를 하는 조원들은 모두 열심히 노력하고 있다. | 해설 문맥상 '조원과 함께' 과제를 하는 것이므로 '~와 함께'에 해당하는 전치사 with가 필요하다. The members are all trying hard. + I am doing a group project **with** the members. → *The members* **with whom** I^S am doing^V a group project^O are all trying hard.

03 **at** | 그녀는 내게 그 마을로 가는 버스를 탈 수 있는 버스정류장을 친절히 알려주었다. | 해설 문맥상 '버스정류장에서' 버스를 타는 것이므로 '~에서'에 해당하는 전치사 at이 필요하다. She kindly told me the bus stop. + I could take the bus to the town **at** the bus stop. → She kindly told me *the bus stop* **at which** I^S could take^V the bus to the town^O.

04 **X** | 나는 네가 전에 추천했던 일본 음식점에 갔어. | 해설 이어지는 절이 동사(had recommended)의 목적어가 없는 불완전한 구조이고 문맥상 the Japanese restaurant를 수식하므로 목적격 관

계대명사 which는 적절. 따라서 which 앞에 전치사가 필요하지 않다.

C 이 문제는?

① 계속적 용법으로 쓰인 관계대명사 파악하기
② 「대명사+of+목적격 관계대명사」 구조 이해하기

01 **which** | 나는 이 청바지가 마음에 들지 않는데, 그것은 나에게 너무 딱 붙는다. | 해설 이어지는 절이 주어가 없는 불완전한 구조이고 앞에 콤마가 있으며, 문맥상 these jeans를 보충 설명하므로 계속적 용법의 관계대명사 which가 적절. 관계대명사 that은 계속적 용법으로 쓰일 수 없다.

02 **whom** | 그 회사는 열 명의 지원자를 면접 보았는데, 그 중 몇 사람은 경력자였다. | 해설 두 개의 절이 이어지지만, 접속사는 보이지 않으므로 접속사와 대명사의 역할을 동시에 하는 관계대명사가 올 자리. 선행사는 ten applicants이고 관계사절 내에서 전치사 of의 목적어 역할을 하므로 관계대명사 whom이 적절하다.

03 **which** | 그녀의 집에는 커다란 욕실이 있는데, 그곳은 벽에 텔레비전이 있다. | 해설 두 개의 절이 이어지지만, 접속사는 보이지 않으므로 접속사와 대명사의 역할을 동시에 하는 관계대명사 which가 적절하다.

04 **them** | 웹툰은 온라인 만화인데, 그 중 다수가 드라마로 제작되어 왔다. | 해설 두 개의 절(Webtoons ~ cartoons, many ~ dramas)이 접속사 and로 연결되어 있으므로 대명사가 들어가야 적절. 문장에 접속사 and가 있으므로, 「접속사+대명사」의 역할을 하는 관계대명사 which는 적절하지 않다.

A 이 문제는?

관계부사절의 형성 과정 이해하기

01 **when** | 내게 날짜를 말해 줄래? + 우리는 그 날짜에 보고서를 제출해야 한다. → 우리가 보고서를 제출해야 하는 날짜를 내게 말해 줄래? | 해설 앞에 '시간'을 나타내는 선행사(the date)가 있고 문맥상 이어지는 절이 선행사를 수식하는 역할을 하므로 관계부사 when이 들어가야 적절.

02 **why** | 나는 이유를 모른다. + 나는 그 이유로 점심을 먹고 나면 졸린다. → 나는 점심을 먹고 나면 졸리는 이유를 모른다. | 해설 앞에 '이유'를 나타내는 선행사(the reason)가 있고 문맥상 이어지는 절이 선행사를 수식하는 역할을 하므로 관계부사 why가 들어가야 적절.

03 **where** | 그녀는 우체국을 찾고 있다. + 그녀는 우체국에서 소포를 발송할 수 있다. → 그녀는 소포를 발송할 수 있는 우체국을 찾고 있다. | 해설 앞에 '장소'를 나타내는 선행사(a post office)가 있고 문맥상 이어지는 절이 선행사를 수식하는 역할을 하므로 관계부사 where가 들어가야 적절.

B 이 문제는?

문맥과 어법에 알맞은 관계부사 파악하기

01 when | 내일은 그 프로그램의 마지막회가 TV에 공개되는 날이다. | 해설 선행사가 '시간'을 나타내는 the day이므로 관계부사 when이 적절. the day와 같이 일반적으로 많이 쓰이는 선행사는 생략이 가능하다.

02 X | 그 책은 우리가 실수로부터 배울 수 있는 방법을 설명한다. | 해설 선행사 the way는 관계부사 how와 함께 쓰일 수 없다.

03 how | 나는 내 여동생에게 그 컴퓨터 프로그램을 설치할 수 있는 방법을 설명했다. | 해설 문맥상 '컴퓨터 프로그램을 설치하는 방법'이 되어야 적절하므로 관계부사 how가 와야 한다.

04 where | 날씨 탓에 배송이 지연되는 상황이 있을지도 모릅니다. | 해설 관계부사 where의 선행사는 case(경우), circumstance(상황, 사정), situation(상황) 등의 추상적인 공간일 수도 있다.

C 이 문제는?

관계대명사와 관계부사의 차이 구분하기

01 how | 그 마술사는 자신이 마술을 부리는 방법을 관중에게 절대 말하지 않았다. | 해설 이어지는 절이 <주어(he)+동사(did)+목적어(his tricks)> 구조로 완전하고 문맥상 '방법'을 의미하므로 관계부사 how가 적절. 관계대명사 what이 이끄는 절은 불완전한 구조이다.

02 where | 블로그는 당신이 당신의 생각을 표현할 수 있는 온라인 공간이다. | 해설 이어지는 절이 <주어(you)+동사(can express)+목적어(your ideas)> 구조로 완전하고 '장소'를 의미하는 선행사 an online space를 수식하므로 관계부사 where가 적절하다.

03 that | 너는 컴퓨터 게임에 들이는 시간을 제한할 필요가 있다. | 해설 이어지는 절이 문맥상 '시간'을 의미하는 선행사 the time을 수식하지만, 동사(spend)의 목적어가 없는 불완전한 구조이므로 관계대명사 that이 적절하다.

04 when | 야생 고양이는 이른 아침과 저녁에 활동적인데, 그때 그들은 사냥한다. | 해설 앞에 콤마(,)가 있는 것으로 보아 계속적 용법으로 사용될 수 있는 관계사가 필요한데, 이어지는 절이 <주어(they)+동사(hunt)> 구조만으로 의미가 완전하며 '시간'을 나타내는 선행사 the early morning and evenings를 보충 설명하므로 관계부사 when이 적절하다.

Unit 21　Application Exercises　p.087

A 이 문제는?

문맥에 알맞은 복합관계대명사 파악하기

01 Whoever | 책 읽기를 좋아하는 누구나 이 독서 모임에 가입할 수 있습니다. | 해설 anyone who(= whoever): ~하는 사람은 누구나

02 whatever | 당신이 과제물을 시작할 수 없다면, 당신의 마음속에 가장 먼저 떠오르는 무엇이든 적어보세요. | 해설 anything that(= whatever): ~하는 것은 무엇이든

03 Whichever | 당신이 어느 상품을 선택하든지, 10%의 할인을 받을 것입니다. | 해설 whichever는 형용사적 용법으로 쓰여 뒤에 명사가 올 수 있다.

B 이 문제는?

문맥에 알맞은 복합관계부사 파악하기

01 wherever[whenever] | 당신이 어디에서 일할지라도[언제 일하더라도] 의사소통 기술은 필수적이다. | 해설 wherever(= no matter where): 어디에서 ~하더라도, whenever(= no matter when): 언제 ~하더라도

02 However | 그가 아무리 열심히 노력해도, 제때에 보고서를 끝낼 수는 없었다. | 해설 however+부사(= no matter how+부사): 아무리 ~하더라도

03 Whenever | 당신이 무언가에 대해 궁금할 때마다, 그것을 적어서 검색해 보라. | 해설 whenever(= at any time when): ~할 때는 언제나

04 However | 상황이 아무리 어려울지라도, 좌절하지 마라. | 해설 however+형용사(= no matter how+형용사): 아무리 ~하더라도

C 이 문제는?

① 복합관계대명사와 복합관계부사의 차이 구분하기
② 관계대명사 what과 복합관계대명사 whatever의 차이 구분하기
③ 관계부사 how와 복합관계부사 however의 차이 구분하기

01 however | 사회가 아무리 다양해질지라도, 우리는 다른 문화를 존중해야 합니다. | 해설 주절(We ~ cultures)이 있으므로 이어지는 절은 부사절인데, 문맥상 '아무리 ~하더라도'의 의미를 갖는 복합관계부사 however가 적절. how가 부사절을 이끌 때는 '~하는 대로'의 의미이므로 여기서는 적절하지 않다.

02 what | 집에서 만든 케이크가 무슨 모양으로 생겼든, 그것은 여전히 맛이 좋다. | 해설 이어지는 절이 전치사(like)의 목적어가 없는 불완전한 구조이므로 what이 적절. No matter how 뒤에는 완전한 구조의 절이 이어진다.

03 Whatever | 무슨 일이 그에게 일어나더라도, 그는 항상 침착함과 인내심을 유지한다. | 해설 뒤에 주절(he ~ patient)이 있으므로 이어지는 절은 부사절인데, 관계대명사 what은 부사절을 이끌 수 없으므로 부사절을 이끌 수 있는 복합관계대명사 Whatever가 적절하다.

04 whichever | 이 셔츠는 다양한 색으로 나오므로 당신이 좋아하는 어느 것이든지 선택할 수 있습니다. | 해설 이어지는 절이 동사(like)의 목적어가 없는 불완전한 구조이므로 복합관계대명사 whichever가 적절하다. whichever가 이끄는 절이 동사 can choose의 목적어로 쓰였다.

1

01 **was** | 제임스는 백화점에서 길을 잃은 어린아이를 도왔다. | 해설 주격 관계사절 내 동사는 선행사에 수일치하므로 단수동사 was가 적절.

02 **which** | 나는 관람객에 의해 작성된 영화 후기를 보고 있다. | 해설 선행사 movie reviews가 사람이 아니므로 관계대명사 which가 적절.

03 **whose** | 그는 자신의 기사가 한 주요 신문에 실리는 유명한 음식 평론가이다. | 해설 두 개의 절은 접속사 없이 연결될 수 없으므로 「접속사+(소유격) 대명사」의 역할을 하는 관계대명사 whose가 적절.

04 **is** | 우리의 삶을 향상할 수 있는 한 가지는 과거가 아니라 미래에 집중하는 것이다. | 해설 주어가 관계사절의 수식을 받는 경우, 문장의 동사는 주어에 수일치하므로 is가 적절.

05 **which** | 그 박물관은 방문객이 직접 만져볼 수 있는 몇 가지 전시물이 있다. | 해설 이어지는 절이 동사(touch)의 목적어가 없는 불완전한 구조이므로 목적격 관계대명사 which가 적절.

06 **find** | 공항에는 마약이나 폭탄을 찾아내는 특별한 개들이 있다. | 해설 관계대명사 which가 이끄는 관계사절(which ~ bombs)과 선행사(special dogs) 사이에 전명구(at the airport)가 와서 선행사와 관계사절이 떨어져 위치했다. 선행사가 복수명사이므로 복수동사 find가 적절.

2

01 **whose** | 나의 아버지는 핸들이 심하게 파손된 자전거를 고치고 계신다. | 해설 문맥상 '자전거의 핸들'이란 뜻이므로 소유격 관계대명사가 들어가는 것이 적절. 이어지는 절이 <주어(handle)+동사(is badly damaged)> 구조만으로 의미가 완전하므로 불완전한 구조의 절을 이끄는 주격, 목적격 관계대명사나 what이 쓰일 수 없다.

02 **which** | 그는 자신의 잘못에 대해 미안해하지 않았는데, 그것이 나를 정말로 화나게 했다. | 해설 콤마 뒤에 쓰이고 이어지는 절이 주어가 없는 불완전한 구조이며, 문맥상 앞 절 전체를 보충 설명하므로 관계대명사 which가 적절.

03 **whom** | 제니는 내가 매일 도서관에 함께 가는 친구이다. | 해설 문맥상 '친구와 함께' 도서관에 가는 것이므로 선행사 my friend를 대신하는 목적격 관계대명사 whom이 적절. 관계대명사 who는 전치사 바로 뒤에 올 수 없다. Jenny is my friend. + I go to the library **with** her every day. → Jenny is *my friend* **with whom** I go to the library every day.

04 **who** | 그 상점은 시간제로 일할 수 있는 사람을 찾고 있다. | 해설 이어지는 절이 주어가 없는 불완전한 구조이며 문맥상 someone을 수식하므로 주격 관계대명사 who가 적절.

05 **what** | 가족이란 힘든 시간을 보낼 때 당신을 강하게 만들어주는 것이다. | 해설 선행사가 없으며 이어지는 절이 주어가 없는 불완전한 구조이므로 선행사를 포함하는 관계대명사 what이 적절. what이 이끄는 명사절이 문장의 보어로 쓰였다.

3

❸ | ① 당신의 손은 세균을 얼굴로 옮길 수 있는 많은 것을 접촉한다. ② 우리의 몸은 우리가 먹고 마시는 것으로부터 에너지를 만들어 낼 수 있다. ③ 나는 내 친구로부터 빌렸던 책을 돌려줄 것을 잊어버렸다. ④ 돈을 현명하게 쓰는 것이 많은 연습을 필요로 한다는 것은 사실이다. ⑤ 이 모자는 정확히 제가 생일 선물로 찾고 있던 것이에요. | 해설 ③ 이어지는 절이 동사(had borrowed)의 목적어가 없는 불완전한 구조이고 문맥상 the book을 수식하므로 what을 관계대명사 that 또는 which로 고쳐야 적절. ① 이어지는 절이 주어가 없는 불완전한 구조이고 문맥상 many things를 수식하므로 관계대명사 that이 바르게 쓰였다. ② 선행사가 없고 이어지는 절이 동사(eat and drink)의 목적어가 없는 불완전한 구조이므로 관계대명사 what이 적절하게 쓰였다. what이 이끄는 절은 전치사(from)의 목적어 역할을 하는 명사절. ④ 이어지는 절이 <주어(spending ~ wisely)+동사(requires)+목적어(a lot of practice)> 구조로 의미가 완전하고 문맥상 주어로 해석되므로 접속사 that이 바르게 쓰였다. 여기서 It은 가주어로 진주어인 that절 이하를 대신한다. (☞ CHAPTER 4) ⑤ 선행사가 없고 이어지는 절이 타동사구(look for)의 목적어가 없는 불완전한 구조이므로 관계대명사 what이 적절하게 쓰였다. what이 이끄는 절은 문장의 보어 역할을 하는 명사절.

4

01 **O** | 그 책은 제가 온라인으로 주문한 것이 아녜요. 저는 방금 막 다른 책을 받았어요. | 해설 선행사가 없고 이어지는 절이 동사(ordered)의 목적어가 없는 불완전한 구조이므로 관계대명사 what이 적절.

02 **X, which 또는 that** | 여름은 가장 많은 일광 시간을 가진 계절이다. | 해설 이어지는 절이 주어가 없는 불완전한 구조이고 문맥상 the season을 수식하므로 when을 관계대명사 which 또는 that으로 고쳐야 적절.

03 **X, which 또는 that** | 나는 방금 무료 요가 수업을 제공하는 헬스장에 등록했다. | 해설 이어지는 절이 주어가 없는 불완전한 구조이고 문맥상 the gym을 수식하므로 where를 관계대명사 which 또는 that으로 고쳐야 적절.

04 **O** | 이곳은 우리가 제주를 여행하는 동안 머물렀던 게스트 하우스이다. | 해설 문맥상 이어지는 절이 the guest house를 수식하는데, '게스트 하우스에서' 머무르는 것이므로 관계대명사 앞에 '~에서'에 해당하는 전치사 at이 필요하다. This is the guest house. + We stayed **at** the guest house during our trip to Jeju. → This is *the guest house* **at which** we stayed during our trip to Jeju.

05 **X, when** | 당신의 생일은 부모님께 당신이 태어난 것에 대해 감사해야 하는 날이다. | 해설 이어지는 절이 <주어(you)+동사(should thank)+목적어(your parents)+부사구(for your birthday)> 구조로 완전하고 '시간'을 의미하는 선행사(a day)를 수식하므로 which를 관계부사 when으로 고쳐야 적절.

06 **X, which** | 그 작가는 많은 책을 썼는데, 그 중 일부가 한국어로 번역되었다. | 해설 두 개의 절이 이어지지만 접속사는 보이지 않으

24

므로 접속사와 대명사의 역할을 동시에 하는 관계대명사가 적절. 선행사가 a lot of books이고 관계사절 내에서 전치사 of의 목적어 역할을 하므로 them을 which로 고쳐야 한다.

5

❹ | 당신이 아무리 바쁘더라도, 자신을 위한 시간을 가져라. / 어느 전공을 선택하든지, 그것은 너의 흥미를 반영해야 한다. / 메뉴에서 네가 원하는 무엇이든 주문해도 좋아. 내가 살게. | **해설** 문맥상 '아무리 ~하더라도'로 해석되는 부사절을 이끌어야 하므로 복합관계부사 however가 적절. how가 부사절을 이끌 때는 '~하는 대로'로 해석되므로 여기서는 적절하지 않다. / 뒤에 명사 major가 오고 문맥상 '어느 전공을 선택하더라도'로 해석되므로 형용사적 용법으로 쓰일 수 있는 whichever가 적절. however는 보통 뒤에 형용사나 부사가 온다. / 이어지는 절이 동사(want)의 목적어가 없는 불완전한 구조이고 문맥상 '~하는 무엇이든'으로 해석되므로 whatever가 적절.

6

❸ **what → which 또는 that** | 인터넷에는 학습에 도움이 되는 많은 웹사이트가 있습니다. 예컨대, 당신이 영어를 배우고자 한다면, 그저 '영어 배우기'를 입력해 보세요. 당신이 도움을 얻을 수 있는 수천 개의 웹사이트를 발견할 것입니다. 인터넷을 현명하게 사용하는 법을 배우세요, 왜냐하면 인터넷은 당신이 필요한 자원을 가지고 있기 때문입니다. | **해설** ③ 이어지는 절이 동사(need)의 목적어가 없는 불완전한 구조이고 문맥상 the resources를 수식해야 하므로 선행사를 포함하는 관계대명사 what은 적절하지 않다. 따라서 what을 관계대명사 which 또는 that으로 고쳐야 적절. ① 문맥상 관계대명사 which가 이끄는 절(which ~ learning)이 복수명사(many sites)를 수식하므로 복수동사 help가 적절히 쓰였다. 선행사와 관계사절 사이에 전명구(on the Internet)가 와서 선행사와 관계사절이 떨어져 위치했다. ② 이어지는 절이 thousands of websites를 수식하는데 '웹사이트로부터' 도움을 얻는 것이므로 '~로부터'에 해당하는 전치사 from이 필요하다. You will find thousands of websites. + You can get help **from** them. → You will find thousands of websites **from which** you can get help.

7

❹ | 나는 언덕 높은 곳에 살고 있으며 내 몸은 늙어가는 중이다. 어느 날 나는 정원에 나와 있었는데 금세 피곤해졌다. 나는 어렸을 때 그랬던 것처럼 누워서 쉬기로 했다. 몇 분이 지나 일어났는데 이웃 사람 하나가 내 위로 몸을 구부리고 있는 것을 보았다. 그는 숨이 찬 상태로 내가 괜찮은지 묻고 있었다. 그가 창밖을 내다보았다가 내가 잔디밭에 누워 있는 것을 보았다. 내게 심장마비가 왔다고 생각해서 그는 내 상태를 확인하기 위해 달려왔다. 당혹스러운 일이었지만, 그것은 또한 깊이 감명한 순간이었다. 몇 분간 이야기를 한 뒤, 그는 잔디밭에 내 옆으로 누웠다. 우리 둘 다 그곳에 한동안 있었는데 이내 그가 말을 꺼냈다. "제가 당신을 볼 수 있는 잔디밭으로 나오셔서 낮잠을 자기로 한 것에 대해 고맙

게 생각해요. 제가 정말로 하늘을 쳐다보던 마지막 때가 기억이 나지 않거든요." | **해설** (A) 문맥상 '누워서 쉬곤 했다'의 의미이므로 과거의 습관을 나타내는 used to-v가 적절. used to 뒤에는 반복을 피하기 위해 lie down and rest가 생략되었다. (☞ Unit 44) be used to v-ing는 'v하는 데 익숙하다'란 뜻으로 여기서는 적절하지 않다. (B) 이어지는 절이 <주어(I)+동사(had suffered)+목적어(a heart attack)> 구조로 완전하므로 접속사 that이 적절. 관계대명사 what은 불완전한 구조의 절을 이끈다. (C) 이어지는 절이 <주어(I)+동사+(could see)+목적어(you)> 구조로 완전하고 '장소'를 나타내는 선행사 the lawn을 수식하므로 관계부사 where가 적절. 관계대명사 which는 불완전한 절을 이끈다.

구문 [5~6행] **Thinking** that I had suffered a heart attack, **he**
= Because he had thought that ~,
had run **to check** on me.

▶ Thinking ~ a heart attack은 문맥상 '이유'를 나타내는 분사구문. 분사구문의 의미상 주어(he)가 문장의 주어(he)와 같으므로 생략되었다. (☞ CHAPTER 7) 여기서 to check는 '~하기 위하여'로 해석되는 to부정사의 부사적 용법 (☞ CHAPTER 6)

8

❷ | 기자가 기사 작성 임무를 맡을 때, 그가 즉시 자리에 앉아서 완성된 기사를 만들어 내는 것은 아니다. 기자에게는 정해진 절차가 있는데, 이는 모든 훌륭한 기자에게 공통된 것이다. 먼저, 기자는 손에 넣을 수 있는 모든 배경 지식을 읽는다. 그러고 나서 오래된 정보를 확인하고, 새로운 정보를 찾아내고, 그들의 의견을 구하기 위해 사람들과 이야기한다. 기자는 이 모든 것을 자신의 수첩에 기록한다. 기자의 마감 일자에 따라, 수첩을 빼곡히 채우는 일은 몇 시간 또는 몇 개월이 걸린다. 하지만 조사가 끝나고 수첩이 다 채워질 때에만 비로소 기자는 기사를 작성한다. 조사가 충분히 잘 된다면, 기사 작성은 이를 잘 반영해서 분명하고 신속하게 나올 것이다. 그러나 만약 조사가 형편없다면, 기사 작성도 형편없을 것이다. 그리고 좋은 기사를 작성하는 것은 거의 불가능할 것 같다. | **해설** ② 이어지는 절이 전치사(on)의 목적어가 없는 불완전한 구조이고 문맥상 all the background material을 수식하므로 what을 관계대명사 which 또는 that으로 고쳐야 적절. what은 선행사를 포함하는 관계대명사. ① 이어지는 절이 주어가 없는 불완전한 구조이고 앞에 콤마가 있으며, 문맥상 a routine을 보충 설명하므로 계속적 용법의 관계대명사 which가 적절하게 쓰였다. ③ 목적을 나타내는 to부정사구 3개가 and로 이어진 병렬구조. to부정사가 등위접속사로 연결되면 뒤에 오는 to는 생략되는 경우가 많다. (to check ~, (to) find ~, and (to) get ~) ④ 조사가 '끝내지는' 것이므로 수동태(is done)가 적절. ⑤ seem은 보어로 형용사를 취하므로 impossible이 적절하게 쓰였다.

구문 [6~7행] But **only** when his research is done and his notebook is full **does he** write the story.
조동사 주어 동사

▶ 준부정어 only가 이끄는 부사절(when ~ is full)이 문두로 나가서 주어와 동사가 도치된다. write가 일반동사이므로 「do[does/did]+주어+동사원형」의 어순으로 도치된다. (☞ CHAPTER 10)

Unit 22 | Application Exercises | p.095

A 이 문제는?

> to부정사와 동명사의 기본 역할 파악하기

01 ⓑ | 저희 사진 좀 찍어주겠어요? 감사합니다. | 해설 동사 mind의 목적어로 쓰인 동명사구. (☞ Unit 23)

02 ⓐ | 인생에서 올바른 길을 선택하는 것이 항상 쉬운 것은 아니다. | 해설 문장의 주어 자리에 쓰인 to부정사구. to부정사구 주어는 보통 '가주어 It ~ 진주어 to-v …' 구문으로 나타낸다. (= It is not always easy to choose ~ life.) not always는 '항상 ~인 것은 아니다'라는 의미로 부분부정을 나타낸다.

03 ⓓ | 제이크의 새로운 취미는 애니메이션의 캐릭터 인형을 모으는 것이다. | 해설 be동사의 보어로 쓰인 동명사구. (Jake's new hobby = collecting ~ figures)

04 ⓐ | 차를 마시는 것은 목이 아픈 증상을 완화시켜 줄 수 있다. | 해설 문장의 주어 자리에 쓰인 동명사구.

05 ⓐ | 여러분 주변에 있는 사람들에게 감사를 표현하는 것은 중요합니다. | 해설 It은 가주어로, to express 이하가 진주어 역할을 한다.

06 ⓒ | 나의 이웃은 아침 일찍 소란을 피운 것에 대해 사과했다. | 해설 전치사 for의 목적어로 동명사 making이 이끄는 구가 왔다.

07 ⓑ | 나는 국제 교환 학생 프로그램에 지원하기로 결정했다. | 해설 동사 decide의 목적어로 쓰인 to부정사구. (☞ Unit 23)

B 이 문제는?

> ① 전치사의 목적어로 쓰이는 동명사 자리 파악하기
> ② to부정사(구)와 동명사(구)가 주어로 쓰일 때 동사 수일치 하기

01 **purchasing** | 나는 새 자전거를 구입하는 것에 대해 생각 중이다. | 해설 전치사 about의 목적어 자리. 뒤에 목적어 a new bike를 취하므로 동명사가 와야 한다.

02 **is** | 많은 위험을 감수하는 것은 경험을 얻는 데 도움이 된다. | 해설 주어가 동명사구(Taking many risks)이므로 단수 취급한다. 동사 바로 앞의 복수형 명사에 수일치하지 않도록 주의한다.

03 **requires** | 목표를 달성하는 것은 많은 준비 시간을 필요로 한다. | 해설 주어가 to부정사구(To achieve goals)이므로 단수 취급한다. 동사 바로 앞의 복수형 명사에 수일치하지 않도록 주의한다.

04 **accepting** | 존중은 각기 다른 관점들을 받아들이는 것에서부터 비롯된다. | 해설 전치사 from의 목적어 자리. 뒤에 목적어 (different ~ views)를 취하므로 동명사가 와야 한다.

05 **developing** | 새로운 암 치료제를 개발할 가능성이 있다. | 해설 전치사 of의 목적어 자리. 뒤에 목적어(a new ~ cancer)를 취하므로 동명사가 와야 한다.

06 **selecting** | 그 기사는 신선한 채소를 고르기 위한 유용한 조언들을 제공한다. | 해설 전치사 for의 목적어 자리. 뒤에 목적어 fresh vegetables를 취하므로 동명사가 와야 한다.

C 이 문제는?

> ① 전치사의 목적어로 쓰이는 동명사 자리 파악하기
> ② to부정사(구)와 동명사(구)가 주어로 쓰일 때 동사 수일치 하기

01 **X, watching** | 당신은 미국 드라마를 시청함으로써 영어를 향상시킬 수 있다. | 해설 전치사 by의 목적어 자리. 뒤에 목적어 American dramas를 취하므로 동명사 형태가 되어야 한다.

02 **X, is** | 다른 사람들과 당신의 감정을 공유하는 것은 당신의 정신 건강에 좋다. | 해설 주어가 동명사구(Sharing ~ others)이므로 단수동사가 와야 한다.

03 **O** | 성격 유형을 알아내는 검사들이 전적으로 믿을 만한 것은 아니다. | 해설 전치사 for의 목적어 자리. 뒤에 목적어 personality types를 취하므로 동명사가 바르게 쓰였다. not completely는 '완전히 ~인 것은 아니다'라는 의미로 부분부정을 나타낸다.

Unit 23 | Application Exercises | p.097

A 이 문제는?

> to부정사나 동명사만을 목적어로 취하는 동사 구분하기

01 **studying** | 해외에서 공부하는 것을 고려해 본 적이 있나요? | 해설 consider는 동명사를 목적어로 취하는 동사. consider v-ing: v하는 것을 고려하다

02 **designing** | 나는 축제 포스터를 디자인하는 것을 끝마쳤다. | 해설 finish는 동명사를 목적어로 취하는 동사. finish v-ing: v하는 것을 끝내다

03 **to ask** | 질문이 있으시면 주저하지 말고 물어보시기 바랍니다. | 해설 hesitate는 to부정사를 목적어로 취하는 동사. hesitate to-v: v하기를 주저하다

04 **to arrive** | 팀은 늦게 일어났다. 다행히, 학교에 가까스로 제시간에 도착했다. | 해설 manage는 to부정사를 목적어로 취하는 동사. manage to-v: 가까스로 v하다

B 이 문제는?

> 뒤에 to부정사와 동명사가 둘 다 올 수 있지만 각각 의미가 다른 동사 파악하기

01 **to close** | 나갈 때 문 닫는 것 잊지 마. | 해설 forget to-v: (앞으로) v할 것을 잊어버리다

02 **complaining** | 네 상황에 대해 불평은 그만하고 행동을 취해. | 해설 stop v-ing: v하는 것을 멈추다

03 **listening** | 나는 네 충고를 듣지 않은 것을 후회해. 네가 옳았어. | 해설 regret v-ing: (과거에) v한 것을 후회하다

04 **putting** | 내 가방에 휴대전화기를 넣은 것이 기억나는데, 지금 찾을 수가 없어. | 해설 remember v-ing: (과거에) v한 것을 기억하다

05 **working** | 세탁기가 갑자기 큰 소리를 내더니, 나중에는 완전히 작동을 멈췄다. | 해설 동사 stop 뒤에 to부정사가 오면 '~하기 위해'라는 목적을 나타낸다. 문맥상 세탁기가 '작동을 멈췄다'가 적절하므로 동명사 목적어인 working이 와야 한다.

06 **to change** | 에어컨 속의 필터를 정기적으로 바꿔 주는 것을 기억해야 한다. | 해설 remember to-v: (앞으로) v할 것을 기억하다

Unit 24 | Application Exercises | p.099

A 이 문제는?

to부정사가 문장에서 하는 역할 파악하기

01 ⓑ | 나는 영어 온라인 강좌를 들을 계획이다. | 해설 동사 plan의 목적어로 쓰인 to부정사구. (☞ Unit 23)

02 ⓐ | 이어폰으로 음악을 크게 듣는 것은 위험하다. | 해설 It은 가주어로, to listen 이하가 진주어 역할을 한다.

03 ⓒ | 마이크의 꿈은 뉴스 진행자가 되는 것이다. | 해설 be동사의 보어로 쓰인 to부정사구. (Mike's dream = to become a news announcer)

04 ⓓ | 당신 자신을 향상시킬 시간이 있다면, 무엇을 가장 먼저 하겠습니까? | 해설 to부정사구가 명사 time을 수식한다.

05 ⓔ | 언어를 배우는 것은 단기간에 성취하기가 쉽지 않다. | 해설 to부정사구가 형용사 easy를 수식하는 부사적 역할을 한다.

06 ⓓ | 나는 사람들 앞에서 연설할 용기가 없다. | 해설 to부정사구가 명사 the courage를 수식.

07 ⓔ | 식중독을 피하려면, 손을 자주 씻어라. | 해설 wash 이하는 명령문이므로 앞의 to부정사구는 문맥상 '목적'으로 해석하는 것이 가장 자연스럽다. 따라서 부사구로 쓰인 to부정사구. 밑줄 친 to부정사구 뒤에 동사 wash가 나왔다고 to부정사구를 주어로 착각하면 해석이 매우 어색하며, to부정사구 주어는 단수 취급하므로 동사 washes가 되어야 한다.

B 이 문제는?

to부정사가 부사적 역할을 할 때 알맞은 의미 파악하기

01 ⓓ | 그들은 서둘러 역으로 갔지만, 결국 기차를 놓쳤다. | 해설 문맥상 서둘러 간 것의 결과가 기차를 놓친 것이 되므로 '결과'가 적절. only to-v는 '그러나 결국 v하다'라는 의미로 의외 또는 실망을

나타낸다.

02 ⓔ | 이 프린터의 사용설명서는 이해하기가 어렵다. | 해설 to understand가 형용사 difficult를 수식.

03 ⓒ | 너는 가격도 비교해 보지 않고 카메라를 사다니 경솔했어. | 해설 문맥상 to buy 이하가 앞에 나온 판단(You were careless)의 근거를 나타낸다.

04 ⓓ | 그 아역 스타는 자라서 매력적인 여성이 되었다. | 해설 주어의 의지와 무관한 동작을 나타내는 동사 grow up 뒤에 오는 to-v는 앞에 나온 행위에 대한 '결과'를 나타낸다.

05 ⓐ | 전 세계의 사건들을 알기 위해, 나는 뉴스를 본다. | 해설 문맥상 목적을 나타내는 '~하기 위해'로 해석하는 것이 자연스럽다. '목적'을 나타내는 to부정사구는 문장 앞이나 뒤에 모두 올 수 있다.

06 ⓔ | 이 채팅 애플리케이션은 어느 휴대전화에나 내려받기 쉽다. | 해설 to download 이하가 형용사 easy를 수식.

07 ⓑ | 아빠는 내 장학금에 대한 좋은 소식을 듣고 기뻐하셨다. | 해설 to hear 이하가 감정(glad)의 원인.

08 ⓐ | 깨끗한 환경을 유지하기 위해 재활용할 수 있는 쓰레기를 분리해야 한다. | 해설 문맥상 목적을 나타내는 '~하기 위해'로 해석하는 것이 자연스럽다.

Unit 25 | Application Exercises | p.101

A 이 문제는?

to부정사와 동명사가 포함된 관용표현 해석하기

01 **선물을 받자마자** | 해설 on v-ing: v하자마자 (= upon v-ing)

02 **떨어지려 한다** | 해설 be about to-v: 막 v하려고 하다, v하려는 참이다

03 **운동하는 것에 익숙하지 않다** | 해설 be accustomed to v-ing: v하는 것에 익숙하다

04 **피자를 만드는 데 10분밖에 안 걸린다** | 해설 It takes ~ to-v: v하는 데 ~의 시간이 걸리다

05 **포스터를 만드는 것에 관해서라면** | 해설 when it comes to v-ing: v하는 것에 관한 한

06 **행복한 삶을 사는 데 기여한다** | 해설 contribute to v-ing: v하는 데 기여하다

B 이 문제는?

① to가 나올 때 전치사의 to인지 부정사를 이끄는 to인지 파악하기
② to부정사와 동명사가 포함된 관용표현의 알맞은 형태 파악하기

01 **receiving** | 당신의 응답을 곧 받을 수 있기를 고대하고 있습니다. | 해설 look forward to v-ing: v하기를 고대하다

02 **from spreading** | 손을 씻는 것은 감기가 퍼지지 않도록 막아

준다. | **해설** prevent A from v-ing: A가 v하지 못하게 하다

03 **to arrive** | 나는 약속에 제시간에 도착하는 것을 원칙으로 한다. | **해설** make it a rule to-v: v하는 것을 원칙[규칙]으로 하다

04 **become** | 운동선수들은 간절히 올림픽 우승자가 되고 싶어 한다. | **해설** be eager to-v: v하고 싶어 하다

05 **using** | 동물 애호가들은 제품을 실험하는 데 동물을 이용하는 것에 반대한다. | **해설** object to v-ing: v하는 것에 반대하다

06 **having** | 나는 더 먹으면 안 되지만, 약간의 아이스크림을 먹지 않을 수가 없다. | **해설** can't help v-ing: v하지 않을 수 없다

07 **lead** | 잠을 충분히 자지 않는 것은 집중력을 저하시킬 가능성이 있다. | **해설** be likely to-v: v할 것 같다

08 **from worrying** | 그는 부모님을 걱정시키지 않으려고, 친구들과의 문제에 대해 말하지 않았다. | **해설** keep A from v-ing: A가 v하지 못하게 하다

09 **keeping** | 그 사이트는 요가와 에어로빅을 하는 것에서부터 음식 일기를 쓰는 것까지 다이어트를 위한 전략들을 제시한다. | **해설** strategies for dieting에 해당하는 예시가 「from A to B」의 구조로 제시되고 있다. 이때의 to는 전치사이므로 동명사 keeping이 적절. from 뒤의 doing과 병렬구조를 이룬다. (☞ CHAPTER 4)

| Unit 22 - Unit 25 | **Overall Exercises** | p.102 |

1

01 **helps** | 모든 지출을 적어보는 것은 당신이 돈을 절약하도록 도와준다. | **해설** 동명사구(Writing ~ expenses)가 주어이므로 단수동사 helps가 적절. 「help+O+to-v (O가 v하도록 돕다)」 구조가 쓰였는데, help의 목적격보어 자리에는 to-v, v(원형부정사) 둘 다 가능하다. (☞ CHAPTER 7)

02 **making** | 너는 시험에서 부주의한 실수를 하는 것을 피해야 한다. | **해설** avoid는 동명사를 목적어로 취하는 동사. avoid v-ing: v하는 것을 피하다

03 **to take** | 음식물 쓰레기가 냄새나기 시작하기 전에 내다 놓는 것을 잊지 마라. | **해설** 앞으로 '~할' 것을 잊지 말라는 문맥이 자연스러우므로 to take가 적절. forget v-ing는 '(과거에) v한 것을 잊어버리다'란 뜻.

04 **from posting** | 법은 사람들이 저작권이 있는 음악 파일을 온라인상에 올리지 못하게 한다. | **해설** prevent A from v-ing: A가 v하지 못하게 하다

05 **forgetting** | 그녀는 잠자리에 들 때 불을 끄는 것을 계속 잊는다. | **해설** keep은 동명사를 목적어로 취하는 동사. keep v-ing: v하는 것을 계속하다

06 **is** | 30분 이내에 영어 에세이를 쓰는 것은 연습 없이는 어렵다. | **해설** to부정사구(To write ~ minutes)가 주어이므로 단수동사 is가 적절.

07 **watching** | 나는 주말에 심야 영화 보는 것을 즐긴다. | **해설** enjoy v-ing: v하는 것을 즐기다

08 **going** | 우리는 다음 주에 놀이공원에 가기를 고대하고 있다. | **해설** look forward to v-ing: v하기를 고대하다

09 **to pay** | 내 휴대전화 요금이 너무 많이 나왔다! 나는 낼 형편이 못 된다. | **해설** afford는 to부정사를 목적어로 취하는 동사로 조동사 can과 함께 잘 쓰인다. can[cannot] afford to-v: v할 여유가 있다[없다]

10 **organizing** | 그녀는 환경 캠페인을 조직하는 일을 담당하고 있다. | **해설** 전치사 of의 목적어 자리. 뒤에 목적어 a campaign for the environment를 취하므로 명사 organization은 올 수 없다.

2

01 **X, playing** | 줄리아는 어제 시험을 준비하는 대신 게임을 한 것을 후회한다. | **해설** '과거'에 대한 후회를 나타내고 있으므로 동명사 목적어가 적절. 목적어로 to부정사가 오면 '(앞으로) v하게 되어 유감이다'라는 뜻이므로 문맥상 적절하지 않다.

02 **O** | 나는 밥이나 간식을 먹은 직후에 양치질하는 것을 규칙으로 하고 있다. | **해설** make it a rule to-v: v하는 것을 원칙[규칙]으로 하다

03 **X, recording** | 당신의 말을 녹음함으로써 영어 발음을 향상시킬 수 있다. | **해설** 전치사 by의 목적어 자리. 뒤에 목적어 your speech를 취하므로 동명사 형태가 되어야 한다.

04 **O** | 네가 내 충고를 듣는 것을 거부하면, 나는 더는 너를 도와줄 수 없어. | **해설** refuse는 to부정사를 목적어로 취하는 동사. refuse to-v: v하기를 거절[거부]하다

05 **X, sharing** | 인터넷 사용자들은 그들의 일기와 사진을 블로그에 공유하는 것에 익숙하다. | **해설** be accustomed to v-ing: v하는 것에 익숙하다

3

01 **❷** | ① 이것은 여름방학 동안 읽을 도서 목록이다. ② 그는 귀중한 시간을 효과적으로 사용하기 위해 항상 계획을 짠다. ③ 우리 언니는 내 모든 불평을 들어줄 인내심을 가졌다. | **해설** 모두 '명사+to-v' 구조가 쓰였으나 ②의 to use ~ effectively는 문맥상 '~하기 위해'라는 '목적'을 나타내는 부사적 용법으로 쓰였다. ①과 ③의 to-v는 각각 앞의 명사구 a list of books와 the patience를 한정한다.

02 **❸** | ① 이 노트북은 배낭에 가지고 다니기에 편리하다. ② 그 기초 컴퓨터 강좌는 실용적인 컴퓨터 기술을 완전히 익히기에 적절하다. ③ 야구팬들은 그 선수가 홈런 기록을 깨는 것을 보고 흥분했다. | **해설** 모두 '형용사+to-v'의 구조가 쓰였으나 ③의 to see 이하는 문맥상 감정(excited)의 원인을 나타내 'v하게 되어'로 해석하는 것이 자연스럽다. ①과 ②의 to-v는 각각 앞의 형용사 convenient와 suitable을 수식한다.

03 **❶** | ① 나는 내 오래된 컴퓨터를 수리하는 데 돈을 너무 많이 썼다.

② 그 사안은 매우 중요해서 무시할 수 없다. ③ 죄송하지만, 너무 늦으셔서 이 강좌에 등록하실 수 없습니다. | **해설** ②와 ③의 「too ~ to-v」는 모두 '너무 ~해서 …할 수 없다'라는 의미로 쓰였으나, ①의 too much는 동사 paid를 수식하는 부사구이며, to repair 이하는 '목적'을 나타낸다.

04 ❸ | ① 푹신한 소파는 휴식을 취하기에 편안하다. ② 그 레스토랑은 지도 없이 찾기가 불가능했다. ③ 너의 가슴 아픈 이야기를 우리와 함께 나누다니 정말 용기가 있구나. | **해설** 모두 '형용사+to-v'의 구조가 쓰였으나 ③의 to share 이하는 문맥상 판단(You're so brave)을 나타내 'v하다니'로 해석하는 것이 자연스럽다. ①과 ②의 to-v는 각각 앞의 형용사 comfortable과 impossible을 수식한다. ①에서 A soft sofa는 「to-v+전치사」의 의미상 목적어가 된다. (to get some rest *on* a soft sofa)

4

01 **have difficulty (in) staying focused** | **해설** have difficulty (in) v-ing: v하는 데 어려움을 겪다

02 **On receiving** | **해설** on v-ing: v하자마자 (= upon v-ing)

03 **is about to begin** | **해설** be about to-v: 막 v하려는 참이다

04 **prevents, from eating** | **해설** prevent A from v-ing: A가 v하지 못하게 하다

05 **couldn't but feel** | **해설** cannot but+v: v하지 않을 수 없다 (= cannot help v-ing) 주어진 우리말 해석이 과거의 내용을 나타내므로 과거형 couldn't가 적절.

5

❸ **to eat → eating** | 천천히 먹는 것은 너무 많이 먹는 것을 피하도록 도와준다. 그것은 또한 당신이 '진짜' 배고픔을 알아챌 수 있도록 돕는다. 이것은 당신의 위가 꽉 찼다는 것을 알아채는 데 약 20분이 걸리기 때문이다. 그 후에는, 당신의 뇌가 먹는 것을 멈추라는 신호를 보낸다. 그러므로 천천히 먹는 것을 잊지 마라. | **해설** ③ stop to eat은 '먹기 위해 멈추다'라는 의미이므로 문맥상 적절하지 않다. '먹는 것을 멈추다'라는 의미가 되어야 하므로 동명사 목적어 eating으로 고쳐야 한다. ① avoid는 동명사를 목적어로 취하는 동사. ② 「it takes ~ to-v (v하는 데 ~의 시간이 걸리다)」 표현이 문맥상 적절하게 쓰였다. ④ '(앞으로) v할 것을 잊지 마라'라는 의미가 적절하므로 forget의 목적어로 to-v가 와야 한다.

6

❸ | 노인이나 장애인과 같이 특수한 요구를 지닌 사람들을 위해 디자인하는 것은 흔히 유니버설 디자인이라고 불린다. 모든 사람이 종종 그것으로부터 혜택을 받으므로 그러한 명칭은 적절하다. 예를 들어, 휠체어를 타는 사람들에게는 필수적인 보도의 경사로는 모든 사람에 의해 사용된다. 이러한 원리를 고려하여, 무언가를 디자인할 때는 글자를 더 크고 굵게 해라. 그것은 노인들에게 도움이 될 수도 있고, 모든 사람이 그것을 더 잘 읽게 될 수도 있다. 물건을 조절할 수 있도록 만들어라, 그러면 당신은 더 많은 사람이 그 물건을 사용할 수 있다는 것을 알게 될 것이며, 심지어 전에 그 물건을 마음에 들어 했던 사람들이 지금은 그것을 더 좋아할지도 모른다. 다시 말해서, 디자인에서는, 특수 목적을 위해 만들어진 특별한 기능이 결국 모든 사람에게 유용한 것으로 드러날 때가 많다. | **해설** (A) 동명사구(Designing ~ needs)가 주어이므로 단수동사 is가 적절. 구나 절 주어는 단수 취급한다. (B) 뒤에 <주어(more people)+동사(can use)+목적어(them)>의 완전한 구조가 이어지므로 명사절을 이끄는 접속사 that이 적절. that이 이끄는 절이 동사 find의 목적어 자리에 쓰였다. (☞ CHAPTER 4) 관계대명사 what은 주어나 목적어가 빠진 불완전한 절을 이끈다. (☞ CHAPTER 5) (C) 문장의 동사(end up)가 뒤에 있으므로 (C)는 앞의 special features를 수식하는 준동사 자리. 특별한 기능이 '만들어진' 것이므로 special features와 동사 make는 수동 관계. 따라서 과거분사 made가 적절. (☞ CHAPTER 7)

7

❷ | 춤을 추는 모든 남자 중 가장 유명한 사람은 프레드 애스테어였다. 그는 누나인 아델을 따라서 춤의 세계에서의 경력을 시작했다. 여섯 살의 나이에, 그는 누나와 함께 버라이어티쇼에서 공연을 시작했고, 이 2인조는 그 당시 가장 많은 보수를 받는 공연단 중 하나였다. 함께 공연한 27년 동안, 그들은 10편의 브로드웨이 뮤지컬에 출연했고 런던에서 큰 성공을 누렸다. 1932년경에, 아델은 은퇴할 계획이었고 프레드는 그의 경력을 새롭게 만드는 것에 직면했다. 그는 관심을 영화로 돌려, 할리우드 뮤지컬 시대의 가장 큰 스타가 되었다. 그의 크레디트는 7편의 매우 성공한 영화를 포함한다. 그는 영화에서의 그의 공로 때문에 여전히 전문 안무가로서 널리 인정받고 있는데, 영화에서의 그의 공로에는 212개의 뮤지컬과 133개의 전적으로 개발된 안무가 포함된다. | **해설** ② 전치사 by의 목적어 자리로 명사(구) 또는 동명사가 올 수 있는데 뒤에 목적어 his older sister를 취하므로 동명사 형태가 되어야 한다. ① 동사 was에 호응하는 주어는 The most famous man이므로 단수동사가 적절. ③ start는 to부정사와 동명사를 목적어로 모두 취할 수 있으며 의미 차이가 거의 없다. ④ 분사구문의 의미상 주어인 he와 문장의 주어(he)가 일치하므로 v-ing(현재분사) 형태가 적절. (☞ CHAPTER 7) ⑤ 선행사인 his work on film에 대해 보충 설명하는 관계사절을 이끄는 which가 알맞게 쓰였다. (☞ CHAPTER 5)

CHAPTER 7 문장의 축약 II

Unit 26 | Application Exercises p.109

A 이 문제는?

분사의 수식을 받는 명사(구) 파악하기

01 **music** | 잠자리에서 편안한 음악을 듣는 것은 당신이 잠들 수 있게 도와준다.

02 **many indie bands** | 큰 열정을 가지고 음악을 연주하는 인디 밴드들이 많이 있다.

03 **a briefcase** | 아버지는 서류들로 가득한 서류 가방을 항상 들고 다니신다.

04 **useful information** | 이 책은 대학을 지원하는 데 필요한 유용한 정보를 제공해 준다.

B 이 문제는?

명사(구)와 수식하는 분사의 능동·수동 관계를 파악하고 알맞은 형태로 나타내기

01 **Frozen** | 얼린 과일은 건강한 디저트로서 아이스크림을 대체할 수 있다. | 해설 '과일'이 '얼려지는' 것이므로 fruit와 freeze는 수동 관계.

02 **containing** | 끓는 물이 들어 있는 주전자에 가까이 가지 마. 위험해. | 해설 '주전자'가 물을 '담고 있는' 것이므로 the pot과 contain은 능동 관계.

03 **produced** | 매년 세계에서 생산된 음식의 3분의 1이 버려진다. | 해설 '음식'이 '생산되는' 것이므로 the food와 produce는 수동 관계.

04 **injured** | 경기에서 부상당한 그 선수는 곧 회복될 것이다. | 해설 '선수'가 '부상을 당한' 것이므로 the player와 injure는 수동 관계.

05 **meaning** | 양파는 '큰 진주'를 뜻하는 라틴어를 따서 이름 지어졌다. | 해설 '라틴어'가 '의미하는' 것이므로 a Latin word와 mean은 능동 관계.

C 이 문제는?

명사(구)와 수식하는 분사의 능동·수동 관계 파악하기

01 **covered** | 다빈치는 기호들로 뒤덮인 비밀 노트를 작성했다. | 해설 '비밀 노트'가 기호로 '덮여 있는' 것이므로 a secret note와 cover는 수동 관계.

02 **dealing** | 우리는 스트레스를 줄이는 방법을 다루는 세미나에 참석했다. | 해설 '세미나'가 뒤이어 나오는 주제를 '다루고 있는' 것이므로 the seminar와 deal은 능동 관계.

03 **participating** | 여름 캠프에 참가하는 사람들은 등록비를 내야 합니다. | 해설 '사람들'이 '참가하는' 것이므로 People과 participate

는 능동 관계.

04 **scheduled** | 내일로 예정된 야외 콘서트는 폭우 때문에 취소되었다. | 해설 '콘서트' 일정이 '잡힌' 것이므로 The outdoor concert와 schedule은 수동 관계.

05 **speaking** | 중국에는 서로 다른 중국어를 구사하는 다양한 민족 집단들이 있다. | 해설 '민족 집단'이 언어를 '말하는' 것이므로 various ethnic groups와 speak는 능동 관계.

06 **controlled** | 스마트폰에서 제어되는 난방용 보일러가 점점 인기를 끌고 있다. | 해설 '보일러'가 '제어되는' 것이므로 Heating boilers와 control은 수동 관계.

Unit 27 | Application Exercises p.111

A 이 문제는?

분사구문의 의미상 주어와 분사의 능동·수동 관계를 파악하고 알맞은 형태로 나타내기

01 **수동, (Being) Kept** | 서늘하게 보관되면, 초콜릿은 1년까지 저장될 수 있다. | 해설 분사구문의 의미상 주어인 '초콜릿'이 '보관되는' 것이므로 chocolate과 keep은 수동 관계. 여기서 분사구문은 조건의 의미를 나타낸다.

02 **능동, Wrapping** | 남은 음식을 싸서, 그녀는 그것을 냉장고에 넣었다. | 해설 분사구문의 의미상 주어인 '그녀'가 음식을 '싸는' 것이므로 she와 wrap은 능동 관계.

B 이 문제는?

분사구문의 의미상 주어와 분사의 능동·수동 관계 파악하기

01 **Writing** | 급하게 보고서를 작성해서, 그는 맞춤법 오류들을 알아채지 못했다. | 해설 분사구문의 의미상 주어인 '그'가 '작성하는' 것이므로 he와 write는 능동 관계.

02 **Formed** | 수백 년에 걸쳐 형성되어, 그랜드 캐니언은 놀라운 명소이다. | 해설 분사구문의 의미상 주어인 '그랜드 캐니언'이 '형성된' 것이므로 the Grand Canyon과 Form은 수동 관계.

03 **resulting** | 어린 나이에 다이어트를 하는 것은 건강을 해치는데, 발육 부진을 야기할 수 있다. | 해설 분사구문의 의미상 주어인 '어린 나이에 다이어트를 하는 것'이 '야기하는' 것이므로 능동 관계. Dieting at an early age는 문장의 주어 역할을 하는 동명사구. (☞ CHAPTER 6)

C 이 문제는?

분사구문이 나타내는 알맞은 의미 파악하기

01 **When** | 할머니가 돌아가셨다는 소식을 들었을 때, 그녀는 울음을

터뜨렸다. | 해설 Hearing ~ death는 문맥상 '~했을 때'라고 해석하는 것이 가장 적절하므로 접속사 When이 적절.

02 If | 식습관을 바꾸면, 당신은 건강해질 것이다. | 해설 Changing ~ habits는 문맥상 '조건'을 나타내므로 '만약 ~라면'이라는 의미의 접속사 If가 적절.

03 Because | 면접에서 무슨 말을 해야 할지 몰라서, 그녀는 얼어붙었다. | 해설 Not knowing ~ interview는 문맥상 '원인'을 나타내는 분사구문이므로 접속사 Because가 적절. 분사구문의 부정형은 분사 바로 앞에 not을 붙인다.

Unit 28　Application Exercises　p.113

A 이 문제는?
준동사구 내에서 목적어, 보어, 수식어 파악하기

01 O: books, M: regularly | 규칙적으로 책을 읽는 것은 깊고 창의적인 사고를 활발하게 한다. | 해설 Reading이 이끄는 동명사구가 문장의 주어 역할.

02 C: tall | 키가 커서, 그는 의자 없이도 전구를 쉽게 교체할 수 있다. | 해설 Being tall은 문맥상 '원인'을 나타내는 분사구문. be동사는 SVC문형에 쓰여 뒤에 주격보어를 취한다.

03 O: jazz music, M: fully | 재즈 음악을 제대로 감상하려면, 그 역사에 대해 알아야 한다. | 해설 To appreciate ~ fully는 '목적'을 나타내는 to부정사의 부사적 용법.

04 O: poor patients, M: for free | 이 기사는 가난한 환자들을 무료로 진료해 주는 의사들에 대해 다룬다. | 해설 examining ~ for free는 앞의 명사 doctors를 수식하는 분사구.

B 이 문제는?
문장의 술어동사와 준동사 자리 구분하기

01 Writing | 손으로 글씨를 쓰는 것은 뇌 기능을 발달시키도록 돕는다. | 해설 문장의 동사 helps가 있으므로 동사 helps에 호응하는 주어 역할을 하는 동명사 Writing이 적절.

02 grown | 캘리포니아에서 재배된 포도는 훌륭한 와인을 만들어 낸다. | 해설 문장의 주어 Grapes와 동사 produce가 갖춰져 있으므로 또 다른 동사가 올 수 없다. 따라서 주어 Grapes를 수식하는 과거분사 grown이 적절.

03 to make | 진전을 이루려면 새로운 도전들을 받아들여야 한다. | 해설 문장의 주어 You와 동사 should accept가 갖춰져 있으므로 준동사 to make가 오는 것이 적절. 여기서 to make는 '목적'을 나타낸다.

04 led | 어린 나이에 발견된 음악에 대한 그의 열정은 음악에서의 성공으로 이끌었다. | 해설 discovered를 문장의 동사로 보면 discover가 타동사이므로 뒤에 목적어가 와야 하는데 없으므로 앞의 명사구(His passion for music)를 수식하는 과거분사임을 알 수 있다. 따라서 여기는 문장의 동사가 필요한 자리이므로 led가 적

절.

05 is | 그가 추천한 그 영화는 실화를 바탕으로 한다. | 해설 (that) he recommended는 주어 The movie를 수식하는 목적격 관계대명사절이므로 주어에 호응하는 문장의 동사가 필요하다. 따라서 is가 적절.

06 taking | 그는 명상을 위해 눈을 감았고, 코를 통해 심호흡을 했다. | 해설 문장의 주어 He와 동사 closed가 갖춰져 있고 접속사나 관계사가 없으므로 또 다른 동사가 올 수 없다. 따라서 준동사 형태인 taking이 쓰여 분사구문이 되어야 한다.

07 read | 풍부한 어휘력을 키우고 싶다면, 다양한 잡지와 신문을 읽어라. | 해설 If가 이끄는 부사절 뒤에 이어지는 주절에 동사가 없으므로 동사 자리. 명령문을 이끄는 동사원형 read가 적절.

C 이 문제는?
문장의 술어동사와 준동사 자리 구분하기

01 X, buried | 과학자들은 피라미드 아래에 깊이 파묻힌 이집트의 보물들을 연구하는 중이다. | 해설 문장의 주어 Scientists와 동사 are researching이 갖춰져 있으므로 또 다른 동사가 올 수 없다. 문맥상 treasures를 수식하는 분사 형태가 적절한데, '보물'이 '파묻힌' 것이므로 수동 관계. 따라서 bury를 과거분사 형태인 buried로 고쳐야 한다.

02 X, experience | 카페인에 민감한 일부 사람들은 심장 박동 수 상승을 경험한다. | 해설 who are ~ caffeine은 주어 Some people을 수식하는 관계대명사절이므로 주어에 호응하는 문장의 동사가 필요하다. 따라서 experiencing을 experience로 고친다.

03 X, show 또는 will show | 당신의 직감을 신뢰할 때, 생각지 않은 곳에서 기회들이 나타난다[나타날 것이다]. | 해설 When이 이끄는 부사절 뒤에 이어지는 주절의 주어 opportunities와 호응하는 동사가 없으므로 showing을 show 또는 will show로 고쳐야 적절.

Unit 29　Application Exercises　p.115

A 이 문제는?
동명사, 분사, to부정사의 의미상 주어 파악하기

01 X | 애완동물을 기르는 것은 생명에 대한 책임감과 존중감을 키워 준다. | 해설 주어 자리에 쓰인 동명사구(Having a pet) 앞에 소유격 대명사가 보이지 않고, 문맥상 일반인이 의미상 주어이므로 따로 명시하지 않는다.

02 foreign tourists | 민속촌은 외국인 관광객들이 전통적인 한국을 경험하는 인기 있는 장소이다. | 해설 '경험하는(to experience)' 주체는 foreign tourists가 적절. to부정사의 의미상 주어는 「for+목적격」으로 나타낸다.

03 her | 학교 식당에서 새치기하다니 그녀는 무례했다. | 해설 '새치기한(to cut in line)' 주체는 her가 적절. be동사 다음에 나오는 형용사(rude)가 사람의 행동(to-v의 내용)에 대한 비난을 나타내므로

to부정사의 의미상 주어는 「of+목적격」의 형태.

04 **This Sunday** | 이번 주 일요일은 공휴일이어서, 우리는 월요일에 '대체 휴일'을 가질 것이다. | [해설] 문장의 주어는 we, 분사구문 (being a national holiday)의 의미상 주어는 This Sunday이다. 분사구문의 주어가 문장의 주어와 다르므로 분사 앞에 의미상 주어를 밝힌 경우. (= Because **this Sunday** is a national holiday, **we** ~.)

05 **someone** | 이 책은 제주도에서 배낭여행을 할 계획인 누군가에게 유용하다. | [해설] planning to backpack 이하는 앞의 명사 someone을 수식한다. 분사의 의미상 주어는 수식 받는 명사이므로 someone이 의미상 주어이다.

B [이 문제는?]

> 문장 구조에 따라 동명사, 분사, to부정사 중 어떤 준동사가 적절한지 파악하고, 알맞은 태로 표현하기

01 **to be checked** | 당신의 건강이 정기적으로 검진되는 것은 중요하다. | [해설] 가주어 It으로 대신 할 수 있고 의미상 주어로 「for+목적격」의 형태를 취하는 것은 to부정사. 이때 to부정사의 의미상 주어는 your health인데, '건강'이 '검진되는 것'이므로 check와 수동 관계이다. 따라서 to부정사의 수동형인 to be checked가 되어야 한다.

02 **(Being) Held** | 쇼핑몰에서 열려서, 책 사인회 행사가 많은 사람을 끌어모았다. | [해설] 뒤에 주어(the book signing event)와 동사(attracted)를 갖춘 절이 이어지므로 분사구문을 이끄는 분사 자리. '사인회'가 '열리는' 것이므로 분사구문의 의미상 주어와 hold는 수동 관계.

03 **being taught** | 어렸을 때, 나는 가르침을 받지 않고도 자전거를 타는 법을 배웠다. | [해설] 전치사 without의 목적어 자리에는 명사(구)가 오므로 동사 teach를 동명사 형태로 바꿔야 한다. 이때 동명사의 의미상 주어가 '내(I)'가 '가르침을 받는' 것이므로 teach와 수동 관계이다. 따라서 동명사의 수동형인 being taught가 되어야 한다. learn은 to부정사를 목적어로 취하는 동사. (☞ Unit 23)

C [이 문제는?]

> 준동사의 알맞은 시제 파악하기

01 ⓐ | 충분한 돈이 없어서, 나는 네게 저녁을 사줄 수가 없어. | [해설] 문맥상 돈이 부족한 '현재'의 상황을 나타내므로 주절의 동사 can't afford to buy와 같은 때를 나타낸다.

02 ⓑ | 토니는 잠이 들었던 것 같다. 나는 그가 코 고는 소리를 들을 수 있었다. | [해설] 문맥상 문장의 술어동사(seems)보다 앞선 때에 잠이 들었던 것이므로 to부정사의 완료형 to have fallen이 적절. 여기서 to부정사는 동사 seems의 보어 역할.

A [이 문제는?]

> 주어와 술어 관계를 이루고 있는 목적어와 목적격보어 파악하기

01 **O: me, C: to pursue my interest in design** | 교수님께서는 내가 디자인에 대한 흥미를 추구하도록 격려해 주셨다. | [해설] encourage+목적어+to-v: (목적어)가 v하도록 격려하다

02 **O: my physical disabilities, C: stop my dream** | 나는 내 신체적 장애가 내 꿈을 멈추게 두지 않을 것이다. | [해설] let+목적어+v: (목적어)가 v하도록 허락하다

03 **O: you, C: to have pimples on your face** | 좋지 않은 피부 관리 습관은 당신이 얼굴에 여드름을 갖게 할 수 있다. | [해설] lead+목적어+to-v: (목적어)가 v하게 하다

04 **O: a loud noise, C: coming from upstairs** | 나는 늦은 밤 큰 소리가 위층에서 나는 것을 들었다. | [해설] hear+목적어+v[v-ing]: (목적어)가 v하(고 있는) 것을 듣다

B [이 문제는?]

> 목적어와 목적격보어의 관계가 능동일 때, 동사에 따라 알맞은 목적격보어 형태 파악하기

01 **cancel** | 태풍은 우리 학교가 모든 수업을 취소하게 했다. | [해설] 여기서 make는 사역동사로서 「make+목적어+v」 형태로 '(목적어)가 v하게 하다'란 의미를 나타내므로 cancel이 적절.

02 **walking** | 그 지역의 사람들은 한 낯선 사람이 자신들의 마을을 배회하는 것을 알아챘다. | [해설] 여기서 notice는 목적격보어로 v 또는 v-ing를 취하여 '(목적어)가 v하(고 있는) 것을 알아채다'란 의미를 나타내므로 walking이 적절.

03 **to use** | 우리 선생님은 우리가 수업 시간에 휴대전화를 사용하는 것을 허락하지 않으신다. | [해설] 동사 allow는 「allow+목적어+to-v」 형태를 취하여 '(목적어)가 v하게 허락하다'란 의미를 나타내므로 to use가 적절.

04 **come** | 그녀는 그가 전화를 받은 후에 두려움의 표정이 그의 얼굴에 갑자기 드리우는 것을 보았다. | [해설] 여기서 see는 목적격보어로 v 또는 v-ing를 취하여 '(목적어)가 v하(고 있는) 것을 보다'란 의미를 나타내므로 come이 적절.

05 **studying** | 당신의 책상에 동기를 부여하는 말을 붙여 놓아라. 그것들은 당신이 계속 공부하게 해줄 것이다. | [해설] 동사 keep은 「keep+목적어+v-ing」 형태를 취하여 '(목적어)가 계속 v하게 하다'란 의미를 나타내므로 studying이 적절.

C [이 문제는?]

> 목적어와 목적격보어의 능동·수동 관계 파악하기

01 **clean** | 엄마는 내게 내 더러운 방을 청소하게 하셨다. | [해설] 「have+목적어(me)+목적격보어」의 구조. '내'가 '청소하는' 것이므로 능동 관계. 따라서 원형부정사가 적절.

02 competing | 우리는 우리 홈 팀이 오랜 라이벌 팀과 겨루고 있는 것을 보았다. | 해설 「watch+목적어(our home team)+목적격보어」 형태인데, '홈 팀'이 '경쟁하는' 것이므로 능동 관계. 따라서 원형부정사나 현재분사(v-ing)가 와야 한다.

03 copied | 션이 책을 가져오지 않아서, 나는 그를 위해 내 책이 복사되게 했다. | 해설 「have+목적어(my book)+목적격보어」의 구조. '책'이 '복사되는' 것이므로 수동 관계. 따라서 과거분사(p.p.)

04 played | 어떤 사람들은 음악이 콘서트에서 라이브로 연주되는 것을 듣는 것을 좋아한다. | 해설 동사 like의 목적어로 쓰인 to부정사구(to hear ~ a concert)에서, hear의 목적어(music)와 목적격보어가 수동 관계이므로 목적격보어로 과거분사(p.p.)가 와야 한다. 동사 like는 to부정사와 동명사 모두 목적어로 취할 수 있다. (☞ Unit 23)

| Unit 26 - Unit 30 | **Overall Exercises** | p.118 |

1

01 displayed | 창가에 진열된 그 책들은 그 서점의 베스트셀러들이다. | 해설 '책들'이 '진열된' 것이므로 The books와 display는 수동 관계. 따라서 과거분사(p.p.) 형태가 적절.

02 surprising | 그 연구 결과는 몇몇 놀라운 결론을 보여주었다. | 해설 수식 받는 명사 conclusions가 분사의 의미상 주어가 된다. '결론(conclusions)'이 '놀라운' 감정을 유발하는 것이므로 능동을 나타내는 현재분사(v-ing) 형태가 적절.

03 discovered | 새롭게 발견되는 별의 작명은 그것의 발견자에게 달려 있다. | 해설 '별'이 '발견되는' 것이므로 star와 discover는 수동 관계. 따라서 과거분사(p.p.) 형태가 적절.

04 frustrated | 당신은 당신의 불행에 대해 좌절감을 느낄 필요가 없다. | 해설 주어(You)가 '좌절감을 느끼는' 것이므로 frustrate(좌절감을 주다)와 수동 관계. 따라서 과거분사(p.p.) 형태가 적절.

05 annoying | 많은 사람이 "뭐든 상관없어"라는 단어가 매우 짜증스럽다고 생각한다. | 해설 that절 내 동사 is의 주격보어 자리. 주어(the word "whatever")가 '짜증 나는' 감정을 유발하는 것이므로 능동을 나타내는 현재분사(v-ing) 형태가 적절.

06 boring | 나는 그 일이 매우 지루하고 노력을 거의 필요로 하지 않기 때문에 좋아하지 않았다. | 해설 동사 was의 보어 자리. 주어 it은 앞의 the task를 가리키는데, '그 일'이 '지루한' 감정을 유발하는 것이므로 the task와 bore(지루하게 만들다)는 능동 관계. 따라서 현재분사(v-ing) 형태가 적절.

07 puzzled | 그 선생님은 학생들이 어리둥절해 하는 것처럼 보인다는 것을 알아채고, 질문을 반복했다. | 해설 that절 내 동사 looked의 보어 자리. 주어(his students)가 '어리둥절하게 된' 것이므로 puzzle(어리둥절하게 만들다)과 수동 관계. 따라서 과거분사(p.p.) 형태가 적절.

2

01 used | 그다지 많이 사용되지 않으면, 당신의 근육은 자연스럽게 약해질 것이다. | 해설 분사구문의 의미상 주어인 '근육'이 '사용되는' 것이므로 your muscles와 use는 수동 관계. 따라서 과거분사(p.p.) 형태인 used가 적절. 분사구문의 부정형은 분사 바로 앞에 not 또는 never를 둔다. (= If your muscles are not used very much, ~.)

02 to avoid | 간호사는 내게 독감 예방 주사를 맞은 후에 샤워를 피할 것을 요청했다. | 해설 동사 ask는 「ask+목적어+to-v」 형태를 취하여 '(목적어)가 v할 것을 부탁[요청]하다'란 의미를 나타내므로 to avoid가 적절.

03 postponed | 나는 그 축제가 아무런 해명 없이 연기되었다는 것을 알았다. | 해설 「find+목적어(the festival)+목적격보어」의 구조. '축제'가 '연기된' 것이므로 수동 관계. 따라서 과거분사(p.p.) 형태가 적절.

04 Asked | 제한된 시간 내에 일련의 질문들에 답하도록 요구되어, 학생들은 긴장감을 느꼈다. | 해설 분사구문의 의미상 주어인 '학생들'이 '질문을 받는' 것이므로 the students와 ask는 수동 관계. 따라서 과거분사(p.p.) 형태인 Asked가 적절.

05 be invited | 저는 학교 도서관을 위한 기금모금 파티에 초대되어 기쁩니다. | 해설 to부정사의 의미상 주어인 '내(I)'가 '초대되는' 것이므로 I와 invite는 수동 관계. 따라서 to부정사의 수동형인 to be p.p.가 와야 한다.

06 to access | 새로운 건강 관리 시스템은 사람들이 서비스에 더 쉽게 접근할 수 있게 할 것이다. | 해설 동사 enable은 「목적어+to-v」의 형태를 취하여 '(목적어)가 v할 수 있게 하다'란 의미를 나타내므로 to access가 적절하다.

07 to celebrate | 우리는 제니퍼의 열여덟 번째 생일을 축하해 주기 위해 깜짝 파티를 계획 중이다. | 해설 문장의 주어 We와 동사 are planning이 갖춰져 있고 접속사나 관계사가 없으므로 또 다른 동사가 올 수 없다. 따라서 준동사 형태인 to celebrate가 적절.

3

01 O | 주차금지 구역에 주차되어서, 그의 차는 견인되었다. | 해설 분사구문의 의미상 주어인 '그의 차'가 '주차되는' 것이므로 his car와 Park는 수동 관계. 따라서 Parked가 적절. (= Because his car **was parked** in a no-parking zone, ~.)

02 X, wearing | 검은색 셔츠와 청바지를 입고 있는 그 남자가 이 회사의 CEO이다. | 해설 분사의 의미상 주어인 The man이 '입고 있는' 것이므로 wear와 능동 관계. 따라서 현재분사(v-ing) 형태가 적절.

03 O | 그는 박물관에 전시된 현대 미술 작품들을 정말로 즐겁게 감상했다. | 해설 문장의 주어 He와 동사 enjoyed가 갖춰져 있으므로 문맥상 앞의 명사구(the modern art paintings)를 수식하는 분

사 자리. '그림'이 '전시되는' 것이므로 exhibit과 수동 관계. 따라서 과거분사(p.p.) 형태가 알맞게 쓰였다.

04 O | 영화관 안에 있는 다른 사람들을 방해하고 싶지 않아서, 나는 그녀의 귀에 속삭였다. | **해설** 분사구문의 의미상 주어인 '내'가 '원하지 않는' 것이므로 I와 want는 능동 관계. 따라서 현재분사(v-ing) 형태가 알맞게 쓰였다.

05 X, becomes | 그 가수가 TV에 무슨 스타일의 옷을 입든지 그것은 십대들 사이에서 인기를 얻게 된다. | **해설** Whatever가 이끄는 명사절이 문장에서 주어 역할. 이에 호응하는 문장의 동사가 없으므로 becoming을 becomes로 고쳐야 한다. 복합관계대명사인 whatever는 형용사적 용법으로 쓰일 때 뒤에 명사(구)가 올 수 있다. e.g. Take **whatever** *action* is needed. 필요한 모든 조치를 취하라 (☞ Unit 21)

4

01 Because | 충분한 잠을 자지 못해서, 에릭은 눈 밑에 다크서클이 생겼다. | **해설** Not getting enough sleep은 문맥상 '~ 때문에'라고 해석하는 것이 가장 적절하므로 이유를 나타내는 접속사 Because가 들어가야 적절.

02 and | 결혼식이 끝난 후, 모든 사람에게 감사를 표시하며 환하게 웃었다. | **해설** showing ~ appreciation은 문맥상 '~하면서'라고 해석하는 것이 가장 적절하므로 '동시동작'을 나타내는 접속사 and가 들어가야 적절.

03 When | 컴퓨터로 작업할 때, 당신의 눈을 위해 적어도 20분마다 짧은 휴식을 취해야 한다. | **해설** Working on a computer는 문맥상 '~할 때'라고 해석하는 것이 가장 적절하므로 시간을 나타내는 접속사 When이 들어가야 적절.

5

01 ❸ Find → Finding | 어디를 가든지, 당신은 사람들이 손가락으로 끊임없이 스마트폰을 두드리고 있는 것을 보게 될 것이다. 스마트폰을 가지고 있는 것은 우리 삶에 편리함을 가져다주지만, 또한 스마트폰 중독을 야기한다. 이러한 중독은 사람들이 5분 동안이라도 스마트폰과 떨어지게 될 때 사람들로 하여금 좌절감을 느끼게 한다. 삶의 많은 다른 영역들과 마찬가지로, 균형을 찾는 것이 중요하다. | **해설** ③ 문장의 동사 is가 있으므로 또 다른 동사가 올 수 없다. 동사 is에 호응하는 주어를 이루는 동명사 Finding으로 고쳐야 적절. ① 여기서 see는 목적격보어로 v 또는 v-ing를 취하여 '(목적어)가 v하(고 있는) 것을 보다'란 의미를 나타내므로 현재분사 tapping이 적절하게 쓰였다. ② 동사 cause는 「cause+목적어+to-v」 형태를 취하여 '(목적어)가 v하게 하다'란 의미를 나타내므로 to become이 적절.

02 ❷ known → knowing | 사람의 이름을 기억하는 것은 관계를 시작하는 데 있어 첫 번째 단계이다. 안타깝게도, 많은 사람이 이름을 기억하는 데 어려움을 겪는다. 다른 사람들의 이름을 몰라서, 사람들은 친구를 사귀는 것이 어렵다는 것을 때때로 깨닫는다. 그러니, 오늘 사람들의 이름을 기억하기 시작하겠다는 결정을 내려라. 어떤 사람도 잊히는 것을 좋아하지 않는다! | **해설** ② 분사구문의 의미상 주어인 they(= many people)와 know는 문맥상 능동 관계이므로 현재분사(v-ing) 형태가 되어야 한다. ① 문장의 동사 is가 뒤에 있으므로 문장의 주어 자리에 동명사구를 이끄는

Remembering이 적절하게 쓰였다. ③ to부정사의 의미상 주어인 Nobody가 '잊히는' 것이므로 수동 관계가 적절.

6

❷ | 당신은 알람 시계가 울리는 것을 듣고 자동차의 경적 소리를 듣고 있는 꿈을 꾼 적이 있습니까? 렘수면 시간 동안 물이 양손에 뿌려지게 했다가 나중에 잠에서 깬 실험 참가자들은 물과 관련된 꿈을 꿨다고 보고하는 경향이 있습니다. 이는 우리 대부분에게 익숙한 현상인데, 잠을 자는 동안 뇌가 '정지하지' 않기 때문입니다. 그것은 그저 다른 상태에 있는 것입니다. 그러니, 밤에 룸메이트의 손을 따뜻한 물잔 안에 놓아두지 말아 주십시오. 비록 우리가 몇몇 외부 자극을 꿈에 포함할지도 모르지만, 우리는 자는 동안 우리에게 전해지는 정보를 기억하지 못합니다. 불행한 일이지만, 이는 당신이 짧은 시간 동안 잠을 자면서 테이프를 들으며 영어를 공부할 수 없을 거라는 것을 의미합니다. | **해설** (A) hear는 목적격보어로 v 또는 v-ing를 취하여 '(목적어)가 v하(고 있)는 것을 듣다'란 의미를 나타내므로 ring이 적절. (B) 문맥상 who가 이끄는 관계대명사절 내 동사 have와 and로 연결되는 병렬구조로 보는 것이 적절. 따라서 복수동사 are가 와야 한다. (C) 분사의 수식을 받는 명사인 '정보'가 '주어지는' 것이므로 수동 관계이다. 따라서 과거분사(p.p.) 형태가 적절.

구문 [1~2행] **Have** you ever **heard**^{V1} *your alarm clock*^{O} **ring**^{C} and **dreamed**^{V2} that you were hearing a car horn?

▶ Have heard와 (have) dreamed가 and로 연결된 병렬구조. 접속사 that 이하는 dreamed의 목적어 역할을 하는 명사절.

구문 [2~3행] *Subjects* [**who have**^{V} *water*^{O} **sprayed**^{C} on their hands ~ and are later awakened] tend to report ~.

▶ 주어 Subjects를 who가 이끄는 관계대명사절이 수식. 관계대명사절 내에는 동사 have와 are awakened가 and로 연결되어 병렬구조를 이룬다. 여기서 동사 have는 「have+목적어(water)+목적격보어(sprayed)」의 구조로 쓰였는데, 목적어와 목적격보어의 관계가 수동이므로 p.p. 형태가 왔다.

7

❸ | 당신이 인생에서 만나는 사람들을 경쟁 상대로 여기는 한, 당신은 늘 이기려고 노력하는 데에 집중할 것입니다. 그리고 사람들을 높여주는 법을 배우기보다 이기는 법에 집중되어 있을 때, 당신은 그들과 건강한 관계를 맺을 수 없습니다. 얼마간의 시간을 당신이 경쟁 상대로 여기는 당신의 인생 속의 사람들을 관찰하며 보내 보십시오. 그들을 당신의 경쟁 상대로 여기는 것이 실로 당신의 인간관계에 유익하지 않다는 것을 알아차리십시오. 대신에, 만약 당신이 그들을 당신의 팀원으로 여기기 시작한다면 어떻게 될까요? 당신이 갖지 못한 기술이나 능력을 보유한 당신의 인생 속의 사람들은 실제로 귀중할 수 있습니다. 만약 당신이 영어를 잘하는 친구를 갖게 된다면, 그것에 대해 질투하지 말고, 그 친구에게 몇몇 비법을 공유해 달라고 부탁해 보는 것은 어떨까요? 겸손하게 행동하는 것은 당신이 다른 사람들뿐만 아니라 자신에 대해 느끼는 방식에 놀라운 일을 할 것입니다. | **해설** ③ Noticing의 목적어인 that절에는 주어(viewing them ~ competition)와 동사(isn't)가 모두 갖춰져 있는데, 주절에 동사가 없으므로 Noticing을 명령문을 이끄는 동사원형 Notice로 바꿔야 한다. ① try는 동명사와 to부정사를 모두 목적어로 취할 수 있는데, 문맥상 '~하려고 노력하다'란 의미가 되어야 하므로

to win이 적절하게 쓰였다. *cf.* try v-ing: 시험 삼아 v해 보다 ② 뒤에 이어지는 절이 동사 see의 목적어가 빠진 불완전한 구조이고 앞에 나온 선행사 those를 수식하는 절이 이끌므로 목적격 관계대명사 whom이 적절. (☞ CHAPTER 5) ④ 관계대명사절 내 동사는 선행사(People)에 수일치하므로 복수동사가 적절. 선행사 People이 전명구(in your life)의 수식을 받으면서 관계사절과 떨어지게 되었다. (☞ CHAPTER 5) ⑤ 동사 ask는 「ask+목적어+to-v」 형태를 취하여 '(목적어)가 v할 것을 부탁[요청]하다'란 의미를 나타내므로 to share가 적절.

구문 [6행] *People* [in your life] [who have *skills and talents* [that you don't (have) ●] can actually be valuable.

▶ 주어 People을 수식하는 주격 관계대명사절 내에 선행사 skills and talents를 수식하는 목적격 관계대명사절이 있는 구조. don't 뒤에는 반복되는 동사 have가 생략되었다.

CHAPTER 8 조동사와 가정법

Unit 31   Application Exercises   p.125

A 이 문제는?

조동사 can[could], may[might], will[would]의 다양한 의미 파악하기

01 ⓑ | 당신은 여기에 앉으시면 안 됩니다. 이 좌석들은 예약되었습니다. | 해설 문맥상 '~해도 좋다'라는 뜻의 허가를 나타내는 can이 not과 함께 쓰였다.

02 ⓒ | 제게 미술관이 어디에 있는지 말씀해 주시겠어요? | 해설 문맥상 '~해 주시겠어요?'라는 뜻으로 요청을 나타낸다. 의문사 where가 이끄는 명사절(where ~ is)이 문장의 직접목적어로 쓰였다. (☞ CHAPTER 4)

03 ⓓ | 오늘 오후에는 번개를 동반한 비가 올 수도 있습니다. | 해설 문맥상 '~일 수도 있다'라는 뜻으로 가능성 또는 추측을 나타낸다.

04 ⓐ | 당신은 외국어를 구사할 수 있습니까? | 해설 문맥상 '~할 수 있다'라는 뜻으로 능력을 나타낸다.

05 ⓔ | 에이미는 지금 서울에 있을 리가 없다. 그녀는 캐나다에 갔다. | 해설 문맥상 '~일 리가 없다'라는 뜻으로 강한 부정적 추측을 나타낸다.

06 ⓑ | 저는 할 일이 많아서, 오늘 저녁 식사에 늦을지도 모릅니다. | 해설 문맥상 '~일지도 모른다'라는 뜻으로 불확실한 추측을 나타낸다. 여기서 to do는 lots of work를 꾸며주는 to부정사의 형용사적 용법으로 쓰였다. (☞ CHAPTER 6)

07 ⓐ | 당신은 직접 준비한 음식이나 음료를 영화관에 가져가도 됩니다. | 해설 문맥상 '~해도 좋다'라는 뜻으로 허가를 나타낸다.

08 ⓑ | 2시 정각이다. 그는 공항에 가는 길일 것이다. | 해설 문맥상 '~일 것이다'라는 뜻으로 추측을 나타낸다.

09 ⓒ | 당신이 제인을 만나면, 제게 전화해 달라고 말씀해 주시겠어요? | 해설 문맥상 '~해 주시겠어요?'라는 뜻으로 요청을 나타낸다. 「tell O to-v: O에게 v하라고 말하다」 (☞ CHAPTER 7)

10 ⓐ | 나는 체중 감량을 위해 아침에 달리기를 꼭 시작할 것이다. | 해설 문맥상 '(반드시) ~할 것이다'라는 뜻으로 의지 또는 고집을 나타낸다.

11 ⓓ | 나는 호숫가에 살았는데, 종종 아버지와 나는 낚시를 가곤 했다. | 해설 문맥상 '~하곤 했다'라는 뜻으로 과거의 습관을 나타낸다.

B 이 문제는?

조동사 must, should, ought to의 여러 의미 파악하기

01 ⓐ | 내 노트북 컴퓨터에 무언가 잘못된 것이 틀림없다. 화면이 까맣게 변했다. ⓐ 어떻게 브라이언에게 그렇게 무례할 수 있었니! 그는 화가 나 있는 게 틀림없어. ⓑ 나는 치통이 심하다. 지금 당장 치과의사에게 가야 한다. | 해설 주어진 문장의 must는 문맥상 '~임이 틀림없다'라는 뜻의 강한 추측을 나타낸다. 따라서 정답은 ⓐ이다.

02 ⓐ | 당신은 수상 스포츠를 즐길 때 구명조끼를 착용해야 합니다. ⓐ 당신은 안전을 위해 교통법규를 준수해야 합니다. ⓑ 나는 일주일 전에 책을 주문했는데, 그것은 오늘 배송될 것이다. | 해설 주어진 문장의 should는 문맥상 '~해야 한다'라는 뜻의 의무를 나타낸다. 따라서 정답은 ⓐ이다.

03 ⓑ | 날씨는 주말 이후부터 좋아질 것이다. ⓐ 당신은 시험 볼 때 휴대 전화를 꺼두어야 합니다. ⓑ 교통 상황이 썩 나쁘지 않다면, 나는 그곳에 오후 8시쯤 도착할 것이다. | 해설 주어진 문장의 ought to는 문맥상 '~일 것이다'라는 뜻의 추측을 나타낸다. 따라서 정답은 ⓑ이다.

Unit 32   Application Exercises   p.127

A 이 문제는?

기타 조동사 및 조동사의 관용표현 이해하기

01 **would rather** | 나는 건강을 위해 엘리베이터를 타느니 계단을 이용하고 싶다. | 해설 would rather A than B: B하느니 차라리 A하고 싶다

02 **had better** | 우리는 알람 시계를 맞추는 편이 낫다. 그렇지 않으면 우리는 제때에 일어나지 않을 것이다. | 해설 had better: ~하는 편이 낫다

03 may well | 폴은 키가 커서 당신은 아마 멀리서도 그를 알아볼 것입니다. | 해설 may well: 아마 ~일 것이다

04 cannot | 우리는 인터넷에서 개인 정보에 관해 아무리 조심해도 지나치지 않습니다. | 해설 cannot ~ too …: 아무리 ~해도 지나치지 않다

05 need not | 너는 그 책을 다음 주 이전에 돌려줄 필요가 없어. 나는 그 책이 당장 필요하지 않아. | 해설 need not: ~할 필요가 없다

B 이 문제는?

명령, 제안, 필요 등을 의미하는 동사, 형용사 뒤에 이어지는 that절에서 동사의 형태 파악하기

01 had taken | 목격자들은 그 사고가 주차장에서 발생했다고 주장했다. | 해설 주절에 주장을 나타내는 동사 insisted가 있지만, 이어지는 that절의 내용이 '~해야 한다'라는 당위성을 나타내는 것이 아니라 사실 그대로를 나타내는 것이므로 동사를 인칭, 수, 시제에 맞게 써야 한다. 목격자들이 '주장한(insisted)' 것보다 사고가 '발생한' 것이 더 먼저 일어난 일이므로 take를 과거완료 had taken으로 고쳐야 적절.

02 (should) brush | 치과의사들은 당신이 식사 직후에 이를 닦아야 한다고 조언한다. | 해설 주절에 조언을 나타내는 동사 advise가 있고, 이어지는 that절의 내용이 '~해야 한다'라는 당위성을 나타내고 있으므로 brush를 should brush로 써야 적절. 이때 조동사 should는 생략할 수 있다.

03 had received | 그 손님은 자신이 계산원으로부터 거스름돈을 잘못 받았다고 주장했다. | 해설 주절에 주장을 나타내는 동사 argued가 있지만, 이어지는 that절의 내용이 '~해야 한다'라는 당위성을 나타내는 것이 아니라 사실 그대로를 나타내는 것이므로 동사를 인칭, 수, 시제에 맞게 써야 한다. 손님이 '주장한(argued)' 것보다 거스름돈을 '받은' 것이 더 먼저 일어난 일이므로 receive를 과거완료 had received로 고쳐야 적절.

C 이 문제는?

① 「조동사+동사원형」과 「조동사+have p.p.」의 의미와 쓰임 구분하기
② 조동사 종류에 따른 「조동사+have p.p.」의 다양한 의미 파악하기

01 might | 케빈이 전화를 받지 않았다. 그는 샤워 중이었을지도 모른다. | 해설 문맥상 샤워 중이었을지도 모른다는 과거 사실에 관한 추측을 나타내므로 '~했을지도 모른다'라는 뜻의 「might have p.p.」가 적절. 「should have p.p.」는 '~했어야 하는데 (하지 않았다)'라는 뜻으로 과거 사실에 관한 후회나 유감을 나타낸다.

02 have | 태어난 지 3개월이 지난 애완동물들은 반드시 이름표를 몸에 지니고 있어야 한다. | 해설 문맥상 이름표를 지니고 있어야 한다는 의무를 나타내는 must가 적절. 「must have p.p.」는 '~했음이 틀림없다'라는 뜻으로 과거 사실에 관한 추측을 나타낸다.

03 have typed | 나는 로그인을 할 수가 없다. 내가 비밀번호를 잘못 입력했을지도 모른다. | 해설 문맥상 비밀번호를 잘못 입력했을

지도 모른다는 과거 사실에 관한 추측을 나타내므로 '~했을지도 모른다'라는 뜻의 「might have p.p.」가 적절하다.

04 may | 나는 몸이 좋지 않다. 내 남동생으로부터 감기가 옮았을지도 모른다. | 해설 문맥상 남동생으로부터 감기가 옮았을지도 모른다는 과거 사실에 관한 추측을 나타내므로 '~했을지도 모른다'라는 뜻의 「may have p.p.」가 적절하다.

Unit 33 | Application Exercises | p.129

A 이 문제는?

if 가정법에 쓰이는 동사의 적절한 형태 파악하기

01 spoke, could guide | 해설 주어진 우리말이 현재 사실에 반대되는 일을 가정하므로 가정법 과거가 적절. 가정법 과거는 「If+S'+동사의 과거형, S+조동사 과거형+동사원형」의 형태이므로 주어진 동사를 각각 spoke, could guide로 고쳐야 한다. 이때 주절에 해당하는 우리말이 '가능'의 의미를 나타내므로 조동사 could가 쓰였다.

02 had known, would have bought | 해설 주어진 우리말이 과거 사실에 반대되는 일을 가정하므로 가정법 과거완료가 적절. 가정법 과거완료는 「If+S'+had p.p., S+조동사 과거형+have p.p.」의 형태이므로 주어진 동사를 각각 had known, would have bought로 고쳐야 한다.

03 hadn't rained, could go | 해설 주어진 우리말이 과거의 일과 그것이 현재에 미치는 영향을 가정하므로 혼합 가정법이 적절. 이때 혼합 가정법의 형태는 「If+S'+had p.p., S+조동사 과거형+동사원형」이고, if절에 해당하는 우리말이 부정(not)의 의미를 포함하므로, 주어진 동사를 각각 hadn't rained, could go로 고쳐야 한다.

B 이 문제는?

if 가정법 문장을 직설법 문장으로 전환하기

01 drinks, can't sleep | 만약 그녀가 커피를 그렇게 많이 마시지 않으면, 그녀는 밤에 잠을 잘 잘 수 있을 텐데. → 그녀가 커피를 그렇게 많이 마시기 때문에, 그녀는 밤에 잠을 잘 잘 수 없다. | 해설 If절에 동사의 과거형, 주절에 「조동사 과거형+동사원형」이 있는 것으로 보아 가정법 과거 문장이다. 가정법 과거는 현재 사실에 반대되는 일을 나타내므로 직설법은 현재시제가 되어야 한다. 따라서 주어진 동사를 각각 drinks, can't sleep으로 고쳐야 적절.

02 didn't listen, is | 만약 그가 내 충고를 들었더라면, 그는 지금 곤란한 상태에 있지 않을 텐데. → 그가 내 충고를 듣지 않았기 때문에, 그는 지금 곤란한 상태에 있다. | 해설 If절에 「had p.p.」, 주절에 「조동사 과거형+동사원형」이 있는 것으로 보아 혼합 가정법 문장이다. 따라서 직설법으로 고칠 경우, 과거 사실에 반대되는 내용은 과거시제, 현재 사실에 반대되는 내용은 현재시제가 되어야 하므로 주어진 동사를 각각 didn't listen, is로 고쳐야 적절.

03 didn't study, didn't do | 네가 더 많이 공부했다면, 너는 시험

을 잘 봤을 텐데. → 네가 공부를 많이 하지 않았기 때문에, 너는 시험을 잘 보지 않았다. | 해설 If절에 「had p.p.」, 주절에 「조동사 과거형+have p.p.」가 있는 것으로 보아 가정법 과거완료 문장이다. 가정법 과거완료는 과거 사실에 반대되는 일을 나타내므로 직설법은 과거시제가 되어야 한다. 따라서 주어진 동사를 각각 didn't study, didn't do로 고쳐야 적절.

C 이 문제는?

if 가정법에 쓰이는 동사의 적절한 형태 파악하기

01 **have seen** | 내가 조금 더 기다렸더라면, 그때 너를 만날 수 있었을 텐데. | 해설 If절에 「had p.p.」가 있고 문맥상 과거 사실에 반대되는 일을 가정하고 있으므로 가정법 과거완료이다. 따라서 주절에는 「조동사 과거형+have p.p.」가 와야 한다.

02 **travel** | 내가 비행기 타는 것을 두려워하지 않으면, 다음 달에 너와 함께 유럽 여행을 갈 텐데. | 해설 If절에 동사의 과거형이 있고 문맥상 현재 사실에 반대되는 일을 가정하고 있으므로 가정법 과거이다. 따라서 주절에는 「조동사 과거형+동사원형」이 와야 한다.

03 **disappear** | 이 약을 먹으면, 네 두통이 사라질지도 모른다. | 해설 If절에 동사의 과거형이 있고 문맥상 이 약을 먹어보라는 완곡한 제안을 나타내므로 가정법 과거이다. 따라서 주절에는 「조동사 과거형+동사원형」이 와야 한다.

04 **had read** | 내가 설명서를 주의 깊게 읽었더라면, 내 카메라는 고장 나지 않았을 텐데. | 해설 주절에 「조동사 과거형+have p.p.」가 있고 문맥상 과거 사실에 반대되는 일을 가정하고 있으므로 가정법 과거완료이다. 따라서 If절에는 「had p.p.」가 와야 한다.

05 **have picked** | 네가 탄 열차가 언제 도착하는지 알았더라면, 나는 너를 태우러 갔을 텐데. | 해설 If절에 「had p.p.」가 있고 문맥상 과거 사실에 반대되는 일을 가정하고 있으므로 가정법 과거완료이다. 따라서 주절에는 「조동사 과거형+have p.p.」가 와야 한다. 여기서 의문사 when이 이끄는 명사절(when ~ arrived)이 동사(had known)의 목적어로 쓰였다. (☞ CHAPTER 4)

Unit 34 Application Exercises p.131

A 이 문제는?

다양한 시점의 I wish 가정법 이해하기

01 **had** | 해설 문맥상 소망하는 시점(wish)과 소망 내용(휴가를 갈 시간이 있는 것)의 시점이 '현재'로 일치하므로 I wish 가정법 과거를 쓴다. 따라서 동사의 과거형 had로 고쳐야 적절. 현재 이루기 어려운 소망을 나타낸다. ((지금) ~하면 좋을 텐데)

02 **hadn't eaten** | 해설 문맥상 소망하는 시점(wish)보다 소망 내용(피자를 너무 많이 먹지 않는 것)의 시점이 더 먼저이므로 I wish 가정법 과거완료를 쓴다. 따라서 hadn't eaten으로 고쳐야 적절. 과거 사실에 반대되는 소망을 나타낸다. ((그때) ~했다면 (지금) 좋을 텐데)

03 **had asked** | 해설 문맥상 소망하는 시점(wished)인 과거보다 소망 내용('나'에게 먼저 물어보는 것)의 시점이 더 먼저이므로 I wish 가정법 과거완료를 만드는 「had p.p.」가 적절. ((그전에) ~했다면 (그때) 좋았을 텐데)

B 이 문제는?

다양한 시점의 as if 가정법 이해하기

01 **were** | 내 손님들 중 한 사람이 마치 자신이 파티의 주최자인 것처럼 행동했다. | 해설 주절이 과거(acted)이고, as if 뒤에는 주절과 같은 때(과거)의 사실과 반대되는 일을 가정하고 있으므로 as if 가정법 과거이다. 따라서 be를 were로 고쳐야 적절.

02 **had lived** | 마크는 런던에 산 적이 없었지만, 그는 자신이 그곳에 살았던 것처럼 말했다. | 해설 주절이 과거(talked)이고, as if 뒤에는 문맥상 주절보다 앞선 때의 사실과 반대되는 일을 가정하고 있으므로 as if 가정법 과거완료이다. 따라서 live를 had lived로 고쳐야 적절.

03 **had** | 그녀는 매우 영리했다. 나는 마치 그녀가 머릿속에 모든 것을 지니고 있는 것처럼 느꼈다. | 해설 주절이 과거(felt)이고, as if 뒤에는 주절과 같은 때(과거)에 사실일 가능성이 희박한 일을 가정하고 있으므로 as if 가정법 과거이다. 따라서 have를 had로 고쳐야 적절.

C 이 문제는?

if가 없지만 가정법인 구문 파악하기

01 **지금 당장 떠나지 않으면** | 해설 분사구문(Not leaving right now)이 '조건'을 의미한다. (= If you don't leave right now, ~.)

02 **인내심이 없었다면** | 해설 Without이 이끄는 부사구가 '조건'을 의미한다. (= If it had not been for patience, ~.)

03 **당신이 자신의 행동에 책임을 져야 할 때입니다** | 해설 It is (high) time that ~: ~해야 할 때다

Unit 31 - Unit 34 Overall Exercises p.132

1

01 **had been** | 가격이 적당했다면, 나는 그 운동화를 샀을 텐데. | 해설 주절에 「조동사 과거형+have p.p.」가 있고 문맥상 과거 사실에 반대되는 내용을 나타내므로 가정법 과거완료이다. 이때 If절에는 「had p.p.」가 오므로 had been이 되어야 적절하다.

02 **install** | IT 전문가들은 컴퓨터 사용자들이 컴퓨터에 안티바이러

스 프로그램을 설치해야 한다고 권장한다. | 해설 주절에 권장을 의미하는 동사 recommend가 있고 이어지는 that절의 내용이 '~해야 한다'라는 당위성을 나타내고 있으므로 (should) install이 적절하다. installing이 이끄는 분사구가 computer uses를 수식하는 구조로 볼 경우에는 명사절 접속사 that이 이끄는 문장에 동사가 없어 문장이 성립되지 않으므로 적절하지 않다.

03 **increases** | 연구는 녹색을 보는 것이 동기 부여를 증가시킨다는 것을 시사했다. | 해설 주절에 주장을 나타내는 동사 suggested가 있지만 이어지는 that절의 내용이 '~해야 한다'라는 당위성을 나타내는 것이 아니라 사실 그대로를 나타내는 것이므로 동사를 인칭, 수, 시제에 맞게 써야 한다. 동명사구(seeing ~ green) 주어는 단수 취급하고, that절의 내용이 과학적 사실을 의미하므로 현재시제 increases가 적절하다. (☞ CHAPTER 2)

04 **might** | 나는 내 휴대전화에서 사진 몇 장을 지웠을지도 모른다. 나는 그것들을 더는 찾을 수가 없다. | 해설 문맥상 사진을 지웠을지도 모른다는 과거 사실에 관한 추측을 나타내므로 '~했을지도 모른다'라는 뜻의 「might have p.p.」가 적절. 「should have p.p.」는 '~했어야 하는데 (하지 않았다)'라는 뜻으로 과거 사실에 관한 후회나 유감을 나타낸다.

05 **choose** | 우리가 무슨 일이 일어날지 안다면, 우리는 미래를 위해 더 나은 선택을 할 수 있을 텐데. | 해설 If절에 동사의 과거형(knew)이 있고 문맥상 현재 일어날 가능성이 희박한 일에 대해 가정하고 있으므로 가정법 과거이다. 이때 주절에는 「조동사 과거형+동사원형」이 와야 하므로 choose가 적절하다.

06 **cannot** | 한국 전통 주택의 아름다움은 아무리 찬사를 받아도 지나치지 않다. | 해설 cannot ~ too…: 아무리 ~해도 지나치지 않다

07 **enjoy** | 내가 큰 도시에 산다면, 다양한 문화 행사를 즐길 수 있을 텐데. | 해설 If절에 동사의 과거형(lived)이 있고 문맥상 현재 사실에 반대되는 일을 가정하고 있으므로 가정법 과거이다. 이때 주절에는 「조동사 과거형+동사원형」이 와야 하므로 enjoy가 적절하다.

2

01 **X, should have asked** | 넌 내 카메라를 사용하기 전에 내게 먼저 물어보았어야 한다. | 해설 문맥상 카메라를 사용하기 전에 먼저 물어보았어야 한다는 과거 사실에 대한 유감을 나타내므로 '~했어야 하는데 (하지 않았다)'라는 뜻의 「should have p.p.」가 되어야 한다. 따라서 should ask를 should have asked로 고쳐야 적절하다.

02 **X, may[might] have told** | 너는 내게 네 열쇠를 어디에 두었는지 말했을지도 모르지만, 나는 기억이 나지 않는다. | 해설 문맥상 말했을지도 모른다는 과거 사실에 관한 추측을 나타내므로 '~했을지도 모른다'라는 뜻의 「may have p.p.」 또는 「might have p.p.」가 되어야 한다. 「might have p.p.」는 「may have p.p.」보다 더 약한 추측을 나타낸다.

03 **X, must have moved** | 내 시계가 평소에 있던 자리에 없다. 누군가가 그것을 옮겨놓았음이 틀림없다. | 해설 문맥상 누군가가 옮겨놓았음이 틀림없다라는 과거 사실에 관한 추측을 나타내므로 '~했음이 틀림없다'라는 뜻의 「must have p.p.」가 되어야 한다. 따라서 must move를 must have moved로 고쳐야 적절하다.

04 **X, should have treated** | 그의 안경이 또 깨졌다. 그는 안경을 조심히 다루었어야 한다. | 해설 문맥상 조심히 다루었어야 한

다는 과거 사실에 대한 유감을 나타내므로 '~했어야 하는데 (하지 않았다)'라는 뜻의 「should have p.p.」가 되어야 한다. 따라서 should treat를 should have treated로 고쳐야 적절하다.

05 **O** | 그는 그 식당에 여러 번 가봤음이 틀림없다. 그는 결코 메뉴판을 요청하지 않는다. | 해설 문맥상 식당에 여러 번 가봤음이 틀림없다는 과거 사실에 관한 추측을 나타내므로 '~했음이 틀림없다'라는 뜻의 「must have p.p.」가 적절히 쓰였다.

06 **O** | 집 근처 슈퍼마켓은 오늘 문이 닫혀 있다. 나는 다른 슈퍼마켓으로 가는 편이 낫다. | 해설 '~하는 편이 낫다'라는 뜻의 may as well이 적절히 쓰였다. one = supermarket

3

❸ | ① 오늘이 내 삶의 마지막 날은 아니지만, 나는 오늘을 충실히 살기 위해 노력한다. → 나는 마치 오늘이 내 삶의 마지막 날인 것처럼 충실히 살기 위해 노력한다. ② 낸시는 내 숙제를 도와주지 않았지만, 그녀는 그런 식으로 말했다. → 낸시는 마치 자신이 내 숙제를 도와주었던 것처럼 말했다. ③ 나는 네가 집에 일찍 오겠다는 약속을 지키지 않아서 실망했다. → 네가 집에 일찍 오겠다는 약속을 지켰다면 좋을 텐데. ④ 나는 친구들과 함께 야구 경기를 볼 수 없었다는 것이 유감스럽다. → 내가 친구들과 함께 야구 경기를 보러 갈 수 있었다면 좋을 텐데. | 해설 ③ 문맥상 과거에 약속을 지켰기를 지금 바라는 것이므로 과거 사실과 반대되는 것을 현재 소망하는 I wish 가정법 과거완료이다. 이때 I wish 뒤의 절에는 「had p.p.」가 오므로 kept를 had kept로 고쳐야 적절하다. ① 주절에 동사의 현재형(try)이 쓰였고 as if 뒤에는 문맥상 현재 사실일 가능성이 희박한 일에 대해 가정하고 있으므로 as if 가정법 과거. 따라서 과거형 were가 적절히 쓰였다. ② 주절에 동사의 과거형(talked)이 쓰였고 as if 뒤에는 문맥상 주절보다 앞선 때의 사실과 반대되는 일을 가정하고 있으므로 as if 가정법 과거완료. 따라서 과거완료 had helped가 적절히 쓰였다. ④ 문맥상 과거에 경기를 볼 수 있었기를 지금 바라는 것이므로 과거 사실과 반대되는 것을 현재 소망하는 I wish 가정법 과거완료가 적절히 쓰였다.

4

01 ⓐ | 그가 30분 만에 글쓰기를 끝냈을 리가 없다. 그것은 2,000단어가 넘어야 하는 에세이였다. | 해설 can't have p.p.: ~했을 리가 없다

02 ⓒ | 그녀는 아직 내 이메일을 받지 않았다. 나는 이메일 주소를 잘못 입력했음이 틀림없다. | 해설 must have p.p.: ~했음이 틀림없다

03 ⓓ | 내 스웨터가 세탁기 속에서 줄어들었다. 나는 그것을 세탁소에 보냈어야 한다. | 해설 should have p.p.: ~했어야 하는데 (하지 않았다)

04 ⓔ | 그 휴대전화의 가격이 내려갔다. 나는 그것을 너무 일찍 구매하지 말았어야 한다. | 해설 shouldn't have p.p.: ~하지 말았어야 하는데 (해버렸다)

05 ⓑ | 내가 어렸을 때, 엄마는 내게 아침 식사로 팬케이크를 만들어 주시곤 했다. | 해설 would: ~하곤 했다 (과거의 습관)

5

01 **were** | 나는 너를 비난하지 않아. 내가 너라면 나도 똑같이 할 거

야. | 해설 주절에 「조동사 과거형+동사원형」이 있고 문맥상 현재 사실일 가능성이 희박한 일을 나타내므로 가정법 과거이다. 따라서 be를 were로 고쳐야 적절하다.

02 had arrived | 샘은 마치 자신이 제시간에 수업에 도착했던 것처럼 말했지만, 그는 지각했었다. | 해설 주절에 동사의 과거형(spoke)이 쓰였고 as if 뒤에는 문맥상 주절보다 앞선 때의 사실과 반대되는 일을 가정하고 있으므로 as if 가정법 과거완료이다. 따라서 arrive를 had arrived로 고쳐야 적절하다.

03 should think 또는 thought | 너는 역사 과제의 주제에 관해 생각해야 할 때다. | 해설 「It is (high) time that ~ (~해야 할 때다)」 구문에서 that절의 동사는 「should+동사원형」 또는 과거형이 되어야 하므로 think를 should think 또는 thought로 고쳐야 적절하다.

04 had gone | 만약 니콜이 2년 전에 로스쿨에 갔더라면, 그녀는 지금 변호사일 텐데. | 해설 주절에 「조동사 과거형+동사원형」이 있지만, If절의 내용이 과거 사실에 반대되는 내용인 것으로 보아 혼합 가정법 문장이다. 이때 If절에는 「had p.p.」가 오므로 go를 had gone으로 고쳐야 적절하다.

05 had known | 네가 오는 줄 알았더라면, 나는 더 많은 음식과 음료를 준비했을 텐데. | 해설 주절에 「조동사 과거형+have p.p.」가 있고 문맥상 과거 사실에 반대되는 일을 나타내므로 가정법 과거완료이다. 이때 If절에는 「had p.p.」가 오므로 know를 had known으로 고쳐야 적절하다.

06 (should) consider | 이번 방학 동안 네가 무엇을 성취하고 싶은지 생각해보는 것이 필요하다. | 해설 필요를 나타내는 형용사 necessary 뒤에 이어지는 that절의 내용이 '~해야 한다'라는 당위성을 나타내고 있으므로 consider를 (should) consider로 고쳐야 적절하다.

07 failed | 내 친구는 자신이 실수로 답을 잘못 표시하는 바람에 시험에 실패했다고 주장한다. | 해설 주절에 주장을 의미하는 동사 insists가 있지만 이어지는 that절의 내용이 '~해야 한다'라는 당위성을 나타내는 것이 아니라 사실 그대로를 나타내는 것이므로 동사를 인칭, 수, 시제에 맞게 써야 한다. 내 친구가 '주장하는(insists)' 것보다 시험에 '실패한' 것이 더 먼저 일어난 일이므로 fail을 과거형 failed로 고쳐야 적절하다.

08 had won | 나폴레옹이 워털루 전투에서 승리했다면, 유럽의 많은 부분이 오늘날 통합되어 있을지도 모른다. | 해설 주절에 「조동사 과거형+동사원형」이 있지만, If절의 내용이 과거 사실에 반대되는 내용인 것으로 보아 혼합 가정법 문장이다. 이때 If절에는 「had p.p.」가 오므로 win을 had won으로 고쳐야 적절하다.

6

❸ **would miss → would have missed** | 지난해, 제 친구 한 명은 제가 당신의 포토샵 수업을 수강해야 한다고 권했습니다. 그래서 저는 수업을 듣기로 결정했고, 수업은 많은 도움이 되었습니다. 저는 이 수업에 대해 좀 더 일찍 알았기를 바랍니다. 만약 제가 당신의 수업에서 많은 도움을 얻지 않았더라면, 저는 디자인 회사에서 일할 기회를 놓쳤을 것입니다. | 해설 ③ If절에 「had p.p.」가 있고 문맥상 과거 사실에 반대되는 일을 가정하고 있으므로 가정법 과거완료이다. (→ Because I **got[had gotten]** help from your class, I **didn't miss** the opportunity ~.) 이때 주절에는 「조동사 과거형+have p.p.」가 와야 하

므로 would miss를 would have missed로 고쳐야 적절하다. ① 주절에 권장을 의미하는 동사 recommended가 있고 이어지는 that절의 내용이 '~해야 한다'라는 당위성을 나타내고 있으므로 동사원형 take가 적절히 쓰였다. ② 문맥상 더 일찍 알았기를 지금 바라는 것이므로 과거 사실에 반대되는 것을 현재 소망하는 I wish 가정법 과거완료가 적절히 쓰였다. ((그때) ~했다면 (지금) 좋을 텐데)

7

❸ | 어느 날, 10살인 코디 예거는 학교 화장실을 이용하다가 두루마리 화장지 속에서 특이한 것을 발견했는데, 그것은 곱게 접어진 100달러짜리 지폐였다. 그 지폐는 너무도 완벽하게 화장지 안에 끼워져 있어서 마치 화장지 제조 공장에서 일하는 누군가에 의해 그곳에 놓였던 게 틀림없는 것처럼 보였다. 그 돈이 자신의 것이 아님을 알기 때문에, 그는 돈을 선생님께 가져다 드렸다. 학교의 분실물 보관소 규정에는 만약 2주 후에 아무도 그 물건을 찾아가지 않으면 그것을 발견한 사람이 차지하게 된다고 명시되어 있다. 2주가 흘러, 누구도 그 돈을 찾아가지 않아서, 코디는 100달러를 갖게 되었다. 그의 엄마인 테리는 그가 그렇게 정직하게 행동한 것이 놀랍지 않다고 말한다. 그녀는 "학교나 교회에 있어서는, 아이가 무엇을 발견할 때 그것을 돌려줍니다."라고 말한다. | 해설 (A) 문맥상 '~했음이 틀림없다'로 해석되므로 과거 사실에 관한 추측을 나타내는 must have p.p.가 적절. 「should have p.p.(~했어야 하는데 (하지 않았다))」는 과거의 일에 관한 후회나 유감을 나타내므로 여기서는 적절하지 않다. (B) 그가 '아는' 것이므로 분사구문의 의미상 주어 he와 know는 능동관계. 따라서 Knowing이 적절하다. (☞ CHAPTER 7) (C) 문맥상 주어인 she가 놀라는 감정을 '느낀' 것이므로 과거분사 surprised가 적절하다. (☞ CHAPTER 7)

구문 **[2~4행]** The bill was **so** perfectly placed into the roll **that** it seemed like it(= the bill) must have been put there by someone ~.

▶ 「so+부사+that … (너무 ~해서 …하다)」. it은 앞에 나온 the bill을 가리키는데, 동사 put과 수동 관계이므로 must have p.p.의 수동형(must have been p.p.)이 쓰였다.

[4~5행] Knowing that the money didn't belong to him, / he
(= Because he knew ~,)
took it to a teacher.

▶ 여기서 Knowing ~ to him은 문맥상 '이유'를 나타내는 분사구문이다. 접속사 that이 이끄는 명사절(that the money ~ to him)이 분사(Knowing)의 목적어로 쓰였다. (☞ CHAPTER 4)

8

❺ | 그들의 꿈은 자신들의 국가대표 축구팀이 2006년 독일 월드컵에서 경기하는 것을 보는 것이었지만, 관람권 가격은 그 세 명의 아르헨티나 사람이 지불하고 싶었던 것보다 더 비쌌다. 경기를 관람하기로 마음먹어서, 그들은 다른 방법을 생각해 냈는데, 할인된 가격의 좌석이 장애인들에게 제공되고 있었던 것이다. 그래서 그들은 어떻게 하여 세 개의 휠체어를 구해서 네덜란드전(戰) 경기에 휠체어를 타고 들어가서는 경기가 가까이 잘 보이는 장애인 관람석을 달라고 요구했다. 그 계획은 아마도 그들 중 한 명이 경기가 끝난 후 너무 신이 나서 팔을 공중에 높이 든 채로 휠체어에서 일어나 펄쩍펄쩍 뛰지 않았더라면 성공했을 것이다. 속임수를 쓴 사람 중 한 명은 경기장 밖에 있던 리포터들에게 "근처에 있던 어떤 이는 기적이 일어나고 있다고 생각했습니다."라고 말했다. 당연히, 그 세 명의 축구 팬은 다시 안으로 들어올 수 없었다. | 해설 ⑤

주절에 「조동사 과거형+have p.p.」가 있고, 문맥상 과거 사실에 반대되는 일을 가정하고 있으므로 가정법 과거완료이다. 이때 if절에는 「had p.p.」가 오므로 didn't get을 hadn't gotten으로 고쳐야 적절하다. ① 지각동사 see는 목적어와 목적격 보어의 관계가 능동일 때, 목적격 보어로 동사원형 또는 현재분사를 취하므로 동사원형 play가 적절히 쓰였다. ② 할인된 가격의 좌석이 '제공되는' 것이고 과거에 일시적으로 진행 중인 일을 나타내므로 과거진행 수동형인 were being offered가 적절히 쓰였다. ③ 문맥상 동사 got의 주어(they)와 목적어가 동일한 대상을 가리키므로 주어의 동작이 자기 자신에게로 돌아오는 재귀대명사 themselves가 적절히 쓰였다. ④ 그들이 '요구하는' 것이므로 분사구

문의 의미상 주어인 they와 동사 claim은 능동 관계. 따라서 claiming이 적절히 쓰였다. 이때 claiming 이하는 '연속 동작'을 나타내는 분사구문이다.

구문 [7행] ~ he jumped out of his chair **with** his arms **raised** in the air.

▶ 「with+O+분사(O가 ~인 채로)」에서 팔이 '들리는' 것이므로 분사의 의미상 주어 his arms와 raise는 수동 관계. 따라서 과거분사 raised가 쓰였다. (☞ CHAPTER 7)

CHAPTER 9 품사

| Unit 35 | Application Exercises | p.139 |

A 이 문제는?

셀 수 있는 명사와 셀 수 없는 명사 구분하기

01 **a book** | 나는 도서관에서 책을 한 권 빌렸지만, 집에 오는 길에 그것을 잃어버렸다. | 해설 book은 보통명사로서 셀 수 있는 명사이므로 관사와 같이 의미를 한정해 주는 말과 함께 쓰여야 한다.

02 **soup** | 그 수프는 상했다. 나는 그것을 냉장고에 보관했어야 한다. | 해설 soup는 물질명사로서 셀 수 없는 명사이므로 단수 취급한다.

03 **Visitors** | 그 공원의 방문객들은 거의 모두 아이들을 동반한 부모들이다. | 해설 visitor는 보통명사로서 셀 수 있는 명사이므로 관사와 같이 의미를 한정해 주는 말과 함께 쓰이거나 복수형으로 쓰여야 한다.

04 **flour** | 이 팬케이크 요리법은 밀가루를 전혀 필요로 하지 않는다. | 해설 flour는 물질명사로서 셀 수 없는 명사이므로 단수 취급한다.

05 **potatoes** | 엄마는 내게 슈퍼마켓에서 감자 두 개를 사 오라고 부탁하셨다. | 해설 potato는 보통명사로서 셀 수 있는 명사이므로 관사와 같이 의미를 한정해 주는 말과 함께 쓰이거나 복수형으로 쓰여야 한다. 앞에 복수를 나타내는 two가 있으므로 복수형 potatoes가 적절.

06 **equipment** | 새 사무 장비가 오늘 오후에 배송될 것이다. | 해설 equipment는 종류 전체를 대표하는 명사로서 셀 수 없는 명사이므로 단수 취급한다.

B 이 문제는?

정관사(the)와 부정관사(a, an)의 쓰임 구분하기

01 **a** | 길 건너편에 식료품점이 있습니다. | 해설 최초로 언급되는 단수명사 앞에는 부정관사(a, an)를 쓴다.

02 **the** | 지구를 오염으로부터 지키기 위해 우리가 무엇을 할 수 있다고 생각하십니까? | 해설 세상에서 유일한 것(지구) 앞에는 정관사

(the)를 쓴다.

03 **an** | 영어 선생님은 기말고사를 대신해서 우리에게 에세이를 쓰라고 하셨다. | 해설 최초로 언급되는 불특정한 단수명사 앞에는 부정관사(a, an)를 쓴다.

04 **a** | 나는 한 달에 한 번 할머니를 찾아뵙는 것이 충분하지 않다고 느낀다. | 해설 문맥상 '~마다, ~당'을 의미하므로 부정관사(a, an)를 쓴다.

05 **the** | 나는 현재 새로운 과제를 수행하고 있는데, 그 과제의 마감 일자는 다음 주 월요일이다. | 해설 앞에서 이미 언급된 명사 앞에는 정관사(the)를 쓴다.

06 **an** | 나는 중국에 있는 내 친구 한 명으로부터 이메일을 받았다. | 해설 최초로 언급되는 불특정한 단수명사 앞에는 부정관사(a, an)를 쓴다.

07 **the** | 그 정치인이 약속한 것 중 하나는 노인들을 돕는 것이었다. | 해설 정관사는 「the+형용사」 형태를 취해 '~한 사람들'이라는 뜻의 복수보통명사로 쓰일 수 있다.

| Unit 36 | Application Exercises | p.141 |

A 이 문제는?

it의 여러 가지 쓰임 파악하기 (대명사, 비인칭주어, 가주어, 가목적어)

01 ⓓ | 나는 진실을 말하는 것이 더 낫다고 생각했다. | 해설 「think+O(it)+C(better)」 구조에서 목적어 자리의 it이 진목적어(to tell the truth)를 대신하고 있으므로 it은 가목적어.

02 ⓑ | 나는 여기에서 역까지 얼마나 먼지 모르겠다. | 해설 밑줄 친 it은 동사(don't know)의 목적어로 쓰인 명사절(how far it is ~ station) 내의 주어. 문맥상 '그것'이라고 해석하면 어색하고 '거리'를 나타내는 how far가 쓰인 것으로 보아 비인칭주어 it이다.

03 ⓐ | 우리 엄마는 대화 중에 그 재즈 콘서트가 거론되고 난 일주일

뒤에 나를 그 콘서트에 데리고 가셨다. | 해설 문맥상 '그것'으로 해석하는 것이 자연스럽고 앞에 나온 the jazz concert를 가리키므로 대명사 it이다.

04 ⓒ | 제가 이 자리에 서서 여러분 앞에서 이야기하는 것은 굉장한 영광입니다. | 해설 뒤에 나온 to부정사구(to be here ~ of you)를 It 자리에 넣어 해석하면 의미가 통하므로 진주어 to be 이하를 대신하는 가주어임을 알 수 있다. for me는 to부정사의 의미상 주어.

05 ⓒ | 침팬지가 날음식보다 조리된 음식을 선호한다는 것이 연구로 증명되었다. | 해설 뒤에 나온 that절(that ~ raw food)을 It 자리에 넣어 해석하면 의미가 통하므로 진주어 that 이하를 대신하는 가주어임을 알 수 있다.

B 이 문제는?

대명사와 대명사가 가리키는 명사의 수일치 파악하기

01 it | 나는 조원들과 사소한 의견 충돌이 있었지만 우리는 그것을 극복해 냈다. | 해설 우리가 극복해 낸 것은 나와 조원들 간에 있었던 a minor disagreement이므로 단수명사를 받는 it이 적절.

02 its | 편리한 위치에도 불구하고, 두 개의 쇼핑몰 근처에 있는 그 아파트 건물은 별로 인기가 없다. | 해설 its와 their는 모두 소유격인데 단복수가 다르므로 가리키는 대상의 수를 확인해야 한다. 문맥상 편리한 위치에 있는 것은 단수명사 the apartment building이므로 이를 받는 its가 적절하다.

03 them | 아마도 목표를 달성하는 데 가장 도움이 되는 방법은 스스로에게 그 목표들을 계속해서 상기시키는 것이다. | 해설 문맥상 스스로에게 계속해서 상기시켜야 할 것은 your goals이므로 복수명사를 받는 them이 적절. to achieve your goals는 the most helpful way를 수식하는 to부정사의 형용사적 용법으로 쓰였으며, to keep 이하는 주격보어 역할을 하는 명사적 용법으로 쓰였다.

04 it | 내가 그 증상들 때문에 너에게 준 약을 먹어. 분명 그것이 네가 나아지는 데에 도움이 될 거야. | 해설 문맥상 you의 상태를 나아지게 해주는 것은 the medicine이므로 단수명사를 받는 it이 적절. the medicine 뒤에는 목적격 관계대명사 that[which]이 생략되었다.

C 이 문제는?

인칭대명사와 재귀대명사 쓰임 구분하기

01 themselves | 어떤 사람들은 건강을 유지하기 위해 채소를 더 많이 먹게끔 자신을 강요한다. | 해설 다른 사람들이 아닌 자신을 더욱 강요하는 것이므로 문장의 주어와 목적어가 같다. 따라서 some people을 가리키는 재귀대명사 themselves가 적절.

02 him | 그 상사는 그의 직원 중 한 명을 칭찬했고 회의의 성공을 그의 덕으로 돌렸다. | 해설 상사가 칭찬하고 성공의 덕을 돌린 대상이 그의 직원이므로 one of his staff를 받는 him이 적절.

03 herself | 선생님의 도움으로 젠은 자신을 더 열심히 공부하게끔 장려하는 것을 잘하게 되었다. | 해설 젠이 더 열심히 하게끔 장려하는 것은 그녀의 선생님이 아닌 자신이므로 재귀대명사 herself가 적절.

04 them | 부모들은 중요한 문제에 관해 이야기할 때 그들의 아이들이 그들에게 귀 기울이기를 기대한다. | 해설 아이들이 귀를 기울이는 것은 자신의 이야기가 아닌 부모의 이야기이므로 parents를 받는 대명사 them이 적절.

Unit 37 Application Exercises p.143

A 이 문제는?

both, either, neither 쓰임 파악하기

01 neither | 해설 문맥상 '둘 중 어느 것도 아닌 것'을 의미하는 neither가 들어가야 적절.

02 both | 해설 문맥상 '둘 다'를 의미하는 both가 들어가야 적절. 여기서 both는 접속사 and와 함께 상관접속사의 역할을 한다.

03 either | 해설 문맥상 '둘 중 어느 하나'를 의미하는 either가 들어가야 적절. 여기서 either는 접속사 or와 함께 상관접속사의 역할을 한다.

B 이 문제는?

부정대명사 쓰임 파악하기

01 others | 당신 자신을 다른 사람들과 비교하지 마세요. 자신에게 자신감을 가지세요. | 해설 문맥상 '다른 사람들'을 의미하므로 불특정 다수의 사람들을 나타내는 others가 적절. other가 단독으로 쓰일 때는 형용사이므로 뒤에 명사가 와야 한다.

02 the other | 나는 지금 막 바닥에서 콘택트렌즈 하나를 발견했지만, 다른 쪽은 여전히 찾을 수 없다. | 해설 문맥상 두 개의 콘택트렌즈 중 나머지 하나를 지칭하므로 the other가 적절. another는 '막연한 하나의 또 다른 것'을 의미하므로 여기서는 적절하지 않다.

03 another | 다 드셨군요. 컵케이크 한 조각 더 드시겠어요? | 해설 뒤에 단수명사(cupcake)가 오고, 문맥상 '또 다른 하나'를 의미하므로 another가 적절. other가 형용사로 쓰일 때는 뒤에 복수명사가 온다.

04 all | 저희 스포츠 클럽은 모든 종류의 운동을 제공합니다. | 해설 뒤에 복수명사(kinds)가 오므로 all이 적절. every 뒤에는 단수명사가 온다.

05 other | 몇몇 사람들은 전자책을 읽는 것을 즐기지만, 다른 사람들은 종이를 기반으로 한 책을 선호한다. | 해설 뒤에 복수명사(people)가 오므로 other가 적절. another 뒤에는 단수명사가 온다.

Unit 38 Application Exercises p.145

A 이 문제는?

형용사 vs. 부사 자리 구별하기

01 rapidly | 음악 다운로드 산업은 빠르게 성장하고 있다. | **해설** 문맥상 문장의 주어(The music download industry)를 보충 설명하는 보어로 해석하면 매우 어색하므로 동사 is growing을 수식하는 부사가 오는 것이 적절.

02 specific | 당신의 견해를 뒷받침하기 위해 구체적인 이유들을 이용해라. | **해설** 뒤에 나오는 명사 reasons를 수식하는 자리이므로 형용사가 적절.

03 silent | 그 정치인은 그 소문 후에 침묵한 채로 있었지만, 그의 대중적 이미지는 손상을 입었다. | **해설** 동사 kept의 보어 자리인데 보어로는 명사와 형용사만 쓰이므로 silent가 적절.

04 easily | 패스트푸드 식당은 많은 나라에서 쉽게 발견될 수 있다. | **해설** 문맥상 문장의 주어(Fast-Food restaurants)를 보충 설명하는 보어로 해석하면 매우 어색하므로 동사 can be found를 수식하는 부사가 오는 것이 적절.

B 이 문제는?

① 셀 수 있는[없는] 명사의 알맞은 수식어 파악하기
② 형태상 혼동하기 쉬운 부사 구분하기

01 many | 캠핑은 내게 많은 즐거운 경험들을 주었다. | **해설** 명사의 복수형 experiences 앞에는 셀 수 있는 명사의 수식어가 와야 하므로 many가 적절.

02 like | 영어는, 대부분의 다른 언어들과 마찬가지로, 항상 변화하고 있다. | **해설** alike는 보어로만 쓰이는 형용사인데, 보어 자리가 아니므로 전명구를 이끄는 전치사 like가 적절.

03 Most | 대부분의 십 대는 축약된 말을 자주 사용한다. | **해설** 명사 teenagers를 수식하는 자리이므로 형용사 Most가 적절.

04 much | 우려되는 것 중 하나는 우리가 너무 많은 정보를 흡수하고 있다는 것이다. | **해설** 셀 수 없는 명사 information을 수식할 수 있는 것은 much.

05 hard | 문화적 이해의 부족은 관계를 어렵게 만들 수 있다. | **해설** 문맥상 「make+O+C (O가 C하게 하다)」 구조로 보는 것이 자연스러우므로 보어 자리에 쓸 수 있는 형용사 hard가 적절.

06 few | 고객 서비스를 개선한 후에, 그 회사는 불만사항을 거의 받지 않았다. | **해설** 명사의 복수형 complaints 앞에는 셀 수 있는 명사의 수식어가 와야 하므로 few가 적절.

A 이 문제는?

전명구의 역할 구분하기

01 ⓑ | 차들이 도로변에 주차되어 있다. | **해설** 동사(are parked)를 수식하므로 부사구 역할.

02 ⓑ | 밤에 간식을 먹는 것은 숙면에 좋지 않다. | **해설** 동명사(Eating)를 수식하므로 부사구 역할.

03 ⓐ | 당신은 당신보다 더 많은 경험을 가진 많은 사람을 만날 것입니다. | **해설** 명사구(many people)를 수식하므로 형용사구 역할.

04 ⓑ | 우리는 리나의 생일을 축하하기 위해 그 식당에서 만나기로 했다. | **해설** 동사(meet)를 수식하므로 부사구 역할.

05 ⓐ | 사진 속 남자가 당신에게 낯익어 보입니까? | **해설** 명사구(the guy)를 수식하므로 형용사구 역할.

B 이 문제는?

혼동 전치사의 쓰임 구분하기

01 During | 박람회 동안에, 방문객들은 많은 재미있는 행사를 즐길 수 있을 것입니다. | **해설** 뒤에 '특정 행사'를 의미하는 명사구(the expo)가 오므로 전치사 during이 적절. 전치사 for 뒤에는 '기간의 길이'를 나타내는 명사구가 온다.

02 until | 그녀는 다음 주까지 나라를 떠나 있을 것이다. | **해설** 문맥상 다음 주까지 떠나 있는 상태를 나타내므로 어떤 시점까지의 '계속'을 의미하는 전치사 until이 적절. 전치사 by는 어떤 시점까지의 '완료'를 나타낸다.

03 since | 그 쇼핑몰은 개점 이후로 쭉 사람들로 붐벼 왔다. | **해설** 현재완료(has been crowded)와 함께 개점 이래로 '계속' 붐벼 온 상태를 나타내므로 since가 적절. from은 시작점을 나타내기는 하나 계속의 의미는 없다.

04 for | 그는 출장 때문에 며칠 동안 자리를 비울 예정이다. | **해설** 뒤에 '기간의 길이'를 나타내는 명사구(the next few days)가 오므로 전치사 for가 적절하다.

05 by | 이 건물의 건설은 이달 말까지 완료될 것이다. | **해설** 문맥상 이달 말까지 완료되는 일을 나타내므로 어떤 시점까지의 '완료'를 의미하는 전치사 by가 적절.

06 for | 프레드와 나는 동업자가 되어 20년 동안 그 가게를 운영했다. | **해설** 뒤에 '기간의 길이'를 나타내는 명사구(twenty years)가 오므로 전치사 for가 적절하다.

1

01 it | 선반 위에 남은 음식이 좀 있으면, 그것을 개에게 좀 줘. | 해설 문맥상 앞에 나온 명사구 any food를 받으므로 it이 적절.

02 their | 캥거루는 특이한 다리 모양 때문에 뒤로 걷는 데 어려움을 겪는다. | 해설 문맥상 '캥거루의' 다리를 가리키므로 복수명사 Kangaroos를 받는 복수형 their가 적절.

03 they | 그 앨범에 있는 노래 다 들어 봤니? 나는 그 노래들이 좋은 가사로 너를 기운 나게 해줄 거라고 생각해. | 해설 문맥상 앨범에 실린 '모든 노래(all the songs)'를 받는 것이 자연스러우므로 복수형 they가 적절.

04 himself | 그는 자신을 향상시키기 위해 항상 노력하는 정말로 헌신적인 선수이다. | 해설 명사구 a really dedicated player를 선행사로 하는 주격관계대명사절에서 주어 자신이 스스로를 향상시키려고 노력하는 것이므로 himself가 적절.

05 it | 그 새로 생긴 놀이공원은 몇몇 주요 도시들로 둘러싸여 있어서, 그곳을 이상적인 휴가 장소로 만든다. | 해설 문맥상 주어 The new amusement park를 가리키므로 단수형 it이 적절.

06 its | 스테고사우루스는, 초식 공룡 중 하나인데, 길이가 9미터가 넘지만, 뇌는 호두 크기이다. | 해설 문맥상 앞에 나온 주어 Stegosaurus를 받으므로 단수형 its가 적절.

2

01 others | 어떤 사람들은 지성 모발을 가지고 있고 또 다른 어떤 사람들은 건성 모발을 가지고 있다. | 해설 많은 수의 사물이나 사람 중 막연히 몇 개[명]씩 열거할 때 쓰이는 「some ~(일부는 ~), others ~(또 다른 일부는 ~)」 표현이 적절하므로 others가 들어가야 한다.

02 many | 나는 이 글에 대한 당신의 의견 중 다수가 핵심에서 벗어나 있었다고 생각합니다. | 해설 of 뒤에 셀 수 있는 명사의 복수형(your comments)이 왔으므로 many가 적절.

03 the other | 나는 내 여동생이 길 맞은편에서 손을 흔들고 있는 것을 보았다. | 해설 도로의 양쪽 중 '나머지 다른 한쪽'을 가리키므로 the other가 적절.

04 another | 댄은 나의 설명을 이해하지 못해서, 나는 그에게 또 하나의 다른 예를 들어 주었다. | 해설 문맥상 '또 다른 예'를 가리키며 단수명사를 대신하는 another가 적절. other는 복수명사를 수식한다.

05 much | 스포츠 음료는 물을 대체하기에는 너무 많은 설탕과 나트륨을 함유하고 있다. | 해설 셀 수 없는 명사 sugar and sodium을 수식하므로 much가 적절.

3

❸, ❹ | <보기> 그가 화를 내는 일은 흔하지 않다. ① 그 디저트는 맛있어 보이고 달콤한 냄새가 난다. ② 일기예보는 주말 동안 맑을 거라고 말한다. ③ 물가가 그렇게 빨리 오르는 것이 놀랍다. ④ 네 필체를 알아보기는 정말 어려워. ⑤ 여기에서 역까지는 걸어서 10분 거리이다. | 해설

<보기>의 It은 to get angry를 대신하는 가주어. ③과 ④의 It은 각각 that절과 to read 이하를 받는 가주어이다. ① 앞에 나온 The dessert를 가리키는 대명사. ②, ⑤ 각각 날씨, 거리를 나타내는 비인칭주어.

4

01 easily | 이 안티바이러스 소프트웨어는 당신의 스마트폰에 매우 쉽게 설치될 수 있습니다. | 해설 문맥상 동사 can be installed를 수식하므로 부사가 적절.

02 unexpected | 과학에서의 많은 발전은 예상치 않은 발견들의 결과물이었다. | 해설 뒤이어 나오는 명사 discoveries를 수식할 수 있는 것은 형용사.

03 creative | 사물을 다른 관점으로 바라보는 것은 당신을 창의적으로 만든다. | 해설 makes의 목적어 you를 보충 설명하는 목적격보어 자리이므로 형용사가 적절. 동명사구(Looking at ~ viewpoint)가 주어로 쓰여 단수동사 makes가 쓰였다.

04 obviously | 내 친구는 명백하게 틀렸음에도, 계속해서 자신의 의견을 주장했다. | 해설 뒤이어 나오는 형용사 wrong을 수식하는 자리이므로 부사가 적절. 앞의 was만 보고 주격보어 자리로 착각하지 않도록 주의한다.

05 nervous | 크리스티나는 선생님으로부터 갑작스러운 질문을 받자 긴장했다. | 해설 동사 felt의 보어 자리이므로 형용사가 적절.

06 like | 그 영화의 리메이크는 원작 영화와 전혀 같지 않았다. | 해설 alike는 보어로만 쓰이는 형용사이고, like는 전치사로 쓰일 수 있다. 뒤이어 나오는 명사구(the original movie)를 목적어로 취할 수 있는 것은 전치사인 like이다.

07 late | 우리는 세미나에 30분 늦게 도착해서, 시작 부분을 놓쳤다. | 해설 '늦게 도착하다'는 의미가 가장 자연스러우므로 부사 late가 적절. lately는 '최근에'라는 뜻이므로 문맥상 적절하지 않다.

5

01 until | 이곳의 많은 가게가 자정까지 문을 연다. | 해설 '~까지'라는 의미의 전치사가 들어가야 적절. 특정 시간(midnight)까지 계속 문을 여는 상황을 나타내므로 전치사 until이 적절하다.

02 During | 평생 동안, 그녀는 어려움에 처한 사람들을 돕기 위해 열심히 일했다. | 해설 '~ 동안'이라는 의미의 전치사가 들어가야 적절. 뒤에 특정 기간(her lifetime)이 나오므로 전치사 during이 들어가야 한다.

03 by | 나는 숙제를 해야 하는 것을 잊어버렸는데, 그 숙제는 내일 아침까지 완료되어야 한다. | 해설 '~까지'라는 의미의 전치사가 들어가야 적절. 어떤 시점(tomorrow morning)까지 동작의 완료를 나타내므로 전치사 by가 적절하다.

04 for | 그 야구팀은 지난 2년간 챔피언 자리를 지켜 왔다. | 해설 '~ 동안'이라는 의미의 전치사가 들어가야 적절. 뒤에 구체적인 기간의 길이(the past two years)가 나오므로 전치사 for가 적절하다.

6

❷ **themselves → them** | 많은 호주 원주민들은 꽤 미신을 믿으며, 그들이 땅과 맺은 관계는 그들로 하여금 특정 동물의 영혼이 사람들을 해칠 수도 있다고 믿게 한다. 한 가지 믿음은 딱새의 일종인 새(willy-wagtail)를 죽이는 것은 그 새의 영혼을 화나게 하고, 이는 사람들을 죽일 수 있는 사나운 폭풍우를 가져온다는 것이다. | 해설 ② and 이하의 절에서 주어는 their connection with the land로 문맥상 동사 leads의 대상과 일치하지 않는다. 따라서 leads의 목적어는 앞에 나온 호주 원주민들(native Australians)을 받는 인칭대명사 them이 되어야 적절. ① 셀 수 있는 명사(native Australians)를 수식하므로 many가 적절히 쓰였다. ③ 뒤에 단수명사(belief)가 오고 문맥상 '하나의'로 해석되므로 one이 적절히 쓰였다.

7

❷ | 수년간 우리는 살인벌(대단히 공격적인 벌의 한 종류)에서부터 광우병에 이르는 별별 위험에 대해 조심하라는 경고를 받아 왔다. 우리는 존재하는 많은 커다란 위험들에 대한 다양한 통계 자료, 조사 연구, 경고를 끊임없이 듣고 있는 것 같다. 이는 우리가 삶 속에서 실제로 직면하게 되는 위험의 정도를 결정하는 것을 어렵게 만든다. 일부 연구들은 암이 거의 4명당 1명이 죽는 원인이 된다고 추정한다. 다른 보고들은 몇 년 이내에 우리 중 약 반 정도가 암에 걸릴 것이라고 경고한다. 그러한 종류의 통계 자료들이 경각을 위한 대의가 될 수도 있지만, 그것들은 종종 오해의 소지가 있을 수 있다. 실제로, 현명한 판단을 하는 젊고 건강한 사람의 암 발병 위험은 상대적으로 낮다. 그러나 우리가 그렇게 겁을 주는 통계 자료로 끊임없이 넘쳐날 때는 명료하게 생각하는 것이 때때로 어렵다. | 해설 (A) '수년간'을 의미하는 부사구 For years는 특정 과거 시점이 아닌 일정 기간을 나타내므로 계속을 나타내는 현재완료형이 적절하다. (B) 앞에 나온 두 명사구 those types of statistics와 a cause for alarm 중 전체 문맥상 '오해의 소지가 있는' 것은 those types of statistics로 보는 것이 자연스럽다. 따라서 복수명사를 받는 they가 적절하다. (C) who가 이끄는 관계대명사절(who ~ decisions)의 수식을 받는 a young healthy person이 문장의 주어이므로 단수동사 has가 적절하다.

구문 **[2~3행]** It seems like we're constantly hearing ~ about *the many great dangers* [**that** exist].

▶ 「It seems like ~」는 '~인 것 같다'라는 의미. 여기서 like는 접속사로 쓰여 뒤에 절이 이어진다. that 이하는 선행사 the many great

dangers를 수식하는 주격 관계대명사절.

[3~4행] This <u>**makes**</u> <u>**it**</u> <u>**difficult**</u> <u>**to determine**</u> the extent of

　　　　　　V　　O　　C　　　O'(진목적어)
the danger [(**that**) we actually face ● in our lives].

▶ 여기서 동사 makes는 '~을 …하게 만들다'의 뜻으로 쓰여 SVOC문형을 취하는데, 목적어인 to부정사구가 길어져 가목적어 it이 대신 쓰였다. the danger 뒤에는 목적격 관계대명사 that이 생략되었다. ●는 선행사인 the danger가 원래 위치했던 자리를 나타낸다.

8

❷ | 모든 것이 매일 점점 더 빠르게 변하고 있다. 새로운 기술들은 우리가 생각하고, 일하고, 놀고, 서로 이해하는 방식을 변형시키고 있다. 동시에 지구의 인구도 전보다 빠르게 증가하고 있다. 우리가 직면하는 문제의 상당수가 이러한 힘들의 강력한 상호작용으로 만들어지고 있다. 문제는 우리가 일을 해나가는 정립된 방법 중 많은 것들이 오래된 사고방식을 바탕으로 한다는 것이다. 그 방법들은 앞이 아니라 뒤를 향해 있다. 그 결과, 많은 사람과 단체들은 이런 변화를 대처하는 데 어려움을 겪고 있고 뒤처져 있다고 느낀다. 이러한 문제들에 직면하려면, 우리는 그것들의 본질을 이해해야 하는데, 즉 그것들을 해결하기 위해서 우리는 우리가 본래 가지고 있는 상상력과 창의력을 계발하는 것이 필수적이라는 것을 인식해야 한다. | 해설 ② that이 이끄는 관계대명사절(that we face)의 수식을 받는 주어 Many of the challenges에 동사의 수를 일치시켜야 하므로 복수동사 are로 고쳐야 적절하다.
① 문맥상 how가 이끄는 명사절의 동사 think, work, play와 and로 연결된 병렬구조로 보는 것이 적절. ③ be동사 is의 보어 역할을 할 수 있는 명사절이 와야 한다. 뒤에 완전한 구조가 이어지므로 명사절을 이끄는 접속사 that이 적절히 쓰였다. ④ 「have trouble[difficulty] (in) v-ing」는 'v하는 데 어려움을 겪다'라는 의미로 해석되며 v-ing형태가 적절히 쓰였다. ⑤ 앞에 나온 명사구 these challenges와 their nature 중 '해결하기 위한' 것으로는 문맥상 these challenges(이러한 문제들)가 적절하므로 them이 적절.

구문 **[4~5행]** The problem is that *many* [**of our established**

　　　　　　　　　　　　　　　　　　　S'
ways [**of doing things**]] are based on old ways of thinking.

　　　　　　　　　　　　　　V'

▶ 주격보어 역할을 하는 that절 내의 주어 many가 전명구의 수식을 받아 길어진 구조. 주어 many에 수를 일치시키므로 복수동사 are가 왔다.

CHAPTER 10 구문

Unit 40 | Application Exercises | p.155

A 이 문제는?

비교구문의 비교 대상 파악하기

01 **A sense of confidence, a sense of achievement** | 배움에 있어 자신감은 성취감만큼 필수적이다. | 해설 「as+원급+as」 구조로, 비교되는 대상은 문법적 형태가 같은 두 개의 명사구이다.

02 **To see something once, to hear about it a hundred times** | 뭔가를 백 번 듣는 것보다 한 번 보는 것이 더 낫다. | 해설 「비교급+than」 구조로, 비교되는 대상은 문법적 형태가 같은 두 개의 to부정사구이다.

03 **his family, his work** | 우리 아버지는 일보다 가족이 더 중요하다고 생각하신다. | 해설 「비교급+than」 구조로, 비교되는 대상은 문법적 형태가 같은 두 개의 명사구이다. 여기에서 접속사 that이 이끄는 명사절(that ~ work)이 동사(thinks)의 목적어로 쓰였다. (☞ CHAPTER 4)

04 **organic food, ordinary food** | 유기농 식품이 일반 식품보다 더 비싼 것은 사실이다. | 해설 「비교급+than」 구조로, 비교되는 대상은 문법적 형태가 같은 두 개의 명사구이다. 여기에서 It은 가주어이고 that이 이끄는 명사절(that ~ ordinary food)이 진주어이다. (☞ CHAPTER 4)

B 이 문제는?

형용사 vs. 부사 자리 구별하여 적절한 형태 적용하기

01 **much** | 손님들은 이 식당에서 두 시간 동안 원하는 만큼 많이 먹을 수 있다. | 해설 「as+원급+as」 구조에서 원급 자리에 들어갈 말이 동사 can eat을 수식하므로 부사 much가 적절. many는 형용사로서, 명사를 수식한다.

02 **clearly** | 루시는 뉴스 아나운서만큼 단어들을 정확히 발음한다. | 해설 「as+원급+as」 구조에서 원급 자리에 들어갈 말이 동사 pronounces를 수식하므로 부사 clearly가 적절하다.

03 **much** | 고양이는 사람보다 고음의 소리를 훨씬 더 잘 들을 수 있다. | 해설 부사 much는 비교급을 수식하여 '훨씬 더 ~하게'로 해석된다. 부사 very는 비교급을 강조할 수 없다.

04 **nice** | 빗방울 소리를 듣는 것은 노래를 듣는 것만큼 즐거울 수 있다. | 해설 「as+원급+as」 구조에서 원급 자리에 들어갈 말이 be동사의 보어로 쓰이므로 형용사 nice가 적절. 부사는 보어 자리에 쓰일 수 없다.

05 **interesting** | 경기장에서 야구를 보는 것은 텔레비전으로 보는 것보다 더 흥미롭다. | 해설 「비교급+than」 구조로, 비교급에 들어갈 말이 be동사 is의 보어이어야 하므로 형용사 interesting이 적절하다.

06 **carefully** | 그는 주변 사람들에게 행동하는 것만큼 늘 신중하게 말한다. | 해설 「as+원급+as」 구조에서 원급 자리에 들어갈 말이 동사 speaks를 수식하므로 부사 carefully가 적절하다.

Unit 41 | Application Exercises | p.157

A 이 문제는?

원급, 비교급의 관용표현 이해하기

01 **as easily as possible** | 해설 주어진 우리말이 '가능한 한 ~하게'라는 의미이므로 「as+원급+as possible」 구조가 적절.

02 **the better** | 해설 주어진 우리말이 '두 ~ 중에 더 …한 쪽'이라는 의미이므로 「the 비교급 of the two ~」 구조가 적절. 따라서 형용사 good을 비교급 형태인 better로 써야 한다.

03 **hotter and hotter** | 해설 주어진 우리말이 '점점 더 ~한'이라는 의미이므로 「비교급 and 비교급」 구조가 적절. 따라서 형용사 hot을 비교급 형태인 hotter로 써야 한다.

04 **as many viewers as** | 해설 주어진 우리말이 '~와 같은 수의 명사'라는 의미이므로 「as many 명사 as」 관용표현이 적절. 셀 수 있는 명사가 쓰였으므로 many를 써야 한다.

B 이 문제는?

혼동하기 쉬운 비교급 표현 이해하고 알맞게 해석하기

01 ⓐ | 해설 「no less than」은 '~나 되는, ~만큼의'라는 의미이므로 이를 바르게 해석한 ⓐ가 정답.

02 ⓑ | 해설 「no more than」은 '겨우 ~인, ~밖에 되지 않는'이라는 의미이므로 이를 바르게 해석한 ⓑ가 정답.

03 ⓐ | 해설 「not less than」은 '적어도'라는 의미이므로 이를 바르게 해석한 ⓐ가 정답.

C 이 문제는?

비교 대상의 병렬구조와 「the+비교급, the+비교급」 구조 파악하기

01 **X, better** | 상품의 질이 좋을수록 더 비싸다. | 해설 '~할수록 더 …하다'라는 의미의 「the+비교급, the+비교급」 구조이므로 원급인 good을 비교급 better로 고쳐야 적절하다.

02 **X, criticizing** | 다른 사람들이 바뀌기를 원할 때는 그들을 비판하는 것보다 칭찬하는 것이 더 효과적이다. | 해설 「비교급+than」 구조로, 비교 대상은 문법적 성격이 같아야 한다. 따라서 criticize를 비교 대상인 동명사 Praising과 형태가 같은 criticizing으로 고쳐야 적절하다.

03 **X, those** | 긍정적인 사고방식을 지닌 사람은 부정적인 정서를 지

닌 사람보다 더 오래 산다. | 해설 「비교급+than」 구조로, 비교 대상의 문법적 성격이 서로 같아야 하므로 that을 비교 대상인 복수명사 people과 수일치하는 those로 고쳐야 한다.

Unit 42　Application Exercises　p.159

A　이 문제는?

기본 및 다양한 최상급 구문 이해하기

01 **the most popular color** | 해설 주어진 우리말이 '가장 ~한'이라는 의미이므로 기본 최상급 「the+최상급」 구조. 어순은 「the+최상급+명사」가 되어야 한다.

02 **one of the biggest complaints** | 해설 주어진 우리말이 '가장 …한 것들 중 하나'라는 의미이므로 「one of the+최상급+복수명사」 구조가 적절.

03 **the most useful application (that) I have ever used** | 해설 주어진 우리말이 '지금까지 ~ 중에 가장 …한'이라는 의미이므로 「the+최상급+(that+)S+have ever p.p.」 구조가 적절.

04 **the least important task** | 해설 주어진 우리말이 '가장 …이 아닌'이라는 의미이므로 「the least+원급」 구조가 적절. 어순은 「the least+원급+명사」가 되어야 한다.

05 **the third largest state** | 해설 주어진 우리말이 '~ 번째로 가장 …한'이라는 의미이므로 「the+서수+최상급」 구조가 적절. 어순은 「the+서수+최상급+명사」가 되어야 한다.

B　이 문제는?

원급, 비교급을 활용한 최상급 표현 이해하기

01 **more delicious than any other dish, as[so] delicious as, more delicious than** | 그 볶음밥은 이 식당에서 가장 맛있는 요리이다. | 해설 원급, 비교급을 활용한 최상급 표현은 「비교급 than any other 단수명사」, 「No (other) 단수명사 … as[so] 원급 as ~」 또는 「No (other) 단수명사 … 비교급 than ~」로 나타낼 수 있다.

02 **more valuable than any other thing, as[so] valuable as, more valuable than** | 최선을 다하는 것은 당신의 인생에서 가장 중요한 것이다. | 해설 원급, 비교급을 활용한 최상급 표현은 「비교급 than any other 단수명사」, 「No (other) 단수명사 … as[so] 원급 as ~」 또는 「No (other) 단수명사 … 비교급 than ~」로 나타낼 수 있다.

Unit 43　Application Exercises　p.161

A　이 문제는?

특정한 어구가 강조를 위해 문장 앞으로 나갈 때 주어 + 동사의 도치 이해하기

01 **is a 24-hour convenience store** | 우리 집 앞에는 24시간 편의점이 하나 있다. | 해설 장소의 부사구(In front of my house)가 강조를 위해 문두로 나가서 주어(a 24-hour convenience store)와 동사(is)가 도치되었다.

02 **Never have I read** | 나는 생전 그렇게 감동적인 소설을 읽어 본 적이 없다. | 해설 부정어 Never가 강조를 위해 문두로 나가서 주어(I)와 조동사(have)가 도치되었다.

03 **can the flu virus spread** | 독감 바이러스는 오직 신체적 접촉을 통해서만 퍼질 수 있다. | 해설 '오직, ~밖에 없는'이라는 뜻의 준부정어 Only가 이끄는 부사구(Only through physical contact)가 문두로 나가서 주어(the flu virus)와 조동사(can)가 도치되었다.

B　이 문제는?

술어동사 강조와 「It is[was] ~ that ...」 구문 이해하기

01 **did believe** | 우리 언니는 산타클로스를 믿지 않았지만, 나는 정말로 믿었다. | 해설 동사(believed)를 강조할 때는 동사 앞에 do[does, did]를 사용하여 '정말[꼭] ~하다'라는 의미를 나타낸다. 이때 시제가 과거이므로 did believe가 된다.

02 **that[who] called 119** | 엄마의 사고를 신고하기 위해 전화했던 사람은 바로 다섯 살짜리 아이였다. | 해설 「It is[was] ~ that ...」 구문을 이용하여 명사구 a 5-year-old child를 강조. 강조하는 명사가 사람이므로 that 또는 who를 쓸 수 있다.

03 **by a score of 2-0 that our soccer team won the match** | 우리 축구팀이 라이벌 팀과의 경기에서 이긴 것은 바로 2:0의 점수 차로였다. | 해설 「It is[was] ~ that ...」 구문을 이용하여 부사구 by a score of 2-0을 강조.

C　이 문제는?

도치구문의 주어-동사 수일치

01 **are** | 요즘에는 셀프서비스 주유소가 많이 있다. | 해설 「There+동사+주어」 구조로, 도치된 주어 plenty of self-service gas stations에 수를 일치시키므로 복수동사가 적절.

02 **are** | 도시 중심에는 수십 개의 상점과 음식점이 있다. | 해설 장소의 부사구(At the center of the city)가 문두로 나가서 도치가 일어났다. 이때 주어는 복수명사 dozens of shops and restaurants이므로 복수동사가 적절.

03 **has** | 최근 들어서야 비디오 게임은 예술의 한 형태로 인식되었다. | 해설 '오직, ~밖에 없는'이라는 뜻의 준부정어 Only가 이끄는 부사

구가 문두로 나가서 주어와 동사가 도치되었다. 이때 주어는 단수명사 a video game이므로 단수동사가 적절.

Unit 44　Application Exercises　p.163

A 이 문제는?

문장 내 반복되어 생략 가능한 어구 파악하기

01　be (a firefighter) | 아버지가 소방관이었던 것처럼 브라이언은 소방관이다. | 해설 문장의 보어(a firefighter)가 반복되므로 생략. used to-v는 '한때[예전에] ~이었다'라는 의미로 과거의 상태를 나타낸다. (☞ Unit 31)

02　had to (buy an umbrella) | 나는 우산을 사고 싶지 않았지만, 비가 와서 우산을 사야 했다. | 해설 to-v에서 v 이하가 반복될 경우 생략할 수 있으며, 이때 남은 to를 대부정사라고 한다.

03　when (you are) | 야외 활동에 참여할 때는 자외선 차단제를 발라야 한다. | 해설 부사절(when ~ activities)의 주어가 주절(You ~ sunblock)의 주어와 일치하므로 부사절의 「주어(you)+be동사(are)」는 생략.

B 이 문제는?

설명을 덧붙이거나 강조할 때 쓰이는 삽입구[절] 파악하기

01　she thought | 재닛은 그녀가 생각하기에 나에게 도움이 될 만한 몇 개의 영어 수업을 추천했다. | 해설 that이 이끄는 주격 관계대명사절 내에 「주어(She)+동사(thought)」가 콤마(,) 없이 삽입된 경우. that절 이하는 선행사 some English classes를 수식한다. (☞ Unit 18)

02　as it was shown on the show | 그 조리법을 따라 하는

것은, 그 프로그램에서 보여진 것과 같이, 나에게 쉽지 않았다. | 해설 접속사 as가 이끄는 부사절(as ~ the show)이 콤마(,)를 이용하여 삽입된 경우.

03　frozen in winter | 우리 집 근처 호수는, 겨울에 얼 때, 스케이트를 타기에 좋은 장소이다. | 해설 과거분사 frozen이 이끄는 분사구문(frozen in winter)이 콤마(,)를 이용하여 삽입된 경우. (= **when it is** frozen in winter)

04　I suppose | 솔직한 것은, 내가 생각하기에, 건강한 관계의 비결이다. | 해설 주절(I suppose)이 콤마(,)를 이용하여 삽입된 경우. (← **I suppose** (that) being honest is the key to healthy relationships.)

C 이 문제는?

여러 방법으로 달리 말하거나 의미를 보충하는 동격표현 이해하기

01　changing the time of our appointment | 우리의 약속 시각을 바꾸는 의견에 어떻게 생각하니? | 해설 of 뒤의 어구가 앞에 나온 명사 the idea를 구체적으로 설명하고 있다.

02　simple songs with a guitar | 포크송은, 기타가 들어가는 단순한 노래인데, 인기를 얻고 있다. | 해설 삽입어구 앞뒤로 콤마(,)가 와서 앞에 나온 명사 Folk songs를 구체적으로 설명하고 있다.

03　that mosquitoes carry deadly diseases | 나는 모기가 치명적인 질병을 옮긴다는 사실에 놀랐다. | 해설 접속사 that이 이끄는 절(that ~ diseases)이 the fact의 의미를 구체적으로 설명한다.

04　the study of ancient societies | 우리는 고고학, 즉 고대 사회에 관한 연구를 통해 과거의 문화에 대해 배울 수 있다. | 해설 여기서 or는 archaeology를 설명하는 동격 어구를 이끌며 '즉, 바꾸어 말하면'이라고 해석한다.

Unit 40 - Unit 44　Overall Exercises　p.164

1

01　are | 이 기사에는 신선한 채소를 고르는 몇 가지 비법이 있다. | 해설 「There+be동사+주어」 구조에서 주어(some tips ~ vegetables)가 복수이므로 이에 수일치하는 복수동사 are가 적절하다.

02　important | 시간 관리는 성공하는 데에 있어 돈 관리만큼 중요하다. | 해설 「as+원급+as」 구조에서 원급 자리에 들어갈 말이 be동사의 보어로 쓰이므로 형용사 important가 적절. 부사는 보어 자리에 쓰일 수 없다.

03　even | 파리의 지하철 노선표는 한국의 지하철 노선표보다 훨씬 더 복잡하다. | 해설 부사 much는 비교급을 수식하여 '훨씬 더 ~한[하게]'로 해석된다. 부사 very는 비교급을 강조할 수 없다.

04　are | 버스 터미널 양끝에는 승객들을 위한 안내대가 있다. | 해설 장소의 부사구(At each end of the bus terminal)가 '강조'를 위해 문두로 나가서 주어와 동사가 도치되었다. 주어(information desks for customers)가 복수이므로 이에 수일치하는 복수동사 are가 적절하다.

05　clearly | 영어 말하기 시험을 볼 때는 최대한 명확하게 말해라. | 해설 「as+원급+as」 구조에서 원급 자리에 들어갈 말이 동사 Speak를 수식하므로 부사 clearly가 적절하다.

06　offers | 그 예술 축제는, 2년마다 열리는데, 지역 예술가들을 만날 기회를 제공한다. | 해설 주어(The art festival) 다음에 삽입어구(held ~ years)가 콤마(,)와 함께 나왔다. 동사의 수는 삽입어구와 관계없이 주어에 수일치하므로 단수동사 offers가 적절하다.

07 effectively | 다른 사람들과 함께 일하는 것은 혼자 일하는 것보다 문제를 더 효과적으로 해결할 수 있다. | 해설 「비교급+than」 구조에서 비교급 자리에 들어갈 말이 동사(can solve)를 수식하므로 부사 effectively가 적절.

2

01 X, are | 책장의 가장 위 선반에는 그가 가장 좋아하는 만화책들이 있다. | 해설 장소의 부사구가 문두로 나가서 주어와 동사가 도치되었다. 주어(his favorite comic books)가 복수이므로 is를 are로 고쳐야 적절하다.

02 X, winning | 경기 중에 즐기는 것은 경기에서 이기는 것보다 더 소중하다. | 해설 「비교급+than」 구문에서 비교하는 대상은 문법적 형태가 같아야 한다. 주어진 비교 대상이 동명사구(Having fun)이므로 to win을 winning으로 고쳐야 한다.

03 X, more | 독서를 폭넓게 할수록 어휘력이 더 향상될 것이다. | 해설 '~할수록 더 …하다'라는 의미의 「the+비교급, the+비교급」 구조이므로 원급인 much를 비교급 형태 more로 고쳐야 적절하다.

04 X, than | 나는 내면의 아름다움이 잘생긴 외모보다 더 중요하다고 생각한다. | 해설 형용사의 비교급(more significant)이 있으므로 as를 than으로 고쳐야 적절하다.

05 X, is | 갑작스러운 온도의 증가가 두통을 유발한다는 믿음은 사실이 아니다. | 해설 주어(The belief) 뒤에 동격의 that절이 와서 주어를 보충 설명하고 있다. 동사는 문장의 주어(The belief)에 수일치하므로 are를 단수동사 is로 고쳐야 적절하다.

06 O | 나의 새 강아지들은, 동물 보호소에서 데려왔는데, 낯선 사람들 주변에서 겁이 많다. | 해설 주어(My new dogs) 뒤에 관계사절이 삽입되어 주어를 보충 설명하고 있다. 주어가 복수이므로 복수동사 are가 적절히 쓰였다.

07 O | 최근에서야 세계가 환경오염의 위험에 대해 자각하게 되었다. | 해설 준부정어 Only가 이끄는 부사구가 문두로 나가면 주어와 동사가 도치된다. 동사는 주어(the world)에 수일치하므로 단수동사 has가 적절히 쓰였다.

3

❺ | <보기> 구체적인 목표를 세우는 것은 운동하는 데에 있어 가장 필수적인 요소이다. ① 구체적인 목표를 세우는 것은 운동하는 데에 있어 그 어떤 다른 요소보다 필수적이다. ② 운동하는 데에 있어 어떤 것도 구체적인 목표를 세우는 것만큼 필수적이지 않다. ③ 구체적인 목표를 세우는 것은 운동하는 데에 있어 그 어떤 다른 것보다 필수적이다. ④ 운동하는 데에 있어 그 어떤 다른 요소도 구체적인 목표를 세우는 것보다 더 필수적이지 않다. ⑤ 구체적인 목표를 세우는 것은 운동하는 데에 있어 그 어떤 다른 요소보다 덜 필수적이다. | 해설 ⑤ 구체적인 목표를 세우는 것이 '그 어떤 다른 요소보다 필수적이지 않다'라고 해석되어 주어진 문장과는 상반된 내용을 나타낸다. ① 「비교급 than any other 단수명사」 구조로, 비교급을 활용한 최상급 표현이다. ② '그 어떤 것도 ~만큼 …하지 않다'로 해석되는 원급을 활용한 최상급 표현이다. ③ 「비교급 than anything else」 구조로, '~는 다른 그 어떤 것보다 더 …하다'란 의미의 비교급을 활용한 최상급 표현이다. ④ 「No other 단수명사 is 비교급 than」 구조로, '그 어떤 다른 것도 ~보다 더 …하지 않다'란 의미의 비교급을 활용한 최상급 표현이다.

4

01 are | 대부분의 영화는 텔레비전 드라마 1회 방송분보다 3배 더 길다. | 해설 「비교급+than」 구조에서 than 뒤의 동사는 비교하는 대상에 맞게 적절한 동사를 사용해야 한다. episodes of TV dramas의 비교 대상은 Most movies이고 be동사(are)가 쓰였으므로 같은 be동사이면서 복수형 명사 episodes에 수일치하는 복수동사 are가 와야 한다.

02 does | 샘은 나중으로 할 일을 미루는 것을 좋아하지 않는데, 마이크도 좋아하지 않는다. | 해설 '~도 그렇지 않다'라는 뜻의 「neither+조동사+주어」 구조에서 조동사는 동사구(like to put things off until later)를 의미하므로 do[does/did]를 쓰면 되는데, 주어 Mike의 수와 시제에 대응하는 does가 적절하다.

03 is | 나는 등산을 하고 난 후라 매우 피곤한데, 내 남동생 또한 그렇다. | 해설 '~도 또한 그렇다'라는 뜻의 「so+조동사+주어」 구조로, 조동사는 be동사구(be very tired)를 대신하는 be를 쓰면 되는데, 주어 my brother의 수와 시제에 대응하는 is가 적절하다.

04 do | 제인과 나는 수영을 좋아한다. 제인은 나만큼 자주 수영장에 간다. | 해설 「as+원급+as」 구조에서 as 뒤의 동사는 비교하는 대상에 맞게 적절한 동사를 사용해야 한다. 따라서 I 뒤에 나오는 동사로는 goes to a swimming pool을 대신하면서 주어 I의 수와 시제에 대응하는 do가 적절하다.

5

01 too much use of smartphones that damages your eyesight | 해설 「It is[was] ~ that ...」 강조구문을 이용하여 명사구 too much use of smartphones를 강조. that 이하는 주어인 명사구가 강조되어 앞으로 나갔으므로 that 다음에는 동사(damages)와 목적어(your eyesight) 순으로 배열한다.

02 one of the biggest obstacles | 해설 주어진 우리말이 '가장 …한 것들 중 하나'라는 의미이므로 「one of the+최상급+복수명사」 구문.

03 if sealed with plastic wrap | 해설 접속사 if가 이끄는 부사절을 써야 하는 경우. 부사절과 주절의 주어가 bananas로 같으므로 「S+be동사」가 생략된 형태.

04 the fact that listening well is important | 해설 that이 이끄는 절이 the fact의 의미를 구체적으로 설명하고 있는 동격구문이다. that 뒤에는 완전한 구조가 이어져야 하므로 「주어+be동사+보어」 순으로 배열한다.

6

❷ secure → more secure | 요즘에는 암호의 자격요건이 점점 더 복잡해지고 있다. 여러 개의 암호를 시도해 보고 난 후에야 우리는 새로운 온라인 계정을 만드는 데에 성공할 수 있다. 물론, 암호가 복잡할수록 더 안전하다. 그러나 암호를 고르는 것을 스트레스를 주는 일로 만드는 것은 바로 그 복잡한 자격요건들이다. | 해설 ② '~할수록 더욱 …하다'라는 의미의 「the+비교급, the+비교급」 구문. the 뒤에 나오는 형용사 secure를 원급이 아닌 비교급 형태 more secure로 고쳐야 적절하다.
① Only가 이끄는 부사구가 문두로 나가서 「주어+동사」가 도치된 경우. 어순은 「Only구+조동사(can)+주어+동사」이므로 조동사 can이 주어

(we) 앞에 적절히 쓰였다. ③ that 뒤에는 주어가 빠진 불완전한 구조이므로 접속사 that이 아니며, 문맥상 앞의 명사구 the complicated requirements를 수식하는 관계사절을 이끄는 관계대명사 that도 아니다. it's와 that을 생략하고 주어 자리에 the complicated requirements를 넣어 보면 문장이 성립하므로 주어를 강조하는 강조구문 「It is[was] ~ that ...」의 that이 적절히 쓰였음을 알 수 있다. (← The complicated requirements^S make^V choosing a password^O so stressful^C.)

7

❹ | 지난 30년 동안 견과류의 이점에 대한 증거가 늘어 왔다. 많은 연구가 견과류가 암, 심장 질병, 뇌졸중의 발병을 급격히 감소시키는 것을 돕는 동시에 평균 수명을 상당히 증가시킨다는 것을 보여 주어 왔다. 사람들이 밥과 빵 같은 정제된 탄수화물 대신 견과류를 통해 보다 많은 지방 열량을 섭취하면서 혈당치가 감소했다. 체중 또한 감소했다. 다시 말해, 견과류를 더 많이 섭취한 사람들은 열량을 덜 섭취한 사람들에 비해 체중이 적고 허리가 얇았다. 분명 견과류는 열량이 높으므로 너무 많이 먹으면 안 된다. 하지만 적당량을 섭취하면 견과류는 몸이 흡수하지 않는 지방의 양을 증가시키고 과식을 조절하는 것을 도와준다. | 해설 (A) '지난 30년 동안'을 의미하는 부사구 Over the past thirty years는 특정 과거 시점이 아닌 현재를 포함한 기간을 나타내므로 현재완료형이 적절하다. (B) '~도 또한 그렇다'라는 의미의 「So+(조)동사+주어」 구문. 문맥상 '그들의 체중 또한 감소했다'라는 의미가 적절하므로 앞 문장에 나온 dropped를 받는 조동사 did가 와야 한다. (C) 「비교급+than」 구조에서 than 이하는 people who ate more nuts의 비교 대상이므로 people who ate fewer calories가 되어야 한다. 따라서 반복되는 복수명사 people을 대신할 수 있는 those가 적절하다.

구문 [1~4행] Several studies have shown that nuts help decrease ~ strokes, *while* significantly **increasing** the average person's life span.

▶ 접속사 that이 이끄는 명사절이 have shown의 목적어 역할. 분사 increasing이 이끄는 분사구문 앞에는 의미를 명확하게 하기 위해 접속사 while을 남겨둔 형태.

8

❶ | 집주인인 토미와 체리 세틀은 지하실에서 상자들을 뒤지다가 한 작은 공책을 발견했다. 그 공책 속에는 11가지의 허브와 양념이 있어야 하는 프라이드 치킨 조리법을 포함한 여러 오래된 조리법들이 있었다. 그들의 집이 한때 켄터키 프라이드 치킨(KFC)의 창립자인 할런드 샌더스 대령의 소유였기 때문에 그 숫자(11)는 곧바로 세틀 부부의 관심을 사로잡았다. 세틀 부부는 그 조리법이 KFC가 조심스럽게 유지해 온 비밀이자 200억 달러 규모의 패스트 푸드 체인점의 기반인 샌더스 대령의 '원조 조리법'의 복사본일지도 모른다고 믿었다. 오직 소수의 KFC 직원들만이 그 조리법을 알고 있으며 아무도 그 조리법에 관해서 얘기해서는 안 된다. 그렇다면 세틀 부부가 찾은 것이 진짜였을까? 세틀 부부는 그들이 KFC에 그 조리법에 대해 문의했을 때 해당 가맹점이 조리법을 그들에게 넘겨야 한다고 요구했고 심지어 소송까지 제기했기 때문에 그 조리법이 진짜라고 생각했다. 만약 그 조리법이 유출이라도 된다면, KFC는 그 조리법을 사용하지 못하게 막을 수 없을 것이다. | 해설 ① 장소의 부사구(Inside the notebook)가 문두로 나가서 주어(several old recipes)와 동사가 도치되었다. 동사는 뒤따라 나오는 주어에 수를 일치시켜야 하므로 단수형이 아닌 복수형 were로 고쳐야 적절하다.
② the foundation을 선행사로 받으며 이어지는 절이 전치사 on의 목적어가 빠진 불완전한 구조이므로 관계대명사 which가 적절히 쓰였다. 관계대명사 which는 전치사 바로 뒤에 올 수 있지만 관계대명사 that은 올 수 없다. ③ 셀 수 있는 명사의 복수형 employees를 수식하는 a few가 적절하게 쓰였다. ④ 주절에 요구를 나타내는 동사 demanded가 있고 that절의 내용이 '~해야 한다'는 당위성을 나타내고 있으므로 「(should+)동사원형」이 적절하게 쓰였다. (☞ CHAPTER 8) ⑤ 'A가 v하지 못하게 하다'라는 의미의 「stop A from v-ing」 표현. 여기서 동명사 v-ing의 의미상 주어인 it(= the recipe)이 '사용되는' 것이므로 수동 관계이다. 따라서 동명사 수동형인 being p.p.가 적절. (☞ CHAPTER 7)

구문 [3~4행] The number immediately **caught** the attention of the Settles // because their home **had** once **belonged** to Kentucky Fried Chicken founder ~.

▶ 부부의 관심을 사로잡은(caught) 것보다 집이 KFC 창립자의 소유인 것이 더 앞선 일이므로 대과거(had p.p.)가 쓰였다.

문법의
골든룰
101

쎄듀 초 · 중등 커리큘럼

	예비초	초1	초2	초3	초4	초5	초6
구문		천일문 365 일력 | 초1-3 | 교육부 지정 초등 필수 영어 문장		초등코치 천일문 SENTENCE 1001개 통문장 암기로 완성하는 초등 영어의 기초			
문법				초등코치 천일문 GRAMMAR 1001개 예문으로 배우는 초등 영문법			
			신간 왓츠 Grammar		Start (초등 기초 영문법) / Plus (초등 영문법 마무리)		
독해				신간 왓츠 리딩 70 / 80 / 90 / 100 A / B 쉽고 재미있게 완성되는 영어 독해력			
어휘			초등코치 천일문 VOCA&STORY 1001개의 초등 필수 어휘와 짧은 스토리				
		패턴으로 말하는 초등 필수 영단어 1 / 2 문장 패턴으로 완성하는 초등 필수 영단어					
ELT	Oh! My PHONICS 1 / 2 / 3 / 4 유·초등학생을 위한 첫 영어 파닉스						
		Oh! My SPEAKING 1 / 2 / 3 / 4 / 5 / 6 핵심 문장 패턴으로 더욱 쉬운 영어 말하기					
		Oh! My GRAMMAR 1 / 2 / 3 쓰기로 완성하는 첫 초등 영문법					

	예비중	중1	중2	중3
구문		천일문 STARTER 1 / 2		중등 필수 구문 & 문법 총정리
문법		천일문 GRAMMAR LEVEL 1 / 2 / 3		예문 중심 문법 기본서
		GRAMMAR Q Starter 1, 2 / Intermediate 1, 2 / Advanced 1, 2		학기별 문법 기본서
		잘 풀리는 영문법 1 / 2 / 3		문제 중심 문법 적용서
		GRAMMAR PIC 1 / 2 / 3 / 4		이해가 쉬운 도식화된 문법서
			1센치 영문법	1권으로 핵심 문법 정리
문법+어법			첫단추 BASIC 문법·어법편 1 / 2	문법·어법의 기초
문법+쓰기	EGU 영단어&품사 / 문장 형식 / 동사 써먹기 / 문법 써먹기 / 구문 써먹기			서술형 기초 세우기와 문법 다지기
				올씀 1 기본 문장 PATTERN 내신 서술형 기본 문장학습
쓰기		거침없이 Writing LEVEL 1 / 2 / 3		중등 교과서 내신 기출 서술형
		개정 중학 영어 쓰작 1 / 2 / 3		중등 교과서 패턴 드릴 서술형
어휘	신간 천일문 VOCA 중등 스타트/필수/마스터			2800개 중등 3개년 필수 어휘
	어휘끝 중학 필수편		중학 필수어휘 1000개	어휘끝 중학 마스터편 고난도 중학어휘 +고등기초 어휘 1000개
독해	신간 ReadingGraphy LEVEL 1 / 2 / 3 / 4			중등 필수 구문까지 잡는 흥미로운 소재 독해
		Reading Relay Starter 1, 2 / Challenger 1, 2 / Master 1, 2		타교과 연계 배경 지식 독해
		READING Q Starter 1, 2 / Intermediate 1, 2 / Advanced 1, 2		예측/추론/요약 사고력 독해
독해전략			리딩 플랫폼 1 / 2 / 3	논픽션 지문 독해
독해유형			Reading 16 LEVEL 1 / 2 / 3	수능 유형 맛보기 + 내신 대비
			첫단추 BASIC 독해편 1 / 2	수능 유형 독해 입문
듣기		Listening Q 유형편 / 1 / 2 / 3		유형별 듣기 전략 및 실전 대비
		쎄듀 빠르게 중학영어듣기 모의고사 1 / 2 / 3		교육청 듣기평가 대비